论语小传

卢向国 ● 著

天津出版传媒集团

天津人民出版社

图书在版编目（ＣＩＰ）数据

论语小传 / 卢向国著. -- 天津：天津人民出版社，
2022.12

　　ISBN 978-7-201-19114-0

　　Ⅰ.①论… Ⅱ.①卢… Ⅲ.①《论语》-研究 Ⅳ.
①B222.25

　　中国版本图书馆 CIP 数据核字(2022)第 244212 号

论语小传
LUNYU XIAOZHUAN

出　　版　天津人民出版社
出 版 人　刘　庆
地　　址　天津市和平区西康路35号康岳大厦
邮政编码　300051
邮购电话　（022）23332469
电子信箱　reader@tjrmcbs.com

策划编辑　王　康
责任编辑　林　雨
特约编辑　郭雨莹
美术编辑　卢炀炀

印　　刷　天津新华印务有限公司
经　　销　新华书店
开　　本　710毫米×1000毫米　1/16
印　　张　34.5
插　　页　2
字　　数　360千字
版次印次　2022年12月第1版　2022年12月第1次印刷
定　　价　138.00元

序

今年 5 月份我到郑州时见到向国，他告诉我有一本《论语小传》即将完成，并约请我为其写序。我当时非常爽快地答应了。我并非《论语》专家，按理说没有这个资格，但是我非常钦佩向国的勤奋、天赋与学术上的严谨，所以不揣冒昧，愿意以这样一种方式来表达我对他的肯定与支持。

五个月以后这部《论语小传》如期完成，仔细阅读后印证了我的预期。《论语》在中国古典思想中的地位和意义自不待言，历史上对《论语》的注释、考证与研究也浩如烟海。向国这部《论语小传》将以什么样的资质，在这庞大的文献群中获得一席之地呢？

从作者的"跋"中可以看出，这部著作并非

刻意为之。最初是向国在研读《论语》及史上各家研究和注释的过程中，为了学有所获，写下了大量的阅读笔记，随后心有所悟，对这些笔记加以整理和完善的最终结果。这样一来，这部著作读上去反而浑然天成，没有任何雕琢之迹。这倒是以一位《论语》研究者的经历证明了《论语》中的一句话："古之学者为己，今之学者为人。"不过需要把古今对比改为真伪对比。我想，正是因为向国首先是为了让自己读通《论语》才开始这项工作，所以没有那么多的考虑和顾忌，才在文献研究、比对的基础上，不唯上、不唯书、不唯时，如此轻松自如地写下自己的判断和思考。

向国在"跋"中列举了写作此书的六项原则，我认为他的确是把这些原则贯穿在全书之中了，由此产生了这部小传的几个特点。

首先是思想上的融会贯通。虽然本书总的来说属于章句体，但作者绝没有拘泥于《论语》的一章一句，而是以孔子的整体思想作为统率全书的灵魂，一章一句的解读都是对这一灵魂的体现和印证。为此，作者常常在解读某些文句时或佐以其他的文句，或证以当时的史实，或辅以孔子本人的生平，从而使读者能够获得对圣人思想立体的、鲜活的理解。从这个角度来看，这部小传并非一般意义上的经典注释，而是思想史研究的一种方式，而作为本书附录的"仲尼行状"也就构成了本书不可或缺的一个组成部分。其次，在对字、词、句的解释方面，作者集众家之长，但在下了极大的功夫之后却又舍去了繁复的考据和引证，返璞归真，只点出关键，以文句整体合乎逻辑为要，以对文句的理解合乎孔子的整体思想为要，这体现了解释学的基本原则。另外作者行文轻松自然，在阅读中讲解，在讲解中阅读，避免读者在阅读和注释之间反复的思维跳跃，因而是对读者最为友好的一种方式。再次，作者对文义的解释既不标新立异，也不枝节蔓延，中正平和，点到为止，但求体现孔子及其弟子思想的原貌。其间自然有作者自己的理解，但一定给出根据，以资读者自行判断，表现出作者的严谨和对读者的尊重。最后，本书的语言平实简洁、温润流畅、辞达而已，既不拖泥带水，也不故作高深，隐隐有夫子之风，也是向国为人风格的体现。我觉得，如此用笔，方能与《论语》这部著作相称。总之，这部小传虽然篇幅不大，但却是一部融大学小学为一炉、思想与历史为一体的佳作。朴实无华，内有乾坤。对于有一定国学基础的读者来说，亦不失为一部非常值得推荐的进阶之作。

向国的物质生活非常简单。孔子说颜回："一箪食，一瓢饮，在陋巷。人不堪其忧，回也不改其乐。"向国唯一比颜回多的，大概就是如今涨到 10 元钱一包的香烟少不了。但是向国对自己的为人为学都有极高的要求，对这一点，他在北大进行博士后研究的时候我就有很深的感受。他回到原单位以后，我们也曾数次见面，并不时有书信往来。每一次，特别是在细节中我都能看到他的坚持，或者说本性流露。希望向国能够一如既往，厚积薄发，取得更大的成就。

唐士其

2021 年 10 月 6 日

目 录
CONTENTS

学而第一

1.子曰："学而时习之，不亦说乎？有朋自远方来，不亦乐乎？人不知而不愠，不亦君子乎？"①

子，对男子的尊称，这里指孔子。关于"子"，《白虎通·号》说："子者，丈夫之通称也。"丈夫，即指男子。据此，则尊卑皆可称子。子，也是对有德者的尊称。如，孟子、荀子。孟、荀乃是氏，氏后加"子"，即是尊称。两个地位相同的人对话时也可称对方为子，暗含着对方是有德者的意思，是对对方的敬称。如《论语·为政》曰："子奚不为政？"《左传·僖公三十年》曰："吾不能早用子，今急而求子。"在这种用法下，有时也称"吾子"。古人也用"子"来称呼自己的老师，其中暗含着自己的老师是有德者的意思。本章此处"子曰"的"子"，就是这种用法。但是经传中尚有另一种称法，如"子墨子"。墨为氏，既称墨子，又在氏前冠以"子"

---

① 皇侃《义疏》本中，"说"作"悦"。

字，如何理解这种称法？何休注《公羊传》"子沈子曰"时说："沈子称子冠氏上，著其为师也。不但言'子曰'，辟孔子也。其不冠子者，他师也。"何休这段话的意思是，既称"某子"而又在氏前冠以"子"字，表明这是自己的老师。若不冠以"子"，则是指他人的老师或其他有德者。那么为什么要加"氏"而不像经传中称孔子那样直言"子曰"呢？这正是为了避免被误解为孔子。因为书传之中，直言"子"，则皆指孔子。

曰，说。这是一个象形字，其形状是舌头在口中。《说文》："开口吐舌谓之为曰。"又说："亦象口气出也。"

子曰，意思是孔子说。

学，学习。学，古字写作"學"，有两种含义：第一，觉。《说文》说："斆（xiào），觉悟也。……學，篆文斆省。"《白虎通·辟雍》说："学之为言觉也，以觉悟所未知也。"即把未知的知识感觉出来和悟出来。第二，效。《广雅·释诂三》说："学，效也。"效法前言往行，也叫"学"。综合这两种含义，在这里，"学"可简单理解为学习。而，在这里是一个连词，表示相承关系。时，本指春夏秋冬四季。《说文》曰："时，四时也。"此处的意思是按时，时常。黄侃把"时"解释为"身中""年中""日中"，属于过度复杂化了。习，本意是鸟拍翅膀频频练飞。《说文》："习，鸟数飞也"。鸟多次起飞，是在练习飞翔。把这个含义放到学习上，就是多次练习所学的东西。其意近似今天的"温习"。之，指已经学过的知识和技能。亦，也。说（yuè），喜悦。这个意义后世写作"悦"。皇侃《论语义疏》中凡"说"皆作"悦"，"悦"是俗体，因此《说文》中有"说"无"悦"。乎，句末语气词，表示疑问。

不亦说乎，是一个反问，意思是不也很喜悦吗。那么为何用"亦"字呢？用"亦"的含义在于：所悦之事甚多，学而时习之是其中之一。学而时习之为何喜悦呢？这是因为学到了知识和技能，自然内心喜悦；时常温习使之不忘，内心更为喜悦。

学而时习之，不亦说乎，意思是学到了知识和技能，时常温习它，不也很喜悦吗？

朋，在同一个师门学习的人。同门曰朋，同志为友。何谓同门？古代官员致仕，回到家乡在闾中教学。二十五家为闾，共用一个巷子，巷子出口处有门，门边有塾。塾就是教学之处。来学习的人都从巷子的大门出入，因而称为同门。同门也就是同师，这叫朋。友，指志意相投的人。同处一师门曰朋，同执一志向为友。友者，有也。有什么呢？有共同的志趣。**乐**（lè），快乐。那么"乐"与"说"有何不同呢？说，主要在内心，是比较深层的喜悦。乐，则主要在外表。古人说，在内曰说，在外曰乐。说深而乐浅。说在心，乐则表现于外。

"有朋自远方来"，难道近处就不来？不是的。连远方的都来了，近处的到来，就不必说了。为何只言"朋"而不言"友"？朋疏友亲，朋来已经快乐了，友来的快乐自然可知。且自远方来者，必先为朋，而后为友，因此举"朋"已足，无须再举"友"。为何用"亦"字？用"亦"字，意为所乐之事很多，有朋自远方来，是可乐事之一。朋友到来，为何快乐？这是因为朋友之间切磋琢磨，可使学问更加长进，因此快乐。

有朋自远方来，不亦乐乎，意思是有朋友从远方来到，不也很快乐吗？

人，他人。**知**，了解。**愠**（yùn），恼怒。**君子**，有时指有位者，有时指有德者。这里指有德者。《白虎通·号》说："或称君子者，道德之称也。君之言群也。子者，丈夫之通称也。"《礼记·哀公问》说："君子也者，人之成名也。"

人不知而不愠，不亦君子乎，意思是他人不了解我而我不恼怒，不也是君子吗？

为何人不知而不愠也可以称为君子呢？这是因为君子责己，不责人。不因为他人不了解自己而责备他人，这正是君子之道。

孔子说："学到了知识和技能，时常温习它，不也很喜悦吗？有朋友从远方来到，不也很快乐吗？他人不了解我而我不恼怒，不也是君子吗？"

2.有子曰："其为人也孝弟，而好犯上者，鲜矣；不好犯上，而好作乱者，未之有也。君子务本，本立而道生。孝弟也者，其为仁之本与！"[①]

有子，孔子弟子有若。《史记·仲尼弟子列传》说："有若少孔子四十三岁。"郑玄说是鲁国人。《孔子家语·七十二弟子解》说："有若，鲁人，字子有，少孔子三十六岁。为人强识，好古道。"孔子死后，弟子思慕，因有若状似孔子，弟子相与共立为师，师之如夫子时也。阮元则说，弟子以有子之言似夫子，而欲师之，惟曾子不可强，其余皆服之矣。因此，《论语》的第二章，即列有子之语。刘宝楠认为，曾子不可强，并非不服有子，只是因为尊异孔子，不敢以事师之礼用之他人。何以知之？观曾子但言孔子之德不可尚，而于有子无微词，则非不服有子可知。

在《论语》中，孔子的弟子被称为"子"的只有四人：有若、曾参、闵子骞、冉有。其中，对有若和曾子始终称"子"，而对闵子骞和冉有，各有一处称"子"。这说明了三点：第一，称四子为"子"之处，应是四子门

---

① 皇侃《义疏》本中，"孝弟"作"孝悌"。

人所记；第二，有若和曾子始终称"子"，则应是孔子殁后，门人弟子尊奉二人如师；第三，《论语》这部书很可能就是有若和曾子的门人弟子所编辑。

其，人称代词，他。但这里并不特指某人，因此可以理解为一个人。**为人**，做人。

孝，善事父母为孝，与孝相对的是孽。**弟**（dì），善事兄为弟，这个意义后来写作"悌"（tì）。与弟相对的是傲。与"弟"相关的还有一个词是"友"。何谓"友"呢？《尔雅·释训》："善父母为孝，善兄弟为友。"友是兄弟相善。而本章要表达的是对上的态度，而不兼对下的态度，因此用"弟"而不用"友"。**好**（hào），喜欢。**犯**，冒犯。**上**，指地位在自己之上的人，如父母、兄长、长官、君主。**鲜**，少。有子说："一个人为人善事父母善待兄长，却喜欢冒犯地位在自己之上的人，这样的情况是很少的。"

孝悌的人，应当都是不好犯上的人，而此处说"鲜"而不说"无"，其意何在？有子之意，若在上者确实有过而孝悌者视而不谏，则必使在上者陷于不义，因此，稍稍开个口子，使孝悌者可以劝谏，以防完全堵塞在下者的匡弼之心。有子只是要抑制那种喜欢犯上的人，而不是要把劝谏之路全部堵死。

作，兴起。**乱**，子弑父、臣弑君谓之乱，引申为叛乱。**未**，不曾，还没有。未之有，即"未有之"。**之**，指代不好犯上而好作乱者。有子说："不喜欢冒犯地位在自己之上的人却喜欢兴起叛乱，这种人不曾有过。"

务，致力于。**本**，根本，基础。**立**，树立，确定。**道**，本意是人所行之路。正当的方法和手段，也是人所由行，所以也称为道。这里的"道"即指正当的方法和手段。**生**，产生。阮元认为，"本立而道生"是古《逸诗》。刘宝楠认为"君子务本，本立而道生"是古成语，而有子引用了它。有子说："君子致力于根本，根本树立起来了，正当的方法和手段就产生了。"

者，助词，在说明句中，用在名词主语的后面，表示停顿。**其**，是表示揣测语气的副词，大概。**为仁**，行仁，实践仁德。**与**，语气词，表示疑问，后世写作"欤"，《论语》中皆作"与"。礼崇尚谦虚退让，所以这里有子不是直接下断语说孝悌就是实践仁德的根本，而是以疑问的口气说："孝悌，大概就是实践仁德的根本吧。"

有子说："一个人为人善事父母善待兄长，却喜欢冒犯地位在自己之上的人，这样的情况是很少的；不喜欢冒犯地位在自己之上的人却喜欢兴起叛乱，这种人不曾有过。君子致力于根本，根本树立起来了，正当的方法和手段就产生了。孝悌，大概就是实践仁德的根本吧。"

3.子曰："巧言令色，鲜矣仁。"[①]

巧，好。这里做动词，使……好听。**令**，善，好。这里做动词，使……柔善。**色**，指面部表情。**鲜**，少。此人本来没有好听的语言和柔善的表情，却要装出来取悦于人。这样的人，很少有仁德，所以说"鲜矣仁"。为什么不说无仁呢？这是因为有的人天生言好色善，这样的人未必就无仁，所以只言"少"而不言无。

孔子说："使言语好听，使表情柔善，这样的人很少有仁德。"

---

① 皇侃《义疏》本中，"鲜矣仁"作"鲜矣有仁"。

这一章后来在《阳货第十七》第17章中再次出现。大概是弟子们各自记录自己从孔子那里听到的话，所以才会出现重复的情况。

4.曾子曰："吾日三省吾身：为人谋而不忠乎？与朋友交而不信乎？传不习乎？"①

曾子，孔子弟子曾参（shēn）。据《史记·仲尼弟子列传》记载，曾子为鲁国南武城人，字子舆，少孔子四十六岁。孔子以其能通孝道，故授之业，作《孝经》，死于鲁。据《元和姓纂》："夏少康封少子曲烈于鄫（zēng），春秋时为莒所灭。鄫太子巫仕鲁，去邑为曾氏，见《世本》。巫生阜，阜生晢，晢即曾点，曾子父也。"所谓"邑"，指的是"鄫"字的右耳旁。鄫字去邑，即为曾。

吾，我。**日**，每天。日的本义是一昼夜。太阳运行一周天为一昼夜，所以称一昼夜为日。**三**，表示多。在古籍中，三、九常用来表示多。这里也是这种情况。虽然很巧合的是，下边要反省的也是三件事，但这个"三省"的"三"不是指这三件事，而是指对这三件事的多次反省。**省**（xǐng），反省。**身**，指自己。曾子说："我每天多次反省自己。"

为（wèi），替，给。**谋**，谋划，想办法。**忠**，尽心。谋贵尽忠，所以反省自己为人谋划时，要看是否尽了心。曾子每天反省的第一件事是：替人谋划不尽心吗？**与**，和。**朋友**，同门曰朋，同志曰友。同志，指的是两人志趣相同。**信**，诚实不欺。朋友交往贵信，所以反省与朋友的交往时，要看是否诚实不欺。曾子每天反省的第二件事是：和朋友交往不诚实吗？**传**（chuán），传授，指得自老师的传授。**习**，温习。曾子每天反省的第三件事是：老师传授给自己的知识和技能，自己温习了吗？

曾子说："我每天多次就以下三事反省自己：替人谋划尽心了没有？

---

① 皇侃《义疏》本中，"与朋友交而不信乎"作"与朋友交言而不信乎"。

和朋友交往诚实吗？老师传授给自己的知识和技能，自己温习了吗?"

《学而第一》以上四章，第一章为孔子之言，第二章为有子之言，第三章仍为孔子之言，第四章则是曾子之言。可见，有子和曾子在孔门弟子中具有重要的地位。

5.子曰："道千乘之国，敬事而信，节用而爱人，使民以时。"①

道（dǎo），引导，后世写作"導"（简化字作"导"）。这里的意思是治理。

千乘（shèng）**之国**，指诸侯国，其地可出兵车千乘。四马驾一辆战车叫乘。天子万乘，诸侯千乘，所以千乘是指诸侯国。在春秋初期，诸侯国一般达不到千辆兵车，但是到孔子所处的春秋末期，千乘已经不算大国了。国，指诸侯国。这个字最初指诸侯在所分封到的土地上筑起的都城。诸侯的整个封地则叫邦。可见，最初，国和邦的含义不同。但后来，国的词义扩展，变得与邦的意义相当。虽然如此，古籍之中，当邦、国对称时，二者还是有所区别，大的诸侯国叫邦，小的诸侯国叫国。如果邦、国各自单独出现时，则没有区别，称国称邦都可以。

道千乘之国，意思是治理一个有一千辆兵车的诸侯国。

敬，指一种做事的态度，意思是严肃认真。正因为敬是指做事的态度，所以它常与"事"连用。**信**，诚实不欺。敬事而信，意思是做事严肃认真，诚实不欺。**用**，财用，费用。节用，节约财用。**爱**，爱护，给予恩惠。**人**，指他人。节用而爱人，意思是节约财用，爱护他人。**使**，用，指使用人民

---

① 皇侃《义疏》本中，"道"作"导"。

服劳役，如建设城郭、都邑、道路等。**以**，介词，用。**时**，一定的时候，此处指农闲之时。使民以时，意思是用农闲时候使用人民服劳役。

孔子说："治理一个有一千辆兵车的诸侯国，做事要严肃认真，诚实不欺；节约财用，爱护他人；用农闲时候使用人民服劳役。"

6.子曰："弟子入则孝，出则弟，谨而信，泛爱众，而亲仁。行有余力，则以学文。"①

弟子，既可以指年纪幼少之人，也可以指门人。这里指年纪幼少之人。**入**，指在家内。**出**，指在家外。**弟**（dì），本义是弟对兄的敬爱，这里的意思是顺从。年纪幼少之人，在自己家内，要善事父母；在自己家外，要顺从长上。**谨**，谨慎，慎重。**信**，诚实不欺。谨，见之于行。信，见之于言。谨而信，意思是行为谨慎，言语诚实。**泛**，广。**众**，众人。**亲**，亲近。**仁**，仁者。泛爱众而亲仁，意思是广泛地爱护众人，亲近仁者。

以，用。则以学文，即"则以之学文"。之，指余力。**文**，文献，典籍。行有余力，则以学文，意思是实践以上诸事之后还有剩余的力量，就把剩余的力量用来学习典籍文献。由此可见，在孔子的思想中，实践是第一位的。学习文化知识是在实践之后尚有余力的情况下才去做的。

孔子说："年纪幼少之人，在自己家内，要善事父母；在自己家外，要顺从长上；行为谨慎，言语诚实；广泛地爱护众人，亲近仁者。实践以上诸事之后还有剩余的力量，就把剩余的力量用来学习典籍文献。"

---

① 皇侃《义疏》本中，"弟"作"悌"。

7.子夏曰："贤贤易色，事父母能竭其力，事君能致其身，与朋友交言而有信。虽曰未学，吾必谓之学矣。"

子夏，孔子弟子。《史记·仲尼弟子列传》说："卜商字子夏，少孔子四十四岁。""孔子既没，子夏居西河教授，为魏文侯师。其子死，哭之失明。"

前一个"**贤**"，是动词，以之为贤，崇尚的意思。后一个"**贤**"，指贤德。**易**，替代。**色**，美色，女性美。贤贤易色，即"贤贤易贤色"，崇尚女人的贤德替代崇尚女人的美色，即好尚女人的贤德而不是好尚女人的美色。这一条是关于夫妇之伦。**事**，侍奉，服事。**竭**，尽。竭的本意是负举，负举者必尽力，所以竭又引申为尽。事父母能竭其力，意思是侍奉父母能竭尽他的力量。这一条是关于父子之伦。**君**，天子诸侯卿大夫（dà fú）凡有地者都可称为君。**致**，献出。**身**，本义是身体，这里指生命。事君能致其身，意思是服事君主能献出生命。这一条是关于君臣之伦。**与**，和。**信**，诚实不欺。与朋友交言而有信，意思是和朋友交往说话诚实不欺。这一条是关于朋友之伦。

虽，即使。曰，语气词，用在句首或句中。**未**，不曾，还没有。**谓**，说。**之**，人称代词，他。

以上夫妇、父子、君臣、朋友，是主要的人伦，而此人的行为，已经尽伦。学习，也只不过是达到尽伦而已。此人的行为已经达到了与学习之后所能达到的目标完全一样了。即使此人没有从师学习，但已经相当于学习过了。因此子夏说："即使他未曾学习，我也一定说他学习过了。"

三代之学，都是用来明人伦的。夫妇、父子、君臣、朋友，是四种大的人伦。其中夫妇之伦是人伦的开端，所以本章一开始就讲夫妇之伦，接着明父子之伦，接着明君臣之伦，最后明朋友之伦。

依据明伦的思路，古人对"贤贤易色"的部分解释有误。这些误解有两种：第一种解释认为，贤贤易色，意思是好尚贤人而不好尚女色；第二种解释认为，贤贤易色，意思是因为好尚贤人，所以见了贤人就改变其平常的面色。这两种解释都偏离了本章明人伦的主旨。

本章中子夏的话，意思虽然很好，但是偏激了，这表现在他过于偏重行为，而贬低了学习的重要性，甚至是以实践取消学习，这可能会产生只行不学的弊端。这确实不如上一章中孔子说的"行有余力，则以学文"更为中道。

本章与上章是以类相从。上章说实践之后有余力，就把余力拿来学习典籍文献。这样，实践第一，学习其次。本章则直接认为有行动就等于已经学习过了，从而以实践取消了学习。

子夏说："崇尚女人的贤德替代崇尚女人的美色，服事父母能竭尽他的力量，服事君主能献出他的生命，和朋友交往说话诚实不欺。做到了以上几点，即使他未曾学习，我也一定说他学习过了。"

8.子曰："君子不重则不威，学则不固。主忠信，无友不如己者。过则勿惮改。"

重，庄重。**不**，无。**威**，威严。据《左传·襄公三十一年》记载："有威而可畏谓之威。"君子不重则不威，意思是君子不庄重就没有威严。**学**，学问，即所学的知识和技能。**固**，坚固，坚实。学则不固，完整的句子是"君子不重，学则不固"，意思是君子不庄重，学问就不坚实。何以如此说呢？若学问坚实，必能笃行，则必庄重。不庄重，即反证了其学问不坚实。

主，亲近。主忠信，意思是亲近忠信之人。**无**，副词，通"毋"，禁止辞，意思是不要。**友**，动词，和……交朋友。无友不如己者，前人解释为不要和不如自己的人交朋友，那就是说，要和胜己者交友。若这样解释，就出现了自我矛盾。这个矛盾在于，如果人人都与胜己者交友，那么胜我者也就不与我交友了，我还能与谁交友呢？况且，孔子是圣人，岂有圣人如此势利？这种解释不通。

如何解释才可通呢？要联系上下文。"无友不如己者"前边有"主忠信"一句，两句相连来理解才通。亲近忠信之人，不要和在忠信方面不如自己的人交友。这样就通了。

过，有过错。**勿**，禁止之辞，意思是不要，与毋、无的意思相同。**惮**，畏难，有所顾忌。过则勿惮改，意思是如果有过错，则不要以改正为难。

孔子说："君子不庄重就没有威严，学问就不坚实。君子应亲近忠信之人，不要和在忠信方面不如自己的人交友。君子如果有过错，则不要以改正为难。"

本章的后半部分"主忠信，勿友不如己者。过则勿惮改"在《子罕第九》第25章再次出现过。这可能是弟子们各记所闻所致。

9.曾子曰："慎终追远，民德归厚矣。"

慎，谨慎，小心。《说文》说："慎，谨也。"**终**，老死曰终。《礼记·檀弓上》说："君子曰终，小人曰死。"这里的"终"指父母之丧。**慎终**，对父母之丧谨慎小心。在丧礼中，有多个阶段和多种要求，对每一个阶段和每一种要求都要谨慎地去做好，这就叫慎终。**追**，追思。**远**，久远，指父母已葬之后，日月久远。**追远**，追念去世久远的父母。

慎终追远，意思是对父母之丧小心谨慎，追念去世久远的父母。**德**，品德，德行。**归**，归宿。**厚**，厚道。民德归厚矣，意思是人民的品德就会归宿到厚道。

此处"慎终追远"的主语是执政者，这是因为下文有"民"字。执政者的行为具有示范作用，可以感化人民。因此，执政者能够慎终追远，人民的品德就会归于厚道。

曾子说："执政者对父母之丧小心谨慎，追念去世久远的父母，人民的品德就会归于厚道。"

10.子禽问于子贡曰："夫子至于是邦也，必闻其政，求之与？抑与之与？"子贡曰："夫子温、良、恭、俭、让以得之。夫子之求之也，其诸异乎人之求之与！"①

子禽，孔子弟子陈亢（gāng）。据《孔子家语·七十二弟子解》记载："陈亢，陈人，一字子禽，少孔子四十岁。"

子贡，《史记·仲尼弟子列传》说："端沐赐，卫人，字子贡，少孔子三十一岁。"沐，《家语》作"木"。贡，本亦作"赣"。汉石经《论语》残碑，凡子贡皆作"子赣"。古人的名与字之间有密切关系，如颜回，名回，字子渊。渊者，回水也。子贡，名贡，字赣。贡，献功也。赣，赐也。子贡名赐，字当作赣，《论语》却作"贡"，乃是省借。

---

① 皇侃《义疏》本中，"其诸异乎人之求之与"作"其诸异乎人之求之与也"。

夫子，是一种敬称，这里指孔子。在孔子生活的时代，曾经做过大夫的人都可以称为夫子。孔子曾为鲁大夫，所以弟子们称他为夫子。**是**，此。是邦，这个邦国，但这里的"是邦"并不是指具体的某个邦国，而是指每一个邦国。夫子至于是邦，意思是老师每到一个邦国。**闻**，听见。这种听见不是主动去听，而是被动听到。《说文》段玉裁注："往曰听，来曰闻。"主动去听到，叫听；被动听到，叫闻。**政**，政事。**求**，寻求，要求。"求之与"的"与"，语气词，后世写作"欤"，表示疑问。**抑**，连词，表示选择。"与之"的"**与**"，给予，这里的意思是主动告诉。

子禽问子贡："老师来到一个邦国，一定能听到这个邦国的政事，是要求来的呢？还是人家主动告诉他的？"

温，温和。**良**，和悦，和睦。**恭**，恭敬。在貌为恭，在心为敬。**俭**，谦逊。**让**，谦让。关于这个"让"字，繁体字为"讓"，意思是责备。真正表达"谦让""推让"这个意思的是"攘"，攘，是推的意思。凡是谦让、揖让，都当作"攘"，但经传常假借"讓"为"攘"。**以**，而。

子贡回答子禽，夫子是以温和、和悦、恭敬、谦逊、谦让而得以听到一个邦国的政事。子贡这样说，表明孔子每到一个国家，一定能听到这个国家的政事，这不是求来的，而是每一国家的国君主动告知的。

之，介词，起把主谓结构变成词组的作用。夫子求之，是主谓结构。加上一个"之"字，就变成了词组"夫子之求之"，该词组在这里做主语。**其**，副词，表示揣测语气，大概。**诸**，语气词，无实义。人之求之，也是一个词组，作宾语。**与**，语气词，后世写作"欤"，在这里表示的是疑问。

子贡说："如果把这也说成是求来的，那么老师的求来，大概与他人的求来也是不同的吧？"

　　子禽问子贡："老师来到一个邦国，一定能听到这个邦国的政事，是求来的呢？还是人家主动告诉他的？"子贡说："老师是以温和、和悦、恭敬、谦逊、谦让而取得的。如果把这也说成是求来的，那么老师的求来，大概与他人的求来也是不同的吧！"

　　11.子曰："父在，观其志；父没，观其行。三年无改于父之道，可谓孝矣。"

　　在，存在，意思是活着。**观**，细看，观察，有目的地看。《穀梁传·隐公五年》曰："常视曰视，谛视曰观。"谛视，就是审视，仔细看。**其**，他，指人子。**志**，志意。在心为志。其父尚活着的时候，人子对事情不能专擅，因此，只能观察人子的志意。若此人好善，则闻善事便喜；若此人好恶，则闻善事不喜。闻善而喜和闻善而不喜，就是其志意。观此可知此人善恶。父在观其志，意思是其父活着的时候，观察人子的志意。**没**(mò)，去世。其父去世之后，人子对事情可以专擅了，此时就可以观察他的行动了。父没观其行，意思是其父去世之后，观察人子的行为。

　　以上两条，讲观人。以下一条，则讲孝道。

　　什么叫年？《尔雅·释天》曰："夏曰岁，商曰祀，周曰年，唐、虞曰载。"在古代，对年的称呼有多种。年本是庄稼成熟的意思。周代称一岁为一年，就有取庄稼成熟之义。庄稼每年成熟一次，因而称一年时间为年。**道**，道路，规矩，做法。**谓**，称为，叫作。人子三年不改变其父的规矩，就可以称为孝了。

　　为什么三年不改父之道？有两个原因：第一，其父去世，孝子哀伤甚深，无法识别政事的是非，因而无法改变父亲的规矩。第二，三年之内，孝子哀慕之心事亡如存，不忍改变父亲的规矩。为何是三年？孔子曾言，子生三年，然后免于父母之怀，因此他不仅主张三年之丧，而且主张三年无改于父之道。

问题是，若父政善，可以不改；若父政恶，难道也不改？本书认为，孔子说这段话可能有某种背景。他之所以讲三年无改，可能是对对方的一种矫正。若没有某种背景，孔子讲三年无改，本来就不论父政是善是恶，而只论孝子之心。若父政恶，自然有辅佐者去改变，与孝子无关。

曾子也转述过孔子把不改变父之道作为人子之孝的一项内容。在《子张第十九》第18章中，曾子曰："吾闻诸夫子：孟庄子之孝也，其他可能也；其不改父之臣与父之政，是难能也。"这段话的意思是，曾子说："我从老师那里听说过，孟庄子的孝，在别的方面，他人是可以做得到的；他不改变父亲所任用的人和父亲的政治措施，这是别人难以做到的。"

孔子说："其父活着的时候，观察人子的志意；其父去世之后，观察人子的行为；人子三年不改变其父的规矩，就可以称为孝了。"

12.有子曰："礼之用，和为贵。先王之道，斯为美。小大由之，有所不行。知和而和，不以礼节之，亦不可行也。"①

礼，礼仪，引申为社会行为的法则、规范。和，和谐，和睦。贵，贵重，这里的意思是崇尚。礼之用，和为贵，意思是礼的使用，崇尚的是和谐。为何用礼尚和？因为把礼这种规范使用过度的时候，人与人之间就会疏离，这就是所谓的"礼胜则离"。

———

① 皇侃《义疏》本中，"亦不可行也"作"亦不可行"。

先王，指已死的圣王。死亡叫先。**道**，道理、规矩、做法。**斯**，此，指"礼之用，和为贵"。**美**，善的，好的，与恶相对。先王之道斯为美，意思是先王的规矩，此为善，即以用礼尚和为善。何不直接用"善"字，却用"美"字？这是因为礼有威仪，威仪可以"美"言。

上二句讲礼贵用和。下边则分别讲独重礼和纯重和都是不可行的。

小大由之，无论大事小事都由礼，这就是独重礼。小大由之，有所不行，意思是大小事情都用规矩，会有行不通的时候。

但是如果知道和谐的重要而纯用和，不以礼来节制和，也是不可行的。举例来说，西周夷王残暴，引起各国诸侯不满。为了安抚诸侯，夷王就下堂接见朝觐的诸侯。而按照觐礼，天子是不下堂接见诸侯的，下堂接见诸侯，是天子失礼。这里，夷王下堂是为了和而纯用和，却不以礼来节制和，这样的做法也是错误的。

小大由礼，不可行；知和而和，不以礼节之，也不可行。因此，末句用"亦"字。

有子说："礼的使用，崇尚的是和谐。先王的做法，以用礼尚和为善。大小事情都用规矩，会有行不通的时候。知道和谐的重要而纯用和谐，不以礼来节制和，也是不可行的。"

13.有子曰："信近于义，言可复也。恭近于礼，远耻辱也。因不失其亲，亦可宗也。"①

信，守信，遵守当初的承诺或约定。**义**，宜，适当。人言不欺为信，

---

① 皇侃《义疏》本中，"亦可宗也"作"亦可宗敬也"。

于事合宜为义。**复**，古字作"復"，本义是往返。《说文》曰："復，往来也。"这里的意思是践行。信近于义，言可复也，意思是如果遵守当初的承诺和约定接近适当，那么当初的承诺和约定就可以践行。反过来说，如果遵守当初的承诺或约定是不适当的，那么就不必遵守。在守信与适当二者之间，应当选择的是适当而不是守信。如果想守信用，就要使所说的话可以践行，就必须使承诺和约定接近于适当。

恭，敬。对人的恭敬接近于礼，就不会为人所轻侮，因而可以远离耻辱。

因，依靠，凭借。**失**，遗失。**亲**，指亲近的人。**宗**，敬。依靠的对象不遗失其亲近的人，也是可以尊敬的。之所以用"亦"字，是因为可尊敬之事甚多，因不失其亲是其中之一。

从正面看，本章讲的大意有三点：守信要合乎义，恭敬要合乎礼，亲近之人是依靠对象。

有子说："遵守当初的承诺和约定如果接近适当，当初的承诺和约定就可以践行。对人的恭敬接近于礼，就可以远离耻辱。依靠的对象不遗失其亲近的人，这样的人也是可以尊敬的。"

14. 子曰："**君子食无求饱，居无求安，敏于事而慎于言，就有道而正焉，可谓好学也已。**"①

饱，吃足。《说文》曰："饱，猒（yàn）也。"猒，就是饱的意思。食无求饱，意思是吃饭不追求吃足。**居**，《说文》作"凥"，居处的意思，

---

① 皇侃《义疏》本中，"可谓好学也已"作"可谓好学也矣已"。

从尸几。尸是代表死者受祭的活人。尸躺在几上才安逸。尸下有几是"凥"字。古字中也有"居"字，居的意思是蹲。凥与居，二字的意思不同，但经传多假借"居"为"凥"。居无求安，意思是居处不要求安逸。

为什么君子食无求饱居无求安呢？这是因为君子的志向不在食和居，而有其他更高的追求，无暇顾及食和居。

敏，勤勉。**慎**，谨慎。**就**，去到，走进。**有道**，指有道者。**正**，匡正。**焉**，句末语气词。君子做事勤勉而说话谨慎，到有道者那里去接受匡正。

已，语气词，略等于"矣"。

以上孔子说了五点：食无求饱、居无求安、敏于事、慎于言、就有道而正。做到了这五点，就可以称为好学了。

孔子说："君子吃饭不追求吃足，居处不要求安逸，做事勤勉而说话谨慎，到有道者那里去接受匡正，就可以称为好学了。"

15.子贡曰："贫而无谄，富而无骄，何如？"子曰："可也。未若贫而乐，富而好礼者也。"子贡曰："《诗》云：'如切如磋，如琢如磨。'其斯之谓与？"子曰："赐也，始可与言《诗》已矣，告诸往而知来者。"[①]

谄，巴结，奉承。贫而无谄，意思是贫穷却不巴结别人。**骄**，本是马高六尺之名。人自高自大，也称为骄。人贫穷多会巴结别人，人富足多会对他人傲骄。**何如**，怎么样。

子贡说："贫穷却不巴结别人，富足却对人不傲骄，这样的人怎么样？"

---

① 皇侃《义疏》本中，"贫而乐"作"贫而乐道"，"《诗》云"作"《诗》曰"，"其斯之谓与"作"其斯之谓也"，"告诸往而知来者"作"告诸往而知来者也"。

可，可以，只算是可以。**乐**，快乐，意思是不以贫穷为忧苦。孔子认为，贫穷者的行为，有高于贫穷而不巴结他人的。贫穷而不巴结他人只算是可以，然而却不及贫穷却快乐。贫穷却快乐，是已经忘掉了自己的贫穷。富而无骄，也仅仅算是可以，然而却不及富足而喜欢礼。富足而喜欢礼，是已经忘掉了自己的富足。

孔子说："这只算是可以。还没有赶上贫穷却快乐，富足而喜欢礼的人。"

此处为何是"贫而乐，富而好礼"而不是"贫而好礼，富而乐"呢？这是因为贫者多忧愁而不乐，同时贫者也无钱财行礼，因此超出贫而无谄之上的是贫而乐。富者丰足，自有其乐，同时又有钱财可以行礼，因此超出富而无骄之上的是富而好礼。

听了孔子的回答，子贡明白了：仅仅贫而无谄和富而无骄是不够的。这正如用骨、象、玉、石制作器物，仅仅有骨、象、玉、石是不够的，还需要对它们进行切、磋、琢、磨。于是子贡引《诗·卫风·淇奥（yù）》中的诗句来表达这个意思。《淇奥》这首诗是赞美卫武公的，原句说："有匪君子，如切如磋，如琢如磨。"匪，即斐，有文采，有才华。有匪君子，有才华的君子，指卫武公。**切**，加工骨器。**磋**，加工象牙。**琢**，雕刻玉器。**磨**，打磨石器。诗句的意思是，有才华的卫武公，就像加工骨、象、玉、石进行切、磋、琢、磨那样提升自己。子贡引用其中的"如切如磋，如琢如磨"，意在表示自己领会孔子的"贫而乐，富而好礼"的意思是就像加工骨、象、玉、石进行切、磋、琢、磨那样提升自己。

其，副词，表示揣测，大概。**斯**，此，指代孔子说的"贫而乐，富而好礼"这句话。**与**，表示疑问的语气词。子贡说："《诗》说：'就像切磋琢磨那样提升自己。'大概说的就是您讲的意思吧?"

诸,之,意思是他,指子贡。孔子称子贡之名说,可以开始与子贡谈《诗》了,因为告诉他过去,他就可以知道将来。这里的告往知来,指的是孔子告之以贫乐富礼,子贡知以切磋琢磨类比。

为什么孔子说可以开始与子贡谈《诗》呢?这是因为子贡已经开始知道引《诗》来表达自己的想法了。

子贡说:"贫穷却不巴结别人,富足却对人不傲骄,这样的人怎么样?"孔子说:"这只算是可以。但还没有赶上贫穷却快乐,富足而喜欢礼的人。"子贡说:"《诗》说:'就像切磋琢磨那样提升自己。'大概说的就是您讲的意思吧?"孔子说:"赐啊,可以开始与他谈《诗》了,因为告诉他过去,他就知道将来。"

16.子曰:"不患人之不己知,患不知人也。"[①]

患,忧虑。不己知,即"不知己",不了解我。君子责己,不责人,所以不以他人不了解我为忧。不知人,不了解别人。他人不了解我,我无所失。我若不了解别人,则对于贤者不能亲之用之,对不贤者不能远之退之,所失很大,所以君子当以不了解别人为忧虑。

孔子说:"不忧虑别人不了解我,而忧虑我不了解别人。"

---

① 皇侃《义疏》本中,"不患人之不己知,患不知人也"作"不患人之不己知也,患己不知人也。"

为政第二

1.子曰："为政以德，譬如北辰，居其所而众星共之。"

为政，就是从事治理国家的工作。为政以德，即以德为政。**德**，得也，万物皆得其性谓之德。这里的意思是道德，德行。为政以德，意思是以道德作为治理国家的手段。**譬**，比喻，比方。《说文》："譬，谕也。"举他物而以明此物就叫比方。**辰**，星辰的泛称。北辰，特指北极星。譬如北辰的意思是，打比方来说，就像北极星那样。**居**，处在。**所**，处所。**星**，是古字"曐"的省写，指星星。古人认为万物之精，上列为星。**共**（gǒng），环抱，拱卫。**之**，指北极星。居其所而众星共之，意思是处在它的处所而其他的星星拱卫着它。

这段话的意思是，如果能以道德作为治国的手段，那么就可以垂拱无为而天下归之。

本章讲为政以德可达无为而治之效，那么孔子此言到底是讲无为还是讲有为？此处说"为政"，说明是有为。但又说"居其所而众星共之"，似乎又是无为。这就需要区分道家的无为与儒家的无为。道家的无为是执政者无为，让百姓遵从天性生活；而儒家的无为是为政者以德为政，达到无为而治的效果。道家的无为是执政者不作为，而儒家的无为是执政者有为之后达到的效果。因此，儒家的无为归根到底是有为。"政"是正其不正，以己德化民则是正民的方法之一。从"政"的这个含义也可以看到儒家的无为其实仍是有为。

孔子说："以道德作为治理国家的手段，打比方来说，就像北极星那样，处在它的处所而其他的星星拱卫着它。"

2.子曰："《诗》三百，一言以蔽之，曰：'思无邪'。"

《诗》，就是今天我们所说的《诗经》。古代称《诗》，不称《诗经》。《诗》的篇数，现在是三百零五篇。而古籍中则有说三百一十一篇的，也有说三千篇的。《毛诗序》一共三百一十一篇，其中六篇亡佚，存者三百零五篇。《史记·孔子世家》说："古者《诗》三千余篇，及至孔子，去其重，取其施于礼义。"变成了三百零五篇。又说："三百五篇，孔子皆弦歌之，以求合《韶》《武》《雅》《颂》之音。"可见司马迁认为，《诗》共三百零五篇。班固也认为，三百零五篇是孔子删后《诗》所余篇数。在《汉书·艺文志》中，班固说："古有采诗之官，王者所以观风俗，知得失，自考正也。孔子纯取周诗，上采殷，下取鲁，凡三百五篇。"《诗》有三百零五篇，而这里说"《诗》三百"，是举篇之大数。孔子言"《诗》三百"，在《论语》中有两处。本章为一处，另一处在《子路第十三》第5章，子曰："诵《诗》三百，授之以政，不达；使于四方，不能专对。虽多，亦奚以为？"意思是，孔子说："朗诵《诗经》三百篇，把政事交给他，他却搞不明白；出使到各国去，又不能随机引用《诗》来对答。即使他朗诵《诗经》很多，用到何处呢?"另外，在《礼记·礼运》中有一处，也是举《诗》篇的大数。

一言，指言辞中的一句话。**以**，用。**蔽**，本义是遮挡，这里是概括的意思。一言以蔽之，即"以一言蔽之"。《诗》三百，一言以蔽之，意思是《诗》三百篇，用一句话来概括它。

曰，叫作，称为。**思无邪**，是《诗·鲁颂·駉（jiōng）》中的一句话。《駉》是歌颂鲁僖公的一首诗。最后一章中有这样的话："思无邪，思马斯徂。"前一个"思"，意思是思考、思虑。邪，邪曲。后一个"思"，是句首语助词，没有实义。斯，此，这里的意思是这样地。徂（cú），往，行。思无邪，思马斯徂，意思是鲁公的思虑没有邪曲，他养的马是这样地善于行走。

《诗》中各篇，各因一事而发，若求《诗》全体之意，"思无邪"一句话可以当之。《诗》的内容，多论功颂德，防止邪僻，大体上都归于正道，因此，"思无邪"一句大致可以概括《诗》全体之意。这里说"思无邪"，而不说"思正"，是因为邪去则归于正。

本章紧接于"为政以德"章之后，言为政以德之道在于去邪归正，因此以一句话来概括《诗》的要义。此处也有类比的意思在内，即《诗》可一言以蔽之，为政同样可以一言以蔽之。《诗》的要义可以概括为"思无邪"，为政的关键则可以概括为"为政以德"。

孔子说："《诗》三百篇，用一句话概括它，叫作'思无邪'。"

3.子曰："道之以政，齐之以刑，民免而无耻。道之以德，齐之以礼，有耻且格。"

道（dǎo），引导。这个意义后来写作"導"，即简化字的"导"。**之**，指被治者，人民。**政**，政治，这里指法制。**齐**，使整齐。**刑**，刑罚。**免**，脱，这里指百姓逃脱罪罚。以法制引导百姓，对于百姓中的不服者，则用刑罚来使之整齐，这样的话，百姓就会百般巧避刑罚，虽然脱避于罪，却对作恶不感羞耻。

孔子说："用法制引导人民，用刑罚使人民整齐，人民只是逃脱罪罚却没有羞耻之心。"

格，至、来。《尔雅·释诂》："格，至也。"这里的意思是归附。用道德引导人民，用礼使人民整齐，人民就会有羞耻之心而且会来归附。古人解释"格"为"正"，但当"格"为"正"的时候，其含义是纠正、匡正，需要有宾语。本章此处无宾语，因此，不可解释为"正"。

本章讲两种为政之道：其一，为政以政刑；其二，为政以德礼。为政以政刑导致"民免而无耻"，而为政以德礼会使民"有耻且格"，因此为政当以德礼。这样看来，政是为治的工具，刑是辅治的方法，德礼则是为政的根本，而德又是礼之本。这样，德礼政刑虽然不可偏废，但政刑仅仅能使人民远离罪罚，却不能使人民变善；德礼则可以使人民日迁善而不知。所以治民之道，当深知其本，而不可徒恃其末。这是儒家德治思想的基本逻辑。

孔子说："用法制引导人民，用刑罚使人民整齐，人民只是逃脱罪罚却没有羞耻之心。用道德引导人民，用礼使人民整齐，人民就会有羞耻之心而且会来归附。"

4.子曰："吾十有五而志于学，三十而立，四十而不惑，五十而知天命，六十而耳顺，七十而从心所欲，不逾矩。"①

有（yòu），又，用于整数和零数之间。十有五，即十又五，意思是十五。**志**，立志。**学**，学问。孔子说："我十五岁立志于学问。"**立**（lì），有所成就。三十而立，意思是三十岁的时候学有所成。**惑**，迷惑。四十而不惑，意思是到四十岁的时候，已经学成十年了，所以对于事物的道理，已经不迷惑。**命**，令。**天命**，天所令，个人境遇乃天所令，不是人力所能改变。天令，只是一个形象的说法，并不是说天会发令。五十而知天命，意思是五十岁的时候知道个人境遇乃天所令。**顺**，不逆。六十而耳顺，意思是六十岁的时候，无论听到什么都不逆反。**从**，随。**逾**，越过，多写作"踰"。《经典释文》："逾，踰也。"**矩**，本义是木工用来画方形或直角的曲尺，这里的意思是法度、常理。七十而从心所欲，不逾矩，意思是到七十岁的时候，即使随心所欲也不会越出法度常理。

本章是孔子追叙自己一生的六个关键时间点。贯穿的是"学"。十五开始学，一直到七十岁，都在学，其间经历了学有成、不迷惑、知天命、耳顺、从心所欲不逾矩数个阶段。孔子如此追叙，目的在于劝人学。

这段话讲于孔子七十岁之后。为何只讲到七十不讲八十？因为这是孔子追叙自己为学的经历，而孔子自己寿七十三。

孔子说："我十五岁的时候，立志于学问；三十岁的时候，学有所成；四十岁的时候，已经不迷惑；五十岁的时候，懂得了天命；六十岁的时候，无论听到什么都不逆反；七十岁的时候，即使随心所欲也不会越出法度

---

① 皇侃《义疏》本中，"不逾矩"作"不踰矩"。

常理。"

5.孟懿子问孝。子曰:"无违。"樊迟御,子告之曰:"孟孙问孝于我,我对曰'无违'。"樊迟曰:"何谓也?"子曰:"生,事之以礼;死,葬之以礼,祭之以礼。"

孟懿子,鲁大夫仲孙何忌,是孟僖子仲孙貜(jué)的儿子。据《史记·孔子世家》记载,孟僖子病死之前,曾告诫孟懿子,让他一定以孔子为师。僖子死后,他的两个儿子孟懿子和南宫敬叔就去跟从孔子学礼。由此可见,孟懿子乃孔子弟子。但是《仲尼弟子列传》却未将孟懿子列入弟子之列,何晏的《论语集解》,也只说孟懿子为鲁大夫,不说是孔子弟子。原因何在?孟懿子受学于孔门,但当孔子仕鲁,隳三都之时,孟懿子对抗,导致孔子的政策破产,因此《弟子列传》不列其名,何晏的《集解》则只说其官职,而不说是孔子弟子。

懿,谥。古时,一个人死后,根据他生前的行迹所给的一个评价性的号,就是谥。谥是人死后才给予的,这叫终葬制谥。给谥时,大行受大名,细行受细名。若有恶行,则给予恶谥,如桀、纣、幽、厉,都是恶谥。天子崩,称天给谥。诸侯薨,则由天子给谥。大夫终,由诸侯给谥。这里的懿,是一个美谥。《谥法解》曰:"柔克为懿,温和圣善曰懿。"懿子既然是贼臣,为何还能得到美谥?这是因为春秋末期,给谥已经不依谥法,大体上都给美谥,所以仲孙何忌得到了懿这样的谥。

什么叫孟?古人兄弟之间按孟、仲、季排行,孟、仲、季象征的是每一季的三个月。以春季为例,第一个月称孟春,第二月称仲春,第三个月称季春。若是嫡长子,则不称孟,而称伯,如,周公之子伯禽、商代孤竹君之子伯夷。孟懿子的先祖，是鲁桓公的庶长子，庶长子称孟，后来孟就成了这一支的氏。

孟懿子，即鲁大夫仲孙何忌，仲孙是氏，何忌是名。既称其为孟氏，自应是长兄，却又以仲孙为氏，而仲并非长兄。这又是为何？孟懿子乃孟孙氏之后，孟孙氏乃公子庆父之后。庆父本居孟，但其仲无人，故兼称仲，于是孟氏得称仲孙，所以孟懿子得称仲孙何忌。

就是这个孟懿子，他问孔子什么是孝。孔子很简单地回答说："无违。"意思就是不要违背。不要违背，却没有宾语。到底不违背什么呢？孔子没有明说。孔子为何不明说呢？孔子之意，欲使孟懿子自行思考，自行明白无违的含义。

樊迟，是孔子的弟子，《仲尼弟子列传》说："樊须字子迟，少孔子三十六岁。"**御**，驾车。**孟孙**，即孟懿子。樊迟为孔子驾车，孔子就把孟懿子问孝之事对樊迟讲了，说："孟孙问孝于我，我对曰：'无违'。"意思是，孟孙问我什么是孝，我回答说"不要违背"。**谓**，指称，意指。樊迟也不晓得是什么意思，就问孔子："这指的是什么意思呢？"

孔子回答说："父母活着的时候，要以礼侍奉；父母去世后，要以礼安葬，以礼祭祀。"如此一来，所谓"无违"，并不是指不违逆父母，而是指不违背礼的规定。

这里边有两个问题：

第一个问题，孔子为什么要以不违礼来回答孟懿子？这是因为当时鲁国三家权臣孟孙、叔孙和季孙，都僭越礼制行事，所以孔子以不违礼来回答孟孙之问。

第二个问题，孔子为什么要对樊迟说出答案？这是因为孔子担心孟懿子把"无违"理解成"不违逆父母",所以通过樊迟再告诉孟懿子"无违"的真义。之所以告诉樊迟,大约是因为樊迟与孟懿子有交情,孟懿子一定会问樊迟"无违"的含义。

孟懿子问什么是孝。孔子说:"不要违背。"樊迟给孔子驾车,孔子告诉樊迟说:"孟孙问我什么是孝,我回答说'不要违背'。"樊迟说:"这指的是什么意思呢?"孔子说:"父母活着的时候,要以礼侍奉;父母去世,要以礼安葬,以礼祭祀。"

6.孟武伯问孝。子曰:"父母唯其疾之忧。"

孟武伯,孟懿子(仲孙何忌)的儿子仲孙彘(zhì)。**武**,谥。**伯**,长,说明他是孟懿子的嫡长子。孟武伯问什么是孝。

唯,独,只。**其**,他的,指人子的。**之**,起宾语前置的作用。唯其疾之忧,即"唯忧其疾"。

父母唯其疾之忧,是说人子不妄做非礼非法之事来使父母忧虑,使父母不得已为他忧虑的,只有人子生病时。

孟武伯问什么是孝。孔子说:"父母只忧虑他的病。"

7.子游问孝。子曰:"今之孝者,是谓能养。至于犬马,皆能有养。不敬,何以别乎?"

子游,孔子弟子言偃。《史记·仲尼弟子列传》曰:"言偃,吴人,字子游,少孔子四十五岁。"言偃问什么是孝。

今,现在,当今。**者**,助词,在说明句中,用在名词主语的后面,表示停顿。**是**,这,指代"今之孝"。**谓**,叫作,称为。**养**,供养。孔子说:

"现在的孝，这叫作能供养。"

至于，说到。说到犬马，也都能得到供养。

敬，尊敬，尊重。如果没有对父母的尊敬，那么用什么来区别供养父母和供养犬马呢?

子游问什么是孝。孔子说："现在的孝，这叫作能供养。说到犬马，也都能得到供养。如果没有对父母的尊敬，那么用什么来区别供养父母和供养犬马呢?"

8.子夏问孝。子曰："色难。有事，弟子服其劳；有酒食，先生馔，曾是以为孝乎?"

色，面部表情，这里指人子的脸色。**色难**，人子和颜悦色为难。子夏问什么是孝。孔子说："人子对父母和颜悦色是很难的。"

事，指劳苦之事。**弟子**，指为人弟为人子者。**服**，担当，承受。**其**，指示代词，那。**劳**，辛劳。有事，弟子服其劳，意思是有劳苦之事，弟子去承担那辛劳。

食（sì），饭。这个字，特指饭的时候读 sì。作"给……吃"的时候，也读 sì。**先生**，这里指父兄。**馔**，食用。有酒食，先生馔，意思是有酒饭，父兄食用。

曾是以为孝乎，即"曾以是为孝乎"。**曾**（zēng），竟，乃。**是**，指上边所言"有事，弟子服其劳；有酒食，先生馔"这样的做法。曾是以为孝乎，意思是竟以为这就是孝吗? 这个反问，意味着仅仅这样做是不足为孝的。必须加以和颜悦色，方可谓孝。

子夏问什么是孝。孔子说："人子对父母和颜悦色是很难的。有劳苦之事，弟子去承担那辛劳；有酒饭，父兄食用，竟以为这就是孝吗？"

《论语·为政策二》从第五章至第八章，连续四章谈的都是孝。同样是问孝，而孔子的回答不同。之所以回答不同，是因为问孝者的情况不同。孟懿子问孝，孔子回答说"无违"，即不要违礼。之所以如此作答，是因为孟氏作为权臣，僭滥违礼之事甚多，孔子借此予以劝告。孟武伯问孝，孔子答以"父母唯其疾之忧"。之所以如此作答，大概是因为孟武伯妄自为非，让其父母忧虑之事甚多。子游问孝，孔子答以"敬"，这大概是因为子游能养却失于敬。子夏问孝，孔子答以"色难"，这也许是因为子夏能直而缺少温润的脸色。这些回答大体上都意在矫正各人之所失。根据各人的情况而施教是孔子的基本教法。

9.子曰："吾与回言终日，不违，如愚。退而省其私，亦足以发。回也不愚。"①

回，弟子颜回。《史记·仲尼弟子列传》云："颜回者，鲁人也，字子渊，少孔子三十岁。"又云："回年二十九，发尽白。早死。"颜回，颜是氏，回是名，渊是字。古人的名与字具有相关性。颜回的名与字即如此。回，是古文"回"。中间的"巳"象征渊中水的回旋，因此，回即解释为渊水。而渊（淵），从水，象形，左右岸之间是旋转的回水，因此，渊（淵）被《说文》解释为回水。于是，颜回取字为渊。**终**，从开始到结束。**终日**，一天从开始到结束，即一整天。**违**，违背。不违，这里指无所发问。颜回对孔子的话，闻之即解，所以无所发问。**愚**，笨，不聪明。无所发问，则

_____
① 皇侃《义疏》本的文本为：子曰："吾与回言，终日不违，如愚。退而省其私，亦足以发。回也不愚也。"

看起来似乎是不解孔子之言，所以看似愚笨。孔子说："我和颜回说一整天的话，颜回都无所发问，似乎很愚笨。"

退，退下，指听完孔子的话之后离去。**省**，察。**私**，私下，指颜回与同学相处之时。颜回退下，孔子观察他与同学们相处之时。退而省其私，意思是颜回离去后，观察他和同学们相处之时。

发，发明。发明，是使动词，意思是使之显现和使之明确。对于孔子在授业之所所讲的内容，颜回能使其义理得以显现和明确，说明颜回对于夫子所言，完全理解。亦足以发，意思是也完全能够发明孔子的意思。

因此，孔子赞叹说"颜回不愚"，意思是颜回不愚笨。

孔子说："我和颜回说一整天的话，颜回都无所发问，似乎很愚笨。颜回离去后，观察他和同学们相处之时，也完全能够发明我所讲的意思，颜回不愚笨。"

10.子曰："视其所以，观其所由，察其所安，人焉廋哉？人焉廋哉？"

本章所讲乃是如何了解一个人。

视，看，指一般性地看。**其**，指示代词，指意之所属的那个，这里的意思是那人。**所**，代词，作为前置的宾语。**所以**，即"以所"。**以**，为，做。所以，所做的事情。视其所以，意思是看他所做之事。

观，认真地看，比"视"要细致一些。因此《穀梁传·隐公五年》说："常视曰视，非常曰观。"**由**，从此行走。**所由**，所走的道路。观其所由，意思是观察他所走之路。

察，考察，是比"观"更加仔细地看且以心忖度之。**安**，安心。**所安**，安心的事情。察其所安，意思是考察他安心之处。

焉，哪里。**廋**（sōu），藏匿。按照以上三点来看人，人藏匿到哪里呢？重复"人焉廋哉"，表示无法藏匿。

孔子说："看看他所做之事，观察他所走之路，考察他安心之处，人藏匿到哪里呢？人藏匿到哪里呢？"

11.子曰："温故而知新，可以为师矣。"

温，温习。**故**，古，指旧日所学。**新**，原本未知的新知识新技能。温故而知新，意思是温习旧日所学，却能从中发现原本未知的新知识新技能。这样的话，温习旧闻，却常常有新得，应对起来就没有穷尽，因而可以做他人之师。**师**，老师，指教人的人和他人所效法的人。

为人师需要应对不穷，而记诵之学，没有心得可言，所知仅仅是原来所记诵的东西，所知有限，因而不足以为人师。可见，温故而知新，是为师所必须，它相对的是记诵之学。

孔子说："温习旧日所学，却能从中发现原本未知的东西，这就可以做老师了。"

12.子曰："君子不器。"

器，器具。器具各适其用，不能相通。例如，舟船只可以在水上行走，车舆只可以在陆地行走，二者都无法水陆通行。君子应做到无所不行，因此他不可以象器具那样只能偏守一用。孔子本人即是不器的典范，达巷党人评论孔子"博学而无所成名"，说的就是孔子不器。

孔子说："君子不可像器具那样只能偏守一用。"

13. 子贡问君子。子曰："先行，其言而后从之。"

子贡，汉石经作"子赣"。子贡问如何做一个君子。

先行其言而后从之，当句读为"先行，其言而后从之"。意思是，先行动，他的话则随从在后边，即君子行在言前。先行动，其言则在行动之后。看子贡方人，可知子贡喜欢多说。孔子这样对子贡讲君子，正是要矫正子贡的缺点。

孔子的这个思想，在其他地方也有明证，如在《论语·里仁第四》第22章，子曰："古者言之不出，耻躬之不逮也。"意思是，古人之所以不出言，是怕自己做不到。在《论语·里仁第四》第24章，子曰："君子欲讷于言，而敏于行。"意思是，君子希望自己言语迟钝而行动敏疾。

子贡问如何做一个君子。孔子说："先行动，他的话则随从在后边。"

14. 子曰："君子周而不比，小人比而不周。"

周、比（bǐ），都是亲近的意思，原本没有善恶之分。例如《论语·里仁第四》中说："君子义与之比。"这里的"比"是亲近的意思，但无善恶。而本章将周和比对言，则周、比就有了善恶之分。周是指建立在道义基础上的亲近，比是指建立在利害关系基础上的亲近，所以周善而比恶。君子周而不比，意思是君子以道义相合而亲近，不以利害相合而亲近。

小人，在古代有两个含义：其一指地位微贱的人，其二指无德的人。此处的"小人"兼有这两重含义。小人比而不周，意思是小人以利害相合而亲近，不以道义相合而亲近。

孔子厌恶似是而非，因此他常将周比、和同、泰骄等对举而言，进行分辨。本章就是对周比进行的区分。

孔子说："君子以道义相合而亲近，不以利害相合而亲近；小人以利害相合而亲近，不以道义相合而亲近。"

15.子曰："**学而不思则罔，思而不学则殆。**"

罔，本义是编结，初文为"网"，加"亡"为"罔"，亡是音。《说文》："凡网之属皆从网。""罔"即网之属，因此"罔"可理解为被网住，跳不出，很迷惑。学而不思则罔，意思是只学习而不思考就会迷惑。可见，学习之后还需要思考，但学习是思考的基础。**殆**，疑惑。王引之《经义述闻》认为"思而不学，则事无征验，疑而不能定也。"只思考而不学，则会导致思考所得无所验证，从而对自己所思产生疑惑。因此，在《论语·卫灵公第十五》第31章，孔子也说："吾尝终日不食，终夜不寝，以思，无益，不如学也。"思而不学则殆，意思是只思考而不学习就会疑惑。

本章前一句讲思的重要，但若片面强调思，而不学，则会导致另一种恶果，因此后一句又强调学的重要。两句相结合则可知，学与思二者不可偏废。

孔子说："只学习而不思考就会迷惑，只思考而不学习就会疑惑。"

16.子曰："**攻乎异端，斯害也已矣。**"①

攻，专门从事某事。具体到本章，是专门学习研究的意思。**乎**，介词，于。**异端**，指不同于正道的学问。《说文》："耑（duān），物初生之题也。"意思是，耑是物初生的标志。"耑"是"端"的古字。物初生为

---

① 朱熹《集注》本中，"斯害也已矣"作"斯害也已"。

端，异端则是物初生即与正道不同。开端既不同，其发展和结果也不同，因此，为学者不可从事对异端的学习和研究。**斯**，此。**害**，名词，危害。**已**，语气词，略等于"矣"。

孔子说："专门学习研究不同于正道的学问，这是危害啊。"

17.子曰："由，诲女知之乎？知之为知之，不知为不知，是知也。"

由，孔子弟子仲由，字子路。路是人所由行，所以子路名由字子路。《史记·仲尼弟子列传》："仲由字子路，卞人也，少孔子九岁。子路性鄙，好勇力，志伉直，冠雄鸡，佩豭豚，凌暴孔子。孔子设礼稍诱子路，子路后儒服委质，因门人请为弟子。"孔子回鲁后，子路在卫国孔悝家做家臣，后死于卫国父子争国的内乱之中。正因为子路好勇力，他人不敢欺侮孔子，所以子路死后，孔子曾说："自吾得由，恶言不闻于耳。"自从我得了仲由，就没有再听到恶言，意思是别人就不敢再对我说恶言了。**诲**，教。**女**（rǔ），同"汝"，你。**知**，知道，弄懂，明白。**之**，指所教的内容。**乎**，表示疑问的语气词。孔子呼子路之名，说："仲由，我所教给你的，你明白了吗？"

下边则讲所教的内容，即"知之为知之，不知为不知"。这两句话是在讲一个道理：知道就是知道，不知道就是不知道。这里边隐含着两点：若知道，则不要隐藏，而说自己不知道；若不知道，则不要装作知道。前者是自诬，后者则是自欺。

如此一来，"知之为知之，不知为不知"就有了两对含义，拆分则为四个含义：第一，知道就是知道；第二，知道不要隐藏为不知道；第三，不知道就是不知道；第四，不知道不要装成知道。

是，这，指"知之为知之，不知为不知"。是知也的"**知**"，读 zhì，聪明、智慧。

孔子之所以要对子路讲这个道理，而且还要问他是否已经明白了这个道理，大概是因为子路平时好以不知为知，孔子想要矫正他的这个毛病。

孔子说："仲由，我所教给你的，你明白了吗？知道就是知道，不知道就是不知道，这是聪明啊。"

18.子张学干禄。子曰："多闻阙疑，慎言其余，则寡尤；多见阙殆，慎行其余，则寡悔。言寡尤，行寡悔，禄在其中矣。"

子张，孔子弟子颛（zhuān）孙师。《史记·仲尼弟子列传》："颛孙师，陈人，字子张，少孔子四十八岁。"**干**，求。**禄**，本义是官员之俸。若有俸，须有官位，因此禄常理解为"禄位"。子张学干禄，意思是子张想学如何求得禄位。

阙，空，可理解为"搁置"。**疑**，有疑问的地方。**其余**，指无疑问的地方。**寡**，少。**尤**，过错。孔子回答说，要多听他人所讲，对于有疑问的地方要予以搁置，对于余下那些无疑问的，说出口时也要谨慎，这样，说话上就会少一些过错。

殆，指危险的事物。**悔**，恨。要多看他人所为，对于危险的事情要予以搁置，对于余下那些无危险的，做起来也要谨慎，这样，行动上就会少一些悔恨。

禄在其中，禄位就在那里边。孔子说，如果能够说话上少一些过错，行动上少一些悔恨，那么禄位就在那里边。

本章中，孔子为何只是说寡尤寡悔，而不说无尤无悔或绝尤绝悔？这是因为人孰能无过，即使像颜渊那样的人，孔子也只是说他不会第二次犯同一个错误，而不说他不犯错，因此人若能做到寡尤寡悔就很难得了。

子张想学如何求得禄位。孔子说："要多听他人所讲，对于有疑问的地方要予以搁置，对于余下那些无疑问的，说出口时也要谨慎，这样，说话上就会少一些过错；要多看他人所为，但对于危险的事情要予以搁置，对于余下那些无危险的，做起来也要谨慎，这样，行动上就会少一些悔恨。说话上少一些过错，行动上少一些悔恨，禄位就在那里边。"

19.哀公问曰："何为则民服？"孔子对曰："举直错诸枉，则民服。举枉错诸直，则民不服。"

哀公，名蒋，鲁国国君，鲁定公之子。哀是谥，《谥法》："恭仁短折曰哀。"哀公，实指鲁哀公。之所以不称"鲁哀公"，是因为孔子是鲁人，不称"鲁"仍知此为鲁哀公。若是他国国君，则应加称其国名。

鲁在公侯伯子男五等爵位中属于侯爵，为何这里称公？这是因为侯、伯、子、男，其臣子在其本国可称其君为公，这是对君主的尊敬。

何为，是"为何"的倒装，意思是做什么、怎样做。**服**，心中服从。哀公问孔子："怎样做百姓才会心中服从？"

孔子对曰，这里不说"子曰"而说"孔子对曰"。君前臣名，因此凡是君主问话，都称"孔子对曰"，是对君的尊敬。

举，本字为"擧"，省作"擧（举）"，推荐，选用。**直**，指正直之人。**错**，正字为"措"，"错"为假借字。措，放置。**诸**，之于的合音字。**枉**，不直，指邪曲之人。孔子回答说："选用正直之人放在邪枉之人之上，人民就会心中服从。反之，选用邪枉之人放在正直之人之上，人民就会心中不服从。"

哀公问："怎样做百姓才会服从？"孔子回答说："选用正直之人放在邪枉之人之上，人民就会心中服从。反之，选用邪枉之人放在正直之人之上，人民就会心中不服从。"

20.季康子问："使民敬、忠以劝，如之何？"子曰："临之以庄则敬，孝慈则忠，举善而教不能则劝。"

季康子，鲁国执政的上卿季孙肥，康是谥，《谥法》曰："安乐抚民曰康。"《论语》中凡是季康子问孔子，都发生在孔子回鲁之后。

敬，尊敬，这里指对统治者的尊敬。**忠**，忠诚，这里指对统治者的忠诚。**以**，连词，与，和。**劝**，勉，指勉力为善。**如之何**，怎么做。鲁国执政季康子问孔子："使人民尊敬执政者、忠诚于执政者和勉力为善，该怎么做？"

临，自上视下曰临，这里的意思是面对。**庄**，指举止庄重，其反义是举止轻浮。临之以庄则敬，意思是以庄重的举止面对人民，人民就会尊敬执政者。

孝，善事父母为孝。**慈**，爱。《说文》："慈，爱也。"小者爱子女，大者爱人民，所以《新书·道术》说："亲爱利子谓之慈""恻隐怜人谓之慈"。这里的"慈"指爱怜人民。孝慈则忠，意思是执政者善待父母、爱怜人民，人民就会忠诚于他。

举，推荐，选用。**能**，动词，能做到。举善而教不能，即"举善而教不能善"，意思是举用善者而教育不能做到善的人，人民就会勉力为善。

在孔子的回答中，临之以庄不是为了得到敬，但实际上能得到敬；孝慈不是为了得到忠，但实际上能得到忠；举善而教不能不是为了得到劝，但实际上可以得到劝。前一个行动，是执政者应当做的，并不是为了使民敬、忠、劝，但客观上却能达到使民敬、忠、劝的效果，这也是所谓不求而自至。

季康子问："使人民尊敬执政者、忠诚于执政者和勉力为善，该怎么做?"孔子说："以庄重的举止面对人民，人民就会尊敬执政者；执政者善待父母、爱怜人民，人民就会忠诚于他；举用善者而教育不能做到善的人，人民就会勉力为善。"

21.或谓孔子曰："子奚不为政?"子曰："《书》云：'孝乎惟孝，友于兄弟，施于有政。'是亦为政，奚其为为政?"

或，代词，有人。**谓**，告诉，对……说。**子**，对话时的敬称，意思是您。**奚**，为何。**为政**，就是从事治理国家的工作。有人对孔子说："您为何不为政呢?"在或人看来，只有居官才是为政，孔子不居官，则是不为政，因此或人有此问。

《书》，指《尚书》。该书的《周书·君陈第二十三》开端有这样的话，王若曰："君陈，惟尔令德孝恭。惟孝，友于兄弟，克施有政，命汝尹兹东郊，敬哉!"这段话的意思是，王这样说："君陈，你有事亲孝、事上恭的良好品德。对父母孝，必能与兄弟相亲爱。在家能孝能与兄弟相亲爱，就能推行到政治上，现在我命你掌管王城东郊的成周，你要严肃认真去做事!"成王的这段话中，有"惟孝，友于兄弟，克施有政"，孔子就引用了这几句，但略有变通。

孝，善待父母。**友**，兄弟相亲爱。**施**，推行。**有**，词头，放在名词之前，没有实义，只是一种构词法。如有周、有明，就是指周代、明代。孝乎惟孝，友于兄弟，施于有政，大意是，在家做到了孝和友，就能施政于邦国。

人子在家，尽孝于父母，友善于兄弟。能做到这两点，就能施政于邦国。这是因为，政者，正也，政治无非是行正道，所谓政道即正道。在家能行正道，到了政治上，自然也能行正道。因此，在家行正道，与居官行正道，所行都是正道。在这一点上，居家与居官是相通的，通就通在二者皆行正道。同时，在家行孝友，家家皆正，则邦国自然得正，又何用居官为政呢？

是，此，指在家做到孝和友。**奚**，何。**其**，副词，表示强调，有"难道"的意思。奚其为为政，即"奚为为政"，这是一个反问，字面意思是：什么才是为政呢？实际意思是：难道只有居官才是为政吗？孔子说："孝和友也是为政，什么才是为政呢？"

孔子 37 岁时自齐返回鲁国，因为国内政治依然混乱，所以他一直不出仕。从 37 岁到 51 岁，就是这段不仕时期。或人之问可能就发生在这个时期。孔子之不仕，有难以对人讲的原因，因此托孝友亦是为政而告或人。同时，孝友亦是为政，本身也是一个至理。

有人对孔子说："您为何不为政呢？"孔子说："《书》中说：'在家做到了孝和友，就能施政于邦国。'孝和友也是为政，什么才是为政呢？"皇侃《义疏》本中，"孝乎惟孝"作"孝于惟孝"，"是亦为政"作"是亦为政也"。

22.子曰："人而无信，不知其可也。大车无輗，小车无軏，其何以行之哉？"

而，用在主谓结构，连接主语和谓语，表示设定或强调。这里表示设定，意思是如果。**信**，诚信。**可**，可以，指值得肯定的方面。人而无信，不知其可，意思是一个人如果没有诚信，那么就不知道他还有什么方面是值得肯定的。

大车，指牛车。牛车负重，所以称为大车。**輗**（ní），大车车辕与驾辕的横木相衔接的活插销叫輗。**小车**，指马车，即马拉的车，包括乘车、田车、兵车。这些车只是载人，所载的重量较轻，所以称为小车。**軏**（yuè），小车车辕与驾辕的横木相衔接的活插销叫軏。

牛车没有輗，就套不上牛；马车没有軏，就套不上马。没有牛拉和马拉，车就不能行走。孔子以这样的一个类比来表明，一个人没有诚信，也是无法在社会上行走的。

孔子说："一个人如果没有诚信，那么就不知道他还有什么方面是值得肯定的。就像牛车没有輗，马车没有軏，它们怎么行走呢？"

23.子张问："十世可知也？"子曰："殷因于夏礼，所损益可知也。周因于殷礼，所损益可知也。其或继周者，虽百世可知也。"①

世，有两种解释：其一，一代人的时间。三十年为一世。《说文》中的"世"写作"卋"，曰："三十年为一卋"。其二，一个朝代。王者异姓受命为一世。从下文孔子说的夏、殷、周来看，本章的"世"当是第二种

---

① 皇侃《义疏》本中，"虽百世可知也"作"虽百世亦可知也"。

含义，即易姓之世。也，有本作"乎"。此处是一个问句，作"乎"更合理。

子张问孔子："十个朝代之后的情况可以知道吗?"那么十世之后的什么可知呢? 此处没有明言。但在当时的场景中，孔子一定知道子张所问的是十世之后哪个方面的情况。从孔子下边的回答看，子张问的是十世以后的礼是否可知。这样，"十世可知也"，即十个朝代之后的礼是否可知。因此，可将子张所问补足为："十个朝代之后礼的情况可以知道吗?"

因，因袭。**损**，减少。**益**，增加。**其**，指示代词，那。**或**，或许，可能。**继**，续。**虽**，即使。

孔子说："殷因袭夏礼，所减少的和增加的是可以知道的。周因袭殷礼，所减少的和增加的是可以知道的。那可能接续周代的朝代，即使到了一百个朝代，它的礼也是可以知道的。"因为当时周朝尚存，孔子不敢直接说周代之后如何如何，而用了一种假设的说法：那可能有接续周的朝代。

孔子在这里所讲的"因"的东西，就是代代因袭不变的东西。易姓改世，虽有损益，但其代代相因的东西则是不变的。这个代代相因的东西，在古人的解释中，指"三纲五常"。三纲五常是代代相因的东西，"所损益"则是各代不同的东西。对于"损益"，古人解释为文质互变。这是古人认识的局限性。在今天，我们当然不可如此理解。对于孔子的这段话，我们可理解为，对于政治和社会的规律性的东西，是代代相继因袭的；对于具体制度和方法策略，则是可以损益的。百世可知的只是那些规律性的东西。

子张问："十个朝代之后礼的情况可以知道吗?"孔子说："殷因袭夏礼，所减少的和增加的是可以知道的。周因袭殷礼，所减少的和增加的是可以知道的。那可能接续周代的朝代，即使到了一百个朝代，它的礼也是可以知道的。"

24.子曰："非其鬼而祭之，谄也。见义不为，无勇也。"

鬼，人死曰鬼。《礼记·祭义》："众生必死，死必归土，此谓之鬼。鬼者，归也，归于土也。"**谄**，巴结，献媚。孔子说："不是自家的鬼却要祭祀，这是献媚。"

义，宜，指社会认为合宜的道理和行为。见到应做之事却不做，这是没有勇。

孔子说："不是自家的鬼却要祭祀，这是献媚。见到应做之事却不做，这是没有勇。"

八佾第三

1.孔子谓季氏:"八佾舞于庭,是可忍也,孰不可忍也?"

谓,说,评论。**季氏**,鲁大夫季孙氏。鲁有三卿,孟孙、叔孙、季孙,都滥行僭越之事。八佾舞庭,是在三家共同的祖庙举行的。因此,此处的"季氏"并非专指季氏一家,实指三家。只是三家之中,季孙氏为上卿,为僭滥之首,所以单独举出季氏。具体到季氏,孔子在鲁,与季桓子同时,所以此处的季氏当指季桓子。

佾(yì),舞蹈的行列。八佾,是舞蹈时以八人为行列,即纵横各八人。天子八佾,诸侯六佾,卿大夫四佾,士二佾。八人为列,是八八六十四人。六人为列,则是六六三十六人。四人为列,是十六人。二人为列,是四人。这是一种解释。另一种解释则认为,八人为列是八八六十四人,六人为列是六八四十八人,四人为列是四八三十二人,二人为列是二八一十六人。两种说法中,何者更可能正确?本书以为前说更合理。这是因为舞蹈的阵容宜方,行列皆为相同人数,则易为方形。

在舞蹈方阵中，只有天子可以用八佾，这是因为只有天子可以尽物之数。舞佾的最高数为八，因此天子用八佾。但在周朝，有一个例外，那就是鲁国。鲁国虽是诸侯，但在祭祀文王和周公时可以用八佾舞。祭祀文王，自然应当用八佾，但是周公并非天子，也用八佾。这是因为周公对周室有大功劳，成王、康王赐鲁重祭，可以朱干玉戚以舞《大武》，八佾以舞《大夏》。这些都是天子的乐舞，在鲁国也只可用于文王庙和周公庙，其他鲁公庙不得使用。若使用，就是僭越。僭（jiàn），超过身份。卑者用尊者之物就是超越了自己的身份，就是僭越。

孟孙氏、叔孙氏、季孙氏都是鲁桓公之后，因此称为三桓。三桓都是鲁国的卿大夫，应当使用四佾，但他们却像天子一样使用八佾。这是非常严重的僭越。

庭，指三桓家庙的堂下。堂下曰庭。歌舞时，歌者在堂上，舞者在堂下。这是因为歌者象征德，舞者象征功，君子尚德不尚功。因此，这里说"八佾舞于庭"而不说"八佾舞于堂"。八佾舞于庭，意思是季氏用八佾在庭中舞蹈。**是**，此，指八佾舞庭这件事。**忍**，忍心。**孰**，谁，什么。解释为"谁"的时候，指人；解释为"什么"的时候，指事或物。这里应解释为"什么"，指的是事。是可忍也，孰不可忍也，意思是季氏连八佾舞庭这样的事情都忍心做，还有什么事不忍心做呢？

为何要这样解释？这是因为本章是孔子对季氏的评论，引号之内的话是讲季氏所做的事情，主语应当是季氏。季氏连这样的事情都忍心做，还有什么事不忍心做呢？这样才是通顺的。

孔子评论季氏说："季氏用八佾在庭中舞蹈。他连八佾舞庭这样的事情都忍心做，还有什么事不忍心做呢？"

2.三家者以《雍》彻。子曰："'相维辟公，天子穆穆'，奚取于三家之堂？"

家，卿大夫的采邑叫家。卿大夫由诸侯建立，因此《左传·桓公二年》说："诸侯立家。"**三家**，指鲁国的三卿，即仲孙、叔孙、季孙，称"三孙"。他们同为鲁桓公之后，所以又称"三桓"。鲁桓公的嫡长子庄公为君，桓公的庶子有公子庆父、公子叔牙、公子季友。所谓公子，是对国君儿子的称呼。仲孙是庆父之后，叔孙是叔牙之后，季孙是季友之后。后来子孙以其先人仲、叔、季为氏，因此有仲、叔、季氏。三者都是桓公子孙，所以又称仲孙氏、叔孙氏、季孙氏。其中，仲孙氏后来改为孟孙氏。孟，是庶长之称。仲改孟，意为自己是庶出，不敢与嫡出的叔孙和季孙并肩，故而改称孟孙氏。

上章称"季氏"，实际指的就是这三家。此章则直接称"三家"。本篇开头这两章所称的"季氏"和"三家"是互文，可以互换。但因为三孙之中，季氏最为僭滥，所以放在开端之章。

者，助词，在说明句中，用在名词主语的后面，表示停顿。**以**，介词，用。**《雍》**，《诗·周颂》中的一篇。天子在宗庙祭祀结束时，歌《雍》撤祭来取悦祖先神。**彻**，撤除祭品。即古字的"徹"，其俗体为"撤"。《说文》的"徹"字作"𢁙"，经典中都假借为"徹"，简化字写作"彻"。彻，通"撤"。

《雍》是天子专用的撤祭乐歌。而三家在自家祖庙祭祀结束的时候，竟然也歌《雍》撤祭。记述者陈述了这个事实，然后写上了孔子对这件事的评论。

《雍》诗开篇说："有来雍雍，至止肃肃。相维辟公，天子穆穆。"

来，指来助祭者。雍，和。至止，到达，指参加祭祀的人到达。肃肃，严肃恭敬貌。有来雍雍，至止肃肃，意思是来助祭的人甚为雍和，他们到达后严肃恭敬。

相（xiàng），辅助，这里是名词，助祭者。**维**，句中语助词，也可解释为判断词"是"。**辟**（bì），本义是天子、诸侯国君的通称。这里的辟是来助祭于天子的，所以这里的辟单指诸侯国君。**公**，指二王之后。二王之后，指此前被消灭的夏、商二代君主的后人，他们的国家分别是杞国和宋国。天子大祭，诸侯和二王之后都来助祭。相维辟公，意思是来助祭的是诸侯和二王之后。

天子，指周天子。《白虎通·爵》："爵所以称天子者何？王者父天母地，为天之子也。"**穆穆**，仪容和动作端庄肃穆。穆，恭敬肃穆。天子穆穆，意思是周天子恭敬肃穆。

这几句诗中的关键人物是诸侯、二王之后和天子。这是三桓在家庙祭祀时完全没有的人物。孔子专门引用的也是包含这些关键人物的两句诗，即"相维辟公，天子穆穆"。

奚，何。**取**，本义是捕取，这里的意思是有。孔子说，《雍》诗中的"相维辟公，天子穆穆"，在三桓家庙的堂上哪里有呢？祭在室内，歌在堂上，舞在堂下。堂下即庭中。由此推断，本篇的第一章八佾舞庭与第二章以《雍》撤，是三桓祭祀时同时发生的两件事。

仲孙、叔孙、季孙三家祭祀祖先时，用《雍》歌撤祭。孔子说："《雍》诗中说：'来助祭的是诸侯和二王之后，周天子恭敬肃穆。'诸侯、二王之后、周天子，在三桓家庙的堂上有哪一个呢？"

3.子曰："人而不仁，如礼何？人而不仁，如乐何？"

本章最关键的是对"仁"字的理解。

而，连词，用在主谓结构，连接主语和谓语，表示设定的意思，意思是如果。

仁，《说文》云："仁，亲也，从人二。"段玉裁注："会意。《中庸》曰：'仁者，人也。'人也，读如相人耦之人。人耦犹言尔我亲密之词，独则无耦，耦则相亲，故其字从人二。"此种情况下，仁的意思是与他人相亲爱。这是"仁"的第一种含义。段玉裁还说，孟子曰："仁也者，人也。"意思是能行仁恩者，是人。在这种情况下，仁的含义是行善。这是仁的第二种含义。

段玉裁又说，孟子曰："仁，人心也。"仁是人心，意思是人都有为善的本心，这是人天性中固有的。这种为善的本心，就是仁。这是仁的第三种含义。

根据《说文》段注，"仁"字共有三种含义：第一，与他人相亲爱；第二，自觉去行善；第三，人为善的本心。在本章，仁的含义只有一种，即第三种，指人为善的本心。这是人内在的一种情感，是人对自身的道德要求。人如果没有了这种内在的情感和对自身的道德要求，外在的一切都只能是形式。因此，孔子说，人若没有为善的本心，那么礼乐对他就没有意义。

礼，是对人的一种外在的约束。**乐**，则是表达人内心情感的形式。礼乐的根本不在礼乐本身，而在人内心对自己的道德要求，这种道德要求才是礼乐的本质和根本。这种内在的道德要求消失了，礼乐还有什么价值呢？**如……何**，是一个固定句式，意思是把……怎么样。人而无仁，能把礼乐怎么样呢？即礼乐就失去了意义。

由此可见，礼乐不是社会政治生活的根本。若只是重视礼乐而不注重人的道德自律，礼乐就只能流于形式。因此，在《论语·阳货第十七》第11章，孔子就说："礼云礼云，玉帛云乎哉？乐云乐云，钟鼓云乎哉？"意思是，礼啊礼啊，难道就是玉帛吗？乐啊乐啊，难道就是钟鼓吗？表达的也是玉帛和钟鼓只是礼和乐的形式，而礼的根本在人心。

孔子说："人如果没有为善的本心，会怎样对待礼呢？人如果没有为善的本心，会怎样对待乐呢？"

4.林放问礼之本。子曰："大哉问！礼，与其奢也，宁俭；丧，与其易也，宁戚。"

林放，鲁人。**本**，事物的根本，事物的基础。鲁人林放向孔子请教什么是礼的根本。

孔子听了林放之问，首先叹美林放，说林放所问的问题很重大。当时的人们不知礼的本末，导致弃本崇末，而林放能问礼的根本，所以孔子叹美之。大哉问，意思是此问大哉，你问的这个问题很重大啊。

礼，履也。履，足所依也，引申之凡所依皆曰履。此假借之法。人行走，足必有所践履。生活于社会中，行必有所依据。人在社会生活中的行为所依据的各种原则和形式，就是礼。

礼，指一般的礼。**与其**，是连词。**宁**，副词，宁愿，宁可。**奢**，侈，过度繁杂的意思。**俭**，约，过度简单的意思。礼贵在合乎中道。繁杂是过，简约是不及，过和不及都不合乎中道。但孔子说，在繁杂和简约二者之间，应选择简约。与其繁杂，宁可简约。何以如此说呢？繁杂为过于文，简约为过于质，二者均不合礼。但文、质相比，质更近于根本。奢与俭虽都不得中，但俭更接近礼之本。礼，与其奢也，宁俭，意思是就一般的礼来说，与其繁杂，宁可简约。

丧，指丧礼。丧礼，是礼的一种，它在礼之中。但孔子此处专门挑出来讲丧礼问题，这也许是针对当时社会临丧不哀的现实而特意这么做的。丧，死亡。人死为何称为丧？这是因为亡则不可复见。从天子到庶民的死，都称为丧，这是因为无论天子还是庶民，其身体发肤都受之于父母，父母丧亡，其痛相同。

易，和易。**戚**（qī），哀痛。临丧之时，与其和易，宁可哀戚。其中的道理也在于，哀戚是质，和易是文。对于丧事来说，哀戚更合乎人心，而表现平和则远离了人之常情。和易与哀戚都不合乎中道，但哀戚更接近丧礼之本，更接近人之常情。《礼记·檀弓上》中也有子路转述孔子的话："吾闻诸夫子，丧礼与其哀不足而礼有余也，不若礼不足而哀有余也。"丧，与其易也，宁戚，意思是，就丧礼来说，与其和易，宁可哀痛。

上章强调人心是礼乐的根本，本章强调人心是礼的根本。立足于人心，礼才有意义。礼如果远离人心，就会成为单纯的形式而失去意义。这里，孔子完全没有直接回答林放何为礼之本的发问，而是指出了行礼中的四种错误及何者更接近礼之本，从中可以看到礼之本在人心，即礼在于人内在的思想感情。

林放向孔子请教什么是礼的根本。孔子说："你问的这个问题很重大啊！就一般的礼来说，与其繁杂，宁可简约；就丧礼来说，与其和易，宁可哀痛。"

5.子曰："夷狄之有君，不如诸夏之亡也。"

夷狄，中国古代对中原以外人民的称呼，包括东夷、西戎、南蛮、北狄。这里只说夷狄，包含了戎、蛮。《尔雅·释地》说："九夷、八狄、七戎、六蛮，谓之四海。"郭璞注："九夷在东，八狄在北，七戎在西，六蛮在南。"何以称之为夷狄？《白虎通·礼乐》说："夷者，僔夷无礼义；狄者，易也，辟易无别也。"僔，通"蹲"。夷，通"跠"。蹲和跠训"踞"，意思是臀部着地，两足前伸。易，简易，意为风俗简单。辟易，即避易，意思是退避。辟易无别，即男女不避。可见，无礼仪是夷狄的一大特点，这也是与中原地区的一大区别。

之，是介词，它在这里的作用是把主谓结构变成词组。夷狄有君，是主谓结构；夷狄之有君，就成了一个词组，作主语。**夏**，古代汉族的自称。那时的汉族还没有"汉族"这样的名称，而是自称夏、中夏、华夏。夏，大。华夏，意为有礼仪之大，文章之华。**诸夏**，指中原各诸侯国，即中国。**亡**（wáng），本义是逃亡，这里的意思是无。在这个意义下，后人把"亡"读如"无"音，但古人不读无，而读亡。

即使夷狄有君，但他们也没有礼仪。而中国即使暂时无君，但礼仪尚存。

孔子说："夷狄有君主，不如中国没有君主。"

6.季氏旅于泰山。子谓冉有曰："女弗能救与？"对曰："不能。"子曰："呜呼！曾谓泰山不如林放乎？"

此事发生在孔子回鲁之后，这里的季氏指季康子。

旅（lǚ），祭山。也写作"膐"（lǚ）。《礼记·王制》："天子祭天下名山大川，诸侯祭名山大川之在其地者。"天子可以祭天下所有的名山大川，但是诸侯只能祭位于其国境之内的名山大川。比如，鲁君可以祭泰山，晋君可以祭黄河。大夫则不可祭任何的名山大川。季氏是鲁国的卿大夫，却去祭祀泰山，这是非礼。**泰山**，在鲁国境内。古书更多的时候写作"大山"。大，读 tài。大山即泰山，俗则写作太山。泰、太，都是极大的意思。季氏旅于泰山，意思是季氏祭祀泰山。

谓，告诉，对……说。冉有，孔子弟子，鲁人。《史记·仲尼弟子列传》："冉求，字子有，少孔子二十九岁，为季氏宰。"**女**（rǔ），你。**弗**，不。**救**，阻止。《说文》："救，止也。"**与**，语气词，表示疑问，后世写作"欤"。

因为冉有为季氏家宰，所以孔子对冉有说："你不能阻止吗？"

冉有回答说："不能。"意思是，季氏僭滥，我阻止不了这件事。

呜呼，叹词。孔子叹季氏失礼。**曾**（zēng），竟，乃。**谓**，认为，以为。林放尚且知道问礼的根本，那么泰山之神竟然还不如林放知礼吗？这话的意思是，泰山之神一定知礼，神不会享用非礼之祭。泰山之神既然知礼，就不会享用季氏之祭。神既然不享用，那么季氏之祭还有什么意义呢？反过来说，如果泰山之神享用季氏之祭，那么泰山之神就是不知礼，还不如林放。"曾为泰山不如林放乎"，这是一个反问，意思是，季氏竟认为泰山之神还不如林放吗？

季氏祭祀泰山。孔子对冉有说："你不能阻止吗？"冉有回答说："不能。"孔子说："哎呀！季氏竟认为泰山之神还不如林放吗？"

7.子曰："君子无所争，必也射乎！揖让而升，下而饮，其争也君子。"

所，代词，作为前置的宾语。**争**，竞争，争胜。君子之人，谦卑自牧，退让明礼，所以无所争胜。君子无所争，意思是君子没有争胜的时候。**射**，射仪。射有大射、宾射、燕射、乡射。此处的射指大射。君子虽无所争，但在射的时候有争，所以说"必也射乎"。**乎**，语气词，表示感叹。必也射乎，意思是必须争胜是在举行射仪的时候吧。

为什么举行射仪时必须争胜呢？根据礼，天子将祭的时候，会选择士来助祭，于是四方诸侯都向天子贡士。天子在射宫对贡来的士进行考试，考试的方式就是射。贡士被选中，就可以参加天子举办的祭礼。若能参与祭礼，则贡士所属的诸侯就会得到更高的爵位和更多的封地。若不能参与祭礼，则贡士所属的诸侯就会被降低爵位和削减封地。可见，大射之事非常重大，不仅牵涉到士自身的荣辱，更牵涉到自己君主的荣辱。因此，君子之人虽然平日无所争，但在大射之时也必须争胜。君子无所争，必也射乎，意思是君子没有争胜的时候，但在举行射仪的时候必须争胜。

射的地点在堂上，参加射仪的士相互揖让着登堂。**揖**，让（讓）。讓，即攘，推的意思。这个揖让是在升阶时，因此称"揖让而升"。**升**，古字作"陞"，意思是登。但"陞"字在登上和晋升的意义上，古人多写作"升"。今天"陞"的简化字也是"升"。揖让而升，意思是谦让着登台阶至堂上。

下，降，指自堂上下台阶至堂下。**饮**，指不胜者饮酒。此时，胜者酌酒，跪而让不胜者饮，口中还要说："敬养。"敬养的意思是敬请您养病。君子敬让，并不以自己射胜为能，也不以对方射败为输。敬养，包含着这样的意思：您之所以未能射中靶标，并不是您无能力射中，而是因为您有疾病之故。酒能养病，所以酌酒请您养病。下而饮，意思是射毕，下到堂下饮酒。

未能胜出者也跪而接受，接酒而饮，口中还要说："赐灌。"灌，饮。意思是，感谢您赐饮。

由这个射仪的过程看，君子在射仪上虽然必争，但争的是"中的"，即射中靶标。整个过程进退有礼，相互辞让，仍是君子的容止，所以孔子说"其争也君子"。**其**，他的。**君子**，意思是以君子的方式，具有君子风度。其争也君子，意思是他的争胜也是以君子的方式进行的。

孔子说："君子没有争胜的时候，必须争胜是在举行射仪的时候吧！举行射仪时，参加者谦让着登台阶至堂上，射毕，下到堂下饮酒，他的争胜也是以君子的方式进行的。"

8.子夏问曰："'巧笑倩兮，美目盼兮，素以为绚兮。'何谓也?"子曰："绘事后素。"曰："礼后乎?"子曰："起予者商也！始可与言《诗》已矣。"①

巧，美好貌。**巧笑**，笑之美者。**倩**，《毛传》解释为"好口辅"。辅是面颊。**兮**，语气词，用于句中或句尾。巧笑倩兮，意思是笑起来很美，面颊上有美丽的酒窝。**盼**，眼睛黑白分明。《毛传》："盼，白黑分。"美目盼兮，意思是美丽的眼睛黑白分明。"巧笑倩兮，美目盼兮"，这两句是《诗·卫风·硕人》第二章中的句子。《硕人》是卫人赞美卫庄公夫人庄姜的

_____

① 皇侃《义疏》本中，"美目盼兮"作"美目眄兮"。"眄"字仍读盼(pǎn)。

诗。这一章的全文是"手如柔荑，肤如凝脂，领如蝤蛴，齿如瓠犀，螓首蛾眉。巧笑倩兮，美目盼兮。"并没有"素以为绚兮"一句，马融认为这一句是逸诗。**素**，白色的，无涂饰的。**绚**，有文彩，即有多彩的颜色。素以为绚，即"以素为绚"，拿素来成就绚。绘画时，先分布其他颜色，最后以白色分布其间，才能成画，所以叫拿白色来成就多彩。

巧笑倩兮，美目盼兮，素以为绚兮，意思是她笑起来很美，美丽的眼睛黑白分明，绘画就是拿白色来成就多彩。

谓，意指。子夏问："'巧笑倩兮，美目盼兮，素以为绚兮。'指的是什么？"

绘，绘画。刺缝成文为绣，画之成文为绘。文，文彩。孔子回答说："这几句诗的意思是，绘画之事，白色是放在最后的。"

子夏听了孔子的解释，当即明白了"素以为绚兮"的意思，并且把这种理解从绘画和容貌引申到了社会生活中。绘画时，虽有众多的颜色，但必待素色方能成画。一个人，即使具有倩盼的美质，也必待礼以成其美。因此，子夏说："礼后乎？"意思是，礼在美质之后吗？

起，发。发，明，意思就是使……更加明确。**予**，我，这里指我的意思。**已**，语气词，略等于"矣"。**矣**，也是语气词。孔子见子夏闻言即解，于是就说："能使我的意思更加明确的是卜商啊，可以开始和他谈《诗》了。"

回顾一下《学而第一》第15章，子曰："赐也，始可与言《诗》已矣，告诸往而知来者。"同样是说始可与言《诗》，子贡始可与言《诗》是因为"告诸往而知来者"，子夏始可与《诗》是因为"起予"，孔子并没有说子夏是"告诸往而知来者"。这是因为子贡答孔子，不但能理解孔子之意，而且还予以引申，这就是"告诸往而知来者"。而子夏就"绘事后素"类比了美也必须待礼乃成，尚未达到告往知来的程度。

为什么孔子对子贡和子夏都评论为"始可与言《诗》"呢？这是因为《诗》言志。志是志意的意思。因为《诗》是言志的，所以说话时可引《诗》以表达志意。所谓"不学《诗》，无以言"就是说引《诗》可以帮助人们表达思想。古人引《诗》，并不完全依据《诗》的本意进行引用，而是引《诗》以证成己意。只要能证成己意，就是善于引《诗》，而不用管所引诗句的本意。子贡直接引《诗》句，子夏则用《诗》句进行类比，二人都能用《诗》句来证成己意，所以孔子称二人"始可与言《诗》"。

子夏问："'巧笑倩兮，美目盼兮，素以为绚兮。'指的是什么？"孔子回答说："这几句诗的意思是，绘画之事，白色是放在最后的。"子夏说："礼在美质之后吗？"孔子说："能使我的意思更加明确的是卜商啊，可以开始和他谈《诗》了。"

9.子曰："夏礼，吾能言之，杞不足徵也；殷礼，吾能言之，宋不足徵也。文献不足故也。足，则吾能徵之矣。"

杞，国名，是夏之后所封之国。周武王克商，求禹之后，得东楼公，封之于杞。**徵**（zhēng），验证，证明。孔子说："夏礼，我能说出它，但是作为夏之后的杞国不足以验证它。"

宋，国名，是殷之后所封之国。成王封纣王庶兄微子启于宋。这体现的是古人兴灭国、继绝世的政治美德。杞、宋乃二王之后，它们与周一样，都可以郊祭天，都可以以天子礼乐祭祀其始祖，有各自的正朔和服色。

孔子说："殷礼，我能说出它，但是作为殷之后的宋国不足以验证它。"

文，典籍，指历史文件。献（xiàn），贤人。孔子说，杞、宋之所以不足以为夏、殷之礼的验证，是因为二国的历史文件和当代贤人不足。如果它们的历史文件和当代贤人充足的话，我就可以验证夏、殷之礼。

孔子说："夏礼，我能说出它，但是作为夏之后的杞国不足以验证它；殷礼，我能说出它，但是作为殷之后的宋国不足以验证它。这是因为它们的历史文件和当代贤人不足。如果它们的历史文件和当代贤人充足的话，我就可以验证夏、殷之礼。"

10.子曰："禘自既灌而往者，吾不欲观之矣。"

禘（dì），天子举行的祭祀名称，五年举办一次，这是一种非常隆重的大祭。周礼四时有祭，春曰祠，夏曰礿（yuè），秋曰尝，冬曰烝（zhēng）。在四时之外，另有两次大祭，一次是三年的大祭叫祫（jiá），另一次是五年的大祭叫禘。祫，合，合祭。毁庙之主陈列于太祖庙堂之上，未毁庙之主全部升列合食于太祖庙堂。禘，谛，意思是审谛昭穆。禘时，毁庙之主陈列在太祖庙，未毁庙之主也升到太祖庙中，排列昭穆次序，而后合食于堂上。

根据周礼，不王不禘，意思是不是天子不能举行禘祭，换句话说，只有天子可以举行禘祭。天子禘其祖所自出，而以其祖配之。其祖所自出，就是始祖。其祖则是始封之祖，即太祖。如周的始祖是帝喾（kù），太祖则是后稷。因此，周天子禘帝喾。祫则天子、诸侯、大夫、士皆可举行。祫时，毁庙之主和群庙之主都陈列到太祖庙堂合食。祫祭只限于太祖及其以下而不及始祖。无论是禘还是祫，都需要把毁庙之主和群庙之主陈列于太祖庙堂，这就有一个排列次序问题，其中包含着序昭穆。所谓"序昭穆"，就是排列父子关系。

当把所有木主牌位陈列于太祖庙堂时，太祖的牌位位于最西边，面向东。太祖之子为昭，放在太祖左侧东边，面向南，是为昭。太祖之孙则放在太祖右侧东边，面向北，正对太祖之子，是为穆。依次向东陈列。在北边的为昭，在南边的为穆，即父昭子穆。昭，明，尊其父，所以称昭。穆，敬，子宜敬于父，所以称穆。序昭穆是排列父子关系，这适用于君位父死子继的情况。但古代有时会是兄终弟及，那么加入了兄终弟及情况的世代关系就不能再称为序昭穆了，而是序位次。序昭穆也属于序位次，但序位次不全是序昭穆。

序位次是在既灌之后进行的。灌，是禘祭中的一个环节。**灌**（guàn），本作"祼"（guàn），意思是献。在陈列各主于太祖庙之前，王与祝进入太庙室内，以郁鬯（鬯，读 chàng，祭祀时用的香酒，用来降神。酿造时加入郁金香的鬯酒叫郁鬯）之酒献尸。什么叫尸？古代祭祀时，以活人代表被祭祀的人，这个活人叫尸，一般由年幼的男孩儿或女孩儿充当。尸以酒灌于地以求神，这就叫灌、祼。灌是为了求神，而求神结束即出堂，开始序列位次。

禘祭既然是天子宗庙才有的活动，是只有天子才可以举行的祭祀，那么鲁国为什么有禘祭？这是成王、康王赐予鲁国的特权。成王以周公有大勋劳于王室，赐鲁重祭，所以鲁得禘于周公之庙，周公是鲁国之祖。而文王是鲁国之祖所自出。周公为太祖，文王为始祖。因此，鲁国国君举行禘祭，禘的是文王，而以周公配之。

既，已经。**而**，以。**往**，后。既灌而往，意思是已经完成了灌之后。吾不欲观之，意思是我不想再看了。孔子为什么不欲观之呢？这是因为鲁禘祭之时，既灌之后，序位次时出了错误，古人称为"逆祀"。这种逆祀发生在鲁闵公和鲁僖公之间，做此逆祀之事的是鲁文公。闵公、僖公都是鲁庄公的儿子，闵公是嫡子，僖公是庶出但年长于闵公。鲁庄公死后，闵公为君，僖公当时是臣。闵公死后，僖公成为君。僖公死后，其子为君，就是文公。从这个继承情况看，僖公虽然后来成了君主，但却是闵公的臣。僖公死后，其牌位应在闵公之下，而文公却以僖公是闵公之兄而把僖公的牌位放在闵公之上。这就是逆祀，乱了位次。因此，孔子不欲观之。

孔子能不能看到文公逆祀这一幕呢？他是根本看不到的。孔子出生于鲁襄公二十一年（公元前552年）或鲁襄公二十二年（公元前551年），近代官方在这两个年代中选定了鲁襄公二十二年（公元前551年）为孔子出生之年。而鲁文公在位时间至公元前609年结束。也就是说，在孔子出生前58年，鲁文公就去世了。因此，文公所进行的逆祀，孔子是看不到的。既然看不到，为什么孔子还要说"吾不欲观之矣"？孔子这种说法只是一种对非礼行为的批评态度，而不是在现场观礼的过程中所说的话。孔子的这段话可以这样理解，"如果我在现场观禘礼，那么自灌以后，我就不想再看了"。

但也有另一种可能。既灌之后的序列位次，是把毁庙之主和未毁庙之主全部进行排列，那么到了孔子时代，鲁国禘祭时的位次排列可能仍然是僖公居于闵公之上。孔子观礼，即可亲眼见到这种逆祀。

孔子说："鲁国的禘祭已经完成了灌以后，我就不想再看了。"

11.或问禘之说。子曰："不知也。知其说者之于天下也，其如示诸斯乎！"指其掌。

或，有人。有人问关于禘祭的说法。孔子说："我不知道。"

孔子果真不知道吗？不是。但为什么要回答不知道呢？这是为了讳国恶。讳国恶，礼也。鲁逆祀，非礼也。孔子却不可对人直言禘之说，否则鲁逆祀之恶就显现出来了。为了不彰国之恶，孔子说自己不知道禘之说。但是若就此打住不再说什么，又无法让人明白自己并非不知道，而是为了讳国恶；同时，也会让后人认为禘祭之礼，圣人尚且不知，导致禘礼废绝。于是，孔子在说自己不知道之后又说："虽然我不懂得禘祭之礼，但是我却知道谁能懂得禘祭之礼"。那么他治天下，就像把天下放在掌中展示，意思是知道禘礼，治天下就非常明了和容易。

前一个"**其**"，指示代词，它，指禘祭。后一个"**其**"，副词，表示揣测语气，大概。**示**，显示，展示。**诸**，之于。之，指代天下。**斯**，此，指下文说的手掌。孔子说："知道禘祭说法的人，对于治理天下来说，大概就像把天下展示在这里吧！"

孔子之言如此。但若就此而止，孔子话中的"斯"则不知指何物。因此，记录者另加"指其掌"来重现当时的情景。这样，读者自然知道，斯是指手掌。指其掌，意思是孔子指了指自己的手掌。

禘果真如此重要和关键吗？并非如此。孔子在这里说谁懂得禘礼的话，他治理天下就像把天下展示在手掌中那样明了和容易，并不是说禘礼多么关键，而是以禘礼指代礼。他要强调的是治国须礼，而不是须禘礼。以礼治国，则人人各在其位，各安其分，天下自然有序。

有人问关于禘祭的说法。孔子说："我不知道。知道禘祭说法的人，对于治理天下来说，大概就像把天下展示在这里吧！"孔子指了指自己的手掌。

12.祭如在，祭神如神在。子曰："吾不与祭，如不祭。"

祭，指祭祀先祖。这是祭人神。**在**，在面前。祭如在，是说事死如事生，事亡如事存。

祭神，则是祭祀先祖以外的外神。这两句话是记录孔子祭祀时的敬和诚。其意思是，祭祀先祖就像先祖在面前一样，祭祀百神则如百神在面前一样。

接着又引用孔子的话来说明孔子祭祀时的敬与诚。

古人是按一定的时间进行祭祀的。春天的祭祀叫祠，夏天的祭祀叫礿，秋天的祭祀叫尝，冬天的祭祀叫烝。士若有公事，没能进行这四种祭祀，则冬不裘，夏不葛。裘、葛都是质量较好的衣服。士若没能赶上四时之祭，则不敢穿好衣服，这里边表达的是对父母至为思念的感情。因为士的职位卑微，不能让人代替自己去祭祀。若有公事，又不得以私废公，这样，士若因公事无法按时祭祀，则废祭。大夫以上则不如此。大夫以上官员，只有丧事才不祭。其他吉事，皆不废祭。若有公事和生病无法亲自去祭祀，可以使人代祭。但孔子说：当祭祀之时，我因公事或生病而不能参与祭祀，这与没有祭祀等同。**与**，参与。

由本章可以看出，祭只是礼，其实质是敬与诚。若无有敬与诚，则与无此礼等同。

我们可以回想本篇第 3 章孔子所言："人而无仁，如礼何？人而无仁，如乐何？"表达的意思也是礼只是形式，其实质是人的内心情感。徒重礼，而无内心情感，则礼流于形式而已。因此，内心情感应与礼完全一致。后文《阳货第十七》第11章中孔子讲"礼云礼云，玉帛云乎哉？乐云乐云，钟鼓云乎哉？"也认为只有表示礼的物品不是礼，只有音乐不是乐，必须内心诚敬才是真正的礼乐。

祭祀先祖就像先祖在面前一样，祭祀百神就像百神在面前一样。孔子说："我没有参与祭祀，就像没有祭祀一样。"

13.王孙贾问曰："与其媚于奥，宁媚于灶，何谓也？"子曰："不然。获罪于天，无所祷也。"

王孙贾（jiǎ），卫大夫。王者之子称王子，王者之孙称王孙。王孙贾是周王之孙，自周出仕于卫。

媚，取悦，讨好。**奥**，内，指室中西南隅。因所在秘奥，故名奥。古代室制，以奥为尊，所以《礼记·曲礼》说："为人子者，居不主奥。"就是因为奥是尊者所居的地方。这里的奥，意思是奥神，比喻君主身旁的人，指卫灵公夫人南子。**灶**，烧火做饭菜的设施，这里指灶神。古字作"竈"。"灶"是"竈"的俗体字。这里的灶神指的是朝廷大臣。**谓**，动词，指称，意指。

君主身旁之人虽尊处于内，却不执权柄，于人无益。朝廷大臣虽卑处于外，却执有赏罚之权，有益于人。所以世俗有"与其媚于奥，宁媚于灶"之说。王孙贾问孔子："与其讨好于奥神，不如取悦于灶神，这话是什么意思？"

在王孙贾看来，孔子之所以去见了南子，就是想取悦南子，通过南子在卫灵公那里取得官位，这就是媚于奥。他认为，孔子与其通过南子出仕，还不如通过朝堂上的大臣们出仕，因此才故意问孔子"与其媚于奥，宁媚于灶"是什么意思。

然，如此。不然，就是不如此。这是对王孙贾之言的否定。**获**，得。**罪**，本字作"辠"（zuì），《说文》："辠，犯法也。从辛从自。言罪人蹙眉苦心之忧。秦以辠似皇字，改为罪。"**天**，上天。**祷**，祈祷，向神求福消灾。获罪于天，无所祷也，意思是得罪了上天，就无处可祈祷了。

孔子这句话里边蕴含有他的一个重要思想，即天命观。他是顺从天命的。他认为自己从来都是本着天命行动，如果违背天命，就是得罪了上天。得罪了上天，则是无处可祷的。可见，他所祷的对象只有天。至于媚于奥或媚于灶，他是不会去做的。

孔子明白王孙贾此问的缘由，但是自己却无法辩驳。孔子去见南子，纯属不得已。虽然是不得已，却无法对外人就此事进行辩驳和解释。若辩驳和解释，必然要牵涉到南子。在其国，不非其大夫，何况要涉及君夫人？因此，孔子未就见南子一事置一词，而是用"获罪于天，无所祷也"予以回答。

王孙贾问孔子："与其讨好于奥神，不如取悦于灶神，这话是什么意思？"孔子说："不是这样。得罪了上天，就无处可祈祷了。"

14.子曰："周监于二代，郁郁乎文哉！吾从周。"

周，周代。**监**，借鉴。**二代**，指夏代和商代。周监于二代，意思是周代借鉴了夏商二代。那么周代在什么方面借鉴了夏商二代呢？《为政第三》主要谈礼，因此这里说的是周代的礼借鉴了夏商二代的礼。周监于二代，意思是周代借鉴了夏商二代的礼。

郁郁，本义是茂盛的样子，这里可理解为繁盛华美的样子。**乎**，语气词，用在形容词之后，表示感叹或赞叹。**文**，文彩（古字无"彩"字，故"文彩"都写作"文采"），与质或野相对。郁郁乎文哉，即"文郁郁"，意思是文彩繁盛华美。

从，本义是跟随，这里的意思是接受。吾从周，意思是我接受周代的礼。

孔子说："周代借鉴了夏商二代的礼，文彩繁盛华美啊！我接受周代的礼。"

15.**子入太庙，每事问。或曰："孰谓鄹人之子知礼乎？入太庙，每事问。"子闻之，曰："是礼也。"**

子，指孔子。**庙**，是供奉和祭祀祖宗的房屋。**太庙**，太祖庙，这里指周公庙。在鲁国，太庙就是指周公庙。王者始受命，诸侯始封之君都是太祖。周公是鲁国的始封之君，就是鲁国的太祖，他的庙称太庙。据《公羊传》记载，文公十三年"周公称太庙，鲁公称世室，群公称宫。"意思是，周公的庙称太庙，鲁公伯禽的庙称世室，鲁国其他君主的庙称宫。

事，指牺牲、服器、礼仪诸事。不仅指事情，也指物品。孔子仕鲁，鲁祭周公，孔子助祭，所以可以进入太庙。孔子进入太庙之中，对每件事情和每个物品都询问。

或，有人。**孰**，谁。**谓**，说，评论。**鄹**（zōu），春秋时鲁国的邑名，是孔子的乡邑。《史记·孔子世家》开篇第一句话就是："孔子生鲁昌平乡陬邑。"鄹，又写作"郰""陬"，位于曲阜东南。**鄹人之子**，指孔子。孔子的父亲叔梁纥为鄹邑大夫。古代大夫守邑，以邑冠之，称某人。如，鄹邑大夫，称鄹人。叔梁纥被称为鄹人，孔子即被称为鄹人之子。

孔子年少时即以知礼闻名，知礼者当遍识一切，而孔子入太庙，却每事都要询问，于是或人认为孔子不知礼，所以讥讽道："谁说孔子知礼呢？"

孔子听闻了这件事，说："这就是礼啊。"**是**，此，指入太庙，每事问。为何每事问呢？体现的是对宗庙之事的敬慎。礼主敬，每事问正是敬慎的表现。因此，孔子说这就是礼。

这一章，通过孔子入太庙每事问这件事，讲明了一个道理，即礼主敬。孔子进入周公庙之中，对每件事情和每个物品都询问。有人说："谁说孔子知礼呢？进入太庙之中，对每件事情和每个物品都询问。"孔子听说了这件事，说："这就是礼啊。"

入太庙，每事问，这件事在《乡党第十》第16章中再次出现过。在本章中是记或人对孔子这样做的疑惑，在《乡党》篇中则是记孔子平生常如此，因此两次出现。

16.子曰："射不主皮，为力不同科，古之道也。"

射，此处指射礼，而不是指军射。具体说，这里的射，指的是射礼中的大射礼。何以知此指大射？射礼有大射、宾射、燕射、乡射。只有大射有皮。**皮**，指皮侯。侯，箭靶。张布为棚，棚又叫侯，就是箭要射的靶子。棚的中央贴上虎或熊或豹或麇之皮，这块皮就是皮侯。射就是要射中这块皮侯。只有大射设的是皮侯。本章说"射不主皮"，自然是指大射。而宾射，设的是采侯，即画布为五彩作为正。正也是侯，这是采侯。燕射、乡射，则画布为兽形以为正，这是兽侯。

大射，是祭祀射。天子将要举行郊祭或庙祭，就以大射来挑选诸侯、群臣和邦国所贡之士来参与祭祀。诸侯、卿大夫将祭祀其先祖，也以射来选择可以参加祭祀的人。大射在射宫举行。

大射之礼，天子三侯，以虎、熊、豹皮做侯。虎侯只有天子可以射，诸侯则射熊侯，卿大夫以下射豹侯。诸侯举办大射时，设熊侯、豹侯。熊侯由诸侯自射，豹侯，则群臣所射。卿大夫举办大射，只设麋侯，大家共射。之所以用虎豹熊麋之皮，表面的意义是战胜猛兽，背后的含义则是战胜强敌。

大射之时，固然需要射中皮侯，但射中皮侯不是大射的全部要求。大射须符合五善。所谓五善，一曰和，二曰容，三曰主皮，四曰合颂，五曰兴舞。和，指志意平和，也就是内心平和。容，是有容仪。主皮，就是射中皮侯。合颂，就是合乎音乐节拍。射之时有歌乐，射者的动作须与《雅》《颂》之声相合。天子以《驺虞》为节拍，诸侯以《狸首》为节拍，大夫以《采蘋》为节拍，士以《采蘩》为节拍。兴舞，要求的是进退须与乐舞同步。总而言之，射礼必须内心平和、容仪中礼、节奏合乐、进退合舞，然后才以射中皮侯为美。因此，孔子说："射不主皮。"意思是，射礼要求的主要不是射中皮侯。

射以观德，因此射不主皮，这是孔子以前的古代有道之时的做法。但到了孔子所在的春秋时代，射却仅仅要求中侯，而不再要求其他四善，因此孔子叹之。

为，做，含义很广泛，需要根据上下文来确定其具体含义。这里的为，意思是效。**为力**，即效力，指服力役。**科**，品，等次的意思。古时，人们服力役，有上中下三等。等次的划分依据是拥有土地的肥瘠、年成的好坏等。如《周官·小司寇》说，上等土地的人家若有七人，则充任力役三人；中等土地的人家若有六人，则两家可以充任力役五人；下等土地的人家若有五人，则充任力役二人。这是依据土地的肥瘠。《周官·均人》说，凡是抽调力役，要根据年成的好坏，丰年时，国君可以每旬用三天，中等年成每旬用两天，谷物不熟的荒年则每旬用一天。这是依据年成的好坏。

古人服力役是有等次差别的。但到了孔子所在的春秋末期，各国征发劳役频繁，不再遵循等次差别的要求，因此孔子讥之。

由射不主皮到射主皮，由为力不同科到同科，这是礼的倒退，也是礼崩的表现之一。孔子说射不主皮和为力不同科是古之道，是想恢复到古代的理想状态。

孔子说："射礼要求的主要不是射中皮侯，服力役有不同的等次，这是古代的规矩。"

17.子贡欲去告朔之饩羊。子曰："赐也，尔爱其羊，我爱其礼。"

朔，《说文》："月一日始苏也。"就是说，每月第一天为朔。朔的意思是苏醒，即前月已死，此月复生。

告朔的第一个含义是天子颁朔于诸侯。每年冬季，天子在明堂颁布来年十二个月之朔于诸侯，叫作告朔。同时，每月朔日，天子来到都城南郊的明堂，汇聚群臣听此月之政，这叫听朔，也叫视朔。听朔之后，又以礼祭于宗庙，这叫朝庙、朝享。可见，天子告朔是在明堂。明堂在都城之阳，南门之外。因为在南面，南面为阳，所以叫明堂。但天子朝庙不在明堂，而是去到祖庙，用单独一头牛作为祭品。

诸侯接受天子颁朔，藏之于太祖庙。每月朔日，诸侯来到太庙，行告庙听政之礼，这也叫作告朔。这是告朔的第二个含义。告朔之日，诸侯在太庙，汇聚群臣听政，也称为听朔、视朔。因为诸侯没有明堂，诸侯的告朔与听朔都在太庙。本章的告朔是指诸侯的告朔。这里的告朔，也包含了视朔。

去，去掉，取消。**饩**（xì），与"牵"对言时，意思是牺牲被宰杀之后的生肉，所以《说文》段玉裁注："牲腥曰饩，生曰牵。"牵，是能牵着走的，说明是活的。与活的相对的，就是死的，这就是"饩"。但是当饩与牵不相对而言时，饩也可指尚未宰杀的牺牲。此时，与"牵"之义相同。

本章的"饩"是哪种含义呢？本书认为此处的"饩"是牺牲被宰杀以后的生肉。子贡之所以要取消告朔的饩羊，是因为他认为无告朔之礼却又要准备告朔的饩羊，是一种浪费。可见，此处的"饩"指的是牺牲被宰杀之后的生肉。如果是活的牺羊，可以牵走，则不成为浪费了。

子贡想取消告朔的饩羊，是因为鲁国自鲁文公之后，国君就不再视朔了。但有关部门仍然为视朔准备了饩羊，子贡认为这是浪费，所以想将饩羊取消。子贡欲去告朔之饩羊，意思是子贡想取消掉告朔用的生羊肉。

其，指示代词，那，指意之所属的那个。**爱**，吝啬，爱惜。孔子呼子贡之名，说："赐啊，你爱惜的是那羊，我爱惜的是那礼。"

孔子何以如此说呢？在孔子看来，虽然鲁国的视朔之礼暂废，但饩羊若存，则人们还可以知道曾有视朔之礼，有朝一日还可能恢复这种礼。若将饩羊也取消，则人们将渐渐不知有视朔之礼，此礼就会完全消失。因此，他说自己爱惜的是这个视朔之礼，反对将饩羊取消。

子贡想取消掉告朔用的生羊肉。孔子说："赐啊，你爱惜的是那羊，我爱惜的是那礼。"

18.子曰："事君尽礼，人以为谄也。"

事，服事。**谄**，奉承，巴结。当时臣对君多无礼，看到有人服事君主竭尽礼数，无礼之人反而认为是巴结君主，所以孔子叹之。人以为谄，即"人以之为谄"。之，指代"事君尽礼"。

孔子说："服事君主竭尽礼数，别人却认为是巴结君主。"

19. 定公问："君使臣，臣事君，如之何？"孔子对曰："君使臣以礼，臣事君以忠。"

定公，鲁国国君，名宋，鲁襄公之子，昭公之弟，哀公之父。定是谥，《谥法》："安民大虑曰定"。

使，使唤。**事**，服事。君对臣是使唤，臣对君则是服事。定公问孔子："君主使唤臣下，臣下服事君主，该怎么做？"

此处孔子答定公问，记述者用的是"孔子对曰"，而不是"子曰"，这是因为君前臣名。只要是君主问孔子，记述者陈述孔子回答时，都用"孔子对曰"，这是对君的尊敬。

忠，忠诚，尽心竭力。孔子回答说："君主以礼使唤臣下，臣下尽心服事君主。"

孔子回答的这两句话之间并不是无关联的。其关联在于，它表达了臣以忠事君的前提是君以礼使臣。若君不能以礼使臣，则臣可以不忠。由此看来，孔子思想中，并没有绝对忠君的观念，只有相对忠君的观念。答定公此问的这两句话，就体现了这种相对忠君的思想。这两句话隐含了这样一个意思：君使臣以礼是臣事君以忠的条件和前提。后世的绝对忠君观念在孔子思想中是完全没有的。

孔子的有条件忠君思想后来被孟子发扬光大。孟子更加明确的提出："君之视臣如手足，则臣视君如腹心。君之视臣如犬马，则臣视君如国人。君之视臣如土芥，则臣视君如寇雠。"

定公问孔子："君主使唤臣下，臣下服事君主，该怎么做？"孔子回答说："君主以礼使唤臣下，臣下尽心服事君主。"

20.子曰："《关雎》，乐而不淫，哀而不伤。"①

《关雎》，是《诗·周南》的首篇，也是全《诗》的首篇。这是一首失恋情歌。一个男子看到一个正在河中采荇（xìng）菜的美丽女子，他希望这女子能成为他的配偶，于是日日夜夜去追求，却追求不到。他翻来覆去难以入眠，想象着若女子答应他之后二人相聚时的欢乐。诗中虽有欢乐却只是想象着以琴瑟和钟鼓让女子高兴，这种欢乐不过分；诗中虽有痛苦却也只是这位男子思念采荇菜的女子而翻来覆去不能入眠，这种痛苦不伤感。

淫，过度。快乐过度就会远离恰当，哀痛过度就会伤及中和。而《关雎》之诗，虽有欢乐却不过度，虽有痛苦却不伤感。恰当和中和，正是礼要达到的目标。因此，孔子对《关雎》的这个评论被编纂《论语》的人放在了《八佾第三》之中。《八佾篇》主要是谈礼的。

孔子说："《关雎》这首诗，欢乐而不过度，痛苦却不伤感。"

---

① 皇侃《义疏》本中，"淫"作"婬"。

21.哀公问社于宰我。宰我对曰："夏后氏以松，殷人以柏，周人以栗，曰使民战栗。"子闻之，曰："成事不说，遂事不谏，既往不咎。"

《说文》说："社，地主也。《春秋传》曰：'共工之子句龙为社。'《周礼》二十五家为社，各树其土所宜木。"可见，社是土地的主宰。封土为坛，坛上种一棵树，这棵树是让社神凭依的，因而代表社神。这棵树是当地所适宜栽种的树木。根据下边宰我所言，本章的"**社**"，乃是指社木，指社坛上的那棵树。凡建邦立国，必立社。为什么必立社？《白虎通·社稷》曰："人非土不立，故封土立社，示有土也。"

社坛上的那棵树，究竟用什么树，哀公不知，所以问于宰我。**宰我**，名予，字子我。《史记·仲尼弟子列传》说："宰予字子我，利口辩辞。"《论语》所说孔门四科，包括德行、言语、政事、文学，宰我被列于言语。鲁哀公向宰我询问关于社木的问题。

夏后氏，指夏代。**殷人**，指殷代。**周人**，指周代。为何夏代称"夏后氏"，而殷、周二代称"人"呢？这是因为夏以揖让受禅为天子，所以褒扬之称"后"。殷、周二代则是以战争取得天下，所以贬低之称"人"。

以，用。前一个"**栗**"，指栗树。**曰**，叫作，称为。后一个"**栗**"，意思是发抖。**战栗**，恐惧得发抖。

代表社神的那棵树，乃是当地适宜栽种的树木。夏的都城在安邑，适宜种植松树，所以夏的社木用松树。殷的都城在亳（bó），适宜种植柏树，所以殷的社木用柏树。周的都城在丰、镐（hào），适宜种植栗树，所以周的社木用栗树。宰我不知道这个道理，却胡乱回答，尤其是他还对哀公说，周人用栗，叫作使民恐惧得发抖。

宰我回答说："夏后氏用松树，殷人用柏树，周人用栗树，叫作使人民恐惧得发抖。"

成，完成。**说**，解说。**遂**，完成。**谏**，纠正。**既**，已经。**往**，过去。**咎**，追究过失。孔子听说了这件事，知道宰我是妄言，就说："已经做了的事情就不再解说，已经完成了的事情就不再纠正，已经过去了的事情就不再追究过错。"孔子此话之意，在于使宰我以后能加以谨慎，不可妄言。

鲁哀公向宰我询问关于社木的问题。宰我回答说："夏后氏用松树，殷人用柏树，周人用栗树，叫作使人民恐惧得发抖。"孔子听说了这件事，说："已经做过的事情就不再解说，已经完成了的事情就不再纠正，已经过去了的事情就不再追究过错了。"

22.子曰："管仲之器小哉！"或曰："管仲俭乎？"曰："管氏有三归，官事不摄，焉得俭？""然则管仲知礼乎？"曰："邦君树塞门，管氏亦树塞门。邦君为两君之好，有反坫，管氏亦有反坫。管氏而知礼，孰不知礼？"①

管仲，管是氏，仲是字，名夷吾，谥敬，颍上人，齐桓公的相。**器**，本义是容器，这里引申为人的器量，度量。容器小，则盛不下物。人的器量小，则盛不下其功。事功大，必有容事功的器量。比如，尧以天为则，其德如天，这是以天为器，完全可以容下尧的大功，所以尧不夸耀自己的功劳，人民也不知道尧有什么功劳。尧可谓器量大。器小者，其器容不下其功，必然骄矜己功而失礼。管仲就是骄矜而失礼者。器小，意味着管仲功大而德不足，他的德装不下他的功。这是本书所理解的"管仲之器小"

---

① 皇侃《义疏》本中，"焉得俭"作"焉得俭也"，"孰不知礼"作"孰不知礼也"。

的含义。

孔子说："管仲的器量小啊！"

或，有人。**俭**，节俭，与奢侈相对。或人听闻孔子此叹，误以为孔子说管仲器量小是因为管仲吝啬，所以就问："管仲节俭吗？"

归，女子出嫁。女子生以父母为家，嫁以夫家为家，嫁去夫家，就是回家，所以古人称女子出嫁叫归。三归，指管仲娶三国之女为妻。根据礼，诸侯一娶三国九女，以一大国之女为正夫人。正夫人之侄女一人，叫侄（zhí）；正夫人之妹一人，叫娣（dì）。侄娣随夫人来为妾。二小国之女为媵（yìng）。媵也有一侄一娣相随为妾。这样，每一国娶三女，共九女。而大夫婚不越境，只在一国娶三女，一女为正妻，正妻之侄娣为妾。管仲是齐国大夫，却一娶三国九女，这就是"三归"。这种做法把自己等同于国君，不仅是僭礼，而且每一处宅第需一处的费用，这不是节俭，而是奢侈。

官，官职。**事**，事务。**摄**，代理，这里的意思是兼职。官事不摄，意思是官职和事务都不兼任。据礼，国君事大，立官设职，每人只担任一官，只从事一种事务，而不兼职。大夫则不得每官都设置人来担任，而是一人兼领多官事务。管仲是大夫，却每一官都设置人来担任，而不兼职。每一官有每一官的费用，这也不是节俭。

焉，疑问代词，哪里。**得**，能。孔子说："管仲有三国夫人，官职与事务又不兼任，哪里能算是节俭？"

然，如此。**则**，那么。古代有因为节俭而不合乎礼的情况，如：晏婴一件狐裘就穿了三十年，被人讥讽为不合乎礼。既然过度节俭不合乎礼，那么不节俭是不是就合乎礼呢？因此，或人继续问孔子："如此的话，那么管仲知礼吗?"

邦君,指诸侯国的国君。**树**,屏。《尔雅·释宫》曰:"屏谓之树。"郭璞注:"小墙当门中。"这里做动词,立屏。周代立屏,用土,因此屏又称萧墙。萧,是肃的意思。人走到屏的地方,就整肃自己,使自己表现出肃敬的样子,所以称为萧墙。

塞,蔽,遮挡。诸侯国国君立屏蔽门,即"邦君树塞门"。依礼,天子外屏,诸侯内屏,大夫以帘,士以帷。立屏是为了别内外的。臣来朝君,至屏而起敬。天子很尊贵,但与人远,所以立屏于路门之外,称为外屏。之所以外屏,其含义是"自障",即遮挡自己的耳目,不欲见到外边的事情。诸侯虽尊贵,但与人近,所以立屏于内门之内,称为内屏,其含义是不让外边人见到里边的情况。这就是屏所以别内外。卿大夫无屏,而是用帘,士则用帷,而且都不得设置在门的地方,而应当在庭阶之处。管仲是大夫,却立屏于门,这是僭礼之举。

邦君树塞门,管氏亦树塞门,意思是邦君立屏蔽门,管仲也立屏蔽门。

为,主办。**好**(hào),亲善,这里的意思是两君为亲善而进行的会晤。**坫**(diàn),古代设于堂中两楹间的土台。低者用来供诸侯相会饮酒后放置空杯子,这叫反坫。反,还。因为要把空杯子返还到这个土台上,所以称为反坫。高者用来放置来会诸侯所馈赠的玉圭等礼物,这叫崇坫。崇,是高的意思。用来放礼物的台子较高,所以称为崇坫。

两君相会,主君在庙堂上招待来访的他国君主,堂的两楹间设有反坫。诸侯相会饮酒的基本程序是:主君酌酒给客人,这叫献。客人饮完这爵酒,也酌酒给主人,这叫酢。主人饮毕,再自行饮一爵之后,再次酌酒劝宾饮,这叫酬。在这个过程中,有反坫。主君献宾,宾在筵前受爵,饮毕，就把这个空的爵放到坫上，于西阶上拜，主君则在东阶上答拜。之后，宾从坫上取爵，洗爵，酌酒以酢主人。主人受爵，饮毕，把这个空的爵返还到坫上。主人站在东阶上拜，宾则在西阶上答拜。可见，在主君与客人相会饮酒的过程中，有多次反坫。

大夫无坫，那么与人饮酒时，反爵于何处呢？反爵于筐子中，这个筐子叫"篚"。而且篚不在堂上，而是在堂下。即使是诸侯国国君与臣燕饮，也是如此。这就可以知道，大夫不得有反坫。而管仲却设反坫，这就是僭礼。

邦君为两君之好，有反坫，管氏亦有反坫，意思是邦君举办两国国君为亲善而进行的会晤，有反坫，管仲也有反坫。

而，连词，用在主语和谓语之间，表示设定或强调，这里是表示设定，意思是如果。**孰**，谁。管氏而知礼，孰不知礼，意思是管仲如果知礼的话，谁不知礼呢？

本章是讲管仲器小。何以见得其小？一是奢侈，二是违礼。

孔子说管仲器小，意味着管仲功大。说其器小，就是说其器盛不下其功。因此，后边就有对管仲功劳的称赞。

孔子说："管仲的器量小啊！"有人问："管仲节俭吗？"孔子说："管仲有三国夫人，官职与事务又不兼任，哪里能算是节俭？""如此的话，那么管仲知礼吗？"孔子说："邦君立屏蔽门，管仲也立屏蔽门。邦君举办两国国君为亲善而进行的会晤，有反坫，管仲也有反坫。管仲如果知礼的话，谁不知礼呢？"

23.子语鲁大师乐，曰："乐其可知也：始作，翕如也；从之，纯如也，皦如也，绎如也，以成。"①

语（yù），告诉。**大**（tài）**师**，乐官之长。先秦司乐之官，都是由盲人担任。因为盲人可以把心定于音声之上而不移，非盲人则受眼睛睹见，心不易集中于音声。**乐**，音乐，这里指演奏音乐的道理。子语鲁大师乐，意思是孔子告诉鲁国太师关于音乐演奏的道理。

孔子对太师谈乐这件事，《史记·孔子世家》是记载在哀公十一年孔子返鲁之后发生的事情。因此，古人认为当时鲁国礼乐崩坏，音乐废缺，于是孔子才对太师谈正乐之法。

其，副词，表示揣测语气。乐其可知，意思是演奏音乐的道理大概是可以知道的。**作**，为，这里指演奏。**始作**，意思是开始演奏。演奏音乐，自金奏开始，即自击钟镈（bó，大钟）开始，同时，钟镈还决定着音乐的节奏。**翕**（xī），古人解释为"盛"，本书以为不妥。翕的本意是合，鸟将飞必先收敛其翼，而后飞起，因此"翕"字从合从羽。收敛其翼，即合其翼。此处说奏乐，将放纵乐声，也必先收敛其声，表现为音乐刚开始演奏时，声音稍低，这就是收敛。因此，此处的"翕"，可解释为收敛。**如**，用在形容词词尾，表示某种状态，意思是……的样子。**翕如也**，意思是收敛的样子。始作，翕如也，意思是开始演奏的时候，是收敛的样子。

从（zòng），通"纵"，放、发。《说文》："纵，舍也。"这里指放纵音声。**纯**，和。其本义是不杂糅，指声音相应而不嘈杂，所以成为和谐状态。

---

① 皇侃《义疏》本中，"乐其可知也"作"乐其可知也已"，"以成"作"以成矣"。

皦（jiǎo），明，指音节分明。**绎**（yì），接续，指音声接续不断绝。**以**，而。**成**，乐曲一终为成，也就是乐曲奏完一遍叫成。

孔子对太师所讲的演奏音乐的道理就是：开始奏乐，是收敛的样子。放纵音声之后，则是音声和谐的样子，音节分明的样子，接续不断的样子，最后演奏完一遍，就叫作"一成"。

孔子告诉鲁国太师关于音乐演奏的道理，说："演奏音乐的道理大概是可以知道的：开始演奏的时候，是收敛的样子；放纵音声之后，是音声和谐的样子，音节分明的样子，接续不断的样子，而演奏完一遍。"

24.仪封人请见，曰："君子之至于斯也，吾未尝不得见也。"从者见之。出曰："二三子何患于丧乎？天下之无道也久矣，天将以夫子为木铎。"[1]

仪，卫邑名。**封**，疆界。**封人**，官名，守疆界的官吏。**请**，请求。"请"后面带动词，有两种不同的意义：第一种是请求对方做某事，第二种是请求对方允许自己做某事。在这里，"请"字是第一种含义，即请求孔子接见自己。

仪封人请见，意思是仪的封人请求孔子接见自己。

君子，有德之人。**斯**，此，指仪这个地方。仪封人说："君子来到这个地方，我未曾不能拜见。"即都能见到。

从者，跟随孔子的弟子。**见之**，是使动用法，使之见。从者见之，意思是跟随孔子的弟子使他见到了孔子。

---

[1]　皇侃《义疏》本中，"天下之无道也久矣"作"天下之无道久矣"。

出，指仪封人见过孔子之后出来。**二三子**，指孔子的弟子们。**患**，忧虑。**丧**，亡失，指孔子圣德丧亡。仪封人见过孔子之后出来，说："你们何必忧虑夫子圣德丧亡呢？"

道，指好的政治局面。**无道**，指政治混乱。**夫子**，凡担任过大夫以上职务的人都可称夫子，这里的夫子指孔子。**铎**（duó），大铃。铎的外体由铜做成，内则有舌，以绳系舌。将有新令，则摇铎振铃来使众人听令。若铎内的舌由木做成，则此铎用于宣布文教时使用；若铎内的舌由铜做成，则此铎用于宣布军事时使用。这就是"文事奋木铎，武事奋金铎。"这里所谓"金"，指的是金属，具体说是指铜。春秋时只有青铜，没有铁。

天将以夫子为木铎，讲的是孔子圣德不会丧亡的理由。夫子圣德之所以不会丧亡，是因为天下混乱已经很久了，衰极则兴，上天将使夫子做一个木铎，意思是上天将使夫子担起振兴文教的重任。

仪的封人请求孔子接见自己，说："君子来到这个地方，我未曾不得拜见。"跟随孔子的弟子使他见到了孔子。他出来后，说："你们何必忧虑夫子圣德丧亡呢？天下政治混乱已经很久了，上天将使夫子担起振兴文教的重任。"

25.子谓《韶》："尽美矣，又尽善也。"谓《武》："尽美矣，未尽善也。"

谓，说，评论。**《韶》**，舜乐名。韶，绍，继的意思。舜通过禅让继承了尧的天子之位，所以舜乐名《韶》。**尽**，极，达到极点。**美**，指乐舞的声容盛大。**善**，指乐舞所表达的内容好。《韶》乐声容很盛，所展现的内容也是揖让之善，因而极美又极善。所以，孔子评论《韶》乐，说：

"极美啊，又极善。"

《武》，周武王乐名。武，伐。周武王是通过讨伐商纣王继承了天子之位，所以其乐名《武》。《武》乐虽然声容很盛，但是展现的内容却是杀伐，因而虽极美却未能极善。孔子评论《武》乐，说："极美啊，未极善。"

孔子评论《韶》乐，说："极美啊，又极善。"评论《武》乐，说："极美啊，未极善。"

26.子曰："居上不宽，为礼不敬，临丧不哀，吾何以观之哉！"

居上，处于民上。**宽**，宽宏。居上应当爱人，爱人则宽，但此人居民上却不宽宏，不爱人。**为**，做，这里的意思是行。**为礼**，行礼。**敬**，肃，指严肃认真。行礼应当敬肃，但此人行礼却不严肃认真。**临**，面对。**临丧**，指参加丧礼。参加丧礼应有悲哀之情，但此人参加丧礼却没有悲哀之情。**何以**，如何，怎么。**观**，观看。**之**，他。吾何以观之哉，对此人，我如何观看下去呢？意思是看不下去。

居上应宽，为礼应敬，临丧应哀，违背这三条则是乖礼。乖礼，则孔子不欲观之。

孔子说："处于民上不宽宏，行礼不严肃认真，参加丧礼不哀痛，对这样的人，我怎么能看得下去呢？"

里仁第四

1.子曰："里仁为美。择不处仁，焉得知？" ①

里，古代的住宅区。这里作动词，住在。**里仁**，住在有仁德的住宅区。**美**，善，好。里仁为美，意思是住在有仁德的住宅区，才是好的。

择，挑选。《说文》："择，柬选也。"挑选什么呢？这里没有具体说法，但承上一句可知，挑选的是住处。**处**，居，置身于。**焉**，疑问代词，哪里。**得**，能。**知**（zhì），智慧，聪明。这个意义后世写作"智"。择不处仁，焉得知，意思是挑选居住之地，却不选择住在仁德之处，哪里能算智慧呢？

普通人容易被他人影响，遇善则变善，遇恶则变恶，可见周围人的情况可以影响个人的善恶。

孔子说："住在有仁德的住宅区，才是好的。挑选居住之地，却不选

---

① 皇侃《义疏》本中，"焉得知"作"焉得智"。

择住在仁德之处，那里能算是智慧呢？"

2.子曰："不仁者不可以久处约，不可以长处乐。仁者安仁，知者利仁。"①

约，贫穷。以久处约，即"以之久处约"，意思是使之长期处于贫穷。**乐**（lè），本义是愉快，快乐，这里的意思是富贵。不仁之人不可使之长期处于贫穷之中，若久困则为非。也不可使之长期处于富贵之中，若长期处于富贵之中，则必生骄逸。可见，不仁者会随着境遇的变化而改变自己的行为。

仁者，指本性仁之人。**安仁**，心安于行仁。所谓心安于行仁，指其行仁不随境遇的变化而变化。即使久处约，也不会为非。即使长处乐，也不会骄逸。

知（zhì），智慧。知者，智慧之人。**利**，利益，这里作动词，以……取利。**利仁**，以行仁取利。孔子说："本性仁的人，心安于行仁。智慧的人则利用行仁来取利。"

这一章讲了如何判断一个真正的仁者。性仁之人，无论自身的境遇是穷困还是富贵，都心安于行仁。而不仁者久处约则为非，长处乐则骄逸。这一章还讲了另一个道理：真正的仁者是本性仁的人，以行仁来取利者不是仁者，只是智者。

孔子说："不仁之人不可使他长期处于穷困之中，也不可使他长期处于富贵之中。本性仁的人，心安于行仁。智慧的人则利用行仁来取利。"

① 皇侃《义疏》本中，"不可以长处乐"作"不可以长处乐也"，"知者利仁"作"智者利仁"。

3.子曰："唯仁者能好人，能恶人。"①

唯，独，只。**好**（hào），喜欢。**恶**（wù），憎恨，讨厌。

仁者无私心，其情公正。于人之善者，则好之；于人之不善者，则恶之。只有仁者能如此。因此，孔子说，只有仁者能喜欢人，能厌恶人。爱憎分明是仁者的一个特性。喜欢是仁，厌恶也是仁，所以《荀子·非十二子》说："贵贤，仁也；贱不肖，亦仁也。"贵贤是好，贱不肖是恶，都是仁。

古人对本章有另外的解释，如汉代孔安国将本章解释为："唯仁者能审人之所好恶。"清代的焦循在此基础上进一步解释说："仁者好人之所好，恶人之所恶，故为能好能恶。"这种解释把仁者的好恶建立在他人好恶的基础之上，好的是他人所好，恶的是他人所恶。如此一来，仁者岂不是墙头草？这里边还有公正可言吗？可见，对于古人的解释，不可一概遵从。读《论语》，当尽力回归其本意。其本意在哪里，虽不能尽知，但本着合乎人之常情和立足于孔子思想倾向两个原则去理解，就会离其本意不远。

孔子说："只有仁者能喜欢他人，也能厌恶他人。"

4.子曰："苟志于仁矣，无恶也。"

苟，连词，如果，假设。**志**，动词，立志。**无**，不。**恶**（è），动词，作恶。

孔子说："一个人假如能立志行仁，就不会去作恶。"

———

① 朱熹《集注》本中，"唯"作"惟"。

5.子曰："富与贵，是人之所欲也，不以其道得之，不处也；贫与贱，是人之所恶也，不以其道得之，不去也。君子去仁，恶乎成名？君子无终食之间违仁，造次必于是，颠沛必于是。"

富贵，财多为富，位高为贵。**是**，这，指富贵。**所**，代词，作前置宾语。**欲**，想要。所欲，意思是想要的东西。**道**，正当的途径和方法。**处**，占有，据有。这里的"不处"无主语，根据下文，这里的主语应是"君子"。孔子说："富和贵，这是人们想要的东西，不用正当的途径和方法得到它，君子就不占有它。"

贫贱，乏财曰贫，无位曰贱。"不以其道得之"，应理解为不以其道去之。**去**，除掉，消除。贫和贱，这是人们所嫌恶的，不用正当的途径和方法消除它，君子就不消除它。

恶（wū），疑问词，怎么，如何，何。**乎**，于。恶乎，可倒过来理解为"乎恶"，意思是于何处。**成**，成就。**名**，名誉。行仁道才可得君子之名，消除了仁，于何处成就君子的名誉呢？

终，一段时间的开始到结束。**终食之间**，一顿饭的时间。**违**，离开，违背。**造次**，仓促。**是**，此，指仁。**颠**，倒下。**沛**，偃仆。偃，仰着倒下。仆，向前跌倒。颠沛的意思是跌倒，引申为困顿挫折。君子没有一顿饭的时间违背仁，仓促之时一定守在仁上，困顿挫折之时一定守在仁上。

本章的前半部分是说求富贵以其道，去贫贱亦以其道。后半部分则讲君子不可须臾离开仁。前后两部分之间有何联系呢？倒过来看即可理解其间的联系。全章的核心意思是君子不可须臾离开仁。求富贵之时不可离开仁，去贫贱之时不可离开仁，终食之间不可离开仁，造次之时不可离开仁，颠沛之时不可离开仁。如此，求富贵与去贫贱之道就是守仁，"不以其道得之"的"道",是正当的途径和方法,这个正当的途径和方法就是仁道。

孔子说:"富和贵,这是人们想要的东西,不用正当的途径和方法得到它,君子就不占有它;贫和贱,这是人们所嫌恶的,不用正当的途径和方法消除它,君子就不消除它。君子消除了仁,于何处成就君子的名誉呢?君子没有一顿饭的时间离开仁,仓促之时一定守在仁上,困顿挫折之时一定守在仁上。"

6.子曰:"我未见好仁者,恶不仁者。好仁者,无以尚之;恶不仁者,其为仁矣,不使不仁者加乎其身。有能一日用其力于仁矣乎?我未见力不足者。盖有之矣,我未之见也。"[①]

未,不曾,还没有。**好**(hào),喜欢。**恶**(wù),憎恨,讨厌。"我未见好仁者,恶不仁者",可理解为"我未见好仁者,亦未见恶不仁者"。意思是,我不曾见过喜好仁的人,也不曾见过厌恶不仁的人。"好仁者"与"恶不仁者"是两种人,不可理解为"好仁者去厌恶不仁者"。

尚,上,超过。**之**,指代好仁者。喜好仁的人,没有什么可以超过他,即喜好仁已经是德之最上了。

其,指代"恶不仁者"。**为**,做,意义很广泛,在这里的意思是行,实践。**矣**,表示停顿,相当于"也"。**加**,施,把某种行为施于别人身上。**乎**,于。厌恶不仁的人,他实践仁,不让不仁者以不仁之事施加到他的身上。

---

① 皇侃《义疏》本中"有能一日用其力于仁矣乎"作"有能一日用其力于仁者矣乎"。

有能一日用其力于仁矣乎，有能把他的力量用在仁上一天的人吗？意思是没有这样的人。之所以没有人一日用其力于仁，不是因为仁有多难。《诗经·大雅·烝民》说："德輶（yóu，意思是轻）如毛，民鲜克举之。"意思是德就像动物的毛那么轻，但是人却很少有能举起来的。之所以不能举起，是因为没有去举。同样，行仁是很容易的，我欲仁，斯仁至矣，不须用力；但是没有人把自己的力量用在仁上哪怕是一天，不是因为力量不够，而是因为没有去行仁。我未见力不足者，意思是我不曾见过力量不够的人。

孔子说："有能把自己的力量用在仁上一天的人吗？我没有见过力量不够的人。"

盖，大概。在古汉语中，"盖"是"蓋"的俗体字。**之**，指力不足者。孔子又不欲把话说满，所以在说了"我未见力不足者"后，马上又说，大概有力量不够的人，只是我还没有见过。

本章中孔子说，既未见过好仁者，又未见过恶不仁者，说明世衰道丧，人们见到仁不好之，见到不仁也不恶之，可见当时无仁人。

孔子说："我不曾见过喜好仁的人，也不曾见过厌恶不仁的人。喜好仁的人，没有什么可以超过他；厌恶不仁的人，他实践仁，不让不仁者以不仁之事施加到他的身上。有能把他的力量用到仁上一天的人吗？我没有见过力量不够的人。大概有力量不够的人，只是我还没有见过。"

7.子曰："人之过也，各于其党。观过，斯知仁矣。"[①]

过，过失。**党**，类，古字作"黨"。古字也有"党"字，是一种姓。

---

① 皇侃《义疏》本中，"人之过也"作"民之过也"。

《说文》有"黨"字，没有"党"字，可见最迟到许慎生活的东汉，"党"字还没有出现。

人之过也，各于其党，意思是人的过失，各在其类。不是同一类的人，所犯的过失不同。如，君子小人各自的过失不会同类，君子常失于过度宽厚，小人常失于过度刻薄。看到过于宽厚，则知犯此种过失的是君子；看到过度刻薄，则知犯此种过失的是小人。观察其过失，即可知是君子还是小人。同样道理，仁者的过失也是一类，看一个人所犯的过失，就可以知道是不是仁人。若此过失是仁者才会犯的过失，则可知是仁人。因此，孔子说，观察过失，就可以知道是不是仁人。**斯**，连词，则，乃。

孔子说："人的过失，各在其类。看一个人的过失，就知道他是不是仁人。"

8.子曰："朝闻道，夕死可矣。"

朝，早晨。《说文》："朝，旦也。"《尔雅·释诂》："朝，早也。"**道**，道理，规律。**夕**，日暮，傍晚。朝夕之间，为时至近，不超过一天。只要能听到道理，即使很快死掉了，也是可以的。

孔子说："早上听到了道理，傍晚死去都是可以的。"

9.子曰："士志于道，而耻恶衣恶食者，未足与议也。"

士，有一定知识和品德的人，也指大夫以下的贵族阶层。士，事也，任事之称。**志**，动词，立志。**道**，道理，规律。这里做动词，学道和行道。**而**，连词，表示转折，却。**耻**，以……为羞耻。**恶**（è），丑劣，与美好相对。**足**，值得，够得上。**与**，和。**议**，议论，指共同研究事物的是非得失。

士既立志于学道和行道，却以衣食不够华美为耻，则不值得与之议论。这里边的道理在于，志于道，则无贪求之欲；若以衣食不华美为耻，则必有贪求之心。这样的话，已经不配做一个士了，所以不值得与之议论。

孔子说："一个士，立志于学道和行道，却以劣等的衣服和食物为羞耻，那就不值得和他议论了。"

10.子曰："君子之于天下也，无适也，无莫也，义与之比。"①

天下，指天下的人和事。**适**（dí），古字作"適"，厚。**莫**，薄。孔子说："君子对于天下的人和事，没有厚，没有薄。"**义**，宜，恰当、适宜。**比**，亲近。义与之比，即"与义比"，与恰当的人和事亲近。

孔子说："君子对于天下的人和事，既没有厚，也没有薄，他的标准是：与恰当的人和事亲近。"

11.子曰："君子怀德，小人怀土；君子怀刑，小人怀惠。"

怀，留恋。君子留恋的是道德，小人留恋的是乡土。**刑**，仪型，典范，即可以效法的对象。这个意义后世写作"型"。**惠**，恩惠。君子留恋的是典范，小人留恋的是恩惠。可见君子、小人所留恋不同。

孔子说："君子留恋的是道德，小人留恋的是乡土。君子留恋的是典范，小人留恋的是恩惠。"

---

① 皇侃《义疏》本中，"义与之比"作"义与之比也"。

12.子曰："放于利而行，多怨。"

放（fǎng），依据。**利**，利益。**怨**，怨恨，仇恨。依利而行，利于己，则害于人。所以，孔子说："人若依据利益行事，就会招来很多怨恨。"

13.子曰："能以礼让为国乎？何有？不能以礼让为国，如礼何？"

让，谦让，退让。礼是让的形式，让是礼的实质，二者相表里，所以合称为礼让。**为国**，治国。**何有**，即"有何"，有什么，意思是有什么难处，即不难。礼，节制民心；让，使民不争。能节制民心，使民不争的话，则治国不难。因此，孔子说："能用礼让来治国吗？若能以礼让来治国，治国有何难呢？"

如……何，把……怎么样，把……放在哪里。如果不能用礼让来治国，则民有争心，唯利是图，礼就被放在了一边。因此，孔子说："不能用礼让来治国，那么又把礼放在何处呢？"

孔子说："能用礼让来治国吗？若能用礼让来治国，治国有何难呢？不能用礼让来治国，那么又把礼放在何处呢？"

14.子曰："不患无位，患所以立。不患莫己知，求为可知也。"①

患，忧虑。**位**，官爵之位。**所**，代词，作为前置宾语。**所以立**，即"以所立"，拿什么来得到官爵之位。这个"什么"，是指才德。**立**，同"位"，得到官爵之位。孔子说："不应忧虑没有官爵之位，而忧虑自己没有得到官爵之位的才德。"

---

① 皇侃《义疏》本中，"不患莫己知"作"不患莫己知也"。

莫己知，即"莫知己"，没人了解我。**求**，追求。**为**，被。不忧虑没人了解我，而应追求可以被别人了解的才德。

孔子说："不应忧虑没有官爵之位，而应忧虑自己没有得到官爵之位的才德。不应忧虑没人了解自己，而应追求可以被别人了解的才德。"

15.子曰："参乎！吾道一以贯之。"曾子曰："唯。"子出。门人问曰："何谓也？"曾子曰："夫子之道，忠恕而已矣。"[①]

参，曾子的名。曾子名参，字子舆。**乎**，用在人名的后面，表示呼告。**道**，指思想主张。**以**，用。**贯**，本义是以绳穿物，这里的意思是贯穿。**之**，指代"吾道"。一以贯之，即以一贯之，用一个道理贯穿我的思想主张。孔子说："曾参啊！我的思想主张是用一个道理贯穿起来的。"

唯，应答之辞。这个词表示应答迅速而且没有疑问。唯，相当于"诺"，但以"唯"应答比以"诺"应答更为恭敬。曾子心中明白孔子的一贯之道，所以直接恭敬应答而不问。曾子说："是的。"

出，出去，意思是离开。**门人**，既可以理解为孔子的其他门人，也可以理解为曾参的门人。**谓**，指称，意指。何谓，意思是这指的是什么。孔子出去之后，孔子的其他门人问曾子："老师说的是什么意思？"

忠恕，尽己曰忠，推己曰恕。尽己，是极尽自己的全部力量。推己，是以己之常情推广至他人。忠，就是己欲立而立人，己欲达而达人；恕，就是己所不欲，勿施于人。**已**，止，意思是没有其他了。曾子说："夫子的思想主张，就是忠恕，别无其他。"

---

① 皇侃《义疏》本中，"吾道一以贯之"作"吾道一以贯之哉"。

孔子说："曾参啊！我的思想主张是用一个道理贯穿起来的。"曾子说："是的。"孔子出去之后，孔子的其他门人问曾子："老师说的是什么意思？"曾子说："夫子的思想主张，就是忠恕，别无其他。"

16. 子曰："君子喻于义，小人喻于利。"

这里的君子指有官爵之位的人，小人指无官爵的庶民。

喻，晓，明白。孔子说，君子和小人所明白的东西不同，君子在道义上明白，小人在利益上明白。

虽然孔子说君子在义上明白，但并不就是君子在利上就不明白，只是君子不追求利而已。君子在利上也是明白的。正是因为君子在利上也很明白，所以君子才能采取措施使民得利。君子求义，可以守身，但不可以治理天下的百姓。对待庶民，必须使之得利然后才谈得到义。孔子的这句话，不单单是为了区分君子与庶民，而且是为了告诉君子们应如何治理庶民。

孔子说："君子明白道义，小人明白利益。"

17. 子曰："见贤思齐焉，见不贤而内自省也。"①

贤，才德出众的人。**齐**，齐等，相同。**焉**，句末语气词。**省**（xǐng），视，察，这里的意思是自我反省。

孔子说："见到才德出众的人就思考与他齐等，见到无才德的人就在内心自我反省是不是有与此人相同的毛病。"

---

① 皇侃《义疏》本中，"见不贤而内自省也"作"见不贤者而内自省也"。

18.子曰："事父母几谏，见志不从，又敬不违，劳而不怨。"

本章和以下三章，都是谈孝的。

几，微，轻微婉转的意思。几，古字作"幾"。《说文》曰："幾，微也。"古字也有"几"字，其意思是矮桌子，人坐着的时候用来凭依。**谏**，用言语来纠正君主或尊长的过失，是劝止的意思。微谏，就是《礼记·内则》所说的"父母有过，柔声以谏"，即轻微婉转劝止。事父母几谏，意思是服事父母时，见到父母有过失，可以轻微婉转劝止。

志，志意。**从**，听从。见志不从，意思是看到父母的志意是不愿听从。

违，违背。**劳**（láo），忧愁。因为父母不愿听从劝谏改正过失，所以人子内心是忧愁的。又敬不违，劳而不怨，意思是人子仍然恭敬而不违背父母的意愿，虽然内心忧愁却没有怨恨。

子事父母，义主恭从，父母有过，则予以微谏。看到父母之意乃是不听从，子则仍恭敬不违背父母之意。虽然内心为父母的过失忧虑，但是对于父母不从谏则内心不怨恨。

孔子说："人子服事父母时，见到父母有过失，可以轻微婉转劝止。看到父母的志意是不愿听从，人子仍然恭敬而不违背父母的意愿，虽然内心忧愁却没有怨恨。"

19.子曰："父母在，不远游，游必有方。"

游，古字作"遊"，本义是遊历，这里的意思是出行。游、遊二字表示遊历、游玩、交游方面，在古代通用。在表示水中的活动时，只能用游。今天的简化字统一作"游"，不再有"遊"字。

方，方位，地方。父母在世的时候，子不可远行。若远行，则必须告诉父母自己要去的地方。之所以必须告诉父母自己要去的地方，是因为这样才可以使父母需要自己的时候知道自己在何处。《礼记·玉藻》说："亲老，出不易方"，也是说子出门去不可改变方位。若改变方位，则父母就找不到自己了。

孔子说："父母在世，子不远行，若远行，必须有方位。"

20.子曰："三年无改于父之道，可谓孝矣。"

本章与《学而第一》第 11 章后半部分重复，可能是弟子各记所闻，故有重出。

孔子说："人子三年不改变其父的规矩，就可以称为孝了。"

21.子曰："父母之年，不可不知也。一则以喜，一则以惧。"

年，年龄。孔子说："父母的年龄，人子不可不知道。"

一则以喜，即"一则以之喜"；一则以惧，即"一则以之惧"。**一**，是数字的一，在这里的意思是一方面。**则**，连词，在这里表示对比。**以**，介词，因为。之，指父母的年龄。一则以喜，一则以惧，意思是一方面为父母长寿而喜悦，一方面为父母衰老而忧惧。

孔子说："父母的年龄，人子不可不知道。一方面为父母长寿而喜悦，另一方面又为父母衰老而忧惧。"

22.子曰："古者言之不出，耻躬之不逮也。"

古，古代。这里说古代如此，表明现在不如此。**之**，起把主谓结构变成词组的作用。**耻**，以……为耻。**躬**，身，指自己。**逮**（dài），及，达到。

君子不得已而出言，这不是因为出言很难，而是因为按照言去行很难。一个人只有不想依言而行，才敢于轻易出言。若言如所行，行如所言，则必不轻易出言。

孔子说："古人之所以不出言，是怕自己做不到而成为耻辱。"

23.子曰："以约失之者鲜矣。"

以，因。**约**，本义是缠束。《说文》："约，缠束也。"这里的意思是约束，其反义词是放纵。**鲜**，少。

孔子说："因为约束自己而导致过失的情况是很少的。"言外之意，因放纵而导致过失的情况当是很多的。

24.子曰："君子欲讷于言，而敏于行。"

欲，希望，想要。**讷**（nè），说话迟钝。《玉篇》引《论语》作"呐"，也读 nè。**敏**，疾。《说文》："敏，疾也。"

孔子说："君子希望自己言语迟钝而行动敏疾。"

25.子曰："德不孤，必有邻。"

德，指有德之人。**孤**，独。**邻**，邻居，引申为亲近、靠近。同声相应，同气相求，有德之人为人所仰慕，因而一定不孤独，必有志意相同之人来亲近他。

孔子说："有德者不会孤独，一定有前来亲近的人。

26.子游曰："事君数，斯辱矣；朋友数，斯疏矣。"

数（shuò），屡次，多次，这里的意思是屡次劝谏。**斯**，连词，则，乃。**辱**，侮辱。事君不可屡谏。若谏不听，则当离去。如果不离去而屡屡劝谏，就会导致侮辱。

疏，关系疏远，与"亲"相对。对于朋友，同样不可屡谏。若朋友不听，则当停止劝谏。如果屡屡劝谏，就会导致疏远。

子游说："服事君主屡屡劝谏，就会导致侮辱；朋友之间屡屡劝谏，就会导致疏远。"

公冶长第五

1.子谓公冶长，"可妻也。虽在缧绁之中，非其罪也。"以其子妻之。

谓，说，评论。**公冶长**，《史记·仲尼弟子列传》："公冶长，齐人，字子长。"《孔子家语·七十二弟子解》："公冶长，鲁人，字子长。为人能忍耻，孔子以女妻之。"子谓公冶长，意思是孔子评论公冶长。

传说公冶长懂鸟语，皇侃《论语义疏》引《论释》说：

公冶长从卫还鲁，行至二堺（jiè，同"界"）上，闻鸟相呼往清溪食死人肉。须臾见一老妪当道而哭，冶长问之，妪曰："儿前日出行，于今不反，当是已死亡，不知所在。"冶长曰："向闻鸟相呼往清溪食肉，恐是妪儿也。"妪往看，即得其儿也，已死。即妪告村司，村司问妪从何得知之，妪曰："见冶长道如此。"村官曰："冶长不杀人，何缘知之？"因录冶长付狱。主问冶长何以杀人，冶长曰："解鸟语，不杀人。"主曰："当试之。若必解鸟语，便相放也；若不解，当令偿死。"驻冶长在狱六十日。卒日，有雀子缘狱栅上，相呼啧啧喈喈，冶长含笑。吏启主冶长笑雀语，是似解鸟语。主教问冶长："雀何所道而笑之?"冶长曰："雀喷喷嗸嗸，白莲水边有车翻覆黍粟，牡牛折角，收敛不尽，相呼往啄。"狱主未信，遣人往看，果如其言。后又解猪及燕语，于是得放。

皇侃说，这段说法来自杂书，未必可信，而亦古旧相传，云冶长解鸟语，故聊记之。

宋代邢昺斥其不经，但清代刘宝楠却说，《周官》中，夷隶掌与鸟言，貉隶掌与兽言，因此公冶长解鸟语，容或有之。但谓因此而获罪，则传会之过矣。

本书录皇侃所记，只当传说看待而已。

妻（qī），纳女于人曰妻，是动词，意思是把……嫁给某人为妻。可妻，意思是可以嫁给他做妻子。

缧（léi），是"纍"字的省略，黑绳索。**绁**（xiè），本义是牵驭牲畜的绳索，这里指绑缚罪人的绳索。缧绁，指代监狱。公冶长因司法枉滥而被拘系于监狱之中，因此，孔子认为这不是公冶长的罪过。他评论公冶长，"是一个值得把女儿嫁给他为妻的人。虽然他在监狱之中，但这不是他的罪。"

子，儿女，这里指女儿。以其子妻之，意思是孔子把自己的女儿嫁给公冶长为妻。

孔子评论公冶长，"可以把女儿嫁给他为妻。虽然他在监狱之中，但这不是他的罪。"孔子把自己的女儿嫁给他为妻。

2.子谓南容，"邦有道，不废；邦无道，免于刑戮。"以其兄之子妻之。

南容，孔子弟子南宫括，字子容，氏南宫。两字氏可单称一字，故称南容。括，又作"适"，读 kuò，多用于人名。如，唐德宗名李适，唐代诗人有高适。现在用为"適"（shì）字的简化字。

有道，指政治清明。**废**，废弃。不废，意思是被任用。**无道**，指政治昏乱。**免**，逃脱，免祸。**刑**，刑罚。**戮**，杀。

孔子评论南容，"国家政治清明的时候，他不会被废弃不用；国家政治昏乱的时候，又能脱免刑罚和被杀。"可见，南容是一个谨言慎行的人。

兄，指孔子的哥哥孟皮。据《孔子家语·本姓解》，孔子父叔梁纥娶妻生九女。其妾生孟皮，有足病，是一个残疾人。于是叔梁纥求婚于颜氏，与颜徵在生了孔子。孔子之兄即孟皮。子，女儿。

孔子评论南容，"国家政治清明的时候，他不会被废弃不用；国家政治昏乱的时候，他又能脱免刑罚和被杀。"孔子把他哥哥的女儿嫁给了南容。

3.子谓子贱，"君子哉若人！鲁无君子者，斯焉取斯？"

子贱，孔子弟子宓不齐。《史记·仲尼弟子列传》曰："宓不齐，字子贱，少孔子三十岁。"没说是哪国人。《孔子家语·七十二弟子解》曰："宓不齐，鲁人，字子贱，少孔子四十九岁。仕为单父宰。有才智仁爱，百姓不忍欺。孔子大之。"

关于宓的读音，《汉书·艺文志》颜师古注："宓，读与伏同。"宓，古通伏，如伏羲也作"宓羲"。读伏（fú）为姓氏，读觅（mì）则意为安静。但唐代张守节《史记正义》说，虙（fú）与伏古来相通，世人传写中，虙字被误作宓。按张守节的说法，宓不能读伏，只能读觅。

古人对于宓的读音，有这样的争论，本书不敢定论，只略效孔子阙疑之意，暂读伏。

若，指示代词，此。古文中有这种用法，如《荀子·王霸》说："君人者，亦可以察若言矣！"君子哉若人，意思是此人真是君子啊！

者，助词，用在复合句前面分句的尾部，起停顿作用，引出后面的说明和解释。前一个**"斯"**，连词，则，乃。后一个**"斯"**，指君子之德。**焉**，疑问代词，哪里。鲁国如果没有君子的话，那么从哪里取得君子之德呢？孔子在赞美子贱的同时，也赞美了鲁国多君子。

孔子评论子贱，"此人真是君子啊！鲁国如果没有君子的话，那么他从哪里取得君子之德呢？"

4.子贡问曰："赐也何如？"子曰："女器也。"曰："何器也？"曰："瑚琏也。"

赐，是子贡的名。子贡氏端木，名赐。子贡问孔子："我怎么样？"

器，器具。**女**（rǔ），同"汝"，你。孔子说："你是一个器具。"

孔子说子贡是器具，但器具有贵有贱，所以子贡继续问："什么器具？"孔子回答说："你是瑚琏。"**瑚琏**，是宗庙之中盛黍稷稻粱等谷物的礼器，是贵重器具。夏曰琏，殷曰瑚，周曰簠簋（fǔ guǐ）。长方形曰簠，圆形曰簋。可见，瑚和琏都是宗庙宝器，用于盛黍稷稻粱等谷物。

孔子说子贡是瑚琏，意思是子贡是宗庙宝器。但毕竟仍是器。君子不器，为器必偏，不能通用。因此，子贡可跻身于庙堂之上，往来于诸侯之间，而不可用于处理民事。

子贡问孔子："我怎么样？"孔子说："你是一个器具。"子贡问："什么器具？"孔子说："你是宗庙之中的宝器瑚琏。"

5.或曰："雍也仁而不佞。"子曰："焉用佞？御人以口给，屡憎于人。不知其仁，焉用佞？"①

雍，孔子弟子冉雍。《史记·仲尼弟子列传》："冉雍字仲弓。"郑玄说："鲁人。"《孔子家语·七十二弟子解》："少孔子二十九岁。"

也，语气词，表示停顿。**佞**，有口才，能说善道，多用于贬义。仲弓为人厚重简默，而时人以佞为贤，所以有人说："冉雍虽有仁德，但没有能说善道的口才。"

御，古字为"禦"，抵挡，今天简化为"御"。古代也有"御"字，意思是驾驭车马，和"禦"的意思不同。**给**（jǐ），丰足，这里的意思是语言快捷、流利，如供应充足一般。**口给**，语言供给充足，意思是口齿伶俐。**屡**，多次。孔子回答说："哪里用得上能说善道呢？用口齿伶俐来抵挡人，就会屡屡被人憎恶。虽不知冉雍是否是仁人，但是他哪里用得上能说善道呢？"

"不知其仁"，是谈仲弓的，意思是不知仲弓是否是仁人。从这里可以看到孔子对于某人是否是仁人，是不会轻易说的。即使像仲弓这样的贤人，孔子也没有说他是仁人。"不知其仁"实际上是否定，只不过是一种委婉的否定。本篇第8章中孟武伯问子路仁乎，孔子的回答也是"不知也"。这个"不知"也是一种委婉的否定。

有人说："冉雍虽有仁德，但没有能说善道的口才。"孔子说："哪里用得上能说善道呢？用口齿伶俐来抵挡人，就会屡屡被人憎恶。虽不知冉雍是否是仁人，但是他哪里用得上能说善道呢？"

---

① 皇侃《义疏》本中，"不知其仁，焉用佞"作"不知其仁也，焉用佞也？"

6.子使漆雕开仕。对曰："吾斯之未能信。"子说。

使，派遣，使令。漆雕开，孔子弟子。《史记·仲尼弟子列传》："漆雕开，字子开。"郑玄曰："鲁人。"《孔子家语·七十二弟子解》曰："蔡人，字子开，少孔子十一岁。习《尚书》，不乐仕。"**漆雕开**，也有写作"漆彫开"的。阮元认为，漆雕开，当作"漆琱开"，凡琱琢成文曰彫。雕、彫，都是假借字。阎若璩则认为漆雕开，当作"漆雕启"，汉代人避汉景帝讳而改为"开"。启是开的意思，所以字子开。

孔子派漆雕开出仕为官。

吾，我。回答自己老师的时候自称"吾"，是很少见的，《论语》中也只有这一例。其他弟子回答孔子时都自称名，此处称"吾"非常突兀。因此，宋翔凤怀疑"吾"字是"启（启）"字之误。

吾斯之未能信，是一个倒装句，**"之"**，起宾语提前作用。这句话可颠倒过来理解，即"吾未能信斯"，意思是我还不能相信自己有出仕为官的能力。**斯**，此，指的是上文所说的"仕"。**信**，本义是言语真实不说谎，引申为动词"相信"。

说（yuè），喜悦。这个意义后世写作"悦"。孔子听了漆雕开的话，明白他对自己要求很严格，因而心中喜悦。

孔子派漆雕开出仕为官。漆雕开回答说："我还不能相信自己有出仕为官的能力。"孔子听了，心中喜悦。

7.子曰："道不行，乘桴浮于海。从我者，其由与？"子路闻之喜。子曰："由也好勇过我，无所取材。"①

道，思想主张，这里指孔子的思想主张。**桴**（fú），竹木所编成的小舟，大者曰筏，小者曰桴。**浮**，渡。**于**，《尔雅·释诂》："于，於也。"可见于与於义同，所以经传通用。孔子说："我的思想主张若不能实行，我就乘小舟渡往海外。"这里的"海"，海外，意指华夏地区以外的地方。这与《论语·子罕第九》第14章中"子欲居九夷"的"九夷"之意相同。

从，跟随。**其**，副词，大概，表示揣测语气。**由**，仲由，即子路。**与**（yú），语气词，后世写作"欤"，表示疑问或感叹，这里表示疑问。孔子说："跟随我的人，大概是仲由吧？"

喜，高兴。《说文》："憙，说也。"经传"憙"通作"喜"，喜悦的意思。孔子说的乘桴渡海本是一句隐语，其意在于慨叹道之不行，并不是真的要去往海外。而子路不解此微言，误以为孔子真的要乘桴渡海，且同意自己随行，所以他很喜悦。

乘桴渡海本是险难之事，而子路却表现出喜悦，毫无畏惧，可见子路之勇。**材**，同"哉"，语气词，表示感叹。孔子说："仲由喜欢勇敢胜过我，没有可取之处啊。"

孔子说："我的思想主张若不能实行，我就乘小舟渡往海外。跟随我的人，大概是仲由吧？"子路听了这话很高兴。孔子说："仲由喜欢勇敢胜过我，没有可取之处啊。"

---

① 皇侃《义疏》本中，"于"作"於"。"其由与"作"其由也与"。

8.孟武伯问："子路仁乎？"子曰："不知也。"又问。子曰："由也，千乘之国，可使治其赋也，不知其仁也。""求也何如？"子曰："求也，千室之邑，百乘之家，可使为之宰也，不知其仁也。""赤也何如？"子曰："赤也，束带立于朝，可使与宾客言，不知其仁也。"

孟武伯，孟懿子（仲孙何忌）之子仲孙彘。**武**，谥。**伯**，长，说明他是孟懿子的嫡长子。

孟武伯问孔子："子路有仁德吗？"仁，至重至难，以颜渊之贤，也只能三月不违仁，其他弟子或日月至焉而已。子路就属于日月至焉者。日月至焉的意思是，仁，或今日有，明日无；或今月有，明月无。时有时无，没法直接答有或无。但是如果直言子路无仁德，又非劝诱弟子进德之法，所以孔子托词说："不知道。"

又，副词，复，再，略带一点感叹语气。**又问**，意思是孟武伯再次问孔子子路有没有仁德。

治，治理，管理。**赋**，军旅之征谓赋，如车、马、牛、步卒、徭役等。因为是按田征收，所以又称田赋。这里的"赋"代指军事，不是军赋。

虽然孔子已经回答了"不知道"，但孟武伯意犹未尽，再次问子路有没有仁德，于是孔子回答说："仲由，可以使他管理拥有一千辆兵车诸侯国的军事，但有没有仁德，我不知道。"

千室之邑，是大邑。**家**，大夫的封地称家。周代，天子、诸侯、卿大夫等凡有采地者都称君，诸侯国君主称国君，家大夫称家君。国君和家君，也都有自己的臣，其中家大夫之臣称家臣，家臣之长叫家宰。被家大夫指派去管理某邑的家臣，是邑长，称邑宰。

此外，在周代，各级君主都有军队，而兵车是军队的标志。天子万乘，诸侯千乘，大夫百乘。因此，百乘之家指的也是大夫。大夫中有人被天子或国君授予较全面的权力，则称为卿，合称叫卿大夫。可见，凡卿都是大夫，而大夫却未必可以称卿。

孟武伯又问："冉求怎么样？"意思是冉求有没有仁德。孔子照样不直接回答，仍然以冉求之才所堪任的职务作为回答。孔子说："冉求，可使他担任大邑之宰或卿大夫的家宰，但有没有仁德，我不知道。"

赤，孔子弟子公西赤。《史记·仲尼弟子列传》曰："公西赤，字子华，少孔子四十二岁。"孟武伯又问："公西赤怎么样？"意思是公西赤有没有仁德。

带，腰带，用以整束其衣。**朝**，朝廷。**宾**，指贵客。《说文》："宾，所敬也。"**客**，客人。

他国君主或卿大夫来聘问，行礼在庙，朝会和燕飨则在庙或在朝或在寝。而此处只说"立于朝"，这是以"朝"代表了庙、寝、朝三地。立于朝，可使与宾客言，意味着公西赤可以掌宾客之礼及聘问之事。

孔子说："公西赤，束着腰带，立在朝廷之上，可以派他与宾客言语应对，他有没有仁德，我则不知道。"

孟武伯问孔子："子路有仁德吗？"孔子说："不知道。"孟武伯又问。孔子说："仲由，可以使他管理拥有一千辆兵车诸侯国的军事，但有没有仁德，我不知道。""冉求怎么样？"孔子说："冉求，可使他担任大邑之宰或卿大夫的家宰，但他有没有仁德，我不知道。""公西赤怎么样？"孔子说："公西赤，束着腰带，立在朝廷之上，可以派他与宾客言语应对，他有没有仁德，我则不知道。"

9.子谓子贡曰："女与回也孰愈?"对曰："赐也何敢望回? 回也闻一以知十,赐也闻一以知二。"子曰："弗如也! 吾与女弗如也。"

谓,告诉,对……说。**女**(rǔ),同"汝",你。**回**,颜回。**孰**,谁。**愈**,胜,强。孔子对子贡说:"你和颜回谁更强些?"意思是二人比较,谁更胜一筹。孔子欲观子贡自知如何,所以有此问。

望,远望。子贡自称己名,说:"赐怎敢远望颜回?"意思是,自己怎敢和颜回相比。

以,而。子贡以数字来表达自己与颜回的差距。颜回闻一而知十,而我闻一而知二。意思是,我与颜回差距甚大。

弗,不,但否定的程度比"不"要深。**如**,及,比得上。孔子对子贡的回答表示同意,说:"你确实比不上颜回。"但又恐子贡惭愧,所以孔子又说:"我和你都比不上颜回啊。"这是在安慰子贡。

孔子对子贡说:"你和颜回谁更强些?"子贡回答说:"我怎敢远望颜回? 颜回听一而知道十,我听一而知道二。"孔子说:"你确实比不上颜回! 我和你都比不上颜回啊。"

10.宰予昼寝。子曰："朽木不可雕也,粪土之墙不可杇也,于予与何诛?"子曰："始吾于人也,听其言而信其行;今吾于人也,听其言而观其行。于予与改是。"①

宰予,孔子弟子宰我,字子予。郑玄曰:"鲁人。"予,我。所以宰我名我,字子予,名与字高度关联。**昼**,白天。**寝**,睡觉。古人鸡鸣而起,

---

① 皇侃《义疏》本中,"雕"作"彫"。

白天不是睡觉的时候。而宰我却在白天睡觉，所以孔子谴责他。

朽，腐朽。**雕**，雕刻。匠人在好木料上雕刻才能做成器物，若在腐朽的木料上雕刻则难以做成器物，所以孔子说："朽木不可雕。"意思是腐朽的木料无法雕刻。

粪，除去秽物叫粪，所除去的秽物也叫粪。此处的"粪土"，就是秽土。古代的墙筑土而成，时间久了则不免生出秽物。**杇**（wū），本义是涂抹墙壁的工具，这里作动词，涂抹的意思。若墙壁坚实，则可以涂抹。若秽土之墙，则无法涂抹。所以孔子说："生满秽土的墙壁无法涂抹。"

"于予与何诛"和"于予与改是"的**与**，都相当于"也"，是语气词，表示停顿。**诛**，谴责。于予与何诛，意思是对于宰予，我有什么谴责呢？孔子说宰予无可谴责，实际是反语，意思是可深责。

子曰，是孔子在另一个时候说的话。因为这话与"宰予昼寝"有关，所以记录者将它放在此处。

始，开始，最初，与"终""末"相对。**今**，现在。**观**，细看，观察，有目的地看。孔子说："最初，我对于他人，是听到他的话就相信他会行动；现在，我对于他人，是听到他的话就观察他是否会行动。"

是，此，指代由"听其言而信其行"改变为"听其言而观其行"。于予与改是，即"于予也改是"，意思是这个改变起于宰予。

宰予白天睡觉。孔子说："腐朽的木料无法雕刻，生满秽土的墙壁无法涂抹，对于宰予，我有什么谴责呢？"另一天，孔子说："最初，我对于他人，是听到他的话就相信他会行动；现在，我对于他人，是听到他的话就观察他是否会行动。这个改变起于宰予。"

11.子曰："吾未见刚者。"或对曰："申枨。"子曰："枨也欲，焉得刚？"

未，还没有，不曾。**刚**，本义是坚硬，其反义词是"柔"。此处指性情倔强不屈。当时的人们柔佞，所以孔子说："我不曾见过刚强的人。"

或，有人。**申枨**（chéng），郑玄说是鲁人。有人回答说："申枨就是一个刚强的人。"

欲，古字作"慾"，欲望，嗜好。这里作动词，有欲望。**焉**，疑问代词，哪里。**得**，能，可。孔子说："申枨有欲望，哪里能刚强？"

孔子的逻辑是，多欲必求人，求人则不免对人谄媚，就无法刚强。多欲不刚，无欲才能刚。

孔子说："我不曾见过刚强的人。"有人回答说："申枨就是一个刚强的人。"孔子说："申枨有欲望，哪里能刚强？"

12.子贡曰："我不欲人之加诸我也，吾亦欲无加诸人。"子曰："赐也，非尔所及也。"

欲，希望，想要。古字即写作"欲"，与古字的"慾"不是一个字，但现代简化字一律写作"欲"。**之**，介词，在这里所起的作用是把主谓结构变成一个词组。**加**，本义是把一物放在另一物上面，引申为把某种行为施行于别人身上。**诸**，之于的合音。我不欲人之加诸我也，意思是我不想让别人施加到我身上的行为。

无，不。吾亦欲无加诸人，意思是我也不希望把这种行为施加到别人身上。

子贡说："我不想让别人施加到我身上的行为，我也不希望把这种行为施加到别人身上。"

子贡在这里说的话，实际上就是"己所不欲，勿施于人。"也就是恕的道理。子贡这样评价自己，是过誉了自己。《宪问第十四》第29章中有"子贡方人"，即子贡谈论他人的过恶。孔子当时就批评他，说："赐也贤乎哉！夫我则不暇。"意思是，"你很贤能吗？我就没有这样的空闲。"在《卫灵公第十五》第24章，当子贡问孔子"有一言可以终身行之者乎"时，孔子告诉他的就是恕道："其恕乎！己所不欲，勿施于人。"意思是，大概是"恕"这个字吧！自己不想要的，不要施加到他人身上。"孔子之所以这样回答，正是针对子贡的缺点。这些都证明子贡缺乏恕道。而现在子贡说自己能恕，所以孔子抑之，说："赐啊，这不是你所达到的。"意思是，你还没有达到这种境界。**尔**，你。**及**，达到。

子贡自己："我不想让别人施加到我身上的行为，我也不希望把这种行为施加到别人身上。"孔子说："赐啊，这不是你所达到的。"

13.子贡曰："夫子之文章，可得而闻也；夫子之言性与天道，不可得而闻也。"①

文，《说文》曰："文，错画也。"本义是相互交错成花纹。花纹即采。古代没有"彩"字，都用"采"字。文和采，与质、野相对。章，也是文彩。**文章**，指述作、威仪、礼容等学问。这些学问就像五彩的花纹一样美，所以称为文章。这些学问是表现于外，可以见到听到的。**闻**，本义是听到，这里则包括听到和看到。子贡说："夫子的学问，是可以听到和

---

① 皇侃《义疏》本中，"不可得而闻也"作"不可得而闻也已矣"。

看到的。"

性，人的本性，人之所禀受自然而生者。《荀子·正名》说："生之所以然者谓之性。"**天**，天神。古人认为天是有意志的神，是万物的主宰。**道**，规律。古人不是单纯谈天神，而是在天神与人类社会吉凶祸福的关系中谈天神，因此**天道**可以理解为天神与人类社会吉凶祸福的关系的规律。性和天道，其理精微，孔子罕言之，所以子贡说："夫子谈性和天道，不可得而闻见。"

子贡说："老师的学问，是可以听到和看到的；老师谈论人性和天道，是听不到也见不到的。"

14.子路有闻，未之能行，唯恐有闻。①

闻（wén），听见，这里的意思是听到好的道理和行为。**未**，还没有，不曾。未之能行，是倒装句，正常语序为"未能行之"，意思是还没有去实行它。**之**，它，指代听到的好的道理和行为。

子路秉性果决，闻善即行。如果先前听到的道理和行为还没有去实行，便只怕再听到新的道理和行为。他之所以如此，是因为担心来不及去实行。

子路听到了好的道理和行为，还没有去实行的时候，只怕再听到好的道理和行为。

---

① 皇侃《义疏》本中，"未之能行"作"未能行"。

15.子贡问曰："孔文子何以谓之文也?"子曰："敏而好学，不耻下问，是以谓之文也。"

孔文子，卫国大夫孔圉（yǔ），即仲叔圉，是孔悝（kuī）之父。其妻是卫灵公之女伯姬，伯姬是蒯聩（kuǎi kuì）的姐姐。**文**，是孔圉死后的谥。**子**，是尊称。**何以**，即"以何"，因为什么，凭什么。**谓**，称为。

据《左传·哀公十一年》记载，卫国国君家族的太叔疾娶了宋国子朝的女儿为妻，他却很宠爱妻子的妹妹。后来子朝因故逃离宋国，孔圉就让太叔疾休了妻子，而把自己的女儿孔姞（jí）嫁给太叔疾为妻。但是太叔疾却把前妻的妹妹引诱过来，安置在犁，并为她建了一处宅院，如同太叔疾有两位妻子。孔圉大怒，要去攻打太叔疾，问于孔子。孔子不答，准备离开卫国。太叔疾逃奔到宋国，孔圉就让太叔疾的弟弟遗娶了孔姞。

孔圉把女儿嫁来嫁去，还曾想以下犯上攻打太叔疾，这都是违礼的。就这样一个人，死后却被给予了一个"文"的美谥。子贡不解，问孔子："孔文子为什么被称为文?""孔文子"是前置宾语，**"之"**指代孔文子。孔文子何以谓之文也，即"何以谓孔文子文也"。

敏，勤勉。**下问**，以能问于不能，以多问于寡，都可称为下问。**是以**，即"以是"，因此。孔子为子贡解说孔文子为什么能得到"文"这样一个美谥，说："孔文子勤勉而好学，不以下问为耻，因此称他为文。"《谥法》："勤学好问曰文。"

子贡问："孔文子为什么被称为文?"孔子说："他勤勉而好学，不以向不如自己的人讨教为耻，因此称他为文。"

16.子谓子产："有君子之道四焉：其行己也恭，其事上也敬，其养民也惠，其使民也义。"①

子产，郑国大夫公孙侨，字子产，又字子美。诸侯之子称公子，诸侯之孙称公孙。子产是郑穆公之孙，公子发之子，所以称公孙。《国语·晋语》称其为公孙成子，成是子产的谥。产，是生的意思。树高曰乔，也有生长之义，因此子产名乔。后人加人字旁，为侨。《说文》说乔、侨通用。乔和产合在一起是生长高大，高大为美，故子产又字子美。子产死于公元前522年，那时孔子三十岁。

道，本义是道路、道理，这里指行为。**焉**，句末语气词。孔子评论子产，"有四种君子之行。"

其，他，指代子产。**行**，主动去做。**行己**，意思是主动要求自己。**恭**，肃敬，有礼。行己也恭，意思是要求自己肃敬有礼。**上**，指地位在自己之上的人，如父母、君主、长官。**敬**，恭敬，尊重。在貌曰恭，在心曰敬。**惠**，爱，给予恩惠。**义**，宜，适当。

孔子评论子产，"有四种君子之行：他要求自己肃敬有礼，他服侍君亲等在自己之上者恭敬尊重，他爱养人民给予恩惠，他役使人民适宜恰当。"

17.子曰："晏平仲善与人交，久而敬之。"②

晏平仲，齐大夫晏婴。晏，本是地名，以邑为氏，称晏氏。婴，是名。

---

① 皇侃《义疏》本中，"君子之道"作"君子道"。
② 皇侃《义疏》本中，"久而敬之"作"久而人敬之"。

晏婴字仲，谥平。《谥法》："治而清省曰平。"

之，他，指代晏婴。人与人交往，有倾盖如旧者，有白首如新者。善始易，善终难。能够始终不渝者，更难。而晏子与人交，不仅能够始终不渝，而且能让人久而敬之，这尤其难能，所以孔子特别赞扬了晏婴。

孔子说："晏平仲善于与人交往，交久而人越发敬重他。"

18.子曰："臧文仲居蔡，山节藻棁，何如其知也?"[1]

臧文仲，鲁大夫臧孙辰，他是公子驱的曾孙。公子驱字子臧，公孙之子以王父字为氏，所以臧文仲得以以臧为氏。辰，名。**仲**，字。**文**，谥。《谥法》："道德博厚曰文。"**居**，藏，占有。**蔡**，大龟。这种大龟出自蔡地，因此名蔡。古人认为龟是介虫之长，有灵智，能先知，所以用龟卜事决疑。从天子往下一直到士，都有用于卜的龟。天子之龟叫蔡，长一尺二寸。诸侯之龟长一尺，大夫之龟八寸，士之龟六寸。蔡是天子之龟，臧文仲只是诸侯之下的大夫，却藏有天子才可以占有的蔡龟，这是严重的僭越。

卜，都在庙中举行，庙中有专门的龟室。大夫有家庙，所以臧文仲把蔡龟藏于其家庙的龟室中。臧文仲家庙的龟室，斗拱上刻镂着山，梁上的短柱上则画着水草。

节，斗拱。**藻**，水草。**棁**（zhuō），梁上的短柱。山节藻棁，意思是在斗拱上刻镂着山形，在梁上的短柱上画着水草。这些都是天子庙饰，因而都是僭越行为。

《左传·文公二年》提及臧文仲此事的时候，评价其为"作虚器"。有其

---

[1] 皇侃《义疏》本中，"何如其知也"作"何如其智也"。

器而无其位，所以叫虚。藏龟本是为了得到福佑，作为大夫而私藏天子才可以拥有的大龟，实质是亵渎神龟，不可能得到福佑。这不是智慧的人所做的事情。臧文仲的这种做法虽然是严重僭越，但是孔子却没有斥责他僭越，而说他不智。**知**（zhì），智慧。这个意义后世写作"智"。何如其知也，即"其知何如也"，意思是他的智慧怎么样呢？大概在当时，臧文仲被人们视为智慧之人，因而孔子举这件事，说明臧文仲并非是时人所认为的那么有智。

孔子说："臧文仲藏有天子才能据有的蔡龟，在其家庙的龟室中，斗拱上刻镂着山形，梁上的短柱上画着水草，他的智慧怎么样呢？"

19.子张问曰："令尹子文三仕为令尹，无喜色；三已之，无愠色。旧令尹之政，必以告新令尹。何如？"子曰："忠矣。"曰："仁矣乎？"曰："未知。焉得仁？"

"崔子弑齐君，陈文子有马十乘，弃而违之。至于他邦，则曰：'犹吾大夫崔子也。'违之。之一邦，则又曰：'犹吾大夫崔子也。'违之。何如？"子曰："清矣。"曰："仁矣乎？"曰："未知。焉得仁？"

令尹，楚国的官名，是上卿执政者。楚国的官职多以尹为名。**子文**，即斗穀（gòu），字於菟（wū tú）。据《左传·宣公四年》记载："初，若敖娶于邧（yún，同"郧"，周代诸侯国名），生斗伯比。若敖卒，从其母畜于邧，淫于邧子之女，生子文焉。邧夫人使弃诸梦中。虎乳之。邧子田，见之，惧而归。夫人以告，遂使收之。楚人谓乳穀，谓虎於菟。故命之曰斗穀於菟。以其女妻之。实为令尹子文。"

宣公四年的这段话说的是子文的身世。当初，楚国的若敖从邧国娶妻，生了斗伯比。若敖死后，斗伯比随着母亲养于䢵国，却和䢵国国君之女生下了子文。䢵君夫人派人将子文抛弃到草泽中。老虎却乳养了子文。䢵君打猎，见到老虎乳养小孩儿，惧怕而归。夫人就把实情告诉了他，于是䢵君派人收回了小孩儿。因为楚国人把乳养叫作榖（即"榖"，读音 gòu），把老虎称为於菟，所以就给孩子取名斗榖，字於菟。䢵君把女儿嫁给了斗伯比。斗榖於菟就是令尹子文。

仕，做官。**已**，止，这里的意思是停止职务，即罢黜。**愠**（yùn），恼怒。**色**，面部表情。子张问道："楚国令尹子文三次做了令尹的官职，没有喜色；三次被罢黜，没有怒色。每次被罢黜时，一定会把旧令尹的事务告诉给来代替自己的新令尹。这个人怎么样？"

忠，忠诚，尽心竭力。孔子说："这是一个忠诚的人。"子文进无喜，退无怨，尽心公事，可称为"忠"。

子张就问："算不算仁呢？"

焉，疑问代词，哪里。**得**，能，可。孔子回答说："不知道。哪里能是仁呢？"子文的事迹只能证明他忠，无法说明他仁，因此孔子说"焉得仁"。

崔子，即崔武子，齐国大夫崔杼（zhù）。崔本是地名，以邑为氏，故氏崔。**弑**，下杀上曰弑，因此臣杀君称弑。弑，试。下害上，不可能马上就杀害，必先逐渐试探，因此《易》说："臣弑君，子弑父，非一朝一夕，其所从来久矣，如履霜以致坚冰也。"

齐君，这里指齐庄公，名光。据《春秋·襄公二十五年》记载："夏五月乙亥，齐崔杼弑其君光。"《左传·襄公二十五年》对此作出叙述说，东郭偃的姐姐嫁给齐国棠邑大夫棠公，而东郭偃又是崔杼的家臣。棠公死后，东郭偃驾车陪崔杼去吊唁。崔杼见到棠姜，觉得棠姜很美，就让东郭偃帮自己娶了棠姜。但是棠姜却与齐庄公私通。崔杼称病不视事，庄公去探病，跟随棠姜一起进入内室。棠姜与崔杼一起从侧户而出。崔杼的侍从贾举阻止庄公的侍从跟入，关闭了大门。崔杼的甲兵起而攻庄公。最后，庄公爬墙而逃，被甲兵射中大腿，自墙上坠落，被杀。这就是崔子弑其君。

陈文子，齐大夫，名须无。文是谥，子是尊称。**乘**（shèng），古人四马驾一车，称为一乘。十乘，就是四十匹马。马是财富的象征，《礼记·曲礼》："问大夫之富，数马以对。"有四十匹马，说明是很富足的。**弃**，放弃。**违**，离去。之，指齐国。陈文子虽然富有四十匹马，但仍然放弃掉而离开了齐国。

犹吾大夫崔子，这个国家中的大臣也像我国的大夫崔杼，意思是这个国家也和齐国一样的乱。陈文子去至他邦，则说："这个国家和齐国一样乱。"就离开了这个国家。**之**，往，到……去。之一邦，到了一个国家。去到另一个国家，则又说："这个国家中的大臣也像我国的大夫崔杼。"于是就又离开了这个国家。

叙述了陈文子的这些事情，子张问孔子："陈文子这个人怎么样？"孔子回答说："这是一个洁身的人。"**清**，清洁，指陈文子很洁身。

子张又问："算不算仁呢？"孔子回答说："不知道。哪里能是仁呢？"

孔子赞许陈文子洁身，但是不认为他的行为是仁。这是因为陈文子只是做到了不被乱邦污身，但远未做到帮助其国之人，所以不称其为仁。

子张问道："楚国令尹子文三次做了令尹的官职，没有喜色；三次被罢黜，没有怒色。每次被罢黜时，一定会把旧令尹的事务告诉给来代替自己的新令尹。这个人怎么样？"孔子说："这是一个忠诚的人。"子张说："算不算仁呢？"孔子说："不知道。哪里能是仁呢？"

"齐国大夫崔杼弑齐君。陈文子虽然富有四十匹马，但仍然放弃掉而离开了齐国。到了别的国家，则说：'这个国家中的大臣就像我国的大夫崔杼。'就离开了这个国家。去到另一个国家，则又说：'这个国家中的大臣就像我国的大夫崔杼。'就又离开了这个国家。这个人怎么样？"孔子说："这是一个洁身的人。"子张说："算不算仁呢？"孔子说："不知道。哪里能是仁呢？"

20.季文子三思而行。子闻之，曰："再，斯可矣。"①

季文子，鲁大夫季孙行父。文，谥。《谥法》："道德博厚曰文。"子，是敬称。三，多。**三思**，多次思考，意思是做事很审慎。季文子做事，总是要多次思考然后才行动。

再，两次。**斯**，连词，则，乃。孔子听说季文子做事如此审慎，就说："思考两次，就可以了。"这就是说，为人做事，贵在合乎情理，而不以多思为尚。

季文子做事，总是要多次思考然后才行动。孔子听说了，说："思考两次，就可以了。"

---

① 皇侃《义疏》本中，"再"作"再思"。

21.子曰："宁武子，邦有道则知，邦无道则愚。其知可及也，其愚不可及也。"

宁武子，卫大夫宁俞。武，谥。《谥法》："刚强直理曰武。"子，是敬称。**知**（zhì），智慧，聪明。这个意义后世写作"智"。**愚**，愚傻。孔子说："宁武子，国家政治清明的时候就聪明，国家政治昏乱的时候就愚傻。"

及，达到。孔子说："他的聪明，别人是可以达到的；而他的愚傻，则是别人达不到的。"

常人之情，以智为贵，以愚为贱，喜好炫耀聪明。只有通达之人能审时度势，在国家昏乱之时，敛藏其智，佯愚诈傻，以全身远害，这是更高层次的智慧。这种更高层次的智慧，是常人难以达到的，所以孔子说："其愚不可及也"。

孔子说："宁武子，国家政治清明的时候就聪明，国家政治昏乱的时候就愚傻。他的聪明，别人是可以达到的；而他的愚傻，则是别人达不到的。"

22.孔子在陈，曰："归与！归与！吾党之小子狂简，斐然成章，不知所以裁之。"①

陈，诸侯国名，妫（guī）姓，是舜之后，都宛丘，就是今天的河南淮阳。**与**，语气词，后来写作"欤"，表示疑问或感叹，这里表示感叹。归与，意思是得回国去了啊。说两次"归与"，表明孔子思归之意深。孔子在

---

① 皇侃《义疏》本中，"不知所以裁之"作"不知所以裁之也"。

陈国，说："得回国去了！得回国去了！"

党，古字作"黨"，指同伙的人。吾党之小子，指未能跟随自己周流在外而留在鲁国的那些门人弟子。**狂**，志大而骄恣，可理解为狂妄。**简**，简略。**斐然**，文彩貌。**章**，也是文彩的意思。**所**，代词，作前置宾语。**以**，根据。**所以**，根据什么，怎样。我的那些留在国内的门人弟子们狂妄简略，很有文彩，却不知道怎样去裁处。

孔子在陈已久，思欲归去。但客住既久，主人没有薄待，而归去无词，则恐主人生出愧意，所以需要有离去的托词。这段话就是孔子欲离开陈国时的托词。

孔子在陈国，说："得回国去了啊！得回国去了啊！我的那些留在国内的门人弟子们狂妄简略，很有文彩，却不知道怎样裁处。"

23.子曰："伯夷、叔齐不念旧恶，怨是用希。"

伯夷、叔齐，是商末辽西孤竹国君的两个儿子，墨姓。伯，长。夷，谥。伯夷名允，字公信。齐，也是谥。叔齐名致，字公达。

据《史记》记载："伯夷、叔齐，孤竹君之二子也。父欲立叔齐。及父卒，叔齐让伯夷。伯夷曰：'父命也。'遂逃去。叔齐亦不肯立而逃之。国人立其中子。于是伯夷、叔齐闻西伯昌善养老，盍往归焉。及至，西伯卒，武王载木主，号为文王，东伐纣。伯夷、叔齐扣马而谏曰：'父死不葬，爰及干戈，可谓孝乎？以臣弑君，可谓仁乎？'左右欲兵之。太公曰：'此义人也。'扶而去之。武王已平殷乱，天下宗周，而伯夷、叔齐耻之，义不食周粟，隐于首阳山，采薇而食之，及饿且死。"

念，记着。**旧恶**，指他人过去对我所做的恶事。**怨**，恨。**是用**，即

"用是"，因此。**希**，稀，少。

孔子说："伯夷、叔齐不记旧仇，因此很少被人所怨恨。"

24.子曰："孰谓微生高直？或乞醯焉，乞诸其邻而与之。"

孰，谁。**微生高**，氏微生，名高，鲁人。**直**，直爽。孰谓微生高直，意思是谁说微生高这个人直爽呢？

或，有人。**乞**，求。**醯**（xī），醋。**诸**，之于的合音。有人来求点醋，他从邻居那里求点给这个人。这就是否定他不直爽的原因。直者不应委婉曲折，是就说是，非就说非，有就说有，无就说无。而微生高自家无醋，却不说无，而从邻家借醋给来求者，用意婉转曲折，能说他直吗？

孔子说："谁说微生高这个人直爽呢？有人来求点醋，他从邻居那里求点给这个人。"

25.子曰："巧言、令色、足恭，左丘明耻之，丘亦耻之。匿怨而友其人，左丘明耻之，丘亦耻之。"

巧，好。这里做动词，使……好听。**令**，善，好。这里做动词，使……柔善。**色**，指面部表情。**足**，足够。**恭**，恭顺。此人本来没有好听的语言、柔善的表情、足够的恭顺，却要装出来取悦于人。

左丘明，鲁国太史，与孔子同时代，卒于孔子之后。旧说左丘明从孔子受《春秋》。左丘是氏，明是名。左丘也可单称左，所以古人言《左传》而不言《左丘传》。

巧言、令色、足恭，乃是媚于他人，远离于直，是可耻之事，所以孔子说："左丘明认为这样做是可耻的，我也认为这样做是可耻的。"左丘明是当时著名的人物，性格良直，因此孔子说自己也和左丘明一样耻之。

匿，藏。**友**，动词，与……结交为朋友，这里的意思是亲近。**其**，指示代词，指意之所属的那个，可理解为"那"。把怨恨隐藏起来而假装与那人亲近，也远离了直，因此左丘明认为这样做是可耻的，孔子也认为这样做是可耻的。

孔子说："本来没有好听的语言、柔善的表情、足够的恭顺，却要装出来取悦于人，左丘明认为这样做是可耻的，我也认为这样做是可耻的。把怨恨隐藏起来而假装与那人亲近，左丘明认为这样做是可耻的，我也认为这样做是可耻的。"

26.颜渊、季路侍。子曰："盍各言尔志？"子路曰："愿车马、衣轻裘，与朋友共，敝之而无憾。"颜渊曰："愿无伐善，无施劳。"子路曰："愿闻子之志。"子曰："老者安之，朋友信之，少者怀之。"①

季路，即子路，都是仲由的字。仲是氏，由是名。人皆经由道路行走，故仲由字子路和季路。其名与其字高度相关。**侍**，陪从于尊长之侧叫侍，这里指陪侍在孔子之侧。侍，时也，尊者不言，即能及时供应所需。颜渊、季路侍，意思是颜回和子路陪侍在孔子之侧。

盍（hé），也写作"盇"，何不，为什么不。**尔**，你们，这里指颜回和子路二人。孔子说："何不各自说说你们的志向？"

裘，皮衣。裘以轻者为美。"衣轻裘"，与"车马"不对仗，内中多出一个字。究竟何字为衍文，本书从清代阮元之说。阮元认为"车马轻裘"

---

① 皇侃《义疏》本中，"敝"作"弊"。

是子路用的成语，之所以多出一个"轻"字，是后人涉《雍也篇》"子华使齐"章中的"乘肥马，衣轻裘"而衍。"愿车马、衣轻裘"就是"愿车马轻裘"。

共，共用。**敝**，破旧，这里的意思是把……用得破旧。**憾**，遗憾。子路说："愿意将车马轻裘与朋友共用，即使用破旧了也不遗憾。"朋友有通财之义，子路重伦轻利，他所说的乃是义者之心。

伐，自夸。伐善，意思是做善事或有优点而自夸。**施**，散布，表白。**劳**，功劳。颜渊说："愿意不自夸自己的善事和优点，不表白自己的功劳。"做善事、有功劳而百姓不知，百姓得惠，还以为是自然而来，颜渊爱天下之志如此。颜渊说的乃是仁者之志。

愿，古字作"願"，这里是愿意、希望的意思。古字也有"愿"字，意思是诚谨、善良。二字意义不同，但今天的简化字一律作"愿"。**子**，对话时的敬称。子路、颜渊说过各自的志向之后，子路问孔子："希望听听您的志向。"

老，人年五十以上的统称。老者，是前置宾语。**之**，他们，指老者。老者安之，即"安老者"，意思是使老者安逸。

信，诚实不欺。朋友信之，即"信朋友"，意思是使朋友诚信。

怀，归，至。少者怀之，即"怀少者"，意思是使年少者有归至之处。孔子说："使老者安逸，使朋友诚信，使年少者有归至之处。"孔子的志向，仁爱覆盖天下老、少、朋友，乃是圣人之心。

颜回和子路陪侍在孔子之侧。孔子说："何不各自说说你们的志向？"子路说："愿意将车马轻裘与朋友共用，即使用破旧了也不遗憾。"颜渊说："愿意不自夸自己的善事和优点，不表白自己的功劳。"子路说：

"希望听听老师您的志向。"孔子说："使老者安逸，使朋友诚信，使年少者有归至之处。"

27.子曰："已矣乎！吾未见能见其过而内自讼者也。"

已，止。**已矣乎**，是感叹，意思是不会有了啊。

过，过失。**内**，内心。**讼**，责。**自讼**，自责。孔子说："我不曾见过能看到他的过失而在内心自责的人。"可见，人有过而能自知者很少，有过而能自责者就更少了。

孔子说："不会有了啊！我不曾见过能看到他的过失而在内心自责的人。"

28.子曰："十室之邑，必有忠信如丘者焉，不如丘之好学也。"①

十室之邑，一个邑只有十家人，指很小的邑。**丘**，孔子的名。孔子说："即使一个只有十户人家的小邑，也一定有和我一样忠信的人。"这是因为，忠信之行，中等人也能做到。**如**，及，比得上。孔子又说，虽有忠信之人，却比不上我好学。学，不是难事。好学，才是难事。孔子那么多弟子，他只称赞过颜回好学，可见好学之难。

孔子说："即使一个只有十户人家的小邑，也一定有和我一样忠信的人。只是他们比不上我这样喜好学习。"

---

① 皇侃《义疏》本中，"不如丘之好学也"作"不如丘之好学者也已"。

雍也第六

1.子曰："雍也可使南面。"

雍，孔子弟子冉雍，字仲弓。**面**，向。**南面**，面向南，指担任天子、诸侯。天子、诸侯都是向明而治，所以天子、诸侯的位置都是面向南。冉雍有德行，可任天子、诸侯，所以孔子说："冉雍可使为天子、诸侯。"

古人的理想，是德位相称。有其位，必有其德。理想中的天子、诸侯、卿大夫、士，地位上的差别，就是他们德行上的差别。其德可为天子，则为天子，如舜和禹。此二人就是因有天子之德而登天子之位的。同样，其德可为诸侯，则任诸侯。冉雍可任天子、诸侯，是说冉雍的德行可任天子、诸侯。孔子在这里的意思并不是让冉雍去当天子、诸侯这样的南面者，而只是称赞冉雍之德。

孔子说："冉雍有天子、诸侯之德。"

2.仲弓问子桑伯子。子曰："可也简。"仲弓曰："居敬而行简，以临其民，不亦可乎？居简而行简，无乃大简乎？"子曰："雍之言然。"

仲弓，冉雍的字。**子桑伯子**，书传未见此人，古代有人认为是《庄子》书中的子桑户，是一位隐士。也有人根据《左传》中秦有大夫公孙枝字子桑而认为是公孙枝。《说苑·修文》："孔子见子桑伯子，子桑伯子不衣冠而处，弟子曰：'夫子何为见此人乎？'曰：'其质美而无文，吾欲说而文之。'孔子去，子桑伯子门人不说，曰：'何为见孔子乎？'曰：'其质美而文繁，吾欲说而去其文。'"据此，则子桑伯子与孔子同时。《孔子家语》说，伯子不衣冠而处，夫子讥其欲同人道于牛马，说明此人过于简略无文。

仲弓问子桑伯子，意思是仲弓问孔子，子桑伯子德行如何。

可，仅仅算是可以。**简**，简略，不繁杂。孔子说："此人行为简略，算是可以。"

居，处。**敬**，严肃认真。**以**，用。以临其民，即"以之临其民"。这个"之"，此，指代"居敬而行简"。**临**，居于上位来统治，可理解为"治理"。仲弓说："以严肃认真来要求自己而行为简略，用此来治理他的人民，不也算是可以吗？"

居简，即对自己要求简略，意思是不能以严肃认真来要求自己。**无乃**，恐怕，表示委婉的语气词。**大**（tài），同"太"，过于。如果处身就简略，而行动也简略，恐怕就过于简略了吧？仲弓之意，若自治严格，治民简略，则百姓不扰，因此是可以的。若自治就不严格，再以宽略治民，那就过于宽略了。

然，是的，对的。孔子听了冉雍此言，说："冉雍的话是对的。"

本章记载冉雍对宽、严的看法。以严成就自己，以宽成就他人，合于尧舜之道，难怪孔子会说他是堪做天子、诸侯的人。《论语》的编辑者把本章放在上章之后，不为无意。正是因为这两章具有内在的关联性，所以朱熹在《集注》中干脆把这两章合成了一章。

仲弓问孔子，子桑伯子德行如何。孔子说："此人行为简略，算是可以。"仲弓说："以严肃认真来要求自己而行为简略，用此来治理他的人民，不也算是可以吗？如果处身就简略，而行动也简略，恐怕就过于简略了吧？"孔子说："冉雍的话是对的。"

3.哀公问："弟子孰为好学？"孔子对曰："有颜回者好学，不迁怒，不贰过，不幸短命死矣。今也则亡，未闻好学者也。"

孰，谁。**为**，略等于"是"。鲁哀公问孔子："你的弟子之中，谁是好学的人？"

君前臣名，所以回答哀公问话，弟子记以"孔子对曰"，而不说"子曰"。**者**，助词。用在有字句宾语后面，这个宾语是下文的主语。就这里来说，"者"字用在"有颜回"这个有字句后面，而"颜回"是下文"不迁怒，不贰过"的主语。

迁，移。**迁怒**，移怒于他人。移怒于他人是对怒的扩大，属于过分而不合道理。**贰**（èr），第二次，重复，指行为、现象重出。**贰过**，重复过错。《易》曰："颜氏之子其殆庶几乎！有不善未尝不知，知之未尝复行。"颜回知道自己有过错之后，就不会再次犯同样的错误。这就是"知之未尝复行"，也就是"不贰过"。孔子回答说："有一个叫颜回的人好学，他不移怒于他人，不第二次犯同样的错误"。

孔子说颜回好学即可，为什么还要另外说颜回不迁怒和不贰过呢？这是因为不迁怒、不贰过，是由于学问深厚，可证颜回好学。也有古人认为是因为哀公迁怒、贰过，所以孔子举颜回不迁怒、不贰过以讽谏哀公。

不幸，凡事应失而得曰幸，应得而失曰不幸。颜渊以德行著称，本应得到寿考，却早死，因此孔子说颜回不幸短命而死。据《史记·仲尼弟子列传》记载，颜回少孔子三十岁。"回年二十九，发尽白，蚤死。"没有提及颜回死时的年龄。但据伯鱼五十岁而死推断，这一年孔子七十岁，而颜回死于伯鱼之后孔子之前。由孔子卒时年七十三，可知颜回当死于孔子七十一至七十三岁之间。若颜回死于孔子七十一岁时，则颜回卒时四十一岁。若颜回死于孔子七十二岁时，则颜回卒时四十二岁。由此可知，颜回死时为四十一岁或四十二岁。鲁哀公问孔子这段话的时间则是在孔子去世之前不久。

命，生命。孔子说："颜回不幸短命死了。"**亡**（wáng），无。"亡"字解释为"无"的时候，古人读 wáng，后人读 wú。孔子说："现在则没有好学的人，我不曾听说过好学的人。"

对于"今也则亡，未闻好学者也"这句话，唐代陆德明认为本来可能没有这个"亡"字，应为"今也则未闻好学者也"。清代俞越也认为"亡"字不当有，理由是既说"亡"，又说"未闻"，是字词上的重复。本书则仍然尊重通行本的文字，认为有"亡"字，另言"未闻"，并不是重复，而是强调和更加明确现在没有好学者。

鲁哀公问孔子："你的弟子之中，谁是好学的人？"孔子回答说："有一个叫颜回的人好学，他不移怒于他人，不第二次犯同样的错误，但是不幸短命死了。现在则没有好学的人，我不曾听说过好学的人。"

4.子华使于齐，冉子为其母请粟。子曰："与之釜。"请益。曰："与之庾。"冉子与之粟五秉。子曰："赤之适齐也，乘肥马，衣轻裘。吾闻之也：君子周急不继富。"

子华，孔子弟子公西赤的字。《史记·仲尼弟子列传》说："公西赤，字子华，少孔子四十二岁。"公西是氏，赤是名。**冉子**，指冉有。此处之所以称"冉子"，大概是因为本章乃冉有弟子所记载。**请**，请求，这里的意思是请求给予。**粟**（sù），禾、黍的子粒，也叫粟米。禾，指谷子。黍，也属于谷子一类，但其子粒性黏，不仅可做食物，也可酿酒。

公西赤出使去齐国，冉有为公西赤之母向孔子请求给予粟米。

釜（fǔ），六斗四升曰釜。**益**，增加。**庾**（yǔ），十六斗曰庾。**秉**（bǐng），十六斛曰秉。五秉是八十斛。一斛十斗，八十斛是八百斗，是孔子所说一庾的五十倍。

冉有为公西赤之母请求给予粟米，孔子说："给她一釜"，即六斗四升。冉有请求增加一些。孔子说："给她一庾"，即十六斗。但是冉有给了五秉，即八十斛。

适，往，到……去。**肥马**，指食谷之马。家若贫，马不食谷而瘦。公西赤乘肥马，说明其家富裕。乘肥马，应理解为乘坐肥马驾的车辆，不能理解为骑着肥马。**衣**，动词，穿着。**裘**，皮衣。**轻裘**，其皮精，其毛软，所以裘以轻者为美。家若贫，则裘用粗皮，硬毛。公西赤穿轻裘，说明其家富裕。

孔子说："公西赤去往齐国，乘坐着肥马驾的车辆，穿着轻裘。"

之，指代下边说的"君子周急不继富"这句话。**周**，救济。这个意义后来写作"赒"。**急**，穷迫。**继**，增益。

孔子说："我听说过这样的话：君子周济穷迫的人而不增益富裕的人。"

公西赤出使去齐国，冉有为公西赤之母向孔子请求给予粟米。孔子说："给她一釜。"冉有请求增加一些。孔子说："给她一庾。"冉有给了她粟米五秉。孔子说："公西赤去往齐国，乘坐着肥马驾的车辆，穿着轻裘。我听说过这样的话：君子周济穷迫的人而不增益富裕的人。"

5.原思为之宰，与之粟九百，辞。子曰："毋！以与尔邻里乡党乎！"

原思，孔子弟子原宪。原是氏，宪是名。《史记·仲尼弟子列传》："原宪，字子思。"

之，他，这里指孔子。

宰，家宰，管家。孔子为鲁国司空，后为司寇，都是大夫职务，有家宰。

粟，本义是粟米，这里指俸禄。因为古代以粟为官员俸禄，所以粟代指俸禄。《史记·伯夷列传》："伯夷、叔齐义不食周粟，隐于首阳山下，采薇而食之。"《史记·孔子世家》："卫人亦致粟六万。"此二处的"粟"即指俸禄。

原宪做孔子的管家，孔子给了他九百斗粟米作为俸禄，原宪辞让不受。

毋，不要，表示禁止。孔子说："不要推辞！"有位则有禄，禄乃义所当受，不得辞让，这就是士辞位不辞禄，因此孔子禁止原宪辞让。

邻里乡党，是古代的四种地方单位名称。五家为邻，五邻为里，即二十五家为里。五百家为党，一万二千五百家为乡。这里的邻里乡党，意思是乡亲们。

孔子见原宪推辞不受，就说："不得推辞！若有用不完的，可以把它送给你的乡亲们！"

原宪做孔子的管家，孔子给了他九百斗粟米作为俸禄，原宪辞让不受。孔子说："不要推辞！若有用不完的，可以把它送给你的乡亲们！"

本章与上章，都是记载孔子给人粟米，但态度不同，表达出来的孔子思想也不同。上章表达了孔子周急不继富的思想，本章则表达了孔子士辞位不辞禄的思想。朱熹在《集注》中将两章合为一章。加上他把第一章和第二章也合为一章，于是本篇《雍也第六》在朱熹那里就不再是三十章，而变成了二十八章。

6.子谓仲弓曰："犁牛之子骍且角，虽欲勿用，山川其舍诸？"

犁，杂色。**骍**（xīng），赤色，这是周代崇尚的颜色。**角**（jiǎo），角周正，合乎牺牲的要求。杂色的牛所生的牛却颜色赤而且角周正，比喻仲弓之父微贱，却生出了仲弓这样优秀的儿子。

虽，副词，即使。**勿**，副词，本义是不要，表示戒止，这里引申为不。**用**，用以祭祀。**山川**，指山川之神。**其**，副词，难道，表示强调。**舍**，古字既作"舍"，又作"捨"，舍弃。**诸**，之乎的合音。之乎，说得快的时候就是"诸"，说得慢的时候则是"之乎"。之，指犁牛之子。虽欲勿用，山川其舍诸，意思是即使人们不想用它做牺牲，山川之神难道会舍弃它吗？

孔子评论仲弓，说："杂色的牛所生之牛颜色赤而且角周正，即使人们不想用它做牺牲，山川之神难道会舍弃它吗？"

7.子曰："回也，其心三月不违仁，其余则日月至焉而已矣。"

三月，表示时间久。**违**，离开。**其余**，指孔子的其他弟子。**至**，来到。**焉**，指示代词，此，这里指仁的境界。日月至焉，意思是有的一日，有的一月来到仁的境界一次。

孔子说："颜回，他的心能够三个月不离开仁，其他弟子的心则或一日或一月来到仁的境界一次而已。"

8.季康子问："仲由可使从政也与？"子曰："由也果，于从政乎何有？"曰："赐也可使从政也与？"曰："赐也达，于从政乎何有？"曰："求也可使从政也与？"曰："求也艺，于从政乎何有？"

季康子，季桓子之子季孙肥，桓子死后，代桓子为鲁国上卿。**仲由**，即子路。**从**，参与。**政**，政治活动。**与**，句末语气词，表疑问。季康子问："可以使仲由从政吗？"

果，果敢决断。**何有**，有什么困难，意思是不难。孔子说："仲由果敢决断，对于从政有什么困难呢？"

赐，端木赐，字子贡。**达**，通，指通晓事理。季康子又问："可以使子贡从政吗？"孔子说："子贡通晓事理，对于从政有什么困难呢？"

求，指冉求。**艺**，本义是才能，这里作动词，有才能。人之才能，由六艺而出，因此艺训才能。季康子又问："可以使冉求从政吗？"孔子说："冉求有才能，对于从政有什么困难呢？"

子路果决，能任事；子贡通达，能明事；冉求有才能，能治事。因此孔子说三人皆可从政。

季康子问："可以使仲由从政吗？"孔子说："仲由果敢决断，对于从政有什么困难呢?"季康子又问:"可以使子贡从政吗?"孔子说:"子贡通晓事理,对于从政有什么困难呢?"季康子又问:"可以使冉求从政吗?"孔子说:"冉求有才能,对于从政有什么困难呢?"

9.季氏使闵子骞为费宰。闵子骞曰:"善为我辞焉!如有复我者,则吾必在汶上矣。"

闵子骞,孔子弟子闵损。据《史记·仲尼弟子列传》记载:"闵损字子骞,少孔子十五岁。"在孔门德行、言语、政事、文学四科中,属于德行。

使,派遣,使令。**费**(bì),也写作"鄪",鲁国邑名,是季氏的采邑。季氏僭越不臣,其邑宰上行下效,屡叛季氏。如南蒯以费叛、公山弗扰以费畔。子骞贤能,季氏欲任命子骞为费邑宰,所以派遣使者去召请子骞。季氏使闵子骞为费宰,意思是季氏派遣闵子骞担任费邑宰。

焉,句末语气词。**复**,古字作"復",再,又。古字也有"复"字,意思则是走老路,与"復"的意思不同。**汶**,河流名,在齐之南鲁之北的边境上。水之阳为北,某水上,就是某水之北。汶上,就是汶水之北,那就是齐国。则吾必在汶上,意思是那么我一定北渡汶水,到齐国去。闵子骞说:"请好好地为我推辞掉这件事!若有再次来召我的人,则我一定去至汶水之北。"

孔子弟子多仕季氏,唯有闵子骞和曾参不仕季氏,与其他弟子相异。这并不能说明其他弟子就不如闵子和曾子,而是君子之行有所不同而已。

季氏派遣闵子骞担任费邑宰。闵子骞对使者说:"请好好地为我推辞掉这件事!若有再次来召我的人,则我一定去至汶水之北。"

10.伯牛有疾，子问之，自牖执其手，曰："亡之，命矣夫！斯人也而有斯疾也！斯人也而有斯疾也！"

伯牛，孔子弟子冉耕。据《史记·仲尼弟子列传》记载："冉耕字伯牛，孔子以为有德行。"

伯牛有疾，先儒以为是癞，属于恶疾。**问**，问候。**牖**（yǒu），窗。古人建筑，前堂后室。室的南墙有户牖，东曰户。户是单扇门，通过户可在堂、室之间出入。西曰牖，开在墙上。牖就是窗。室的北墙上也开有窗子，这个窗子叫向。这里的牖就是指室的南墙上开的那个窗子。

伯牛有病，孔子去问候他。伯牛不想见人，所以孔子通过室的窗子拉住伯牛的手。

亡（wáng），无。**之**，指代下边的"斯人也而有斯疾也"。**命**，天命。**矣夫**，语助词。

斯，此。斯人也而有斯疾也，意思是此善人却有此病。以伯牛的才德，不应有这样的病，但今却有这样的病。得此病并非伯牛自己不谨慎所致，那么此病从何而来？乃是天所命。因此，孔子说："这样有才德的人却有这样的病！这样有才德的人却有这样的病！天下没有这个道理，是天命吧！"亡之，就是无之，即无"斯人也而有斯疾"这个道理。孔子说了两遍"斯人也而有斯疾也"，表达的是他痛惜之深。

伯牛有病，孔子去问候他，从窗子拉住他的手说："这样有才德的人却有这样的病！这样有才德的人却有这样的病！天下没有这个道理，是天命吧！"

11.子曰："贤哉！回也。一箪食，一瓢饮，在陋巷。人不堪其忧，回也不改其乐。贤哉！回也。"

贤，才德出众的。贤哉，回也，意思是颜回真是才德出众啊！

箪（dān），盛饭的竹器。《说文》："箪，笥也。"箪是小筐，圆形，专用于盛饭。笥（sì），是大筐，方形，用于盛饭和盛衣。**食**（sì），饭。**瓢**，将葫芦剖分为二，每一个叫瓢，用于舀水或盛酒。颜回盛饭用箪，饮水用瓢，形容颜回贫穷。**陋**，狭小简陋。**巷**，里中的道路。五家为邻，五邻为里，共二十五家，共用一巷。

孔子说："一小筐饭，一瓢水，居住在狭小简陋的里巷。"

堪，经得起。第一个"**其**"，指示代词，那。第二个"**其**"，他的。他人经不起那样的忧虑，颜回却不改变他的快乐。颜回真是才德出众啊！"

人不堪其忧，忧的是箪食瓢饮居陋巷，而颜回却不忧此。颜回身处穷困，其所乐，并非乐此窘境，而是乐道。不改其乐，意思是生活上的窘迫改变不了他内心学道的欢乐。宋代周敦颐令弟子寻"孔颜乐处，所乐何事"。周敦颐虽未给出答案，而其答案是明确的。

孔子说："颜回真是才德出众啊！一小筐饭，一瓢水，居住在狭小简陋的里巷。他人经不起那样的忧虑，颜回却不改变他的快乐。颜回真是才德出众啊！"

12.冉求曰："非不说子之道，力不足也。"子曰："力不足者，中道而废。今女画。"

说（yuè），喜悦，这里作动词，意思是喜欢。第一个"**道**"，意思是思想主张。第二个"**道**"，意思是道路。**废**，疲乏走不动。**画**，止，此处意为自我设限而停止。

冉求说："不是不喜欢老师您的思想主张，而是我的力量不足。"孔子说："力量不足，半道上会疲乏走不动。现在你是自我设限而停止。"

13.子谓子夏："女为君子儒，无为小人儒。"

儒，学者。关于"儒"这个字，有多重含义：其一，柔顺。儒，有濡的意思，以先王之道濡润其身，因而柔顺。《说文》曰："儒，柔也。"其二，优秀。因儒有道德之行，所以又解释为"优"。其三，能教民。因为儒者柔顺、优秀，所以能安人，能服人。因其能安人能服人，所以能教民。《礼记·玉藻》曰："儒，有六艺以教民者。"儒，就是以上柔顺、优秀、能教民等多重意思的综合。若用一个词来解释，"学者"这个词勉强可以承担。

君子儒与小人儒的区分，不在邪与正，而在志识的高远与卑近。**君子儒**，是指志识高远的学者；**小人儒**，则是指志识卑近的学者。

子夏文学有余，但见识稍显狭窄和浅近，所以孔子对他说："你要做一个志识高远的学者，不要做志识卑近的学者。"这是孔子对子夏的告诫。观子夏之子死，子夏哭之失明，可知子夏志识卑近而不解天命，孔子的告诫确实是准确的。

孔子对子夏说："你要做志识高远的学者，不要做志识卑近的学者。"

14.子游为武城宰。子曰："女得人焉耳乎?"曰:"有澹台灭明者,行不由径,非公事,未尝至于偃之室也。"①

武城,鲁国的邑名。子游任武城的邑宰。

女(rǔ),同"汝",你。**人**,这里指德行优秀的人。**焉**,指示代词,于此,在这里。**耳**,语气词,表示强调,相当于"也"。**乎**,语气词,表示疑问,相当于"吗"。孔子说:"你在这里得到德行优秀的人了吗?"

澹(dān)**台灭明**,澹台是氏,灭明是名。《史记·仲尼弟子列传》曰:"澹台灭明,武城人,字子羽,少孔子三十九岁。状貌甚恶。欲事孔子,孔子以为材薄。既已受业,退而修行,行不由径,非公事不见卿大夫。南游至江,从弟子三百人,设取予去就,名施乎诸侯。孔子闻之,曰:'吾以言取人,失之宰予;以貌取人,失之子羽。'"可见,澹台灭明曾师从孔子一段时间。而子游与孔子这次对话时,澹台灭明尚未师从孔子。何以知之?从子游的回答得知。子游回答孔子说"有澹台灭明者",说明孔子此时没见过,也不认识澹台灭明。

者,用在有字句宾语后面,这个宾语是下文的主语。**由**,从某处行走。**径**,小道。行不由径,就是走路不从小道走,即走大道。大道直,可见澹台灭明具有直的品德。

偃,是子游的名。**室**,此处泛指居住和办公的房屋。非公事不到长官办公和居住的地方,说明此人内心正。

子游回答说:"有一个叫澹台灭明的人,走路不从小道走,不是公事,不曾到过我办公和居住的地方。"

---

① 皇侃《义疏》本中,"女得人焉耳乎"作"汝得人焉耳乎哉"。在朱熹《集注》本中,"耳"作"尔"。

子游任武城的邑宰。孔子问他："你在这里得到德行优秀的人了吗？"子游说："有一个叫澹台灭明的人，走路不从小道走，不是公事，不曾到过我办公和居住的地方。"

15.子曰："孟之反不伐，奔而殿，将入门，策其马，曰：'非敢后也，马不进也。'"

孟之反，鲁国将军孟之侧。孟是氏，之侧是名，之反是字。古人名有用"之"字作为语助的，如不言禄的介之推、谏假道的宫之奇、善射的庾公之斯和尹公之他等。孟之反既为孟氏，又在孟武伯军中，应是孟孙一族的人。

关于孟之反，《左传·哀公十一年》中有提及。哀公十一年春，齐国军队进攻鲁国。孟武伯率右军，冉求率左军，与齐军战于郊外。冉有率人攻入齐军，大胜。孟武伯所率军队则大败退奔。孟之侧后入作为殿，抽矢策其马，曰："马不进也。"这就是孔子所言"孟之反不伐"的事实。

伐，夸耀自己。**奔**，急走，这里的意思是败走。**殿**，行军走在最后。军后曰殿，军前曰启。启的意思是开，开道，自然是在军前。殿则在军后。这是因为人的身体，臀居后。军后曰殿，也取此义。**门**，指城门。**策**，本义是马鞭子，此处做动词，意为以鞭打马。**进**，往前。

孔子说："孟之反这个人不夸耀自己。军队败走，他走在军队的最后边。将要进入城门的时候，他以鞭打马，说：'不是我敢于走在最后，而是因为马不往前。'"

16.子曰："不有祝鮀之佞，而有宋朝之美，难乎免于今之世矣。"

祝，本是宗庙之官，祭祀时读赞词的人。这里是氏，应是以官为氏。**鮀**（tuó），本是一种鱼，即鮎鱼，此处是人名。因为名鮀，所以取字为子鱼。**祝鮀**，卫大夫，名鮀，字子鱼。**佞**，有口才，能说善道。这个字多用于贬义，但在这里是褒义。

宋朝，宋国公子，名朝，是一个美男子，私通于卫灵公夫人南子。灵公还曾专门为南子召宋朝，此事见于《左传·定公十四年》。卫国也有一个公子朝，被著名的吴公子季札赞许为君子，与宋公子朝不是一人，因此，这里加"宋"字以免混淆。

免，逃脱，这里的意思是免祸。难乎免于今之世，意思是在当今的社会难于免祸。

孔子的这句话，颠倒过来就比较好理解：有宋朝之美，不有祝鮀之佞，难乎免于今之世矣。

这里孔子并非赞美宋朝，而只是取其美；也不是贬低祝鮀，而只是取其佞。他要表达的是，在当时，有美无佞，则难免祸害。

孔子说："没有祝鮀的口才，却有宋公子朝的漂亮，在当今的社会是难免于祸的。"

17.子曰："谁能出不由户？何莫由斯道也？"①

户，半门曰户。户，是"門"这个字的一半，即半门。门是双扇，户是单扇。古人房屋，前堂后室。堂室之间的这面墙，东边开户，西边开牖。

---

① 皇侃《义疏》本中，"谁能出不由户"作"谁能出不由户者"。

牖在墙上，户则用单扇门，连接室与堂。自室出来，就是堂。从室内出，必须经由户。因此，孔子说，谁能出不由户？**由**，从某处行走。出不由户，意思是从室内出来却不经过户，这是不可能的。

何，为何。**莫**，没有人。**斯**，此。**道**，思想主张，这里指孔子的思想主张。

在这里，孔子用了一个类比。人从室内出来，必须经由户；人在世上行走，必须经由道。人人都经由户，为何就没人经由道呢？这是孔子对当时社会的慨叹。

孔子说："从室内出来，谁能不经由户呢？在世上行走，为什么没有人经由此道呢？"

18.子曰："质胜文则野，文胜质则史。文质彬彬，然后君子。"

质，质朴。**胜**，多于。**文**，文饰。**野**，《说文》曰："野，郊外也。"在周代，有围墙的城叫邑，邑外曰郊，郊外曰野，都是人所居住的地方。这是野的本意。此处的野，意为粗野，不合礼仪。孔子说："质朴多于文饰就粗野。"**史**，本指掌管法典和记事的官。因史官记事多文彩，所以史书多虚华。史，此处意为虚华。文饰多于质朴就虚华。

彬彬，杂半貌。文与质各占一半，就是彬彬。彬，《说文》引本章作"份份"。《说文》："份份，文质备也。"**然**，这样。文质彬彬，然后君子，意思是文饰和质朴各占一半，这样之后才是君子。

孔子说："质朴多于文饰就粗野，文饰多于质朴就虚华。文饰和质朴各占一半，这样之后才是君子。"

19.子曰："人之生也直，罔之生也幸而免。"①

生，生存，活着。**罔**，诬，意思是欺骗。**幸**，应失而得、应死而生，都叫幸。**免**，免祸。

孔子说："人能生存是因为正直，而那些欺骗人的人也能生存只是侥幸免祸。"

20.子曰："知之者不如好之者，好之者不如乐之者。"

之，指某件事或某个道理。**如**，及，比得上。**好**（hào），喜欢。**乐**，动词，以……为乐。

孔子说："对于某件事或某个道理，懂得它的人比不上喜欢它的人，喜欢它的人比不上以它为乐的人。"

21. 子曰："中人以上可以语上也，中人以下不可以语上也。"

中人，指具有中等智力的人。第二个"以"和第四个"以"，意思是与。古文中有这样的用法，如《仪礼·乡射礼》说："各以其耦进。"意思是在举行射仪的时候，射手各自和自己的对手一起进入场地。**语**（yù），告诉，对……说。语上的"上"，指上等思想。

孔子说："中等智力以上的人，可以对他说上等思想；中等智力以下的人，不可以对他说上等思想。"这是孔子因材施教的教学思想。

这两句话中，两次说到"中人"，那么中人可否语上呢？此处孔子所言，乃是教学须根据所教对象的接受能力给予适当的教学内容，不可把上

---

① 皇侃《义疏》本中，"人之生也直"作"人生也直"。

等智力才能理解的思想教授给下等智力的人，这是强调教学内容不可与教学对象错位太远。至于中人，与上人相差不远，自然可以语上，否则中人何以提高？

22.樊迟问知。子曰："务民之义，敬鬼神而远之，可谓知矣。"问仁。曰："仁者先难而后获，可谓仁矣。"①

知（zhì），智慧。这个意义后世写作"智"。樊迟问何为智慧。

务，致力于。**义**，宜，适宜。**民之义**，意思是人民适宜做的事情。《礼记·礼运》："何谓人义？父慈，子孝，兄良，弟弟，夫义，妇听，长惠，幼顺，君仁，臣忠，十者谓之人义。"君、臣非民，故去掉君仁臣忠，余下八者即民之义。务民之义，就是致力于用这八者来教化引导人民。

敬鬼神而远之，鬼神不可慢，因此要敬鬼神。鬼神不可渎，因此要远鬼神。**敬**，恭敬，严肃。《说文》："敬，肃也。"**远**，疏远，意思是不接近。

孔子说："致力于教化引导人民做适宜的事情，对于鬼神则恭敬严肃而不接近，能做到这两者，就可以称作智慧了。"

樊迟又问何为仁。

先，动词，先做某事。**难**，困难之事。**先难**，意思是遇见困难之事要冲在前面去做而不是躲在人后。**获**，获得。**后获**，意思是在获得方面则甘在人后。这里的"先""后"与"先天下之忧而忧，后天下之乐而乐"的"先""后"意思相同。孔子说："仁者遇见困难之事就冲在前面先去做，

---

① 皇侃《义疏》本中，两个"知"字，均作"智"，第二个"曰"作"子曰"。

在获得方面则甘在人后，这就可以称作仁了。"

　　樊迟问何为智慧。孔子说："致力于教化引导人民做适宜的事情，对于鬼神则恭敬严肃而不接近，能做到这两者，就可以称作智慧了。"又问何为仁。孔子说："仁者遇见困难之事就冲在前面先去做，在获得方面则甘在人后，就可以称作仁了。"

　　23.子曰："知者乐水，仁者乐山。知者动，仁者静。知者乐，仁者寿。"

　　知者，智慧的人。**乐**（yào），喜好，喜爱。**水**，是流动之物，象征变动。智者运用自己的才智来治理社会，就像水流不知止，因此智者变动不居。山，是不动之物，象征安静。仁者像山一样安定不动而成就万物，因此仁者喜欢安定。这里的"水"和"山"只是象征，象征的是变动不居和安定不动。

　　孔子说："智慧的人喜欢水，仁爱的人喜欢山。"

　　既然智者和仁者的性情如此，那么智慧的人自然是内心涌动着运用才智的激情，而仁爱的人自然是内心安静的。知者动，仁者静，意思是智慧的人内心涌动，仁爱的人内心安静。

　　乐（lè），愉快，快乐。**寿**，长寿。智慧的人役使自己治理社会，其志得酬，所以快乐。仁爱的人内心安静，所以长寿。知者乐，仁者寿，意思是智慧的人快乐，仁爱的人长寿。

　　孔子说："智慧的人喜欢水，仁爱的人喜欢山。智慧的人内心涌动，仁爱的人内心安静。智慧的人快乐，仁爱的人长寿。"

24.子曰："齐一变，至于鲁；鲁一变，至于道。"

齐，国名。**鲁**，国名。武王灭纣后，封太公望于营丘，此为齐国；封周公于曲阜，此为鲁国。但周公并未离开王都，而是由他的长子伯禽去到鲁国为君，周公则仍留在王都辅佐天子。

齐不如鲁，这是因为齐鲁在封国之时就有差距。《说苑·政理篇》曰："伯禽与太公俱受封而各之国。三年，太公来朝。周公问曰：'何治之疾也？'对曰：'尊贤，先疏后亲，先义后仁。此霸者之迹也。'周公曰：'太公之泽及五世。'五年，伯禽来朝。周公问曰：'何治之难？'对曰：'亲亲，先内后外，先仁后义也。此王者之迹也。'周公曰：'鲁之泽及十世。'故鲁有王迹者，仁厚也。齐有霸迹者，武政也。齐之所以不如鲁者，太公之贤不如伯禽也。"刘向此说有理。孔子之时，齐国政俗急于功利，喜欢夸诈，这是霸政余习。鲁国虽然也败落了，但在重礼教、崇信义上，尚有先王遗风。

道，指先王之道。

孔子说："齐鲁若都向好的方向变化，那么齐一变，可以达到鲁的境地；而鲁一变，则可以达到先王之道。"

25.子曰："觚不觚，觚哉！觚哉！"

觚（gū），是周代的一种礼器，用于盛酒。《说文》段玉裁注引《韩诗》："一升曰爵，尽也，足也。二升曰觚。觚，寡也，饮当寡少。三升曰觯（zhì）。觯，适也，饮当自适也。四升曰角。角，触也，不能自适，触罪过也。五升曰散。散，讪也，饮不能自节，人所谤讪也。总名曰爵，其实曰觞。"觚本是方形，有四棱。这四棱贯通上下，一直到足。但觚的腹部鼓起，上有四棱，此四棱不与上下至足的四棱重合，所以一共有八棱。四方为棱，八棱为觚，因而取名觚。有棱，是觚的特征。

觚不觚，前一个"觚"指作为酒器的觚。后一个"**觚**"，指棱。**不**，无。觚不觚，意思是觚没有棱。

孔子说："觚没有棱，它还是觚吗！它还是觚吗！"这是孔子针对当时的君不君，臣不臣，名实不副的政治现实所发出的感慨。

26. 宰我问曰："仁者，虽告之曰：'井有仁焉。'其从之也？"子曰："何为其然也？君子可逝也，不可陷也；可欺也，不可罔也。"

第一个"**仁**"字，指仁爱。**仁者**，就是仁爱的人。**虽**，即使。第二个"**仁**"，同"人"。**焉**，句末语气词。**其**，副词，表示强调，难道。**从**，听从。**之**，他，指代告诉他"井有仁焉"这话的人。

仁者常救人于急难，宰我欲观仁者救人急难可以到何种程度，所以问孔子："对于仁爱的人，即使告诉他说：'井中有人'。难道应当听从此人的话去投井救人吗？"

何，为何。**为**，做。**其**，指示代词，那。**然**，指示代词，这样，那样。**其然**，意思是那样。何为其然也，意思是为何要做那样的事。

逝，往，这里指去到井边查看。**陷**，本义是陷阱，这里作动词，坠入陷阱，被陷害。**罔**，本义是用绳子编结而成的捕捉鸟兽鱼的工具，同"网"，这里作动词，意思是被网住。孔子说："君子可以去井边查看，但不可被陷害而坠入陷阱；可以被欺骗，但不可被陷害而被网住。"陷和网，意思近似，都是陷害。

君子不逆诈，即不预先认为别人是在骗自己，因此可以去井边查看；

君子可欺之以方，即可以用适合君子之道的方法欺骗君子，但不可用非其道的方法陷害他。前者是仁，后者是智。可见，仁者须有智，否则就是愚。

宰我问："对于仁爱的人，即使告诉他说：'井中有人'。难道应当听从此人的话去投井救人吗？"孔子说："为何要做那样的事呢？君子可以去井边查看，但不可被陷害而坠入井中；可以被欺骗，但不可被陷害而被网住。"

27.子曰："君子博学于文，约之以礼，亦可以弗畔矣夫。"[①]

博，广泛。**文**，先王典籍。圣人贤人，是后人之师，但是他们已经成为历史，所留存下来的只有典籍而已。这些典籍称为"文"。文以载道，文存则道存，后人学习先王典籍，即是学习先王之道，因此，君子应广博地学习先王典籍。**约**，约束。"约"与"博"的意义正相反。**之**，指代君子自己。广学先王典籍，虽能多闻多见，但广泛易致散漫，因此还须以礼约束己身。**畔**，同"叛"，违背。经传中多假畔为叛。**弗叛**，不违背。不违背什么呢？不违背道，即不违背正确的思想。夫，语气词，用在句末，表示感叹。

孔子说："君子广泛地学习先王典籍，同时又用礼来约束自己，也就可以不违背道了。"

---

① 本章另见《颜渊第十二》第15章。

28.子见南子，子路不说。夫子矢之曰："予所否者，天厌之！天厌之！"①

南子，卫灵公夫人，有淫行。据《史记·孔子世家》记载：孔子离匡过蒲，"月余，反乎卫，主于蘧伯玉家。灵公夫人有南子者，使人谓孔子曰：'四方之君子不辱欲与寡君为兄弟者，必见寡小君。寡小君愿见。'孔子辞谢，不得已而见之。夫人在絺帷中。孔子入门，北面稽首。夫人自帷中再拜，环佩玉声璆然。孔子曰：'吾向为弗见，见之礼答焉。'子路不悦，孔子矢之曰：'予所不者，天厌之！天厌之'"这就是子见南子一事。可见，孔子见南子，是出于不得已。**说**（yuè），喜悦，高兴。这个意义后世写作"悦"。孔子见了南子，子路不高兴。

矢，同"誓"，发誓。**所**，假如。**所……者**，多用于誓词，意思是假如……的话。例如：《左传·僖公二十四年》曰："所不与舅氏同心者，有如白水。"这里的"予所否者"也是这个句式。**否**（fǒu），不，这里的意思是行不由道。《史记》引用这句话时，就直接写成"予所不者"。**厌**，厌弃，嫌恶。**之**，指前边的"予"，意思是孔子自己。予所否者，天厌之，意思是如果我行不由道的话，就让上天厌弃我。重复"天厌之"，是为了加重语气。

孔子见了南子，子路不高兴。子路为什么不高兴呢？这是因为子路把这件事看作是孔子想通过南子求得官位来行道。当时，不仅子路是这样看的，外人也是这样看的。如卫大夫王孙贾也告诫孔子"与其媚于奥，宁媚于灶"，这话背后的含义就是你想做官，与其去求南子，还不如求朝堂上的

---

① 皇侃《义疏》本中，"不说"作"不悦"，"予所否者"作"予所否"。

大臣。子路对这种为了做官行道而委屈自己的做法是不以为然的。当年公山弗扰以费畔，来请孔子，孔子欲往，子路也是这个态度，他说：没有地方可去也就罢了，何必要去公山弗扰那里呢？在子见南子之后，子路也是相同的想法，认为道不得行就罢了，何必要通过南子去获得官位行道呢？

无论是外人还是子路，都未能理解孔子见南子的不得已。但是，是否应当把这种不得已告诉他人呢？不可以。这是因为只要说出这种不得已，必然涉及南子。在其国，不非其大夫，何况要评论君夫人？对于见南子这件事，孔子知道无法解释，只要解释就涉及南子。于是，孔子干脆不予解释。他在回答王孙贾时，说的是"获罪于天，无所祷也"，其背后的含义是我从来本着天命行事，不会违背天命而通过其他途径求官行道，若不服从天命，则是得罪了上天，得罪了上天，就无处可祈祷了。同样，孔子对子路也是这样的态度。只不过他是对子路发誓，说"假如我行不由道，那么就让上天厌弃我"。

孔子见了南子，子路不高兴。孔子对子路发誓说："如果我行不由道的话，就让上天厌弃我！就让上天厌弃我！"

29.子曰："中庸之为德也，其至矣乎！民鲜久矣。"

中，无过无不及。**庸**，常。不偏谓之中，不变谓之庸。**其**，表示猜测的副词，大概。**至**，极。**民**，人。**鲜**，罕，少。

孔子说："中庸作为德，大概达到极致了吧！人们很少行此德已经很久了。"

在《中庸》中，这段话是这样说的：子曰："中庸其至矣乎！民鲜能久矣。"

30.子贡曰："如有博施于民而能济众，何如？可谓仁乎？"子曰："何事于仁，必也圣乎！尧、舜其犹病诸！夫仁者，己欲立而立人，己欲达而达人。能近取譬，可谓仁之方也已。"

博，广泛。**施**，本义是给予，这里的意思是给予恩惠。**济**，救助。子贡问孔子："如果有人能广泛地给予人民恩惠，又能救助大众，这人怎么样？可以称为仁吗？"

何，何止。**事**，做，从事。何事于仁，何止是从事于仁行，意思是已经高出了仁。必也圣乎，即"必也事于圣乎"，一定是从事于圣行啊。

其，表示揣测的副词，大概。**犹**，尚且。**病**，难。**诸**，之，指代"博施于民而能济众"。尧、舜其犹病诸，意思是尧、舜大概尚且难以做到这一点。

夫，语气词，用在句首，表示要发议论。**立**，本义是站立，引申为成就，这里的意思是有成就。己欲立而立人，意思是自己想要有成就，又要使别人有成就。**达**，显达。己欲达而达人，意思是自己想要显达，又要使别人显达。

能，做得到。**近**，就近。**譬**（pì），比喻，比方。《说文》曰："譬，谕也。"谕，比喻。能近取譬，做得到就近取得比方，意思是能够拿自身作比喻，能以己心推广到他人。**方**，属类。能够拿自身作比喻，就已经可以称为仁之类了。这话的含义是，能够拿自己作比喻，就已经是仁之属类了。如果能博施于民而能济众，就超出了仁的属类，而成为圣了。

立和达，只是用来比喻的两个例子。这两个例子说明的是一个道理：己之所欲，亦施于人。拿自己作比喻，就是能近取譬。能以己心推广到他人，叫作"恕"。恕，造字就是"如心"，意思是以己心推知他人之心。

孔子回答说："这何止是从事于仁行，一定是从事于圣行啊！尧、舜大概尚且难以做到这一点！仁，就是自己想要有成就，又要使别人有成就；自己想要显达，又要使别人显达。能以己心推广到他人，就已经可称为仁的属类了。"

孔子在这里区分了仁和圣。圣，是已经成德。仁，则是正处于推己及人的过程中。如果能做到博施济众，就已经是圣了。如果能做到己所欲，亦施于人，则是仁。仁道大成之时，就进入了圣。在孔子眼中，圣最难达到。仁虽然也很难达到，但有方法可以走向仁，这个方法就是恕。所谓恕，即以己推人，比如，己欲立而立人，己欲达而达人。这两个例子就可以使人明白什么是恕。达到了恕，就已经属于仁这一类了。

子贡说："如果有人能广泛地给予人民恩惠，又能救助大众，这人怎么样？可以称为仁吗？"孔子说："这何止是从事于仁行，一定是从事于圣行啊！尧、舜大概尚且难以做到这一点！仁，就是自己想要有成就，又要使别人有成就；自己想要显达，又要使别人显达。做得到以己心推广到他人，就已经可以称为仁的属类了。"

述而第七

1.子曰："述而不作，信而好古，窃比于我老彭。"

述，本义是遵循。《说文》："述，循也。"这里的意思是记述，陈述。**作**，造，制作，引申为创作。记述是循旧，制作是创始。《中庸》说："非天子不议礼，不制度，不考文。"这就是说，必须是天子才可以制作、创始。《中庸》又说："虽有其位，苟无其德，不敢作礼乐焉。虽有其德，苟无其位，亦不敢作礼乐焉。"德位兼备才可以制作礼乐。孔子有德无位，不敢制作礼乐，但可记述礼乐，所以孔子说自己是"述而不作"。正如《中庸》所言："仲尼祖述尧舜，宪章文武。"仲尼既然远宗尧舜之道，近守文武之法，那么就说明孔子是述而不作的。述而不作，意思是记述而不创作。

信，相信。**好**，喜欢。**古**，往昔，旧时，这里指古代圣贤之道。信而好古，包含两层意思：信古和好古。信而好古，意思是相信和喜欢古代圣贤之道。

窃，暗暗地，私自。**于**，介词，在古文中与"於"相通，其具体含义需根据上下文确定。**比于**，意思是比作。**老彭**，指彭祖，氏籛（jiān），名铿（kēng），是尧之臣，封于彭城，其道可祖，所以后人称为彭祖。一生经历了尧、舜、禹、夏、商，据说年龄七百岁，也有说八百岁的，总之，以长寿闻名。彭祖有德无位，述而不作，信而好古，因此孔子自比于老彭。但又谦虚不敢显明地把自己比作老彭，所以说"窃比"。**我**，表示的是亲近。老彭曾为殷商的贤大夫，孔子本是殷人，所以称老彭为"我老彭"。

孔子说："我记述而不创作，相信和爱好古代圣贤之道，暗暗地把自己比作我们老彭。"

2.子曰："默而识之，学而不厌，诲人不倦，何有于我哉?"

默，静默，不言。**识**（zhì），记住。**之**，它们，指所见所闻所学。默而识之，意思是默默不言地记住所见所闻所学。

厌，古字作"猒"，《说文》作"猒"，饱的意思，这个意义后世又写作"饜"。这里的意思是满足。学而不厌，意思是学习起来不感到满足。

诲，教导。**倦**，疲劳，引申为厌倦。诲人不倦，意思是教导别人不厌倦。

何有，即有何难，意思是不难。何有于我哉，意思是这些事情对我来说有什么难处呢。

孔子说："默默记住所见所闻所学，学习起来不满足，教导他人不厌倦，这些事情对我来说有什么难处呢?"

3.子曰："德之不修，学之不讲，闻义不能徙，不善不能改，是吾忧也。"①

修，古代也写作"脩"，培养品德。在这里，宾语"德"被前置。德之不修，即"不修德"，意思是不培养品德。

讲，讲习、演习。在这里，宾语"学"被前置。学之不讲，即"不讲学"，即不讲习所学。

义，宜，指社会认为合宜的道理和行为。**徙**，迁，移。闻义不能徙，意思是听到合宜的道理和行为却不能向之迁移。

不善不能改，意思是自己有不好的行为和思想却不能改正。

是，这。**忧**，忧虑。是吾忧也，意思是这是我的忧虑。

孔子说："不培养品德，不讲习所学，听到合宜的道理和行为却不能向之迁移，自己有不好的行为和思想却不能改正，这是我的忧虑。"这是孔子教诲他人的话，而不是像一些古代注家所言的那样是孔子忧己恐有不修、不讲、不徙、不改之事。

4.子之燕居，申申如也，夭夭如也。

燕，通"宴"，安乐、安闲。**燕居**，退朝而处曰燕居，退燕避人曰闲居。

申，自己约束自己。**申申**，整饬貌。用在形容词词尾，表示某种容色。申申如，意思是整饬的样子。这是形容身体。孔子尽管是退朝在家，却是整饬的。

夭夭，平和舒展貌。这里形容心情。

---

① 皇侃《义疏》本作"子曰：'德之不修也，学之不讲也，闻义不能徙也，不善不能改也，是吾忧也。'"

燕居时，容易怠惰放肆、内心严厉，而孔子燕居时，外貌上整饬，内心平和舒展。外貌上整饬，则望之俨然；内心平和舒展，则即之也温。

孔子退朝而处时，是整饬的样子，平和舒展的样子。

5.子曰："甚矣吾衰也！久矣吾不复梦见周公。"①

甚矣吾衰也，是倒装句，正常语序为"吾衰也甚矣"，意思是我衰老得很啊。

下一句则是表示自己衰老得很的根据。孔子说自己很久都没有再梦见周公了。久矣吾不复梦见周公，正常语序为"吾不复梦见周公久矣"。

从这句话看到，孔子年轻时是经常梦见周公的。有所思则有所梦。孔子年轻时，每天都在思考如何去实行周公之道，所以梦寐之间，时常梦见周公。但到老年时，知其道不能行，于是不再考虑实行周公之道，也就不再能梦见周公。

孔子说："我衰老得很啊，很久都没有再梦见周公了。"

6.子曰："志于道，据于德，依于仁，游于艺。"

志，心所向往。道没有形体和形象，所以只能说是向往。志于道，意思是向往大道。

据，守。据于德，意思是据守在德上。

依，倚，这里是亲近的意思。**仁**，指仁人。依于仁，意思是亲近仁人。

游，古字作"遊"，从容不迫地遊历，这里的意思是涵泳，熏陶。**艺**，

---

① 皇侃《义疏》本中，"久矣吾不复梦见周公"作"久矣吾不复梦见周公也"。

才能、技能，这里指六艺，即礼、乐、射、御、书、数这六种技能。游于艺，意思是涵泳于六艺之中。

本章中，孔子讲的是进德修业之法。

孔子说："向往大道，据守在德上，亲近仁人，涵泳于六艺之中。"

7.子曰："自行束修以上，吾未尝无诲焉。"

自行，自己主动做某事。**束**，量词，一捆儿的意思。**修**，应作"脩"（xiū），干肉。《说文》："脩，脯（fǔ）也。"古文中，"修"是整治、修饰的意思，可以写成"脩"字。但是"脩"作"干肉"讲，却不可写成"修"字，写成"修"字即是失误。二字在今天的简化字中则全部作"修"。

把十条干肉捆在一起成一捆儿，叫束脩。束脩是很薄的见面礼，因此可以将束脩理解为薄礼。孔子在这里只是以束脩礼作为例子，来说明自己教诲他人并不要求什么重礼，一点薄礼能表达敬意即可。

以，介词，**拿**，用。**上**，献上。自行束脩以上，即"自行以束脩上"，意思是自己主动拿一点薄礼献上。

未尝，不曾，没有。**无**，不。**焉**，句末语气词。吾未尝无诲焉，意思是我没有不给予教诲的。

孔子说："自己主动拿一点薄礼献上，我没有不给予教诲的。"

8.子曰："不愤不启，不悱不发。举一隅不以三隅反，则不复也。"①

愤，本义是懑，此处意为憋闷，即朱熹说的"心求通而未得之意"。

---

① 皇侃《义疏》本中，"举一隅不以三隅反，则不复也"作"举一隅而示之，不以三隅反，则吾不复"。

启，本应作"启"，教。《说文》："启，教也。"古字中，"启"与"启"是两个字，意思不同。《说文》："启，开也。"又说："启，教也。""启"字后来被"启"字所代替，经典假启为启。这样，古代的启、启二字只剩下一个"启"字。新中国的简化字又把启简化为"启"，这样，简化字中则只剩下一个"启"字。

一个人，学某个知识，无法想明白，甚为憋闷，这个时候才可以去教他。这样，他才记得牢固。不愤不启，意思是不到他想不明白非常憋闷的时候就不去教他。

悱（fěi），想说却不能恰当说出来，即朱熹说的"口欲言而未能之貌"。**发**，发出声音，说出来，这里是使动用法，意思是使他说出来。不悱不发，意思是不到他想说却不能恰当说出来的时候，就不去帮助使他说出来。

隅，角。反，回，这个意义后来写作"返"。在这里的意思是回答，回复。屋有四角，称为四隅。举出一角，受教者当以类推知尚有其他三角。若不能以其他三角反告于教者，就是"举一隅不以三隅反"。**复**，再。举出一个角，他不能以其他三个角回复于教者，就不再教他了。

孔子说："不到他想不明白非常憋闷的时候不去教他，不到他想说却不能恰当说出来的时候不去帮助使他说出来。举出一个角，他却不能以其他三个角回复，就不再教他了。"

9.子食于有丧者之侧，未尝饱也。①

子，指孔子。助葬时，必须吃饭，否则没有力气做事。但是若饱食，则是无恻隐之心。因此孔子助葬时，不曾吃饱过。

孔子在有丧事者旁边吃饭，不曾吃饱过。

10.子于是日哭，则不歌。

是，此。**歌**，按一定的乐曲或节拍歌唱。《说文》："歌，咏也。"

孔子在这一天闻丧或吊人而哭之后，当日就不再咏唱。为什么这样呢？一日之中，因哀事而哭，又因乐事而歌，则是哀乐之心无常。一日之内，既然已经因哀事而哭过，当日自然有哀心，所以当日不歌。《礼记·曲礼》说："哭日不歌。"《礼记·檀弓》说："吊于人，是日不乐。"郑玄注："君子哀乐不同日。"这适用于先有哀后有乐的情况。若已歌，而后知他人丧事，则歌与吊可同日。

孔子在这一天哭过，当天就不再咏唱。

11.子谓颜渊曰："用之则行，舍之则藏，唯我与尔有是夫！"子路曰："子行三军则谁与？"子曰："暴虎冯河，死而无悔者，吾不与也。必也临事而惧、好谋而成者也。"②

谓，告诉，对……说。**之**，人称代词，他。**行**，做，从事。**舍**，弃，这里是"不用"的意思。**藏**，藏匿，隐藏。**与**，连词，和。**尔**，你。**是**，这，指代"用之则行，舍之则藏"这种态度。**夫**，语气词，用在句末，表

---

① 皇侃《义疏》本和朱子《集注》本，都把本章与下一章合为一章。
② 皇侃《义疏》本，"冯"作"淜"。

示感叹。

孔子对颜渊说："任用他，他就去做事；不用他，他就隐藏起来。只有我和你有这种态度啊！"用行舍藏，与《孟子》称孔子"可以仕则仕，可以止则止"是一个意思。

行，本义是做，但要根据上下文确定其具体含义，在这里是主持、掌管的意思。**三军**，《周礼·夏官》："凡制军，万有二千五百人为军。王六军，大国三军，次国二军，小国一军，军将皆命卿。"这里的"三军"泛指军事、军队。**与**，在一起。

子路听到孔子称赞颜渊，就想到自己有勇，那么孔子若为将，一定会和自己在一起，于是就问子行三军则谁与。这句话即"子行三军则与谁"，意思是您若主持军事，那么您将和谁在一起。

"暴虎"和"冯河"，是孔子以前就有的俗语。《诗经·小雅·小旻》中就有"不敢暴虎，不敢冯河"的诗句。**暴**，弃车搏击。**暴虎**，徒手搏虎。**冯**（píng），无舟渡河，也就是徒步渡河。《说文》："溯（píng），无舟渡河也。"经典中作"冯"，也作"憑"。冯、憑，都是溯的假借字，溯才是正字。孔子说："徒手与虎搏斗，徒步蹚水渡河，死而不悔的人，我是不会与他在一起的。"

临，本义是面对，这里的意思是遇到。**惧**，恐惧。《说文》："惧，恐也。"这里有谨慎的意思。**好**，喜欢，这里有善于的意思。**谋**，谋划。**成**，成功，成事。孔子说："与我在一起的，一定得是遇到事情谨慎、善于谋划而成事的人。"

孔子见子路发问，便想借机教其不可但恃其勇，所以才这样回答。

由本章可以看到，孔子教人，并无定法。往往在说话之间，就能根据各人的不同特点予以教诲。

孔子对颜渊说："任用他，他就去做事；不用他，他就隐藏起来。只有我和你有这种态度啊！"子路说："您若主持军事，那么您将和谁在一起？"孔子说："徒手与虎搏斗，徒步蹚水渡河，死而不悔的人，我是不会与他在一起的。与我在一起的，一定得是遇到事情谨慎、善于谋划而成事的人。"

12.子曰："富而可求也，虽执鞭之士，吾亦为之。如不可求，从吾所好。"①

富，兼有富和贵两个意思。三代之时，不仕则不富。官愈尊则禄愈厚，贵与富密切相关，因此，此处的富，可理解为富贵。**而**，连词，用在主谓结构，连接主语和谓语，表示设定或强调。这里是表示设定，意思是如果。**可求**，可以求得。何谓"可"？合乎道即为可。通过合道的方法得到富贵，这种富贵就是可以去求的富贵。否则，就是不可以求的富贵。

虽，即使，纵使。**执鞭之士**，泛指地位低微的职务。《周礼·秋官》曰："条狼氏掌执鞭以趋辟。王出入，则八人夹道，公则六人，侯伯则四人，子男则二人。"趋辟的意思是，快步走在前边让行人回避。不同等级的人出行，执行这种职务的人的数量不等，最多的是天子出行，执鞭之士有八人。最低的是子、男这两个爵位的人出行，则有两人执行这种职务。条狼氏，是下士。可见这种执鞭之士是地位很低微的职务。

为，做，但其具体含义须根据上下文来确定，在这里的意思是担任。

---

① 皇侃《义疏》本中，"如不可求"作"如不可求者"。

之，它，指代执鞭之士这个职务。孔子说："富贵如果是可以合道地求得，那么即使是执鞭之士，我也担任它。"

从，听从，这里有从事的意思。**所**，代词，某事或某物，作前置宾语。在这里，"所"是"好"的宾语。**好**（hào），喜爱。所好，喜爱的事情。孔子说："富贵如果不是可以合道地求得，那么我还是从事我喜爱的事情。"在这里，孔子表达了这样的意思：不能合道地求得富贵，就不求富贵。这正如孟子所言："古之人未尝不欲仕，又恶不由其道。"

这一章，实际上依然是在讲孔子的出处之道，这与用行舍藏是一个思路。

孔子说："富贵如果是可以合道地求得，那么即使是执鞭之士，我也担任它。如果不是可以合道地求得，那么我还是从事我喜爱的事情。"

13.子之所慎：齐、战、疾。

慎，慎重。子之所慎，意思是孔子所慎重的事情。

齐（zhāi），古字作"齊"（zhāi），同"齋"（今字作"斋"），指的是祭祀前洁净身心，以示虔敬。斋，是齐的意思，祭祀前齐其思虑之不齐，以交于神明。经典中，齐与齋交错出现。祭祀是要与神明交流的，因此祭祀之前的斋必须慎重。

战，战争。战争关系到众人生死和国家存亡，因此要慎重。

疾，病。疾病关乎自身的死生存亡，所以不可不慎重。

孔子所慎重的事情：斋、战争、疾病。

14.子在齐闻《韶》，三月不知肉味。曰："不图为乐之至于斯也。"①

《韶》，舜乐，是尽善尽美的乐曲。齐何以有《韶》乐？陈国，是舜之后，有《韶》乐。春秋时，陈公子完逃奔到齐国，可能带有《韶》乐，因此齐有《韶》乐。孔子三十五岁到三十七岁之间在齐国，那时他曾听到过《韶》乐，心中一直为《韶》乐所萦绕，其他事物进不了他的心思，即使肉味，也感知不到，因此好几个月不知肉味。三，是多的意思。

图，度（duó），意思是想到。为，本义是做，从事。具体含义很广泛，须结合上下文来确定，在这里的意思是享受。乐，音乐。斯，此，指代"三月不知肉味"。"为乐之至于斯"是一个词组，是"图"的宾语。"为乐至于斯"，则是一个句子。通过加入"之"字，句子就变成了一个词组，用来做宾语。

孔子在齐国，听到《韶》乐，好几个月都感知不到肉味。说："没有想到享受音乐会达到这种程度。"

15.冉有曰："夫子为卫君乎？"子贡曰："诺，吾将问之。"入，曰："伯夷、叔齐何人也？"曰："古之贤人也。"曰："怨乎？"曰："求仁而得仁，又何怨？"出，曰："夫子不为也。"②

夫子，指孔子。为（wèi），帮助。卫君，指卫国君主公孙辄。据《左传》，定公十四年，卫灵公太子蒯聩欲杀灵公夫人南子未遂，出奔宋。哀公二年夏四月，卫灵公死，南子欲立公子郢为君，但公子郢拒绝，乃立蒯聩之子辄为君。当年六月，晋国的赵鞅率领军队把蒯聩强行送进卫邑戚。哀

---

① 皇侃《义疏》本中，"子在齐闻《韶》"作"子在齐闻《韶》乐"。
② 皇侃《义疏》本中，"曰：'古之贤人也'"作"子曰：'古之贤人也'"，"又何怨"作"又何怨乎"。

公三年春，齐国派出国夏，卫国派出石曼姑，各自率领军队包围了戚。到哀公十五年冬，蒯聩获胜。十六年正月，蒯聩回到卫国成为卫君，公孙辄出奔鲁国，后被称为卫出公。这就是蒯聩和公孙辄父子争国、以子拒父之事。

卫国发生父子争国，消息传到了陈国，孔子及其弟子们当时正在陈国。对于这件事，人们分不清是非曲直，孔子的弟子们也想弄清楚这一点。冉有就问："老师会帮卫君吗？"

诺，答应声，表示同意。**之**，它，指夫子是否会帮助卫君这个问题。子贡听冉有发问，就说："好吧，我将去问这个问题。"

子贡如何问这个问题呢？他没有直接问孔子是否会帮公孙辄，而是以伯夷、叔齐为问。伯夷、叔齐，是商代孤竹君的两个儿子，伯夷为兄，叔齐为弟。父欲立叔齐为继承人。及其父卒，叔齐让给伯夷。伯夷认为叔齐被立为君是父命，于是自己逃走了。叔齐也不肯就位，也逃走了。国人不得已，就立伯夷之弟、叔齐之兄为国君。伯夷、叔齐听说西伯昌善待且赡养老人，就去归往。等他们到达时，西伯已死，其子武王东伐纣，伯夷、叔齐拉着武王的马竭力劝谏。后来，武王灭殷，天下归周，而伯夷、叔齐以武王伐纣为耻，不做周朝的官，隐居于首阳山中，采薇而食，最后饿死在首阳山。这是伯夷、叔齐兄弟让国，最终饿死之事。

子贡问孔子："伯夷、叔齐是什么人？"孔子回答说："是古代的贤人。"子贡又问："他们怨恨吗？"怨，恨。孔子说："他们求仁而得仁，又有什么怨恨呢？"孔子的意思是，他们没有怨恨。

伯夷、叔齐，其初心是让国，求为仁，是善行。即使后来饿死首阳，其初心已经达到，这就是"求仁而得仁"，因此没有怨恨。这说明孔子是赞赏让国的。出公辄与其父蒯聩则是父子争国，乃是恶行。孔子既然称赞伯夷、叔齐的让国，当然不会赞成父子争国的恶行，也就不会帮助卫出公了。因此，子贡知道老师是不会帮助卫君的。

于是，子贡从孔子那里出来，告诉冉有说："老师不会帮助卫君。"

冉有说："老师会帮卫君吗？"子贡说："好吧，我将去问这个问题。"子贡入内，问孔子："伯夷、叔齐是什么人？"孔子说："是古代的贤人。"子贡又问："他们怨恨吗？"孔子说："他们求仁而得仁，又有什么怨恨呢？"子贡出来，对冉有说："老师不会帮助卫君。"

16.子曰："饭疏食饮水，曲肱而枕之，乐亦在其中。不义而富且贵，于我如浮云。"①

饭，吃的意思。**疏食**，粗食。**水**，指凉水。古代称热水为汤，称凉水为水。**肱**（gōng），肘前曰臂，肘后曰肱，此处的肱则是臂的统称。**其**，指示代词，那，指"饭疏食饮水，曲肱而枕之"。乐亦在其中，快乐也在那里边。有快乐的地方和事情很多，"饭疏食饮水，曲肱而枕之"当中有乐，只是多种有乐之处的一种，因此用"亦"字，表示这是有快乐的地方和事情之一。乐亦在其中，可以理解为：同样也是快乐的。

孔子说："吃粗食，喝凉水，弯曲着胳膊枕在上边睡觉，同样也是快乐的。"

《吕氏春秋·慎人篇》说："古之得道者，穷亦乐，达亦乐。所乐非穷达，道得于此，则穷达一也。"孔子此处所言，乐的是得道，而不是穷困。

———————

① 皇侃《义疏》本中，"疏"作"蔬"。

周敦颐要求弟子寻找的"孔颜乐处"就是道。乐的不是疏食饮水，但疏食饮水却改变不了自己的乐，这是孔子所言"乐亦在其中"的含义。

浮云在天，与我何干？若不义却得到富贵，这样的富贵与我何干？言外之意，就是我不要这样的富贵。孔子说："不义却富且贵，就像浮云一样与我没有关系。"

孔子说："吃粗食，喝凉水，弯曲着胳膊枕在上边睡觉，同样也是快乐的。不义却富且贵，就像浮云一样与我没有关系。"

17.子曰："加我数年，五十以学《易》，可以无大过矣。"

加，同"假"，借。从"数年"和"五十"这两个词语，可以知道，孔子说此话时，已经五十多岁。他五十多岁才学《易》，感到学得晚了。若能在五十岁的时候就学《易》，则可以避免过失。《汉书·儒林传》也说孔子"晚而好《易》，读之韦编三绝，而为之传"。

五十岁是知天命之年，《易》是穷理尽性以至于命之书。在知天命之年，读知命之书，则能避凶趋吉而无过失。但孔子谦逊，只说"可以无大过矣"。

孔子说："借给我几年，五十岁就学《易》，我就可以没有大的过失了。"

18.子所雅言，《诗》，《书》，执礼，皆雅言也。

所，代词，指某事或某物或某地，此处指某事，在这里做前置宾语。**雅**，正。雅言，就是正音，就像今天的普通话。**雅言**，在这里是动词，意思是用正音。孔子读经典，都用正音，这是因为正音可以使典籍的辞义明确通顺。子所雅言，意思是孔子用正音的事情。

执，行。《诗》和《书》是诵读的，可以说用正音读。而礼，是行的，不须诵读，为何也说用正音呢？这是因为行礼时依然有诏赞，诏赞则须有话语，此种话语也须用正音。因此将《诗》《书》和执礼并列而言。

周代的正音，是西周王都之音。平王东迁以后，王室的地位下降得几乎同列国一样，再也不能以洛阳语音来正天下的语音。孔子读《诗》《书》和执礼，依然用正音，目的不仅在于使辞义明达，同时也在于表明对周天子的尊奉。

孔子用正音的事情，有读《诗》，读《书》，行礼。这些他都用正音。

19.叶公问孔子于子路，子路不对。子曰："女何不曰：其为人也，发愤忘食，乐以忘忧，不知老之将至云尔。"[1]

叶（shè），地名，当时属楚国。**叶公**，指当时的叶县尹沈诸梁，字子高。楚国国君是子爵，但僭称王，县尹则僭称公，因此沈诸梁称叶公。他是当时的一位贤者。

叶公向子路打听孔子的为人。子路不知如何回答，所以未予回答。

以，而。**云**，代词，如此。**尔**，同"耳"，语气词，"而已"的合音词，相当于"罢了"。

孔子听说了这件事，就对子路说："你何不这样说：他做人，发愤好学以至于会忘记吃饭，快乐起来就忘了忧愁，不知年老就将到来，如此而已。"

此处何以说"老之将至"？且看孔子何时在叶。《孔子世家》说，鲁哀

---

[1] 皇侃《义疏》本中，"女"作"汝"，"将至云尔"作"将至也云尔"。此外，皇本又连下一章为一章。

公四年，孔子自陈去到蔡国。哀公五年秋天，齐景公卒。第二年，孔子从蔡去到叶。实际上是从蔡国来到了沈诸梁治理下的负函，即今天的河南信阳。正是这个时候，叶公问孔子于子路。此时的孔子，已经六十三岁，实际已老。但孔子对子路教的话是说自己以往发愤忘食、乐以忘忧，所以称不知老之将至。用词是"将"。

叶公向子路打听孔子的为人，子路没有回答。孔子说："你何不这样说：他做人，发愤好学以至于会忘记吃饭，快乐起来就忘了忧愁，不知年老即将到来，如此而已。"

20.子曰："我非生而知之者，好古，敏以求之者也。"

两个"之"字，都指知识。**好**，喜欢。**古**，往昔，旧时，这里指古代圣贤之道。**敏**，勉力。**求**，寻求。

孔子说："我不是生来就知道知识的人，我只是一个喜爱古代圣贤之道，勉力去寻求知识的人。"

21.子不语怪、力、乱、神。

语（yǔ），谈论。这个字本义是回答。发端曰言，答述曰语。当言和语相对时，二者有区别。当言和语单独出现时，无区别。因此，这里的"语"泛指谈论。

怪，怪异，如山啼、鬼哭、妖孽之类。至于日食、地震、山崩之类，则是灾变，不是怪异，所以《春秋》记录灾变很多，这种记录与孔子不谈怪力乱神的原则并不冲突。

力，勇力。如奡（ào）荡舟、乌获举千钧之类。奡和乌获都是有勇力的人，累可以陆地推舟，乌获则可以举千钧之重。三十斤为钧，千钧就是三万斤。

乱，乱事。如臣弑君、子弑父之类。《左传·宣公十五年》："民反德为乱，乱莫大于弑父与君。"

神，鬼神。孔子曾经回答子路："未能事人，焉能事鬼？"这就是孔子不谈鬼神之事。

以上四项，怪、力、神三者无益于教化，所以孔子不谈论。乱，则是不忍谈论。圣人语常不语怪，语德不语力，语治不语乱，语人不语神。

孔子不谈论怪异、勇力、乱事、鬼神。

22.子曰："三人行，必有我师焉，择其善者而从之，其不善者而改之。"①

焉，句末语气词。**其**，指示代词，那。**择**，挑选。**善**，好的。**善者**，指优秀的人。**从**，听从，这里的意思是效法，学习。

孔子说："三人在一起走路，一定有可以做我老师的人。我选择那优秀的人效法，对于那不优秀的人，我则反思自己是不是有他的缺点，若有，则改正这些缺点。"

这样一来，优秀者固然可以作为效法对象，不优秀者同样可以作为反面教材。见贤思齐，见不贤而内自省，则善恶都能帮助自己完善。

---

① 皇侃《义疏》本中，"三人行，必有我师焉"作"我三人行，必得我师焉"。

23.子曰："天生德于予，桓魋其如予何？"

据《史记·孔子世家》记载，孔子离开卫国后，经过曹国，去往宋国。在路上，孔子与弟子们在大树下演习礼。宋国司马桓魋（tuí）欲杀孔子，派人拔掉大树。孔子离去。弟子们说："可以快点走。"孔子回答说："天生德于予，桓魋其如予何！"

桓魋，宋国司马向魋，因为他是宋桓公的后代，所以又称桓魋。桓是氏。

德，是得的意思，指孔子获得了古代文化。天生德于予，意思是上天让我获得了古代文化。既然让我获得这些知识，就是上天不欲灭亡这些知识。桓魋必不能违天而成功害我。**其**，副词，难道，表示强调。

孔子说："上天把古代文化赋予了我，桓魋难道能把我怎么样？"

这段话和"子畏于匡"时孔子所说的话，核心观念和基本逻辑是一致的。在被围于匡的时候，孔子说：文王死了以后，古代文化不是在我身上吗？上天如果想消灭这种文化，就不会让我获得它。上天如果不想消灭这种文化，匡人能把我怎么样？

24.子曰："二三子以我为隐乎？吾无隐乎尔。吾无行而不与二三子者，是丘也。"

二三子，指诸弟子。**为**，做。**隐**，匿，意思是隐藏不教。孔子说："你们认为我做隐藏不教之事吗？我对你们没有隐藏。"

行，行事。**与**，给予，这里的意思是展示，教给。我没有什么行事不展示给你们，这就是我啊。

孔子教人，并非全部是言教，以自己所行之事展示给弟子，也是教，这是身教。但一些弟子不悟，认为孔子有所隐藏不教，因此才有孔子这段话。

孔子说："你们认为我做隐藏不教之事吗？我对你们没有隐藏。我没有什么行事不展示给你们，这就是我啊。"

25.子以四教：文、行、忠、信。

文，典籍，文献。**行**，躬行。在心为德，施之为行。**忠**，内心无隐为忠，即尽心。忠，不可狭隘地理解为臣对君尽忠。凡是尽心都叫忠。忠存在于一切人际关系中。把"忠"狭隘地理解为对君主尽忠，是后来专制主义出现之后的理解。孔子时代，对忠不是这种狭隘的理解。若把忠理解为仅仅是臣子对君主才有的现象，那么就可以得出结论：孔子周游各国就是不忠于鲁君，这样的结论是荒谬的。**信**，言不欺为信，即诚信。

孔子以四事教人：典籍、躬行、尽心、诚信。

26.子曰："圣人，吾不得而见之矣。得见君子者，斯可矣。"子曰："善人，吾不得而见之矣。得见有恒者，斯可矣。亡而为有，虚而为盈，约而为泰，难乎有恒矣。"

圣，是通的意思。**圣人**，即通人，能通达一切，应变无穷，也就是具有最高智慧和道德的人。如尧、舜、禹、汤、文、武、周公，都是圣人。**君子**，才德出众的人。**者**，助词，用在复合句前面分句的句末，起停顿作用，引出后面的说明解释。**斯**，连词，则，乃。孔子说："圣人，我是不能见到了。能见到君子，就可以了。"

第一个"子曰"是指孔子说；第二个"子曰"，表明下边的话是孔子在另一时间又说的话。

善人，为善之人。**恒**，常。有恒，指长久保持操守。孔子又说："善人，我是不能见到了，能见到长久保持操守的人，就可以了。"

亡（wáng），无，与有相对。亡的这个意义后世读 wú。**为**，做，具体意义则须参考上下文。在这里的意思是装作。**虚**，空，与满相对。**盈**，满，充足。**约**，贫穷，与富庶相对。**泰**，宽裕。孔子说："本来没有，却装作有；本来是空的，却装作是满的；本来贫穷，却装作宽裕。这样的人是难以长久保持操守的。"

孔子说："圣人，我是不能见到了。能见到君子，就可以了。"孔子又说："善人，我是不能见到了，能见到长久保持操守的人，就可以了。本来没有，却装作有；本来是空的，却装作是满的；本来贫穷，却装作宽裕。这样的人是难以长久保持操守的。"

27.子钓而不纲，弋不射宿。

钓，以钩取鱼，即以细绳系鱼钩于一根竹竿顶端来钓鱼。这样的方法获鱼少。

纲，本意是渔网的大绳，此处做动词用，意思是在大绳上用细绳子系上众多的鱼钩，横断水流来取鱼。这样的方法获鱼多。孔子只钓不纲。

弋（yì），缴射。缴，指由生丝做成的细绳。缴射，就是把细绳子系在箭上射飞鸟。这样的方法获鸟少。

宿，止。这里的宿是名词，指夜间栖息于巢中的鸟。射宿，就是射夜间栖息于巢中的鸟。这样的方法获鸟多。

周孔之教，虽不能不杀生，但应尽量少杀生。因此，孔子获鱼和获鸟的方法都是尽量少得。这也体现了仁的意思。

孔子获鱼的方法是以钩钓鱼，而不用在大绳上系众多鱼钩横断水流的方法来多取鱼。他射飞鸟而不射夜间栖息于巢中的鸟。

28.子曰："盖有不知而作之者，我无是也。多闻，择其善者而从之；多见而识之，知之次也。"

盖，副词，大概。古字写作"蓋"，这是正字。蓋的俗体字为"盖"。今简化字一律作"盖"。**作**，创作、著作。不知而作，意思是不知其理却妄自著作。**是**，这，指代不知而作。孔子说："大概有不知其理却妄自著作的人，我没有这个毛病。"

多闻，择其善者而从之，意思是多听，选择那好的来效法。

识（zhì），记住。多见而识之，知之次也，意思是多看，记住它们，这是次于生而知之的知。

古人认为，知有生而知之，也有通过多闻多见而知之。生而知之最上，通过多闻多见而知，则是仅次于生而知之的知。因此，此处的"次"，相对的是生知。

孔子说："大概有不知其理却妄自著作的人，我没有这个毛病。多听，选择那好的来效法；多看，记住它们，这是次于生而知之的知。"

29.互乡难与言童子见，门人惑。子曰："与其进也，不与其退也，唯何甚？人洁己以进，与其洁也，不保其往也。"

互乡，乡名，不知在何处。难与言，即"难与之言"，意思是他人不易与之言语交流。

互乡难与言，古人多解释为互乡这个地方，难以与之言语交流。这个解释是不妥的。难于交流的对象绝不应该是某个地方，而必须是人。因此，这里的句读应为"互乡难与言童子见"，意思是互乡这个地方有一个难以与之言语交流的童子被孔子接见。

童子，八岁至十九岁的少年。《说文》："男有辠（即"罪"）曰奴，奴曰童。"又说："僮，未冠也。"可见，童与僮不是一个意思，真正表达未冠者意思的是僮。但经典皆借童为僮。童子见，意思是有个少年被孔子接见。

惑，疑惑。门人对此很疑惑，意思是嫌怪孔子接见这个少年。

与，赞许。**进**，进步。**唯**，语气副词，起加强语气的作用。**甚**，过分。**何甚**，何必做得过分。孔子说："应该赞许他进步，不赞许他退步，何必做得过分呢？"

前一个"**洁**"，本义是清洁，这里作动词，使……清洁。**以**，而。**进**，进入，这里的意思是前来。后一个"**洁**"，是名词，清洁。**保**，守。**往**，过去。人家使自己清洁以后前来，应当赞许他的清洁，不必死守着他的过去。

互乡这个地方有一个难以与之言语交流的少年被孔子接见，门人对此很疑惑。孔子说："应该赞许他进步，不赞许他退步，何必做得过分呢？人家使自己清洁以后前来，应当赞许他的清洁，不必死守着他的过去。"

30.子曰："仁远乎哉？我欲仁，斯仁至矣。"

仁，是心之德，并不在外，因此为仁由己，而不由他人。若将仁弃置不理，则仁似乎离我很远。但如果自己愿意行仁，则根本不远，就在内心。仁远乎哉，仁离我远吗，意思是仁离我不远。

欲，希望，想要。**斯**，则，乃。何以见得仁离我不远呢？证据就是：我想要仁，仁就来了。可见仁离我不远。

孔子说："仁离我远吗？我想要仁，仁就来了。"

31.陈司败问："昭公知礼乎？"孔子曰："知礼。"

孔子退。揖巫马期而进之，曰："吾闻君子不党，君子亦党乎？君取于吴，为同姓，谓之吴孟子。君而知礼，孰不知礼？"

巫马期以告。子曰："丘也幸，苟有过，人必知之。"①

陈，国名。孔子周游各国时曾到过陈国。**司败**，大夫官名，是主刑之官。在鲁国等国叫司寇，在楚国和陈国叫司败。《左传》中，楚国子西说："臣归死于司败。"杜预注："陈、楚名司寇为司败也。"

昭公，指鲁昭公，名裯（chóu），习于容仪，当时人们以为知礼。《谥法》："容仪恭美曰昭。"

陈国的司败官问孔子："鲁昭公知礼吗？"孔子说："知礼。"

退，退下，这里的意思是离开。孔子退，意思是孔子离开。

揖，拱手为礼。**巫马期**，孔子弟子。《史记·仲尼弟子列传》曰："巫马施，字子旗。少孔子三十岁。"《孔子家语·七十二弟子解》说，字子期。巫马原是《周官》中掌管养马和治马的官名，以官为氏，即称巫马氏。《说文》曰："施，旗也。"故巫马施字子旗。旗与期通，所以巫马旗又称巫马期。

---

① 皇侃《义疏》本中，"孔子曰"作"孔子对曰"，"揖巫马期而进之"作"揖巫马期而进也"，"君取于吴"作"君娶于吴"。

进，使……往前。**之**，指代巫马期。古人欲相见，先拱手为礼，相互前进接近。揖巫马期而进之，意思是向巫马期拱手行礼，请其近前。

党，动词，相助匿非曰党。昭公不知礼，而孔子却说昭公知礼，所以陈司败认为孔子是在帮昭公匿非，这就是党。陈司败说："我听说君子不相助匿非，君子也相助匿非吗？"

取，娶。这个意义后世写作"娶"。君取于吴，为同姓，谓之吴孟子，意思是鲁昭公娶于吴国，是同姓，称君夫人为吴孟子。

陈司败何以据此认为昭公不知礼呢？鲁是周公之后，姬姓。吴是泰伯之后，泰伯是周公的伯祖，也是姬姓。礼，同姓不婚。而昭公却娶了吴女，是同姓而婚，不合礼。

据礼，国君所娶夫人，称国和姓。如齐姜，表明君夫人是齐人，姜姓。秦嬴，表明君夫人是秦人，嬴姓。鲁昭公娶吴女，应称为吴姬，表明君夫人是吴国人，姬姓。但昭公自己知道娶吴女是非礼之举，不敢按照礼的要求来称呼这位君夫人，而称之为"吴孟子"，意思是来自吴国的一位庶出的长女。这样完全避开了夫人的姓。

而，用在主谓结构，连接主语和谓语，表示设定或强调的意思，这里表示的是设定，意思是如果。巫马期说："昭公要是知礼，谁不知礼呢？"

陈司败向巫马期拱手行礼，请其近前，说："我听说君子不帮人匿非，君子也帮人匿非吗？昭公娶于吴国，是同姓，称她为吴孟子。昭公要是知礼，谁不知礼呢？"

孔子明知道鲁昭公娶吴女是不合礼的，他为什么还要说昭公知礼呢？这是在讳国恶。讳国恶是礼的要求。孔子为了讳国恶，自己宁愿承担一个帮人匿非的非议。

巫马期以告，即"巫马期以之告于孔子"，意思是巫马期将陈司败的话告诉了孔子。

丘，孔子名。**幸**，幸运。**苟**，如果。**之**，它，指代过错。孔子称己名说："我很幸运，若有过错，别人一定能知道。"

这里，孔子不说昭公违礼，而说自己不知道昭公违礼，自己的这种不知道是"过"。这样，一方面孔子为君讳了恶；另一方面，又赞同了陈司败对昭公违礼的批评，从而使后人知道娶同姓是违礼的。

陈国的司败官问道："鲁昭公知礼吗?"孔子说："知礼。"

孔子离开后，陈司败向巫马期拱手行礼，请其近前，说："我听说君子不相助匿非，君子也相助匿非吗? 鲁昭公娶妻于吴国，是同姓，称她为吴孟子。昭公要是知礼，谁不知礼呢?"

巫马期将陈司败的话告诉了孔子。孔子说："我很幸运，若有过错，别人一定能知道。"

32.子与人歌而善，必使反之，而后和之。

歌，咏，按一定的乐曲或节拍歌唱。**善**，好。**反**，复，重复。**和**(hè)，跟着唱。

孔子与人一起歌唱，觉得此人唱得好，就一定会让他重复一遍，而后自己跟着唱。

孔子之所以要使人重唱一遍，是想取其歌唱中的优点；之所以要自己跟着唱一遍，是表达自己对这些优点的赞许。可见孔子与人相处诚恳，且不掩人善。

33.子曰："文，莫吾犹人也。躬行君子，则吾未之有得。"

文，文采。**莫**，大约。**犹**，如。莫吾犹人，即"吾莫犹人"，我大约和别人一样。文采上，我大约和别人一样。

躬，亲身。**行**，实践。**君子**，指君子之道。**则**，连词，表示转折，却。**得**，能。躬行君子，则吾未之有得，意思是亲身实践君子之道，我却没能做到。这是孔子的谦辞。在《宪问第十四》第 28 章，孔子也谦虚地说："君子道者三，我无能焉：仁者不忧，知者不惑，勇者不惧。"子贡曰："夫子自道也。"在本章中，孔子也谦虚地说自己虽然在文采上大约与他人一样，但是没有能亲身实践君子之道。这与《宪问》中的谦虚态度和说法是一致的。只不过本章没有直接说明君子之道包含哪些内容。

孔子说："文采上，我大约和别人一样。在亲身实践君子之道方面，我却没能做到。"

34.子曰："若圣与仁，则吾岂敢？抑为之不厌，诲人不倦，则可谓云尔已矣。"公西华曰："正唯弟子不能学也。"

若，连词，至于，言及。当时有人称孔子圣和仁，孔子推辞说："言及圣和仁，那么我怎敢接受？"意思是不敢接受。

抑，连词，表示转折。**为**，做，意义很广泛，须根据上下文来确定。这里的意思是学。**之**，指圣和仁。**厌**，本义是饱，这里是引申义，满足的意思。**诲**，教。**倦**，疲倦。**云**，如此。**尔**，同"耳"，是"而已"的合音，相当于"罢了"。**已和矣**，都是语气词。

孔子说："言及圣和仁，那么我怎敢接受？我只是学起圣和仁来不满足，教起人来不疲倦，可称为学不厌、诲不倦罢了。"

唯，语气副词，起加强语气的作用。**弟子**，是公西华的自称。公西华说："这正是我们学不到的。"学不厌、教不倦，这二事已经很难学到了。

孔子说："言及圣和仁，那么我怎敢接受？我只是学起圣和仁来不满足，教起人来不疲倦，可称为学不厌、诲不倦罢了。"公西华说："这正是我们学不到的。"

35.子疾病，子路请祷。子曰："有诸？"子路对曰："有之。《诔》曰：'祷尔于上下神祇。'"子曰："丘之祷久矣。"①

病，疾甚曰病。疾病连言，说明病重。**请**，请求。"请"字后面带动词有两种不同的意义：第一种是请对方做某事，第二种是请对方允许自己做某事。这里是第二种意义，子路请求孔子允许自己为孔子祈祷。**祷**，祈祷，即求神消灾降福。孔子病得厉害，子路请求孔子允许自己为他祈祷求福。

诸，之，指代的是"祷"。**有诸**，古代注家认为是孔子问子路是不是已经祈祷过了，此解不妥。本书认为，"有诸"的意思是：有祈祷就能求福这样的事情吗？

之，也是指祈祷就能求福这样的事情。**诔**（lěi），也有两种含义：第一种含义是叙述死者生前的事迹以表示哀悼，这用于上对下。《礼记·曾子问》曰："贱不诔贵，幼不诔长，礼也。"第二种含义是向神陈述功德以祈祷福佑。此种情况下，也作"讄"，《说文》引《论语》"诔曰"即作"讄曰"。此处是第二种含义。在此种含义下，诔与讄通。讄，累也，累列其

---

① 皇侃《义疏》本中，"丘之祷久矣"作"丘之祷之久矣"。

功德。

尔，语气词。**上下**，指天地。**神祇**（qí），天神曰神，地神曰祇。

子路回答说："有这样的事情。《诔》文中说：'向天地神祇祈祷求福。'"

之，介词，起把主谓结构变成词组的作用。"丘祷"是主谓结构，加入"之"字成为"丘之祷"，这就成了一个词组，做主语。"久矣"，则是谓语。孔子说："我祈祷已经很久了。"为何孔子说自己已经祈祷很久了？孔子平素所行，已经合于神明，天地神祇知其无罪，因此说祈祷已经很久了。

孔子病重，子路请求孔子允许自己为孔子祈祷求福。孔子说："有祈祷就能求福这样的事情吗？"子路说："有这样的事情。《诔》文中说：'向天地神祇祈祷求福。'"孔子说："我祈祷已经很久了。"

子路请祷，本是好意，因此孔子没有直接拒绝子路请祷，而是说自己祈祷已经很久了，不必再祈祷了。

36.子曰："奢则不孙，俭则固。与其不孙也，宁固。"

奢，本义是奢侈，引申为骄矜。**孙**（xùn），《说文》作"愻"，谦让、恭顺的意思。这个意义后来写作"逊"。奢则不孙，意思是骄矜就会不恭顺。

俭，本义是节约，引申为谦卑。**固**，鄙陋。俭则固，意思是谦卑就会显得鄙陋。

不恭顺与鄙陋，二者俱不得中道。不恭顺害他人和外物，也会引来自身倾覆；而鄙陋不害于他人和外物，也不为外物所害。二者相权，不恭顺之害大，因此宁肯取鄙陋。实际上就是说，在骄矜和谦卑之间，宁肯取谦卑。

孔子说：“骄矜就会不恭顺，谦卑就会显得鄙陋。与其不恭顺，宁肯鄙陋。”

37.子曰：“君子坦荡荡，小人长戚戚。”

坦，平。心平则安静。**荡荡**，宽广貌。君子居易俟命，内省不疚，因此内心安静宽广。**长**，经常。**戚戚**，忧惧貌。小人好为罪过，驰竞于荣利得失，因此经常内怀忧惧。

孔子说：“君子内心安静宽广，小人经常内怀忧惧。”

38.子温而厉，威而不猛，恭而安。[①]

厉，严肃。**威**，畏，有威而可畏谓之威。**猛**，严厉。**恭**，肃敬。在貌为恭，在心为敬。

温和的人，不易严肃。令人畏惧，则易于严厉。对人恭敬过度，则内心不安泰。而孔子没有这些毛病。

孔子温和而严肃，有威可畏而不让人感到严厉，对人恭敬而内心安泰。

以上这些都是孔子的中和之气见于容貌者。

---

① 程颐认为本章乃是曾子所记。

泰伯第八

1.子曰："泰伯，其可谓至德也已矣。三以天下让，民无得而称焉。"

泰伯，也写作"太伯"，周太王古公亶父（dǎn fǔ）之子，吴国的始祖。**其**，副词，表示揣测语气，大概。**至**，极，无以复加。**至德**，无以复加之德。这里作名词，具有极高品德之人。**已**，语气词。

孔子说："泰伯，大概可以称作具有极高品德的人了。"

何以如此评价泰伯呢？下边两句就是理由：三以天下让，民无得而称焉。

三，三次。**以**，介词，把。**让**，辞让，避让。三以天下让，意思是泰伯三次把天下避让给他人。

何谓泰伯三以天下让？周太王有三子，长子泰伯，次子仲雍，三子季历。泰伯是太王长子，本是可以继承君位的。但季历生了一个非常贤能的儿子叫昌。季历本人也贤能。太王欲将君位传给季历从而将来昌可以继承君位。于是泰伯决定离开。太王生病，泰伯和弟弟仲雍以采药为名，出走到荆蛮。这是一让。太王去世，泰伯不返，使季历主丧，这是二让。季历继承君位，泰伯断发文身，示不可再用，这是三让。

季历继承了君位，他就是王季。后来，其子昌继承季历的君位，他就是周文王。而泰伯出走荆蛮后，自号勾吴。荆蛮人视他为义士，都来归附他，立他为吴泰伯。因此，泰伯是吴国的始祖。

太王之时，周只是一方部落诸侯，何以称泰伯是让天下呢？这是就后来的事实而言的。后来的周得到了天下，等于当初的泰伯让出的是天下。

泰伯和仲雍让天下，而此处只提及泰伯。仲雍与长兄泰伯一起让国，也是至德之人，提及泰伯，则仲雍即在里边。

民，人。**无**，不。**得**，能，可。**无得**，不能，无法。**称**，称扬。**焉**，复指前置的宾语。这个宾语就是"三以天下让"。民无得而称焉，意思是人们无法称扬他三让天下的美德。这是因为泰伯和仲雍三让天下的事迹巧妙而隐蔽，外人不知。正是因为百姓并不知他们的这些事迹，因而无法称道他们。

孔子说："泰伯，大概可以称作具有极高品德的人了。他三次把天下避让给他人，而且人们还无法称扬他三让天下的美德。"

2.子曰："恭而无礼则劳，慎而无礼则葸，勇而无礼则乱，直而无礼则绞。君子笃于亲，则民兴于仁。故旧不遗，则民不偷。"

恭，肃敬。在貌为恭，在心为敬。礼，是一种度，用来节制行为。无礼，则无度。恭而无礼，就是恭敬却无节制。**劳**，劳苦、疲劳。适度的恭敬，人本身不辛苦。但是无节制的恭敬，人会感到劳苦。恭而无礼则劳，意思是恭敬却没有度就会劳苦。

葸（xǐ），畏惧之貌。慎而无礼则葸，意思是谨慎却没有度就会畏惧。

乱，乱事，恶逆之事，如臣弑君、子弑父之类。这里作动词，作乱。勇而无礼则乱，意思是勇敢却没有度就会作乱。

直，正直。**绞**，本是两绳相交，这里的意思是绞刺、尖刻。直而无礼则绞，意思是正直却没有度就会尖刻刺人。

君子，指在位者。**笃**，厚。**亲**，指亲属，包括宗族、母党、妻党、婚姻。**兴**，起。在位者能厚待亲属，就能化诱百姓，百姓就会起而行仁爱。

故旧，指老朋友。故之为言古也，旧之为言久也。**遗**，忘。**偷**，即"媮"（tōu）。《说文》曰："媮，薄也。"浇薄、不厚道的意思。在位者若能不忘老朋友，就能示范百姓，那么百姓就不会薄情。

孔子说："恭敬却没有度就会劳苦，谨慎却没有度就会畏惧，勇敢却没有度就会作乱，正直却没有度就会尖刻刺人。在位者能厚待亲属，那么百姓就会起而行仁爱。在位者若能不忘老朋友，那么百姓就不会薄情。"

这一章前后是两层意思：前半部分是讲美行也要有度，后半部分则是讲在位者对百姓具有上行下效的化诱作用。

3.曾子有疾，召门弟子曰："启予足，启予手。《诗》云：'战战兢兢，如临深渊，如履薄冰。'而今而后，吾知免夫，小子！"

召，呼。以言曰召，以手曰招。**启**，是简化汉字，古文版本作"啟"。古字中，启是开的意思，啟是教的意思。但后来"启"字废，只剩下了"啟"字。新中国的简化字又把"啟"字简化为"启"。这里的"启"是开的意思。开，意思是展布开。曾子有病，呼来门人弟子，说："把我的脚展布开，把我的手展布开。"

把手和脚展布开，这是要干什么呢？是要展示自己的手脚身体是完整的。据说是孔子传给曾子的《孝经》中说："身体发肤，受之父母，不敢毁伤。"《大戴礼·曾子大孝篇》说："乐正子春曰：'吾闻之曾子，曾子闻诸夫子曰："天之所生，地之所养，人为大矣。父母全而生之，子全而归之，可谓孝矣。不亏其体，可谓全矣。"'"因此，曾子要展布手足，把他所保全的身体展示给门人弟子。

《诗》云三句，出自《诗经·小雅·小旻》。**战战**，恐惧貌。**兢兢**，戒慎貌。如临深渊，恐坠落。如履薄冰，恐陷落。

战战兢兢，如临深渊，如履薄冰，意思是恐惧戒慎，好似来到深渊边上，生怕坠落下去；又好似踩在薄冰之上，生怕陷落进去。在《小旻》中，这几句诗表达的是诗人在看到周王不能采纳善谋，而邪僻的政策将祸及全国时所产生的那种恐惧国家败亡的心理。曾子截取这三句诗，意在说明自己平日对保全身体的重视。

而，连词，表示转折，但是的意思。**今**，今日。**免**，逃脱，指逃脱了对身体毁伤的恐惧。**夫**，语气词，用在句末，表示感叹。**小子**，指门人弟子。曾子最后又呼门人弟子，是为了让他们听自己说的这些话并且记住。而今而后，吾知免夫，意思是，但是今天之后，我知道可以逃脱这种恐惧了啊。

曾子有病，呼来门人弟子说："把我的脚展布开，把我的手展布开。《诗》中说：'恐惧戒慎，好似来到深渊边上，生怕坠落下去；又好似踩在薄冰之上，生怕陷落进去。'但是今天之后，我知道可以逃脱这种恐惧了啊，小子们！"

4.曾子有疾，孟敬子问之。曾子言曰："鸟之将死，其鸣也哀。人之将死，其言也善。君子所贵乎道者三：动容貌，斯远暴慢矣；正颜色，斯近信矣；出辞气，斯远鄙倍矣。笾豆之事，则有司存。"

孟敬子，鲁大夫仲孙捷，是孟武伯仲孙彘之子，孟懿子仲孙何忌之孙。《说苑·修文篇》曰："曾子有疾，孟仪往问之。"仪，大概是孟敬子的字。**问**，问候。曾子有病，孟敬子来问候他。

言，主动说。主动说叫言，回答问话叫语。曾子病中无力以启发式使孟敬子提出问题，因此直接主动说出自己想说的话。曾子主动说："鸟将死，它的鸣声哀；人将死，他的话语善。"这是提醒孟敬子，要重视曾子将要说的话。

君子，指在位者。**贵**，重视，崇尚。**道**，指处世之道。君子所贵乎道者三，意思是作为在位者，应重视三种处世之道。

容，指神情。**貌**，指面相，字又写作"皃"。容言内，貌言外。**容貌**，泛指仪容。动容貌，意思是使仪容严整。

斯，连词，则，乃。**远**，远离。**暴**，凶恶，粗暴。**慢**，怠慢，傲慢。仪容严整，人望而畏之，不敢粗暴和怠慢。动容貌，斯远暴慢矣，意思是使仪容严整，就可以远离粗暴和傲慢了。

颜，本义是额，引申为脸色。**色**，指表情。**颜色**，泛指面部表情。**信**，诚实。使面部表情端庄，他人则不敢欺诈，自己则近于诚实。正颜色，斯近信矣，意思是使面部表情端庄，就接近诚实了。

辞，言语。**气**，音声。**鄙**，贱，这里的意思是轻视，看不起。**倍**，同"背"，背叛。出辞气，斯远鄙倍矣，意思是，说话时，注意言语音声，就可以远离被轻视和背叛。

人与人相见，先看到对方整体仪容，之后看到对方面部表情，最后才听到对方的言语音声。因此，这里先言容貌，次言颜色，最后言辞气。暴慢、鄙倍，都是恶事，所以用"远"字；信则是善事，所以用"近"字。

笾（biān）**和豆**，古代祭祀时盛祭品的器皿，容量都是四升。笾是竹制，用来盛果实等食品。豆是木制，有盖子，用来盛有汁水的食物。用来盛肉食的则称为登（dēng）。登是瓦制。登的写法是肉在豆上，可见是用来盛肉食的，经传多作"登"。其实二字意义不同。登，是礼器；登，是升的意思，如登车就是升车。《尔雅·释器》曰："木豆谓之豆，竹豆谓之笾，瓦豆谓之登。"

笾豆之事，泛指礼仪中的具体细节。**司**，主，主管。**存**，在。礼仪中的具体细节，有主管官员在，意思是你不必亲自去做。大概孟敬子有忽大务小的毛病，因此曾子告诫他要务大忽小。笾豆之事，则有司存，意思是礼仪中的具体细节，则有主管官员在。

曾子有病，孟敬子来问候他。曾子主动说："鸟将死，它的鸣声哀；人将死，他的话语善。作为在位者，应重视三种处世之道：使仪容严整，就可以远离粗暴和傲慢了；使面部表情端庄，就接近诚实了；说话时，注意言语音声，就可以远离被轻视和背叛了。礼仪中的具体细节，则有主管官员在。"

5.曾子曰："以能问于不能，以多问于寡，有若无，实若虚，犯而不校，昔者吾友尝从事于斯矣。"

能，能够做到。**问**，请教。**多**，知道得多。**寡**，少，这里指知道得少。**有**，拥有。**实**，充实，指胸中充满知识。**虚**，指胸中空空无知识。

犯，冒犯。**校**（jiào），计较。**昔**，往昔，过去。**吾友**，指颜渊。颜渊早卒，所以曾子说"昔者吾友"。**从**，参与其事。**事**，做。从事于，总起来的意思是做。**斯**，此，这些，指以上所说的"以能问于不能，以多问于寡，有若无，实若虚，犯而不校"。

曾子说："以能做到向不能做到的人请教，以懂得多向懂得少的人请教，拥有却像没有，胸中充满知识却像胸中空空无知识，被他人冒犯却不计较，过去我的朋友颜渊曾做了这些。"

6.曾子曰："可以托六尺之孤，可以寄百里之命，临大节而不可夺也，君子人与？君子人也。"

托，古字作"託"，意思是委託、託付。《说文》中有託、侂二字，都是"寄"的意思。段玉裁注："此侂与託音义皆同。俗作托，非也。"可见，託、侂实际上是一个字，古籍中多用"託"来表达委託、寄託的意思，而用"侂"的情况很罕见。托，则是一个后起字，意思是以手承物，本是寄託的引申义。托是以手承物的专用字，宋代以后，又兼有了"託"义。新中国简化字，将"託"简化成了"托"。本章的"托"字，就是"託"的简化字。

古代以六寸为尺，六尺即今天的三尺六寸，指十五岁以下的幼小之人。**孤**，幼而无父曰孤。**六尺之孤**，指去世君主的幼小的继承人。

寄，寄託。**百里**，指诸侯国。《白虎通·封侯》曰："诸侯封不过百里，像雷震百里，所润云雨同也。"**命**，令，指政令。政令当自君主发出，把政令寄託给人，则由被寄託者发政令，实际就是摄政。摄政，即代为处理国政。

对六尺之孤用"託"字，有长期託付不收回的含义；对百里之命用"寄"字，则有暂时寄託将来收回的含义。

临，面临，遇到。**大节**，大事，如安国家、定社稷这样的大事。何以称大？因为这些事关系到国家的安危存亡。面临这样大事的时候，君子有大义，宁肯舍身也无法夺其志。

与，疑问词。**也**，判断词。君子人与，是设问。君子人也，则是作出肯定回答。

曾子说："可以将幼君託付，可以将国事寄託，面临国家安危存亡之事而不可夺其志，这样的人是君子吗？这样的人是君子。"

7.曾子曰："**士不可以不弘毅，任重而道远。仁以为己任，不亦重乎？死而后已，不亦远乎？**"

士，有一定品德和知识的男子，也是大夫以下的贵族阶层。《白虎通·爵》曰："士者，事也。言士虽先未仕，后或有爵位，当任事也。"

弘，大，兼有志向远大、心胸宽广二义。**毅**，坚定，果断。《说文》曰："毅，一曰有决也。"**已**，止。

曾子说："士不可以不志向远大、心胸宽广，做事坚定、果断，这是因为他要承担的任务重、要走的道路远。把仁作为自己的任务，不也很重吗？行仁一直到死才停止，不也很远吗？"

8.子曰："**兴于《诗》，立于礼，成于乐。**"

兴，起，开端的意思。**立**，站立，指自身站立于。**成**，完成。

本章主旨是讲成德之法。如何成德？需要《诗》、礼、乐三者。开端是《诗》教。为何由此开始？这是因为《诗》本于人的性情，反复地吟咏《诗》，则人自然感化，他的好善恶恶之心就会兴起。

《诗》教之后，立身须学礼，成性则须学乐。立于礼，则不为外物所摇荡；陶冶于乐，则可以养人性情，荡涤邪秽。

孔子说："修身当从学《诗》开始，立身于礼，完成于乐。"

9.子曰："民可使由之，不可使知之。"

民，百姓。民者，冥也、瞑也。冥、瞑，都是无知之貌。可见，民之得名，归根于无知。

可，能够。**由**，从此行走，引申为遵从。**之**，指代日用常行之道。民能够从这条道走，但是却无法明白这条道。因此，民可使由之，不可使知之，其意思不是愚民，而是说民的能力达不到理解所走道路的程度，而只能按惯常去走这条道。

孔子说："只能使百姓遵从日用常行之道，却无法使百姓理解为什么要遵从这条道。"

10.子曰："好勇疾贫，乱也。人而不仁，疾之已甚，乱也。"

疾，病，引申为痛恨、厌恶。好勇之人，若能乐道，安于义命，则无害。若痛恨自己贫贱，就会作乱。

而，用在主谓结构，连接主语和谓语，表示设定或强调。这里表示设定，意思是如果。**疾**，痛恨、厌恶。**已**，太。**甚**，过分。对待不仁之人，应当宽容。如果不能宽容，过分地痛恨他，就会激起他作乱。因此，《大戴礼·曾子立事篇》说："君子之恶人之为不善，而弗疾也。"意思是君子讨厌人做坏事，但是不痛恨他。

孔子说："好勇之人，若痛恨自己贫贱，就会作乱。一个人如果不仁，而他人过分地厌恶他，他就会作乱。"

11.子曰："如有周公之才之美，使骄且吝，其余不足观也已矣。"①

周公，西周初年的政治家周公旦。他是文王之子，武王之弟，成王叔父。他是大圣之人，才美兼备。**才**，才能。木有用叫材，物有用叫财，人有用叫才。**美**，与恶相对，意思是善、优点。**使**，假使。**骄**，高傲、傲慢。**吝**，又作"悋"（lìn），吝啬。**其**，人称代词，他的。**余**，指其他方面。**足**，值得，够得上。**观**，本义是有目的地看，这里的意思是欣赏。**已**，语气词。

孔子说："若有人有周公旦的才能和优点，假使他骄傲而且吝啬，那么他的其他方面就不值得欣赏了。"

12.子曰："三年学，不至于谷，不易得也。"②

至于，考虑到。**谷**，古字写作"穀"（gǔ），俸禄。古代以粟米作为官员的俸禄，因此谷有俸禄之义。这里的"谷"，意思是做官得禄。

孔子说："人勤学三年，不考虑做官得禄，是不容易做到的。"意思是，学三年之后，必然会考虑做官得禄。

---

① 皇侃《义疏》本中，"使骄且吝"作"设使骄且吝"，多一"设"字。"其余不足观也已矣"作"其余不足观已矣"，无"也"字。

② 皇侃《义疏》本中，"不易得也"作"不易得也已"。

13.子曰："笃信好学，守死善道。危邦不入，乱邦不居。天下有道则见，无道则隐。邦有道，贫且贱焉，耻也。邦无道，富且贵焉，耻也。"

笃信好学，守死善道，可理解为笃于信，好于学，守死于善道。这是三件事。**笃**（dǔ），本义是厚实，这里是动词，坚持。**信**，言语真实，不说谎。笃信，坚持不说谎。**守死**，即死守，意思是坚守。笃信好学，守死善道，意思是坚持不说谎，喜好学习，坚守善道。

危，危险，指有将乱的征兆。危邦不入，意思是不进入危险的国家。**乱**，变乱，混乱。**居**，住，处。乱邦不居，意思是不居处于混乱的国家。

有道，指政治清明。**见**（旧读 xiàn，今读 jiàn），被看见，出现。这里指出仕为官。天下有道则见，无道则隐，意思是天下政治清明，就出仕为官；天下政治混乱，就隐藏不仕。

国家政治清明，自己却缺乏出仕为官治理国家的才德，因而处于贫贱之中，那么这是可耻的。国家政治混乱，自己却出仕为官，因而得到富贵，这也是可耻的。

本章讲的乃是人立身和出处的基本原则。笃信好学，守死善道，乃是立身原则；危邦不入以下，乃是出处原则。

孔子说："坚持不说谎，喜好学习，坚守善道。不进入危险的国家，不居处于混乱的国家。天下政治清明，就出仕为官；天下政治混乱，就隐藏不仕。国家政治清明，自己却处于贫贱之中，是可耻的。国家政治混乱，自己却得到富贵，是可耻的。"

14.子曰："不在其位，不谋其政。"①

其，指示代词，那。**谋**，谋划，考虑。《说文》曰："虑难为谋。"各职位的官员应专心做好自己职位上的事情，而不互相侵职。

孔子说："不在那个职位上，就不去谋划那个职位的政务。"

孔子在这里要表达的是每个人都应该守好自己的本分，做好自己该做的事情，而不可超越自己的位置去管理他人本分内的事情。在《宪问第十四》第 26 章中，曾子也说："君子思不出其位。"《孟子·万章下》则说："位卑而言高，罪也。"《礼记·中庸》讲："君子素其位而行，不愿乎其外。"这些表达都与孔子的立场相同。

15.子曰："师挚之始，《关雎》之乱，洋洋乎盈耳哉！"

师，太师，主管音乐的官员。**挚**，人名。**师挚**，指鲁国太师挚。

始，指乐曲的开端。**乱**，指乐曲的结束。古代奏乐，有歌有笙，有间有合。音乐演奏一遍，叫一成。在一成之中，始于升歌，终于合乐。因此，升歌为始，合乐为乱。升歌一般由太师来演奏，挚是鲁国太师，因此由他演奏升歌，这就是"师挚之始"。

合乐则有六篇，包括《关雎》《葛覃》《卷耳》《雀巢》《采蘩》《采蘋》。这里只说《关雎》，是以《关雎》指代六篇合乐。

乱，治也，理也，是有条理的意思。乐曲将结束时，各种乐声都非常有条理，这就是乱，代指乐曲的结束。乐曲结束合奏之时，演奏的是《关雎》等六篇乐章，因此叫"《关雎》之乱"。

---

① 本章重见于《宪问第十四》第 26 章。

洋洋，美盛。**盈**，充满。

孔子说："当太师挚开始演奏的时候，当结尾时演奏《关雎》等乐章的时候，满耳都是音乐的美盛啊！"

16.子曰："狂而不直，侗而不愿，悾悾而不信，吾不知之矣。"

狂，狂妄。狂妄之人，无所顾忌，本应是直爽的，但是当时却有狂妄者不直爽。

侗（tóng），无知。**愿**，谨慎，意思是言语小心。无知之人，本应言语小心，但当时却有无知者不如此的情况。

悾悾（kōng），诚恳貌。**信**，诚实。诚恳之人，应当是诚实的，但是当时却有诚恳者不诚实的情况。

以上三种现象，都与正常情况相反，所以孔子说："我无法理解这些反常现象啊"。

孔子说："狂妄却不直率，无知却不谨慎，诚恳却不诚实，我无法理解这些反常现象啊。"

17.子曰："学如不及，犹恐失之。"

如，若。**及**，追上、赶上。学习，就像追赶人，生怕赶不上。

犹，尚且。学到了，尚且怕失去。

孔子说："学习，就像追赶人，生怕赶不上；学到了，尚且害怕忘掉。"

18.子曰："巍巍乎，舜、禹之有天下也，而不与焉。"

巍，《说文》："巍，高也。"**巍巍**，高大貌，此处指舜、禹有天下而不与这种行为很高大。

舜得天子之位，来自尧的禅让；禹得天子之位，来自舜的禅让。因此，舜、禹拥有天下，不是抢夺和求来的。不仅如此，舜、禹作为天子，也不参与治理天下，而是拱己无为而天下治。**与**，参与。

孔子说："舜、禹通过禅让得到天下，还不参与天下的治理，这种行为真是高大啊。"

何晏在《集解》中将"与"字解释为"与求"。这与何晏的身份和所处时代的政治事件有关。何晏乃是曹魏驸马，曹魏是通过逼迫汉帝禅让而获得政权的。将"与"字解释为"与求"，说舜、禹得天下不是与求来的，那么曹魏得政权也不是与求来的，有美化曹魏政权的含义在内。由此例可知，古人解释《论语》，有着各种背景。这些特殊的背景影响了他们对《论语》的解释，导致其解释远离《论语》本义。因此，探究《论语》各篇章的本义就显得很重要。

19.子曰："大哉，尧之为君也！巍巍乎，唯天为大，唯尧则之。荡荡乎，民无能名焉。巍巍乎，其有成功也。焕乎，其有文章。"[①]

大，伟大。**之**，介词，起把主谓结构变成一个词组的作用。尧为君，是主谓结构。加上"之"字，变成了词组"尧之为君"，意思是尧做君主。大哉，尧之为君也，即"尧之为君大哉"，意思是尧做君主真是伟大啊。

以下则是讲尧做君主的伟大之处在于：一是法天，二是有成功，三是文章焕。

---

① 皇侃《义疏》本中，"其有文章"作"其有文章也"。

巍巍，高大貌，可理解为崇高。**唯**，独。**则**，效法的意思。巍巍乎，唯天为大，唯尧则之，意思是只有天是伟大的，只有尧取法于天，尧的这种做法是崇高的。

荡荡，广远貌。**名**，说出。天道的伟大，在于它无为而生万物。尧效法天道而行，无为而天下治。因为尧无为而治，恩德广远，百姓难以具体指明尧的恩德在何处，所以无法说出尧之德。荡荡乎，民无能名焉，意思是尧的恩德广远，百姓却无法具体说出他的恩德。

以上是讲尧做君主之所以伟大的第一个原因：取法于天的无为，达到了无为而治。正是因为尧无为，所以使得他的恩德虽然非常广远，百姓们却难以说出他的恩德在何处。

成功，成就和功劳。巍巍乎，其有成功，意思是他有成就和功劳，这种成就和功劳是崇高的。这是讲尧做君主之所以伟大的第二个原因：他有崇高的成就和功劳。

焕，明。**文章**，本义是文彩，这里指礼乐制度。焕乎，其有文章，意思是他有礼乐制度，他的礼乐制度是明著的。这是讲尧做君主之所以伟大的第三个原因：他有明著的礼乐制度。

孔子说："尧做君主真是伟大啊！只有天是伟大的，只有尧取法于天，他的这种做法是崇高的。他的恩德广远，百姓却无法具体说出他的恩德。他有成就和功劳，这种成就和功劳是崇高的。他有礼乐制度，这种礼乐制度是明著的。"

20.舜有臣五人而天下治。武王曰："予有乱臣十人。"孔子曰："才难，不其然乎？唐、虞之际，于斯为盛。有妇人焉，九人而已。三分天下有其二，以服事殷。周之德，其可谓至德也已矣。"①

五人，古人认为指的是禹、稷、契（xiè）、皋陶（gāo yáo）、伯益。据《史记》和《尚书·舜典》记载，禹是鲧（gǔn）之子，舜任命他为司空，这是治理水土的官。稷是官名，主管农业，舜任命弃为后稷，人们就以其官职称他为稷。稷是帝喾（kù）之子。契也是帝喾之子，他帮助禹治水有功，舜任命他为司徒，这是掌管教化的官。皋陶，是颛顼（zhuān xū）之后，舜任命他为士，这是司法官。伯益是皋陶之子，舜任命他为虞，这是主管山泽的官。

治，太平。舜有臣五人而天下治，意思是舜有臣五人而天下太平。

予，我。**乱**，治。《说文》曰："乱，治也。"武王说："我有治国之臣十人。"十人，古人认为指的是周公旦、召公奭、太公望、毕公、荣公、太颠、闳夭、散宜生、南宫适、文母。其中，文母是周文王之妻，周武王之母，有莘氏之女太姒。周文王谥文，太姒从文王之谥，称为文母。《诗经》的《周南》《召南》所说的那位有德的后妃，就是文母。

才难，是古语，孔子同意这个说法。**才**，指有德且能处理政事的人。"不其然乎"，即"其不然乎"。**其**，副词，表示强调，有难道的意思。不其然乎，意思是难道不是这样吗。即"才难"这个说法是对的。才难，不其然乎，意思是人才难得，难道不是这样吗？

唐，指尧。尧是帝喾之子，帝挚之弟，十三岁封于陶（yáo），十五岁

---

① 皇侃《义疏》本，"三分天下"作"参分天下"，"周之德"作"周德"。

改封于唐，因此称为陶唐氏。帝挚崩，尧只有十六岁，以唐侯继承其兄之位为天子。于是，尧时代的天下之号为唐。

虞，指舜。虞是地名。尧把自己的两个女儿嫁给舜为妻，封舜于虞，因此舜称为有虞氏。尧禅位给舜，于是舜时代的天下之号为虞。唐、虞，都是天下之号，就像后世的秦、汉、明、清是天下之号一样。**际**，交会之处。唐、虞之际，就是尧、舜两代交会之间。

斯，此，指周。古人历来将这里的"斯"解释为"唐、虞之际"。但联系下文，可以看到这种解释的不妥。下文说，周已经拥有了三分之二的天下，仍然服事殷商。同样的逻辑，周有盛于尧、舜的人才，仍然服事殷商。这两点，说明了周有至德。因此，应把这里的"斯"理解为周。唐、虞二代交会之间有治政之才臣五人，若与此周相比，周的人才为盛多。虽然说周的人才比唐、虞之际为盛，也仅仅十人，其中一人还是一位妇人。去掉这位妇人，也只是剩下九人而已。可见人才难得。这就是其中语句的逻辑联系。唐、虞之际，于斯为盛，意思是唐、虞二代交会之间，若与周相比，周的人才为盛多。

妇人，指文母，她是文王之妻、武王之母。武王有治臣十人，其中一位是妇人文母，余下也只是九人而已。可见人才之难得。

三分天下有其二，指周文王已经拥有了殷商三分之二的天下。**以**，而，却。**其**，副词，表示揣测语气，大概。**至**，极。**至德**，德之极，意思是极致的德。周之德，其可谓至德也已矣，意思是周文王的德，大概可以称为极致的德了。

舜有臣五人而天下太平。武王说："我有治国之臣十人。"孔子说："人才难得，难道不是这样吗？唐、虞二代交会之间，若与周相比，周的人才为盛多。其中有一位是妇人，周的人才也只有九人罢了。周文王已经拥有了殷商三分之二的天下，却仍然服事殷商。周文王的德，大概可以称为极致的德了。"

21.子曰："禹，吾无间然矣。菲饮食而致孝乎鬼神，恶衣服而致美乎黻冕，卑宫室而尽力乎沟洫。禹，吾无间然矣。"

间，是閒的俗体字，《说文》中无"间"字，有"閒"字。《说文》曰："閒，隙也。"此字由门与月构成，是会意字，本义是门有缝隙而月光可入，故其本义为缝隙，引申为隔阂、嫌隙。无间，无嫌隙。无嫌隙则无非议，无间就是无非议。因此，"间"可简单理解为非议。**然**，焉，语气词。又如："若由也不得其死然"，这个"然"字也是"焉"的意思。

孔子说："对于禹，我没有非议啊。"为何无非议？原因是禹在饮食、衣服、住所三件事上的表现。

菲，薄。**致**，《说文》曰："致，送诣也。"即送达，引申为给予、献上。菲饮食而致孝乎鬼神，意思是使自己的饮食菲薄却对鬼神送上孝心，即对鬼神的祭祀丰洁。

恶，粗。**衣服**，指日常所穿的衣服。**黻**（fú），祭祀时所穿的礼服。**冕**，祭祀时所戴的礼帽。恶衣服而致美乎黼冕，意思是自己日常所穿的是粗恶的衣服，却把华美献给祭祀时所穿的黻和所戴的冕。这是对祭祀的重视。**卑**，低。**宫室**，指居所。卑宫室，意思是自己的居所建得很低。

沟洫，指田间的水道。《考工记》："匠人为沟洫。耜广五寸，二耜为耦。一耦之伐，广尺深尺谓之畎。田首倍之，广二尺深二尺谓之遂。九夫为井，井间广四尺深四尺谓之沟。方十里为成，成间广八尺深八尺谓之洫。方百里为同，同间广二寻深二仞谓之浍。"畎、遂、沟、洫、浍，都是田间水道。这里只说沟洫，包括了畎、遂、浍，沟洫是田间水道的代称。卑宫室而尽力乎沟洫，意思是自己的居所建得很低下却尽力于使田间的水道通畅。

最后，孔子再次说自己对于禹，没有非议。孔子说："对于禹，我没有非议啊。他菲薄自己的饮食却对鬼神祭祀丰洁；他自己日常所穿的是粗恶的衣服，却把华美献给祭祀时所穿的黻和所戴的冕；他自己的居所建得很低，却尽力于使田间的水道通畅。对于禹，我没有非议啊。"

子罕第九

1.子罕言利与命与仁。

罕，少。**言**，说。出己曰言，答述曰语。这里用"言"字，表达的是主动说起的意思。罕言，意思是很少主动说到。很少主动说到，就不是绝对不说，也不是不被动回答相关问题。

利，益，与"害"相对。这个益，不是对自己有益，而是益于他人和万物。利与义是相连的，《国语·周语》说："言义必及利。"韦昭注："能利万物，然后为义。"义，宜。利万物，是"利"字的本初意义。利与义不可分割，这个道理是很精微的。人如果误解了，就会变成只知自利，不知有义，所以对于利，不可多言。因此，孔子很少主动说到利。

与，连词，和。**命**，天命。天虚无缥缈，没有形体，也没有言语，何来命令？这是因为人的贤愚、吉凶、寿夭、穷通，都是禀天而生，都像是天所命令，所以形象地称为天命。天命幽微难测，普通人难以理解，因此孔子很少主动提及天命。

仁，爱人。爱人进而延展到爱万物，是善行中最高尚的，非一般人所能达到，因此孔子很少主动提及仁。

在《论语》一书中，孔子六次提到"利"，八次提到"命"，提到"仁"的地方就更多了。但这不能说明孔子说利、命、仁很多，从而认为本章所说的"子罕言利与命与仁"是错的。这是因为：第一，罕言，意思是很少主动提及。对于被动回答的相关问题，不属于主动提及。第二，正是因为孔子罕言这三方面的思想，因此，弟子们每听到有这三方面的说法，便尽量记录下来。因此，不能以《论语》中记载并不很少就来否定本章的说法。

孔子很少主动说起利和命和仁。

2.达巷党人曰："大哉孔子！博学而无所成名。"子闻之，谓门弟子曰："吾何执？执御乎？执射乎？吾执御矣。"

党，是周代的基层组织，五百家为党，党有名。此党名达巷。达巷党人，意思是达巷党中有一人，而其人姓名在此处没有提及。

大，伟大。**博**，广。**无所成名**，即"无成名所"，没有成名之处，意思是不专靠一种技艺成名。达巷党中有一人说："孔子伟大啊！他非常博学而不专靠一种技艺成名。"

闻人美己，承之以谦。下边就是孔子谦虚的话。

执，守。**御**，驾车。六艺包括礼、乐、射、御、书、数。其中御是驾车，是六艺当中最卑者。因此，孔子谦虚地说，自己是专守驾车技艺的。

达巷党中有一人说："孔子伟大啊！他学问广博而不专靠一种技艺成名。"孔子听说了这个话，对门人弟子们说："我专守什么成名呢？专守驾车呢？专守射箭呢？我专守驾车吧。"

3.子曰："麻冕，礼也。今也纯，俭，吾从众。拜下，礼也。今拜乎上，泰也。虽违众，吾从下。"

麻冕，由麻布做成的帽子，需要用三十升麻布。一升八十缕，三十升就是二千四百缕，而且麻质粗，必须织得非常细密才行，因此制作起来很费功夫。

纯，丝。**俭**，节约，与"奢"相对。丝质细，织起来容易，用丝做冕，就节约很多。

孔子说："以麻布制冕，是礼的要求。现在用丝制冕，比较节约，我跟从众人的这种做法。"

拜，表示恭敬的一种礼节。古人的拜，只是拱手弯腰，就像今天的作揖。后来的拜，则是两手着地或者是叩头及地。**拜下**，在堂下拜。**拜上**，在堂上拜。礼，君与臣燕饮，臣得君赐酒，需要下堂拜两次。君命小臣表示辞让，臣升至堂上拜两次，这样，拜才算完成。这叫拜下。但孔子时代，不再拜下，而是直接在堂上拜两次，这叫拜上。

泰，骄慢，这里指的是臣骄慢。

孔子说："臣在堂下拜谢君，是礼。现在在堂上拜谢君，是臣下的骄慢。虽违背众人的做法，我仍然跟从在堂下拜君的做法。"

为什么由麻冕变为丝冕可以接受，而对臣拜君于堂上不能接受呢？这是因为麻冕变丝冕，无害于义，所以可以从俗；但臣拜君于堂上，是臣对君的骄慢，有害于义，所以孔子反对这种做法而不从众。

孔子说："以麻布制冕，是礼。现在用丝制冕，比较节约，我跟从众人的这种做法。臣在堂下拜谢君，是礼。现在在堂上拜谢君，是臣下的骄慢。虽违背众人的做法，我仍然跟从在堂下拜君的做法。"

4.子绝四：**毋意，毋必，毋固，毋我。**

绝，本义是截断，这里的意思是一点儿也没有，绝去。子绝四，意思是孔子对于这四种毛病一点儿也没有。

毋，不，表示否定。**意**，意度，猜测。**毋意**，不猜测。如君子不逆诈，不亿不信，就是毋意。

必，一定。**毋必**，不是一定要达到什么目的。如用之则行，舍之则藏，就是毋必。

固，固执。**毋固**，不固执。如，无可无不可，就是毋固。

我，自己。**毋我**，不显示自己。如，述而不作，就是毋我。

孔子一点儿也没有这四种毛病：他不猜测，不坚持必须达到某种目的，不固执，不显示自己。

孔子绝去四种毛病，后边就应该说是哪四种毛病：意，必，固，我。但是《论语》经文却写作"毋意，毋必，毋固，毋我"，多出四个"毋"字。对此，只能看作是强调。

5.子畏于匡，曰："文王既没，文不在兹乎？天之将丧斯文也，后死者不得与于斯文也。天之未丧斯文也，匡人其如予何？"

畏，是拘的意思，此处可以理解为"围困"。余樾《群经平议》："畏于匡者，拘于匡也。"《淮南子·主术训》即作"围于匡。"**匡**，是邑名，在今河南省长垣市。据谭其骧《中国历史地图集》，匡邑和蒲邑非常接近，蒲邑在匡邑东北方向。

据《史记·孔子世家》记载，孔子离开鲁国到了卫国，居十月，离开卫国，"将适陈，过匡，颜刻为仆，以其策指之曰：'昔吾入此，由彼缺也。'匡人闻之，以为鲁之阳虎。阳虎尝暴匡人，匡人于是遂止孔子。孔子状类阳虎，拘焉五日。……匡人拘孔子益急，弟子惧。孔子曰：'文王既没，文不在兹乎？天之将丧斯文也，后死者不得与于斯文也。天之未丧斯文也，匡人其如予何？'孔子使从者为宁武子臣于卫，然后得去。"这是"子畏于匡"的大致情况。

既，已，已经。**没**（mò），死。**文**，指古代文化。**兹**（zī），指示代词，此，这里指孔子自己。孔子说："文王已死之后，古代文化不是在我身上吗？"

丧，失去，这里是使动用法，使……失去。**斯**，此。**斯文**，此文，此古代文化。**后死者**，指孔子，他后于周文王而死。**与**（yù），参与，这里的意思是掌握、学会。上天想让这古代文化失去，我就不能掌握这古代文化。这里的意思是，我既然已经掌握了这古代文化，就说明上天不想让这古代文化失去。

其，副词，表示强调，有"难道"的意思。**如……何**，把……怎么样。如果上天不让这古代文化失去，匡人又能把我怎么样？

孔子在匡地被围，说："文王已死之后，古代文化不是在我身上吗？上天想让这古代文化失去，我就不能掌握这古代文化。上天要是不让这古代文化失去，匡人又能把我怎么样？"

6.大宰问于子贡曰："夫子圣者与？何其多能也？"子贡曰："固天纵之将圣，又多能也。"子闻之，曰："大宰知我乎！吾少也贱，故多能鄙事。君子多乎哉？不多也。"①

大（tài）**宰**，大夫官名。当时只有吴国和宋国上大夫称太宰，这里的太宰很可能是吴国太宰嚭（pǐ）。

夫子，指孔子。**与**，语气词，后来写作"欤"，在这里表示疑问。**何其**，为什么那样，怎么那样，表示疑问程度很高。**能**，是动词，会做。这是根据下文"多能鄙事"倒推而来。否则，就容易将"多能"误解成"很多才能"。

太宰问子贡："夫子是圣人吗？他为什么会做那么多事呢？"太宰的意思是，圣人应该务大忽小，而孔子却会做很多事情，因此对孔子是否是圣人有疑问。

固，本来。**纵**，放，引申为听任不限制。**将**，大。子贡回答说："本来就是上天纵放他成为大圣，又会做很多事情。"

孔子听说了这件事，说："太宰了解我啊！"意思是太宰知道我不是圣人，这是孔子的谦辞。

少，年幼，年轻。**贱**，卑贱，地位低下。**鄙**，粗鄙。孔子说："我年轻时候地位卑贱，因此会做很多粗鄙的活儿。"

君子，指才德俱佳可任官位者。孔子说："君子是不是会做很多活儿呢？君子是不会做很多活儿的。"意思是，自己连君子都算不上。这是孔子非常谦虚的说法。

---

① 皇侃《义疏》本中，"大宰知我乎"作"大宰知我者乎"。

太宰问子贡："夫子是圣人吗？那他为什么会做那么多事呢？"子贡说："本来就是上天纵放他成为大圣，而且能做很多事情。"孔子听说了这件事，说："太宰了解我啊！我年轻时候地位低下，所以会做很多粗活儿。君子是不是会做很多粗活儿呢？君子是不会做很多粗活儿的。"

7.牢曰："子云：'吾不试，故艺。'"

牢，孔子弟子琴牢，字子开，一字张。《史记·仲尼弟子列传》中无琴牢，《孔子家语·七十二弟子解》中有琴牢。

试，用。**艺**，才能、技能，此处作动词，意思是有才技。

上章孔子说道自己因为年轻时地位低下，因此会做很多粗活儿。本章孔子也说到自己为何多才技，因此作为同类而记述于此。

子牢说："夫子说：'我不被任用，所以有才技。'"

8.子曰："吾有知乎哉？无知也。有鄙夫问于我，空空如也，我叩其两端而竭焉。"①

鄙，贱，指地位低下。**问**，请教。**空**，空虚，此处的意思是什么也不知道。**如**，用于形容词词尾，……的样子。**叩**，击，这里的意思是询问。**两端**，即两头，如前后、上下、左右、本末、首尾等。**竭**，尽。

孔子说："我有知识吗？我没有知识。有一个低贱的人来请教我，我什么也不知道，我只是询问他所说问题的两头，然后把自己所得到的想法全部告诉他。"

---

① 皇侃《义疏》本中，"有鄙夫问于我"作"有鄙夫来问于我"。

9.子曰："凤鸟不至，河不出图，吾已矣夫。"

凤鸟，《说文》："凤鸟，神鸟也。"雄曰凤，雌曰凰。对称时有区别，单称时统称为凤。凤鸟来至，是圣人受命为王的祥瑞。舜时有凤凰来仪，周文王时有凤凰鸣于岐山，这是舜和周文王受命为王的祥瑞。

图，指河图。黄河之中有龙马负图而出，也是圣人受命为王的祥瑞。河图到底是什么，有古人说是八卦。伏羲之时，有龙马自黄河中负图而出，伏羲受此图，而且以此图为法而画八卦。这是伏羲受命为王时出现的祥瑞。

可见，凤鸟来至，黄河出图，都是圣人受命为王的标志和瑞兆。但是孔子之时，却没有这些瑞兆，说明当时天下没有受命为王的圣人。孔子所期盼的圣王不会出现，因此孔子感叹说："我这一生算完了"。**已**，止，休。**夫**，语气词，用在句末，表示感叹。

孔子说："凤鸟不到来，黄河不出图，我这一生算完了。"

10.子见齐衰者，冕衣裳者，与瞽者，见之，虽少，必作；过之，必趋。

见，看到。**齐衰**（zī cuī），丧服的一种。齐，是缵的简化，齐也，意思是缝其衣裳的边际而使之整齐。衰，是缞的简化。缞，指丧服的上衣。丧服有五等，称为五服，由重到轻包括斩衰、齐衰、大功、小功、缌麻。这里单言"齐衰"，自然包括了斩衰。齐衰者，指有至亲去世者。

冕，《说文》："大夫以上之冠也。"又称弁。冕、弁只能在办公场所使用。冕弁兵革藏于私家，非礼也。大夫行礼时，只能在办公场所取出冕来戴上。

衣是上衣，裳是下衣。不同的冕搭配不同的衣和裳，因此，冕衣裳连文。冕衣裳者，指大夫以上的官员。

瞽，盲人。**虽**，即使。**少**，年幼，年轻。**作**，起。**趋**，快步走。《释名·释姿容》曰："两脚进曰行，徐行曰步，疾行曰趋。"站起和快步走，都是表示敬意的。

孔子看到穿丧服的人，大夫以上的官员，和盲人，见到他们，即使他们年轻，孔子也必定要站起来；从他们旁边经过，必定快步走过。

孔子的这个表现，表明的是他对有丧者的哀悼，对在位者的尊敬，对不能成人者的怜恤。

11.颜渊喟然叹曰："仰之弥高，钻之弥坚；瞻之在前，忽焉在后。夫子循循然善诱人，博我以文，约我以礼，欲罢不能。既竭吾才，如有所立卓尔。虽欲从之，末由也已。"

喟然，长叹的样子。**仰**，抬头，与"俯"相对。**之**，它，指代孔子之道，即孔子的思想。**弥**，更加。**钻**，穿空，引申为钻研。**坚**，硬。仰视是为了看到顶部，但是却看不到顶部，反倒是越看越高。钻一样东西是为了穿透它，但是钻研夫子之道却是越钻研越坚硬，难以穿透。

瞻，视。**忽**，迅速、忽然。**焉**，相当于"然"。看着它在前边，忽然就在后边了。

颜渊长叹说："老师的道，抬头看，越看越高；钻研起来，越钻研越坚硬。看着它在前边，忽然就在后边了。"前半部分是说夫子之道无法穷尽，后半部分是说难以看到夫子之道的形象。

循，《说文》："循，顺行也。"顺行则有次序，因此循循然就是有次序的样子。**诱**，诱导、引导。**博**，广，这里是使动用法，使……广博。**文**，典籍，文献。**约**，约束。**罢**，止。**能**，动词，做得到。不能，就是做不到。

颜渊说："老师善于有次序地引导人，用典籍文献使我广博，用礼来约束我，我想停止下来却做不到。"

既，已，已经。**竭**，尽。**才**，才力。**卓**，《说文》："倬，高也。"倬与卓同。**末**，无。**由**，从此行走，引申为道路。末由，《史记·孔子世家》作"蔑繇"。蔑，末音转。繇同由。

颜渊说："已经竭尽了我的才力，却似乎又有目标高高立在前边。虽然想跟从这个目标，却没有可以到达的道路。"

对于本章，有一个问题需要思考：孔子为何不降低一些标准以便让人们都能学得到、学得懂？孟子的学生公孙丑就问过类似的问题。公孙丑说："道则高矣，美矣，似不可及也，何不使彼为可及而日孳孳乎？"对此，孟子回答说："大匠不为拙工改废绳墨，羿不为拙射变其彀率。君子引而不发，跃如也。中道而立，能者从之。"

颜渊长叹说："老师的道，抬头看，越看越高；钻研起来，越钻研越坚硬。看着它在前边，忽然就在后边了。老师善于有序地引导人，借助典籍文献使我的知识变得广博，用礼来约束我，使我想停止下来却做不到。我已经竭尽了自己的才力，却似乎又有目标高高立在前边。虽然想追寻这个目标，却没有可以到达的道路。"

12.子疾病，子路使门人为臣。病间，曰："久矣哉，由之行诈也！无臣而为有臣。吾谁欺？欺天乎？且予与其死于臣之手也，无宁死于二三子之手乎！且予纵不得大葬，予死于道路乎？"

病，疾重曰病。疾病连言，说明病重。**为**，做。其含义很广泛，须根据上下文来确定具体含义。这里的意思是假装。子路见孔子病重，想到孔子若去世，当隆重下葬，于是让孔子的门人假装是孔子的家臣，如此一来，就可以用家臣葬家君的大葬之礼葬孔子了。

孔子病重，子路让孔子的门人弟子假装是孔子的家臣。

间，病痊愈或好转。**行**，做。**诈**，欺骗。久矣哉，由之行诈也，是主谓倒装，正常语序应是"由之行诈也久矣哉"。这里的"之"字，是介词，起把主谓结构变成词组的作用。久矣哉，由之行诈也，意思是仲由做这种欺骗行为已经很久了。

臣，与君相对。大夫有家臣，有家臣，则大夫为家君。孔子曾为大夫，可以有家臣。但后来退出鲁国政坛，成了普通的士，就不再有家臣。所以孔子说自己是没有臣的，而子路却使孔子的门人假装是臣，因此是欺骗。欺骗谁呢？天下人都知道孔子没有臣，因此欺骗不了天下人。那么只能是欺骗天了。所以孔子说，我欺骗谁呢？欺骗天吗？

孔子病稍好转，说："仲由做这种欺骗行为已经很久了！我没有臣却假装有臣。我欺骗谁呢？欺骗天吗？"

无宁的"无"字，为发语词，无实义。**无宁**，就是宁，宁愿的意思。臣与君之间的关系远不及弟子与老师之间的关系亲密，所以，孔子宁愿死在弟子手中，而不愿死在臣手中。孔子说："况且我与其死在臣的手中，宁肯死在弟子手中！"

纵，即使。**得**，能，可。**大葬**，指由臣来礼葬君，这种葬礼隆重，所以称为大葬。大夫退出政坛，就不再是大夫，死时以士礼葬。大夫若是年老致仕，因其大夫称号并未失去，所以死时仍以大夫礼葬。

死于道路，意思是被抛尸于道路而不得葬。

孔子说："况且我即使不能大葬，我会被抛尸于道路吗？"

孔子病重，子路让孔子的门人弟子假装是孔子的家臣。孔子病稍好转，说："仲由做这种欺骗行为已经很久了！我没有臣却假装有臣。我欺骗谁呢？欺骗天吗？况且我与其死在臣的手中，宁肯死在弟子手中！况且我即使不能大葬，我会被抛尸于道路吗？"

13.子贡曰："有美玉于斯，韫椟而藏诸？求善贾而沽诸？"子曰："沽之哉！沽之哉！我待贾者也。"[①]

美玉，古人以玉比德。**斯**，此。有美玉于斯，是子贡把孔子的盛德比作美玉，以是否出售美玉来看孔子对自己盛德的藏用。

韫（yùn），藏。韫已训藏，而本句下文又有藏字，这是古人的重复语，不是病句。**椟**（dú），《说文》曰："椟，匮也。"椟和匮都是木匣的意思。**诸**，之，指美玉。

贾（gǔ），商人，指坐商。《白虎通·商贾》曰："贾之为言固也。固其有用之物，以求其利者也。行曰商，止曰贾。"运货贩卖的叫商，囤积坐售的叫贾。这就是行商坐贾。**善贾**，字面意思是"好的商人"，实际意思是识货的人，这里意指贤君。**沽**，卖。**诸**，之，指美玉。

子贡问孔子说："有美玉在此，是收在木匣中藏起来呢？还是找到识货的人而卖出去呢？"

古人也有将此处的"贾"读作 jià 的，通"价"，训为价钱。这样，子贡的话就成了：有美玉在此，是收在木匣中藏起来呢？还是得到一个好价

---

① 皇侃《义疏》本中，"椟"作"匵"（dú），同"椟"。

钱就卖出去呢？

两种解释在字面上都通，但是考虑到孔子一生是追求实现心中理想的一生，而不是考虑何人出价更高的一生，因此这里的"贾"应理解为识货的人，指的是贤能的君主。

沽，卖。连说两个"沽之哉"，表达的是卖之不疑的态度。**待**，其含义是自己等待对方上门，而不是自己行走叫卖。孔子虽然希望能得君行道，但不是自己去求君，相反，是君来求自己。孔子说："卖掉它啊！卖掉它啊！我在等待识货的人。"

子贡说："有美玉在此，是收在木匣中藏起来呢？还是找到识货的人而卖出去呢？"孔子说："卖掉它啊！卖掉它啊！我在等待识货的人。"

14.子欲居九夷。或曰："陋，如之何？"子曰："君子居之，何陋之有？"

九夷，指东方之夷。在古代中国人眼中，除了中原的华夏人之外，四方都是野蛮人，包括东方九夷，南方八蛮，西方六戎，北方五狄。所谓九夷，一说指玄菟、乐浪、高丽、满饰、岛臾、索家、东屠、倭人、夭鄙。另一说指畎夷、于夷、方夷、黄夷、白夷、赤夷、玄夷、阳夷。这里的"九夷"代指华夏以外地区，就像"乘桴浮于海"的"海"。孔子因为华夏地区没有明君可以行道，所以托言自己欲离开华夏地区居住于野蛮地区。子欲居九夷，意思是孔子想要去九夷居住。

陋，见闻不广，引申为粗鄙。或人未理解孔子之言的真实含义，以为孔子真的欲居九夷，就说："九夷地区的人粗鄙无礼仪，怎么办？"

君子，指孔子自己。君子去居住后，自然能化诱当地百姓，当地也就不再粗鄙无礼仪了。因此，君子若去到那里，当地人就不再粗鄙无礼仪了。

孔子想要去九夷居住。有人就说："九夷地区的人粗鄙无礼仪，怎么办？"孔子说："君子居住在那里，还有什么粗鄙呢？"

15.子曰："吾自卫反鲁，然后乐正，《雅》《颂》各得其所。"[①]

反，回到。孔子从卫国返回鲁国，在鲁哀公十一年冬天，此时孔子六十八岁，在外已经周游十四年。他回鲁之后，对改变当时的政治混乱状况已经不抱希望，因此主要做的事情不在政治方面，而在其他三项：第一，正乐；第二，作《春秋》；第三，继续教育事业。本章孔子提及的是第一个方面的事情。

正乐，就是使音乐回归到正当状态。这种正当状态，叫作"乐正"。乐正的表现则是《雅》《颂》各得其所。《诗经》有六义：风、雅、颂、赋、比、兴。风、雅、颂，是根据内容进行的分类，赋、比、兴，则是根据写作的手法进行的分类。风、雅、颂各诗篇谱为乐曲，分别用于不同的场合，不可僭越和混乱。但在礼崩乐坏、道衰乐废的情况下，风乐、雅乐、颂乐使用混乱。孔子则通过整理《诗》的篇章次序从而使风乐、雅乐、颂乐都能回归到当用的场合，因此说"乐正"。风乐、雅乐、颂乐都得以回归到正确的位置，但这里只说《雅》《颂》各得其所，实际上已经包含了《风》。所谓各得其所，一个含义便是各自回归到正当的位置上。《诗》的篇次回归正确，乐的篇次自然也回归正确。这样，"乐正"的第一个含义就是乐的篇次回归正确的位置。

---

① 皇侃《义疏》本中，"吾自卫反鲁"作"吾自卫反于鲁"。

通过分析《史记·孔子世家》中的一段话，还可以看到"乐正"的另一重含义。《世家》说："《关雎》之乱以为《风》始，《鹿鸣》为《小雅》始，《文王》为《大雅》始，《清庙》为《颂》始，三百五篇孔子皆弦歌之，以求合《韶》《武》《雅》《颂》之音。"这里，有三个关键信息：第一，《诗》的篇次。经过孔子整理之后的篇次，《关雎》之乱以为《风》始，《鹿鸣》为《小雅》始，《文王》为《大雅》始，《清庙》为《颂》始，这些都与历来所传的《诗经》篇次符合。第二，《诗》都有乐。三百五篇，孔子皆弦歌之，以求合《韶》《武》《雅》《颂》之音，说明正乐不仅是正次序，也是正音声，使原本受到郑、卫淫声影响的风乐、雅乐、颂乐都回归到正声。第三，《诗经》篇数。司马迁说"古者《诗》三千余篇，及至孔子，去其重"，随后又说"三百五篇，孔子皆弦歌之"，似乎是孔子把《诗》由三千余篇删为三百零五篇。这是司马迁的错误认识。《论语》中明言："《诗》三百篇，一言以蔽之，曰思无邪。"孔子让弟子和儿子伯鱼学《诗》，学的就是当时的《诗经》，本就是三百零五篇，而不是孔子删之为三百零五篇。

这里，可以看到"乐正"的第二层含义是，合乎正当的音声。

综上所述，"各得其所"包含两重意思：第一，篇次各自回归到正当位置；第二，乐声回归到正当音声。

孔子说："我从卫回到鲁，然后乐就回归到了正当状态，它表现在《雅》《颂》之诗和乐都各自回到了正当的位置和正当的音声。"

16.子曰："出则事公卿，入则事父兄，丧事不敢不勉，不为酒困，何有于我哉?"

事，服事。**公卿**，这里代指执政者。**父兄**，这里代指长者。**勉**，尽力。**困**，乱。**何有**，即"有何"，有何难，意思是不难。

孔子说："在外服事执政者，回家服事长者，对于丧事不敢不尽力，不被酒所乱，这些对于我有何难呢?"

17.子在川上，曰："逝者如斯夫！不舍昼夜。"

川，流水，指河流。**逝**，往，离去，这里指时间流逝。**夫**，语气词，用在句末，表示感叹。**舍**，止，停止。不舍昼夜，即"昼夜不舍"，意思是昼夜不停地流走。

孔子在河流之上，说："时间的流逝就像这河水啊！它昼夜不停地流走。"

18.子曰："吾未见好德如好色者也。"

色，美色，女性美。

《史记·孔子世家》曰："孔子居卫，灵公与夫人同车，宦者雍渠参乘，出，使孔子为次乘，招摇市过之。孔子曰：'吾未见好德如好色者也。'于是丑之，去卫过曹。"据《史记》记载，这句话是评论卫灵公的话。

孔子说："我不曾见过喜好美德就像喜好女色那样的人。"

19.子曰："譬如为山，未成一篑，止，吾止也。譬如平地，虽覆一篑，进，吾往也。"

为，做，含义广泛，此处的意思是堆。**为山**，堆山。**篑**（kuì），盛土的竹筐，这里代指一筐土。《尚书·旅獒》曰："为山九仞，功亏一篑。"孔子这里的话大概就出自尚书。**止**，停止。孔子说："譬如堆山，差一筐土没能堆成，就停止下来了，这是我自己要停止的。"

平，整治。平地，整治地面使之平坦。**进**，前进，这里的意思是继续覆土。**往**，去，这里的意思是去覆土。譬如整治地面，即使只是才倒上了一筐土，但是可以继续倒土，这是我自己要去继续的。

这一章要说明的道理是：学者当自强不息，积少成多。如果中道而止，则前功尽弃。其止其往，全在于自己。

孔子说："譬如堆山，差一筐土没能堆成，就停止下来了，这是我自己要停止的。譬如整治地面，虽然只是倒上了一筐土，但是可以继续倒土，这是我自己要去继续的。"

20.子曰："语之而不惰者，其回也与！"

惰，懈怠。**其**，副词，表示揣测语气，大概。**回**，颜回。**与**，后世写作"欤"，表示感叹或疑问，这里表示感叹。

孔子说："我对他说话而他不会懈怠的，大概就是颜回吧！"

21.子谓颜渊曰："惜乎！吾见其进也，未见其止也。"

惜，可惜。**进**，前进，指不断学习。**止**，停止，指停下不学。

孔子评论颜渊说："可惜啊！我只见他不断学习，没见过他停止不学。"这是颜渊死后，孔子对颜渊的叹惜。

22.子曰："苗而不秀者有矣夫！秀而不实者有矣夫！"

苗，谷物始生曰苗，这里做动词，意思是长成苗。**秀**，谷物开花曰秀，这里作动词，意思是开花。**夫**，语气词，用在句末，表示感叹。**实**，谷物的籽实，这里做动词，意思是结籽实。

孔子说："长成苗却未开花的情况是有的啊！开了花却未结出籽实的情况是有的啊！"

本章仍然是为颜渊而发。

23.子曰："后生可畏，焉知来者之不如今也？四十、五十而无闻焉，斯亦不足畏也已。"①

后生，指年少之人，因为生于自己之后，所以称之为后生。**来者**，指后生。孔子说："少年是值得畏惧的，怎知道他们不如今天的我们呢？"

闻，名声，名望。**斯**，连词，则，乃。**亦**，语气词，无实义。**足**，值得，够得上。**已**，语气词，略等于"矣"。四十岁、五十岁却没有名望，就不值得畏惧了。

为什么说四十岁、五十岁没有名望就不足畏惧了呢？《礼记·学记》曰："时过然后学，则勤苦而难成。学贵不失时，故君子爱日也。"这段话的意思是，在该学习的时候没有学习，等这个时间过去了才开始学习，虽然勤奋刻苦却难以有成就。学习贵在不失去时机，所以君子珍惜时光。

---

① 皇侃《义疏》本中，"斯亦不足畏也已"作"斯亦不足畏也已矣"。

《礼记·曲礼》说："五十曰艾。"艾，指老年人。古人五十岁就是老年人了。《礼记·王制》说："五十始衰。"又说："六十不亲学。"从开始学习到有名望于人，最迟须在五十岁之前。到了五十岁仍然没有令名善闻，就不值得别人畏惧了。

孔子说："少年是值得畏惧的，怎知道他们不如现在的我们呢？四十岁、五十岁却没有名望，就不值得畏惧了。"

24.子曰："法语之言，能无从乎？改之为贵。巽与之言，能无说乎？绎之为贵。说而不绎，从而不改，吾末如之何也已矣。"

法，法则。**法语**，可以当作法则的话，也就是正道。正道之言，听者不得不表示听从，这就是"能无从乎？"但是只表示听从不可贵，依此改正自己的过失才是可贵的。

巽，恭顺。**与**，同类。**说**（yuè），喜悦。这个意义后世写作"悦"。**绎**，《说文》曰："抽丝也。"这里的意思是抽出其中的道理。恭顺一类的话，听者自然是喜悦的，这就是"能无说乎？"但是只喜悦是不可贵的，只有从中抽取出道理才是可贵的。

孔子说："可以作为法则的话语，能不听从吗？依此改正自己的过失才是可贵的。恭顺一类的话语，听了能不喜悦吗？从中抽取出道理才是可贵的。"

末，无，不。**如之何**，奈何他。**末如之何**，意思是对他无可奈何。喜悦而不抽取道理，听从而不改正错误，我对他就无可奈何了。

孔子说："可以作为法则的话语，能不听从吗？依此改正自己的错误才是可贵的。恭顺一类的话语，能不喜悦吗？从中抽取出道理才是可贵的。喜悦而不抽取道理，听从而不改正错误，我对他就无可奈何了。"

25.子曰："主忠信，毋友不如己者。过则勿惮改。"

《学而第一》第8章后半部分就是这段话，但是可能是有不同的弟子都记录了这句话，因此此处再次出现。在《学而篇》中，"毋"作"无"。

孔子说："要亲近忠信的人，不要和在忠信方面不如自己的人交友。若有过失，则不要难于改正。"

26.子曰："三军可夺帅也，匹夫不可夺志也。"

军，一万二千五百人为军。大国有三军，称左、中、右军，或称前、中、后军。这里的三军是军队的代称。**帅**，将帅，元帅，指领军的职位。军队人数虽多，但人心不一，因此其将帅之位能够被夺取。

匹夫，指庶民。古代大夫以上可以有妻、妾、媵，而庶民没有妾、媵，只有夫妻相匹配，因此称匹夫匹妇。一个普通百姓，若其志向坚定，就没有人能够把他的志向夺走。

孔子说："军队的将帅职务是能够被夺取的，匹夫的志向是无法被夺走的。"

27.子曰："衣敝缊袍，与衣狐貉者立，而不耻者，其由也与？'不忮不求，何用不臧？'"子路终身诵之。子曰："是道也，何足以臧？"①

衣，穿衣。**敝**，破旧。**缊**（yùn），碎麻或旧絮。**缊袍**，用旧絮或碎麻

---

① 皇侃《义疏》本中，"敝"作"弊"，"何足以臧"作"何足以为臧"。

充填的袍子。

狐，狐狸。**貉**（hé），貉子，一种毛皮兽。狐貉，本是两种野兽的名字，这里代指用狐貉之皮做成的裘。这种裘是轻裘，地位尊贵者所穿。**其**，副词，表示揣测，大概。**由**，仲由，即子路。**与**，语气词，后来写作"欤"，表示疑问或感叹。这里表示疑问。

常人若穿着破旧，与穿着华贵的人并立，则会感到羞耻，而子路并不如此。因此，孔子称赞子路说："穿着破旧的旧絮袍子，与穿着狐貉轻裘的人站在一起却不感到羞耻的人，大概就是仲由吧？"

"不忮不求，何用不臧"，是《诗·邶风·雄雉》的最后两句。**忮**（zhì），害，意思是害别人。**求**，贪求。**用**，施行，做。**臧**，善。这两句诗是说，不害人，不贪求，做什么事情不是善的呢？意思是无往而不利。孔子引用此诗来表达子路有不忮不求的美德。

终身，意思是经常，并不是一生。**诵**，郑玄说："背文曰讽，以声节之曰诵。"诵，就是朗诵。子路听到孔子用这两句诗表扬自己，于是便经常朗诵这两句诗。

孔子看到子路自喜其德而总是朗诵这两句诗，便予以抑制。他人有此德，可以称为善了；但是子路是贤人，不应止步于此。若一直自喜，则进德有限。因此，孔子说："这个道理，不足为善。"何足以臧，即怎足以称为善。意思是，还有比这更美的德行。

孔子说："穿着破旧的旧絮袍子，与穿着狐貉轻裘的人站在一起却不感到羞耻的人，大概就是仲由吧？'不害人，不贪求，做什么事情不是善的呢？'"于是子路经常朗诵这两句诗。孔子说："这个道理啊，怎足以称为善？"

28.子曰："岁寒，然后知松柏之后凋也。"

岁，原本指岁星，即木星。岁星运行一周为一岁，一岁就是一年，所以岁就是年的意思。

然，这样。**后**，古字作"後"，指时间上较晚。然后，意思是这样之后。古字也有"后"字，意思是君主，天子和诸侯都可以称为后。如《尚书·仲虺之诰》曰："徯予后，后来其苏。"意思是等待我们的君主汤，他到来的时候我们大概就能复生。但简化字把"後"和"后"一律写作"后"。

凋，草木枯落。平常的年岁，树木中也有不凋落的，与松柏一样。只有到了寒冷的年岁，才能看到松柏才是最后凋落的。年岁寒冷才能看到松柏与其他树木的差别。孔子的这句话是一个比喻，它的寓意是：在平常的日子里，人们之间没有太大差别。一旦出现乱世，小人为恶，君子依然为善。世乱，然后才能看到君子与小人的差别。

孔子说："年岁寒冷，这样之后才知道松柏是最后凋落的。"

29.子曰："知者不惑，仁者不忧，勇者不惧。"

知（zhì），智慧。这个意义后世写作"智"。**惑**，迷惑。智慧的人明白事理，因此不迷惑。

仁，爱人，仁爱。仁爱的人懂得天命，因此不忧虑。勇敢的人遇事果敢，因此不惧怕。

孔子说："智慧的人不迷惑，仁爱的人不忧虑，勇敢的人不惧怕。"

30.子曰："可与共学，未可与适道；可与适道，未可与立；可与立，未可与权。"

与，和。**共**，共同。**适**，去往。**道**，包括正道和与正道不同的他道。这里的道是指正道。可与共学，未可与适道，意思是可以与人在一起共同学习，却不一定就可以和那人一起去往正道。这是因为虽然所学相同，但是各自志向可能不同，有人一心于功名利禄，这就无法与他一起走向正道。

立，立身，以所学之正道立身。可与适道，未可与立，意思是可以与那人一起去往正道，但不一定就可以与那人一起以所学的正道立身。这是因为常态下每个人都可能立身于正道，一旦出现变乱，就会有人离开正道。

权，秤锤。这里是动词，意思是权变。权变，虽然反常却合乎正道。可与立，未可与权，意思是可以与那人一起以正道立身，但不一定就可以与那人一起权变。

孔子说："可以与人在一起共同学习，却不一定就可以和那人一起去往正道；可以与那人一起去往正道，但不一定就可以与那人一起以所学的正道立身；可以与那人一起以正道立身，但不一定就可以与那人一起权变。"

31."唐棣之华，偏其反而。岂不尔思？室是远而。"子曰："未之思也，夫何远之有？"

"唐棣之华"四句，是逸《诗》。前两句无意义，只是要引出后两句。这是《诗经》六义中的"兴"。

唐棣，是一种灌木。**华**（huā），花。花，是一个后来才出现的字。最初表达花的意思的是"华"。《说文》曰："华，荣也。"《尔雅·释草》

曰："木谓之华，草谓之荣。"也就是说，树木的花叫花，草的花叫荣。

偏，同"翩"。《释文》曰："偏，本亦作翩。"翩其，就是翩翩，摇动不止的样子。**反**，同"翻"，也是摇动的样子。**而**，语助词，无实义。唐棣之华，偏其反而，意思是唐棣的花儿，摇动不止。

尔，你。岂不尔思，即"岂不思尔"。**室**，居住的地方。室是远而，即"是室远而"。这两句诗的意思是，难道我不思念你吗？其实是思念的，但是因为居住的地方远，所以没来看你。

前边是逸《诗》，后边是孔子所说的话。为了把逸《诗》的诗句与孔子所说的话区分开来，记录的人特意加上了"子曰"二字。孔子说："那是因为没有思念。若是思念的话，有什么远呢？"

"唐棣的花儿，摇动不止。难道我不思念你？只是因为住的太远了。"孔子说："那是没有思念对方，否则有什么遥远呢？"

乡党第十

本篇只有一章，但为了解释清晰，且不至显得过于冗长，本书将它划分为 22 节，分节予以阐释。

1.孔子于乡党，恂恂如也，似不能言者。其在宗庙朝廷，便便言，唯谨尔。朝，与下大夫言，侃侃如也；与上大夫言，誾誾如也。君在，踧踖如也，与与如也。

这一节讲的是孔子在乡亲们中间和在朝廷上的礼容。

乡和**党**，是西周城市中的居民组织。乡之下，按层级从高到低有州、党、族、闾、比。五家为比，五比为闾，四闾为族，五族为党，五党为州，五州为乡。五百家为党，一万二千五百家为乡。孔子居住在鲁城，乡党是其家庭所在的居民组织。这里的乡党，代指本地的乡亲。**恂恂**(xún)，温恭貌。**如**，用于形容词词尾，表示某种样子。恂恂如，就是温恭的样子。**者**，助词。用在句末，表示疑问或测度，这里表示测度。似不能言者，好像没有说话的能力，表达的是孔子在本乡与乡亲们交往时的谦恭。"孔子于乡党，恂恂如也，似不能言者。"意思是孔子在乡亲们中间，是温恭的样子，好像没有能力说话。

其，他，指孔子。**宗庙**，是为去世的先祖所建的专用房屋，是祭祀先祖的活动场所。《白虎通·宗庙》："宗者，尊也；庙者，貌也，象先祖之尊貌也。所以有室何？所以象生之居也。"根据礼制，天子七庙，诸侯五庙，大夫三庙，士一庙，庶民无庙。庶民没有庙，在哪里祭祀呢？庶民在灶膛边上设立祖宗神位。这里的宗庙则指鲁国君主的宗庙。

朝，见。见君谓之朝，引申后，见君的地方也称为朝。诸侯宫室，从外到内有三道门：库门、雉门、路门。路门之内是路寝，是君主办公和休息的地方。诸侯有三朝，在库门外的朝称为外朝，在雉门内的朝称为治朝，在路门内的朝称为燕朝，又称射朝。外朝和治朝都没有堂，也就没有下堂上堂的台阶，因而外朝和治朝都是平地，这个平地称为廷。廷与庭不同。庭，指堂阶前的空地。庭虽然也是平地，但是它的旁边必须有堂和阶，才能称这块平地为庭。廷则不必以有堂有阶为前提。**朝廷**，是臣见君主的地方，也是君主见臣的地方。臣见君主，叫朝见；君主见臣，叫视朝。朝见和视朝，是同一件事从两个角度给予的不同名称。按礼的要求，每天平旦（平旦是十二时辰之一，相当于今天的凌晨 3 点到 5 点），众臣排列在路门外等待朝见，君至日出（十二时辰之一，相当于今天的 5 点到 7 点）而出来见臣，叫视朝。君出视朝，对各位卿大夫一一作揖，对所有的士则总起来作一揖。君主视朝之礼很简单。视朝之后，众臣散去。君去到路寝办公，众臣则到雉门内左右的办公地点工作。

在宗庙，指孔子在鲁国宗庙中助祭之时。在朝廷，指孔子朝见君主之时。

便便（pián），言语流畅。**唯**，只。**谨**，谨慎。**尔**，语气词。孔子在助祭和在见君之时，流利地说话，只是说话谨慎而已。

侃侃，和乐的样子。下大夫地位低，因此孔子与下大夫说话，是和乐的样子。**訚訚**（yín），中正之貌。《说文》："訚訚，和悦而诤也。"訚有"诤"义，因此訚訚训为中正之貌。上大夫地位高，所以孔子与上大夫说话，是中正的样子。

在君出视朝之前的等待时间，孔子与同僚们交谈，也有不同表现。若与下大夫说话，是和乐的样子。若与上大夫说话，则是中正的样子。

君在，指君主出来视朝时。**踧踖**（cù jí），恭谨不安的样子。**与与**，意思是徐徐。虽然在君前恭谨不安，但是动作并不急遽，而是徐徐。君主出来视朝时，孔子是恭谨不安的样子，动作则是徐徐的样子。

孔子在乡亲们中间，是温恭的样子，好像没有能力说话。他在宗庙中和朝廷上，说话流利，只是谨慎而已。在朝见君主时，与下大夫说话，是和乐的样子；与上大夫说话，是中正的样子。君出视朝时，孔子是恭谨不安的样子，动作则是徐徐的样子。

2.君召使摈，色勃如也，足躩如也。揖所与立，左右手，衣前后，襜如也。趋进，翼如也。宾退，必复命曰："宾不顾矣。"

这一节讲的是孔子做摈时的礼容。

召，呼唤、叫来。以手曰招，以言曰召。**摈**（bìn），同"傧"，导引宾客。

色，面部表情。**勃如**，矜庄的样子。**躩**（jué），快速的样子。

"君召使摈，色勃如也，足躩如也。"意思是：国君召孔子，派他去导引宾客，孔子面色矜庄，足行快速。

他国君主作为宾来访问时，到达主国君主大门外西边，距离大门九十步下车，面向北而立。其所带的副手叫介，按距离宾的位置由近及远分别叫上介、承介、末介。这些介在宾之北迤逦向西北方向延伸，延伸长度在四十五步之内，介都是面向东。主国之君出大门东边，面向南而立。其所带的副手叫摈，按距离主君的位置由近及远分别叫上摈、承摈、末摈。这些摈在主君之南迤逦向东南方向延伸，延伸长度也在四十五步之内。末摈与末介则东西相对，距离为三丈六尺。

宾主陈列介和摈完毕。主君语上摈，使上摈就宾请辞，问其来意。于是上摈传承摈，承摈传末摈。末摈进前揖宾的末介，把本国君主的话传递给末介。末介传承介，承介传上介，上介传宾。宾答语，使上介依次传至末介，末介进前揖主君的末摈，末摈依次上传至主君。传语之时，传者半转身揖受者，受者半转身揖传者。并立而相揖，所以叫"揖所与立"，意思是向和他并排站在一起的人作揖。若揖左边的人，则移其手向左作揖；若揖右边的人，则移其手向右作揖。这就是"左右手"，皇侃《义疏》本作"左右其手"。

既然是半转身左右作揖，而且作揖时必然俯首和半弯腰，揖毕，则必然抬头和直起腰来。在这个过程中，其上衣必然摇摆。这就是"衣前后，襜如也"。**襜**（chān）**如**，意思是摇动的样子。"揖所与立，左右手，衣前后，襜如也"。意思是：孔子向与他并排站立的摈作揖传语，一会儿手向左，一会儿手向右，他的上衣前后摇动。

以上讲的是主君在大门外迎宾时，孔子的仪容。接下去是讲在庙中相礼时孔子的仪容。

在从大门走向堂前台阶的过程中，宾与主君之间有三揖。到达台阶时，还有三让。之后，主君向上走两个台阶，宾则上至堂，站在西楹之西，面向东。此时，摈者全部退至庭中。宾向主君表达问候，主君对宾拜两次。此时，帮助主君相礼的那个相就要从中庭快步走到阼阶（即东阶）之西，向宾致辞，并与主君一起向宾拜。因为从主君准备对宾拜到相者到达阼阶西与主君一起拜宾，这段时间极短，而且从中庭到阼阶有数十步之远，所以作为上摈兼摄相事的孔子就必须快步从中庭到达阼阶。这就是"趋进"。趋，快步走。快步走容易造成仪容乱。快步走而仪容仍然端正，是很难的。因此，弟子记下了孔子此时端正的仪容，这就是"翼如也"。翼，本义是鸟或昆虫的翅膀。**翼如**，意思是就像张开翅膀那样端正。"趋进，翼如也。"意思是：快步前进之时，他的仪态象双翅一样保持端正。

再接下去是讲宾离开时孔子的表现。

宾到来时，礼仪繁琐，但宾离开时，礼仪简略，这是进难退易之意。拜送之礼，送者拜，而离去者不答拜。既然不用答拜，也就不用回头。顾，还视，意思是回头看。回头，意味着礼仪未完。不回头，则意味着送宾的礼仪已足。宾离去后，孔子一定会回来向君复命，说："宾不回头而去了。"说明拜送的礼仪已足。至此，君就可以回路寝休息了。"宾退，必复命曰：'宾不顾矣。'"意思是：送宾离开后，他一定会向国君复命说："宾不回头地去了。"

至此，孔子做摈，从头到尾的整个过程全部被记述了下来。国君召唤孔子，派他导引宾客。孔子面色矜庄，足行快速。他向与他并排站立的摈作揖传语，一会儿手向左，一会儿手向右，他的上衣前后摇动。快步前进之时，他的仪态像双翅一样保持端正。送宾离开后，他一定会向国君复命说："宾不回头地去了。"

3.入公门，鞠躬如也，如不容。立不中门，行不履阈。过位，色勃如也，足躩如也，其言似不足者。摄齐升堂，鞠躬如也，屏气似不息者。出，降一等，逞颜色，怡怡如也。没阶，趋进，翼如也。复其位，踧踖如也。

这一节讲的是孔子见君前后的礼容。

公，君。具有侯、伯爵位的诸侯在其国内可以被称为公。**鞠**，曲敛。**躬**，身。**鞠躬**，曲敛身体，表示的是恭敬。君的大门高大，但孔子进君的大门，仍曲敛身体，好像君门狭小不能容身。

立，同"位"，指进门时所通过的位置。**中**（zhòng）**门**，中于门，指在门的中央。门的中央是君出入的地方，臣不得由此通过。**履**，践、踏。**阈**（yù），门限。进门时，不从门的中央位置通过；行走时，不踩踏门限。踩踏门限，一方面会显得自己矜高，另一方面会弄脏门限，他人由此经过，污染他人衣服。

孔子进君的大门，曲敛着身体，好像君门狭小不能容身。进门时不从门的中央位置通过，行进中不踩踏门限。

从"入公门"到"行不履阈"，讲的是孔子进君的大门时的礼容。接着讲的是孔子过庭和升堂时的礼容。

位，指君视朝时所站的位置。此时，虽然君不在这个地方，只是一个空位，但是孔子从这个空位经过时，依然有恭敬的礼容，表现为面色矜庄，足行快速。越来越接近君的处所，孔子的言语轻细且少，好像说话能力不足似的。

"过位，色勃如也，足躩如也，其言似不足者"意思是：走过君曾站过的位置，孔子面色矜庄，足行快速，其言语轻细且少，好像说话能力不足似的。

堂下都有台阶。天子堂高九尺，阶九等；诸侯堂高七尺，阶七等；大夫堂高五尺，阶五等；士堂高三尺，阶三等。所谓九等、七等、五等、三等，均包括堂前的廉，堂廉算一等。堂侧曰廉。除去廉，则余下的台阶，天子八阶，诸侯六阶，大夫四阶，士二阶。升堂须先升阶。升阶时，要用双手提着下裳，以免被脚踩到而跌倒。这就是"摄齐升堂"。**摄**，抠着、提着。**齐**，古字作齐，读 zī，长衣的下摆。升堂前上台阶，要提着衣服的下摆，使之离地一尺。

屏（bǐng），藏。**息**，气息，这里做动词，呼吸。**者**，助词，用在句末，表示测度。孔子提着衣裳的下摆，登台阶，升至堂上。升堂距离君所在更近了，因此孔子又曲敛身体，即"鞠躬如也"。同时，又屏住气息，似乎不再呼吸。

"摄齐升堂，鞠躬如也，屏气似不息者"意思是：提着衣服的下摆升堂，曲敛着身体，屏住气息好像不再呼吸。

接下来，记录的是孔子见过君出来时的礼容。

等，指台阶的级。降一等，就是下了堂前的第一个台阶。**逞**，舒展。**颜色**，面色。**怡**，和悦。《说文》："怡，和也。"孔子下了一级台阶之后，面色舒展，呈现的是和乐的样子。

没（mò），尽。**没阶**，指下完所有的台阶。**趋进**，快步前进。快步走，礼容易乱，但孔子依然像鸟展翅一样端正。

复，再次。**其**，那。再次经过君主所站的空位时，孔子仍然表现出恭谨不安的样子。

孔子进君的大门，曲敛着身体，好像君门狭小不能容身。进门时不从门的中央位置通过，行进中不踩踏门限。走过君曾站过的位置，面色矜庄，足行快速，其言语轻细且少，好像说话能力不足似的。提着衣服的下摆升堂，曲敛着身体，屏住气息好像不再呼吸。从君那里出来，走到堂下的第一个台阶，舒展面色，呈现出和乐的样子。下完台阶，快步前进，像鸟展翅那样端正。再次走过君曾站过的空位，孔子仍然表现出恭谨不安的样子。

4.执圭，鞠躬如也，如不胜。上如揖，下如授。勃如战色，足蹜蹜如有循。享礼，有容色。私觌，愉愉如也。

本节讲的是聘问、享献、私觌时的礼容。

圭，瑞玉，古代帝王和诸侯举行隆重仪式时所用的玉制礼器，其形状为上圆下方或上尖下方。五等诸侯各受天子所颁之玉以为瑞信。公执桓圭，其长九寸。侯执信圭，伯执躬圭，其长皆七寸。子、男用璧，子执谷璧，男执蒲璧，其长皆五寸。若诸侯亲自出访，其所执圭璧的尺寸如上。若诸侯派遣使节出访他国，使节须持其君之玉，但是长度减少一寸。

诸侯的使节出访他国，先聘，后享，最后私觌。聘，问，即问候。诸侯派遣大夫问候于诸侯叫聘，问候于天子叫朝。享，是献的意思，指献上物品。这些物品罗列在庭中，称为庭实。享、献之礼是公事。公事结束，使节可以以私礼见所访问国家的君主，这叫私觌。**觌**（dí），是见的意思。

这一节首先讲的是聘问时的礼容。

胜，力能担任。"执圭，鞠躬如也，如不胜。"意思是孔子作为使节执持君之圭，曲敛着身子，好像举不起圭的重量。这表示的是极为敬慎的态度。

上下，指手所持圭的高度。"上如揖，下如授。"意思是持圭高的时候，就像作揖。持圭低的时候，则像授物于人的样子。

勃，矜庄。**战**，战斗。临阵战斗，其色必惧。"勃如战色"，意思是面色矜庄好像要作战。**蹜蹜**（sù），脚不离地小步快走的样子。**循**，沿着。"如有循"，意思是好像在沿着一条线。

在持圭聘君的过程中，面色矜庄好像在作战，脚不离地小步快走，好像在沿着一条线行进。

接着讲享献和私觌时的礼容。

享，献。**享礼**，就是献物之礼。**容**，和。**容色**，与"战色"相对。献物之时，面色舒展，有和悦之色。**私觌**，私见，以私礼见。**愉**，乐，引申为和。愉愉如，愉快和乐的样子。

孔子执持君之圭，曲敛着身子，好像举不起圭的重量。持圭高的时候，就像作揖。持圭低的时候，则像授物于人的样子。面色矜庄好像要作战，脚不离地小步快走，好像在沿着一条线行进。献物之时，有和悦之色。以私礼见君时，则是愉快和乐的样子。

5.君子不以绀緅饰，红紫不以为亵服。当暑，袗绤绤，必表而出之。缁衣，羔裘。素衣，麑裘。黄衣，狐裘。亵裘长，短右袂。必有寝衣，长一身有半。狐貉之厚以居。去丧，无所不佩。非帷裳，必杀之。羔裘玄冠不以吊。吉月，必朝服而朝。齐，必有明衣，布。①

绀（gàn），《说文》："绀，帛深青扬赤色。"这是一种深青中透着红

---

① 皇侃《义疏》本中，"袗"作"缜"，"必表而出之"作"必表而出"，"狐貉"作"狐狢"，"齐（齊）"作"齋"，"布"作"布也"。

的颜色。**緅**（zōu），帛青赤色。这是一种青多红少，比绀更暗的颜色。**饰**，装饰，这里指给衣服镶边。古人的礼服是黑色，而深青中透红和青赤色都与礼服的颜色接近，因此不宜用这两种颜色的帛来给衣服镶边。古代注家则说，这两种颜色与丧服的颜色接近，因此不宜用于给衣服镶边。

亵（xiè），私服，即居家时穿的便服。红和紫两种颜色不宜做居家时穿的便服。这是因为这两种颜色不是正色，而是间色。所谓间色，指两种正色之间的颜色，是两种正色的混合。古人认为，正色有五种，称为"五方正色"，包括：东方属木，为青色；南方属火，为赤色；西方属金，为白色；北方属水，为黑色；中央属土，为黄色。青、赤、白、黑、黄是五方正色。另有五方间色，包括：绿色，是东方青的间色，它是中央黄入于东方青之后的颜色；红色，是南方赤的间色，它是西方白入于南方赤之后的颜色；碧色，是西方白的间色，它是东方青入于西方白之后的颜色；紫色，是北方黑的间色，它是南方赤入于北方黑之后的颜色；缁黄，是中央黄的间色，它是北方黑入于中央黄之后的颜色。因此，五方间色就包括了绿、红、碧、紫、缁黄。可见，红和紫都不是正色，不宜做居家穿的便服。既然连便服都不宜用红和紫，正服就更不可使用了。

"君子不以绀緅饰，红紫不以为亵服"，意思是：君子不用深青中透红和青赤色的帛给衣服镶边，不用红和紫这两种颜色做居家时穿的便服。

暑，炎热，也指炎热的夏季。**袗**（zhěn），单衣。这里是动词，穿单衣的意思。**絺绤**（chī xì），葛布。细葛布曰絺，粗葛布曰绤。**表**，穿在外面的衣服，这里是动词，意思是加上外衣。

"当暑，袗絺绤，必表而出之"，意思是：正当暑热的夏季，要穿葛布单衣，若外出或接待宾客，必须加上外衣。

缁，黑色。《说文》："缁，帛黑色也。"**衣**，指上衣。《说文》："衣，依也。上曰衣，下曰裳。"这里指裼（xī）衣，即行礼时覆加在裘外之衣。裘是皮衣，古人穿皮衣，有毛的一面朝外，因此必须在裘外边加上罩衣，这个罩衣叫裼。**羔**，乌羊。经传中提及"羔裘"，指其毛都是黑色的羊毛。羔裘的毛是黑色的，因此若用黑色裼衣，须穿羔裘。这就是"缁衣，羔裘"。这表达的是裘与裼衣的颜色要相称。下边两句"素衣，麑裘。黄衣，狐裘"表达的也是这个意思。

素，白色。**麑**（ní），同"麛"（mí）。《说文》："麛，鹿子也。"鹿子就是幼鹿。幼鹿的毛是白色的。若用白色裼衣，则须用麑裘。故曰"素衣，麑裘"。狐裘是黄色的，因此可以与黄色的裼衣搭配。故曰："黄衣，狐裘"。

"缁衣，羔裘。素衣，麑裘。黄衣，狐裘。"意思是：若用黑色裼衣，须穿羔裘。若用白色裼衣，须穿麑裘。若用黄色裼衣，须穿狐裘。

亵裘，指居家时所穿的裘。古代男子上面穿衣，下面穿裳。裳是裙子。把上边的裘做得长一些，能起到保暖的作用。这就是"亵裘长"。**袂**（mèi），衣袖。古人的衣袖很长，主要是为了礼容。居家时穿的裘右袖短，是为了便于做事。

"亵裘长，短右袂。"意思是：居家时所穿的裘要加长，但右边的袖子要减短。

寝衣，指小被子，与它相对的是"衾"，大被子。古人大被叫衾，小被叫被。《说文》："被，寝衣也。长一身有半。衾，大被也。"古人平时和妻子居住在燕寝，斋时则独自住在外寝，也叫正寝。斋时不可解衣而寝，但又不可穿着沐浴后裹身的明衣而寝，因此另备小被子，在外寝使用。小被子的长度是一个半身体那么长。这就是"必有寝衣，长一身有半"，意思是：必须有小被，有一个半身体那么长。

狐，狐狸。**貉**（hè），貉子，一种毛皮兽。**厚**，指厚皮毛。**以**，而。**居**，坐。用狐貉的厚皮毛来坐。古人置席于地，坐在席上，大夫可铺两层席。但冬季寒冷，所以可在席子上铺上狐貉的厚皮毛当作坐褥。

"狐貉之厚以居"，意思是用狐貉的厚皮毛来坐。

去，除。**丧**，丧服。**佩**，配饰。《说文》："佩，大带佩也。"段玉裁注："大带佩者，谓佩必系于大带也。"《礼记·玉藻》："凡带必有佩玉，唯丧否。"又说："君子无故，玉不去身，君子于玉比德焉。"因为丧主哀痛，所以丧期去掉配饰。除丧之后，只要是可以佩戴的尽可以佩戴，即"无所不佩"。

"去丧，无所不佩。"意思是除丧之后，只要是可以佩戴的尽可以佩戴。

帷裳，是礼服。古代男子上衣下裙，帷裳是下裙，在上朝和祭祀时穿用。它用整幅布做成，不加裁剪，因此像帷帐，称为"帷裳"。因为布幅宽大，腰部需要襞（bì）积。襞积就是褶皱。**杀**（shài），减省的意思，引申为削去、裁掉。帷裳的布是不用裁掉的，但是做其他衣服的布则需要剪裁。"非帷裳，必杀之。"意思是只要不是用整幅布做的裙子，就一定要剪裁。

玄，《说文》："黑而有赤色者为玄。"又指黑色。羔裘是黑色，玄冠也是黑色。羔裘配玄冠，是古代的吉服，不可用于丧事，因此穿着羔裘戴着黑冠不应去吊丧。羔裘玄冠不以吊，即"不以羔裘玄冠吊"，意思是穿着羔裘戴着黑冠不去吊丧。

吉月，即"月吉"，指月朔，即农历每月初一。"吉月，必朝服而朝"。意思是每月初一，孔子一定会穿着朝服去朝见君。

齐，古字为"齊"，读 zhāi，同"齋"，斋戒的意思。斋戒就是祭祀前洁净身心，以示虔敬。斋戒时要沐浴身体。沐是洗头发，浴是洗身体。身体尚未干燥，不可穿好的衣服，又不可露着肉，于是就有浴衣包裹身体。因为与祭祀有关之物称为"明"，所以这个浴衣称"明衣"，用布做成。所谓布，不是后世的棉布，而是麻布。

"齐，必有明衣，布。"意思是斋戒沐浴时，一定有浴衣，用布做的。

前人有把"齐，必有明衣，布"划归下一节的，其道理是"齐"字。既然下一节一开始就是"齐"，那么就应把"齐，必有明衣，布"划归下一节。对这种划分，笔者以为不妥。这是因为这一节讲的都是穿，即使是"齐，必有明衣，布"讲的也是穿，而下一节讲的是吃。因此，不应划入下一节。

君子不用深青中透红和青赤色的帛给衣服镶边，不用红和紫两种颜色做居家时穿的便服。正当暑热的夏季，要穿葛布单衣，若外出或接待宾客，必须加上外衣。若用黑色裼衣，须穿羔裘。若用白色裼衣，须穿麑裘。若用黄色裼衣，须穿狐裘。居家时所穿的裘要加长，但右边的袖子要减短。必须有小被，有一个半身体那么长。用狐貉的厚皮毛来坐。除丧之后，只要是可以佩戴的尽可以佩戴。只要不是用整幅布做的裙子，就一定要剪裁。穿着羔裘戴着黑冠不去吊丧。每月初一，必须穿着朝服去朝见君。斋戒沐浴时，一定有浴衣，用布做的。

6.齐必变食，居必迁坐。食不厌精，脍不厌细。食饐而餲，鱼馁而肉败，不食。色恶，不食。臭恶，不食。失饪，不食。不时，不食。割不正，不食。不得其酱，不食。肉虽多，不使胜食气。唯酒无量，不及乱。沽酒市脯不食。不撤姜食。不多食。祭于公，不宿肉。祭肉不出三日，出三日，不食之矣。食不语，寝不言。虽蔬食菜羹瓜，祭，必齐如也。①

齐，古字写作"齊"，读 zhāi，指斋戒，祭祀前洁净身心，以示虔敬。这个意义后世写作"斋"。皇侃《义疏》本中即写作"斋"。**变食**，改变平时的饮食。据《周礼·天官·膳夫》记载，天子每天早饭用一太牢，即宰杀牛羊豕各一。午饭和晚饭不再宰杀，而是吃早上剩余的肉。但是在祭祀前斋戒的时候，则每顿饭都要新宰杀一头牛。这就是"变食"。每顿饭都吃新鲜的，其用意是取其洁净。诸侯和其他各级官员的"变食"也是这个含义。

居，住。**迁坐**，是一个形象的说法，把座位迁往别处，意思是改变平时居处的地方。古人自天子以至于士，平时居处都在燕寝，斋戒和疾病时则迁往外寝，也叫正寝。"齐必变食，居必迁坐。"意思是祭祀前斋戒时，一定改变平时的饮食，一定改变平时居处的地方。

食（sì），特指"饭"的时候，读 sì。本节中，"食饐而餲""不使胜食气""虽蔬食菜羹瓜"三句中的"食"，都读 sì。**厌**，厌弃、嫌恶。**精**，《说文》："精，择也。"这里指精米，经过挑选的不含杂质的上等米。**脍**（kuài），牛羊肉和鱼切成的细丝。肉腥细者为脍，大者为轩。"食不厌精，脍不厌细"，意思是饭以精米为尚，肉丝和鱼丝以细为尚。

---

① 在皇侃《义疏》本中，"齐必变食"的"齐"（即"齊"），作"斋"，"蔬食菜羹瓜"中的"蔬"作"疏"，"必齐如也"的"齐"（即"齊"）作"斋"。

饐（yì），指食物经久而腐臭。**餲**（ài），指食物经久而变味儿。**馁**、**败**，都指肉的腐败。《尔雅·释器》："肉谓之败，鱼谓之馁。"郭璞注："败，臭坏也。馁，肉烂也。""食饐而餲，鱼馁而肉败，不食。"意思是饭腐臭和变味儿，鱼腐烂和肉坏臭，则不吃。

色恶，指食物失去正常颜色。色恶，不食，意思是食物失去正常颜色，就不吃。

臭（xiù），气味儿。"臭恶，不食"，意思是气味儿难闻，不吃。

饪（rèn），煮熟。失饪，就是未煮熟。"失饪，不食"，意思是未煮熟的食物，不吃。

不时，不是吃饭时间。古人吃饭有三次：朝、日中、夕。"不时，不食"，意思是不是正常吃饭时候，就不吃饭。

割，意思是解，指宰杀牛羊豕时对肢体的分解。古人对此有一定的分解方法。如果没有按方法分解，就叫"割不正"。"割不正，不食"，意思是不按一定方法割解的肉，不吃。

酱，本义是肉酱，这里代指肉酱、醋、盐梅等调味品。古人吃饭，不同的食物要搭配不同的调味品。其，指某种食物，这种食物需要有某种调味品来搭配。"不得其酱，不食"，意思是得不到可以搭配的调味品，则不吃这种食物。

胜，多于。**食**（sì），指肉以外的其他饭食。肉即使很多，但吃肉不可多于吃其他饭食。

无量，不限量。**乱**，指礼乱。燕礼中，宾主酬酢，行杯无数，就是"无量"。虽然喝酒很多，但是却不忘礼。不忘礼，就是"不及乱"，不至于礼乱。"唯酒无量，不及乱"，意思是只有酒是不限量的，只要不至于礼乱。

沽，买酒。沽酒，这里指买来的酒。**市**，买。**脯**（fǔ），干肉。酒不是自己酿造，未必洁净；脯不是自己做的，则不知是何物之肉，所以买来的酒和干肉，不吃。

撤，去。**姜**，可以通神明，除秽恶，所以不撤去。

不多食，不吃得过饱。

公，指国君。侯、伯在其国内可以称公。祭于公，就是助祭于国君。大夫和士都有助君祭之礼。国君的祭礼，在祭祀当天早上杀牲，当天祭祀。但第二天又祭祀，这叫"绎祭"。当国君祭祀的时候，助祭的大夫和士，也可以各自献上祭肉，称为"宾俎"。俎（zū）是一种礼器，用以放牲体。祭肉放于俎上，叫"俎实"。国君献上的祭肉和大夫、士献上的祭肉，都叫"脤"（shèn）。如果是士献的祭肉，则祭祀之后，由士自己撤走。如果是大夫献上的俎肉，则祭祀之后，由国君派人送还。国君祭祀时自己所用的祭肉，祭祀结束后称为"胙"（zuò）。胙，祭祀之后的福肉。在祭祀结束之后，胙要分给宗亲和助祭人员，这叫"颁胙""赐胙"。

国君的祭肉和大夫、士的祭肉，从祭祀当天早上杀牲开始，到第二天绎祭结束，这些经历了祭祀的福肉，已经放了两天了。这些福肉要尽快分给众人，不可再放一宿，否则可能腐败。福肉腐败是对鬼神的不敬。趁着尚未腐败，迅速分给众人，也是不滞留神惠。祭于公，不宿肉，意思是助祭于国君，福肉不可放一晚。

"祭肉不出三日"的"祭"，指的是家祭。家祭的福肉同样不可超过三天。若超过三天，同样也会腐败。腐败之肉，就不可食用了。同时，福肉腐败也是怠慢鬼神。

语，是回答别人问话。**言**，是自己主动说话。**言语**，指代的是说话。食不语，寝不言，意思是吃饭的时候和睡觉的时候不说话。这是因为吃饭时说话，口中食物令人憎恶。睡觉时说话，则影响入眠。

虽，即使。**疏食**（sì），粗食。**羹**，是肉汁。**菜羹**，把菜拌进肉汁中。**祭**，指祭先人。在吃饭之前，将席上各种食物都拿出少许，放在盛放食物的器皿之间，来祭先代发明饮食的人。祭先，表示还报先人之功和不忘本。

齐，古字写作"齊"，读 zhāi，指斋戒，祭祀前洁净身心，以示虔敬。这个意义后世写作"齋"。皇侃《义疏》本中即写作"齋"。在这里作形容词，意思是肃敬。**如**，用在形容词词尾，意思是……的样子。即使是粗食、菜羹、瓜，用以祭先代发明饮食之人的时候，也要表现出恭敬的样子。

祭祀前斋戒时，一定改变平时的饮食，一定改变平时居处的地方。饭以精米为尚，肉丝和鱼丝以细为尚。饭腐臭和变味儿，鱼腐烂和肉坏臭，则不吃。食物失去正常颜色，就不吃。气味儿难闻，不吃。未煮熟的食物，不吃。不是正常吃饭时候，不吃饭。不按一定方法割解的肉，不吃。得不到可以搭配的调味品，则不吃这种食物。肉即使很多，但吃肉不可多于吃其他饭食。只有酒是不限量的，只要不至于礼乱。买来的酒和干肉，不吃。不撤去姜食。不吃得过饱。助祭于国君，福肉不可放过夜。家祭的福肉同样不可超过三天。若超过三天，就不再吃它了。吃饭的时候和睡觉的时候不说话。即使是粗食、菜羹、瓜，用以祭先代发明饮食之人的时候，也要表现出恭敬的样子。

7.席不正，不坐。

这一节讲的是正席之礼。

席，古代供坐卧的用具。古人没有椅子、凳子之类的坐具，都是在地面铺上席子坐在席子上。而席子一般也不是直接铺在地面上，在席子的下面，还有直接与地面接触的垫子，叫筵。筵之上才是席。身份地位不同，席子的层数也不同。天子之席五重，诸侯三重，大夫两重。正，摆正。"席不正"，意思是席子摆得不端正，有所移动和偏斜。**坐**，古人的坐，是双膝着地，臀部靠在脚后跟上。如果双膝着地，但臀部抬起，这是准备拜叩的姿势，这个姿势叫跪。如果双膝着地，而上身挺直，这个姿势叫踞（jì）。

"席不正，不坐"，意思是坐席摆得不端正，则不坐。

8.乡人饮酒，杖者出，斯出矣。

这一节讲的是孔子在乡饮酒礼后对老人的尊重。

乡人饮酒，指举行乡饮酒礼。**杖者**，指老人。《礼记·王制》："五十杖于家，六十杖于乡，七十杖于国，八十杖于朝。"古人五十岁即为老人，可以用杖，因此杖者指老人。**斯**，连词，则，乃。**出**，出来，这里的意思是从酒宴处出来离开。举行乡饮酒礼，老年人离开酒宴出来，孔子才离开酒宴出来。

乡亲们饮酒时，老年人离开酒宴出来，孔子才离开酒宴出来。

9.乡人傩，朝服而立于阼阶。

乡人，本乡人。**傩**（nuó），驱除疫鬼的一种仪式，每年举行三次，分别在季春三月、仲秋八月、季冬十二月举行。其中八月和十二月傩由天子举行，只有三月傩是国民家家皆傩。此处说"乡人傩"，指的就是三月傩。

朝服，指动作，穿着朝服。朝服，也是祭服，这是因为大夫都是穿着朝服祭祀。**阼**（zuò）**阶**，指东阶，是主人之阶。《说文》："阼，主阶也。"西阶则是宾阶。

孔子怕傩时惊动宗庙中的祖先神，所以穿着朝服立于宗庙的东阶之上，让祖先神来附依在自己身上。

本乡人举行驱逐疫鬼的傩祭时，孔子穿着朝服立于宗庙的东阶之上。

10.问人于他邦，再拜而送之。

问，问候。古人问候他人，也会送上礼物表达情意。"问人于他邦"，意思是托人向在外国的朋友表示问候。

拜，是表示恭敬的一种礼节。古人的拜，仅仅拱手弯腰而已。**再拜**，就是拜两拜。**之**，指使者。拜送使者，表示的是对被问候者的尊敬。

孔子问候在外国的朋友，会向使者拜两次送行。

11.康子馈药，拜而受之，曰："丘未达，不敢尝。"①

康子，即季康子，鲁国执政的上卿季孙肥，康是谥，子是尊称。**馈**，赠送。

拜，在这里指拜一次。大夫赐，皆拜受于家。据《礼记·玉藻》："酒肉之赐，弗再拜。"弗再拜，就是不拜两次，只用一拜。药，也属于饮食之类，因此只用拜一次。**之**，它，指药物。季康子赠送药物，孔子拜谢而

---

① 皇侃《义疏》本中，"不敢尝"作"不敢尝之"。

国君有命令来召唤孔子，孔子不等车辆驾好就徒步前行了。

16.入太庙，每事问。

太庙，在鲁国指的是周公庙。**事**，指牺牲、服器、礼仪诸事。不仅指事情，也指物品。孔子仕鲁，鲁祭周公，孔子助祭，所以可以进入太庙。孔子进入太庙之中，虽然对每件事情和每个物品都知道，但是仍然向人询问每件事和每个物品，这是他敬慎的态度。敬慎也是礼的要求。

这句话在《八佾第三》第 15 章中出现过，此处再次出现。《八佾》中是记或人对孔子这样做的疑惑。此处则是记孔子平生常如此，因此两次出现。

孔子进入太庙，对每件事和每个物品都要问。

17.朋友死，无所归，曰："于我殡。"

无所归，即"无归所"，没有可归之处，意思是没有亲人收殓。**殡**，本义是停枢待葬，这里的意思是料理丧事。

孔子的朋友死了，没有亲人收殓，孔子说："由我来料理丧事。"

18.朋友之馈，虽车马，非祭肉，不拜。

馈，赠送，这里是名词，指赠送的东西。**虽**，即使。车马是较大的财物，但朋友有通财之义，因此即使是车马这样的馈赠，也不用拜受。如果馈赠的是朋友家的祭肉，则要拜受。这个拜表达的是对神惠的尊敬和对朋友家祖先的尊敬。

朋友的馈赠，即使是车马，只要不是祭肉，孔子接受时也不拜。

19.寝不尸，居不容。

寝，睡觉。**尸**，是代表死者受祭的活人，但这里的"尸"同"屍"，屍体，引申为象屍体一样直躺着。**居**，居家。**容**，容仪。在家应当和乐轻松，因此居家不为容仪。

孔子睡觉不会像尸体一样直躺，居家也不为容仪。

20.见齐衰者，虽狎，必变。见冕者与瞽者，虽亵，必以貌。凶服者式之。式负版者。有盛馔，必变色而作。迅雷风烈必变。

齐衰（zī cuī），丧服的一种。齐，是緝的省略，意思是缝其衣裳的边际而使之整齐。衰，是縗的省略，指丧服的上衣。齐衰，就是缝上衣之边使之整齐。齐衰者，指代有至亲去世者。这里单言"齐衰"，自然包括了比齐衰关系更近的斩衰。**虽**，即使。**狎**（xiá），亲近。**变**，变容。见到有至亲之丧的人，即使平日很亲近，也一定变容，以表示同情。这是哀有丧，即对有丧事的人表示哀悼。

冕，大夫以上的人所戴的冠。**瞽者**，盲人。**亵**（xiè），亲近、熟悉。**貌**，礼之貌。见到大夫以上的官员和盲人，即使平日很熟悉，也一定以礼貌待之。这是尊敬在位者和怜恤不能成人者。

凶服，指送给死人的衣物。古人送给丧家帮助办理丧事的物品主要有赗（fēng）、襚（suì）、含、赙（fù）。车马曰赗，衣衾曰襚，玉或珠贝曰含，钱财曰赙。其中襚是送给死人的衣物。**式**，同"轼"，车前用来当扶手的横木。这里作动词，意思是凭轼示敬。古人乘车都是站立在车中，需要表达敬意的时候，则以手扶轼，微俯其身。**之**，指凶服者。见到给死者送衣服的人，孔子会凭轼示敬。

负，背着。**版**，也作"板"，指图籍，即地图和户口册，合称版图。古代没有纸张，都是在木板之上写字和画地图，所以地图和户口册称版。孔子向背负着版图的人凭轼示敬，表达的是对民数的重视。

馔（zhuàn），饭食。**盛馔**，丰盛的饭食。**变色**，改变神色。**作**，起。有丰盛的饭食，孔子一定改变神色站起来。这是对主人心意的尊敬。

迅雷风烈，即"迅雷烈风"。**迅**，疾速。**烈**，暴。古人认为疾雷和暴风，是阴阳二气的激荡，代表的是上天发怒。因此，听到疾雷，见到暴风，孔子一定会改变神色。这是敬天之怒。

见到有至亲之丧的人，即使平日很亲近，孔子也一定变容。见到大夫以上的官员和盲人，即使平日很熟悉，也一定以礼貌待之。见到给死者送衣服的人，孔子会凭轼示敬。向背负着版图的人凭轼示敬。有丰盛的饭食，孔子一定改变神色站起来。听到疾雷，见到暴风，孔子一定会改变神色。

21.升车，必正立执绥。车中不内顾，不疾言，不亲指。

升，登。**正立**，正身而立。**绥**，上车时所执的绳。《说文》："绥，车中把也。"绥系于车中，人将上车，须用手把着绥，以防止上车过程中跌倒。正立，正身而立，这是礼容。君子庄敬无所不在，在登车时则表现为正身而立。孔子登车时，一定正身而立，手中把着绥。

内顾，向车内回看。孔子在车上时不向内回看。因为这样做是不掩车内人之私，而见车内人之短，非大德所为。**疾**，急。在行驶的车上急速说话，容易惊人，所以孔子在车上不急速说话。**亲指**，亲自指指点点。在车上指指点点，容易惑众，因此孔子在车上不指指点点。

孔子登车，一定正身而立，手中把着绥。在车上时不向内回看，不急速说话，不指指点点。

22.色斯举矣，翔而后集。曰："山梁雌雉，时哉时哉！"子路共之，三嗅而作。①

色，面部表情，特指怒色。**斯**，连词，则，乃。**举**，一种向上的动作，这里指飞走。**翔**，盘旋而飞。《说文》："翔，回飞也。"**集**，本作"雧"，群鸟栖息在树上。《说文》："雧，群鸟在木上也。"引申为停止，落在。"色斯举矣，翔而后集"，意思是鸟见人有怒色则飞走，盘旋而飞之后才落于树木之上。这两句话以鸟喻人，其含义是人也要像鸟那样察言观色，若国君面色不善，则尽快离开。审慎地选择去处之后再停下来。色斯举，见面色不善即离去，是去之速；翔而后集，盘旋回飞之后才落下来，是就之迟。这是君子难进易退的态度。

梁，水上的木桥。**雉**，野鸡。此处说"雌雉"，并无其他意义，只是就当时所见而言。**时**，时机，机会。这里是合乎时机、得其时的意思。孔子说："山间桥梁之上这只母野鸡，得其时啊得其时！"这是对自己遭逢乱世，不得其时的感叹。

共，同"拱"，抱拳、敛手。**嗅**，用鼻子辨别气味。**作**，起，这里指野鸡飞起。子路向这只野鸡以手抱拳，但野鸡向周围闻了几次之后就飞走了。

鸟见人有怒色则飞走，盘旋而飞之后才落于树木之上。孔子说："山间桥梁之上这只母野鸡，得其时啊得其时！"子路向这只野鸡以手抱拳，但野鸡向周围闻了几次之后就飞走了。

---

① 《乡党》全篇主要记述孔子在不同场景下的礼容，而本节与此主题格格不入。至于其原因，历来无解，因而不可强解。

先进第十一

1.子曰："先进于礼乐，野人也。后进于礼乐，君子也。如用之，则吾从先进。"①

进，进入，这里的意思是学习。**进于礼乐**，即学习礼乐。**野**，指民间，与"朝"相对。**野人**，指没有官位的人，即平民。先学习礼乐而后入仕为官的，是平民。

君子，这里是对有官位的人的称呼。先做官而后学习礼乐的，是有官位的人。据《礼记·王制》，上古用人，都是先学习礼乐而后出仕。但到了春秋，此法废弃，卿大夫皆世代爵禄。其中有贤者，入仕以后乃学礼乐，这就是后进于礼乐。

用，任用为官。**从**，跟随，此处意为主张。如果任用为官，孔子是主张用先进于礼乐者的人。

---

① 皇侃《义疏》本中，"皆不及门也"作"皆不及门者也"。

孔子说："先学习礼乐而后入仕为官的，是平民。先做官而后学习礼乐的，是有官位的人。若任用为官，那么我主张任用先学习礼乐的人。"

2.子曰："从我于陈、蔡者，皆不及门也。"

陈、蔡，是一个典故，指孔子厄于陈、蔡之间。据《史记·孔子世家》，鲁哀公六年，楚昭王听说孔子在陈、蔡之间，就派人问候孔子，孔子将去见昭王拜礼。陈、蔡大夫密谋害孔子，派出队伍在野外包围了孔子。孔子和弟子们没有了粮食吃。于是孔子派遣子贡到楚国去，楚昭王发兵迎接孔子，陈、蔡之厄才解除。

及，及到，达到。**门**，指卿大夫的家门。**及门**，指仕于卿大夫家。孔子说，跟从自己在陈、蔡之间遭受困难的弟子，都是未在卿大夫家做官的人。后来孟子也说："君子之厄于陈、蔡之间，无上下之交也。"因为当时没有弟子在陈、蔡为官，所以孔子遭遇了一场困厄。

孔子说："跟从我在陈、蔡之间遭受困难的弟子，都是未在卿大夫家做官的人。"

3.德行：颜渊，闵子骞，冉伯牛，仲弓。言语：宰我，子贡。政事：冉有，季路。文学：子游，子夏。

这里讲的是孔门四科。

德行，兼具内外两方面，在心为德，施之为行。德行优异的有颜渊、闵子骞、冉伯牛和仲弓。颜回，字子渊；闵损，字子骞；冉耕，字伯牛；冉雍，字仲弓。

言语，指宾主应对之辞。善于宾主应对之辞的有宰我和子贡。宰予，字子我；端木赐，字子贡。

政事，指国家治理方面的事务。善于治理国家事务的有冉有和子路。冉求，字子有；仲由，字子路，一字季路。

文学，指关于古代典籍文献的学问。精通古代典籍文献的有子游和子夏。言偃，字子游；卜商，字子夏。

以上被后人称为"孔门四科"。在《史记·仲尼弟子列传》中，四科的顺序为德行、政事、言语、文学，与此处所列顺序稍有不同。

德行优异的有颜渊、闵子骞、冉伯牛、仲弓。善于宾主应对之辞的有宰我和子贡。善于治理国家事务的有冉有和子路。精通古代典籍文献的有子游和子夏。

4.子曰："回也，非助我者也，于吾言无所不说。"①

助，益。**说**（yuè），喜悦。这个意义后世写作"悦"。教和学本是相互启发，但是颜渊每听孔子之言，默识心通，没有疑问，无法启发孔子，所以孔子说颜回不是能帮助自己的人。这句话表面上看是孔子的遗憾，实质上则表达了孔子对颜渊更深的喜欢。

孔子说："颜回不是能帮助我的人，他对我说的话没有不喜悦的。"

5.子曰："孝哉，闵子骞！人不间于其父母昆弟之言。"

孝哉，闵子骞，意思是闵子骞真是孝啊！

不，无。**间**，是閒的俗体字，非议的意思。**昆**，兄。"人不间于其父

---

① 皇侃《义疏》本中，"说"作"悦"。

母昆弟之言"，可以理解为"人于其父母昆弟无间言"，意思是人们对于他的父母兄弟没有非议之言。

可见，这里的闵子骞之孝表现在他的父母兄弟不被外人非议。闵子骞是如何做到这一点的？《说苑》中讲到，闵子骞兄弟二人。其母死后，其父又娶，生二子。子骞为父亲驾车，因手冻，辔从手中滑落。其父攥其手凉，发现子骞衣服单薄。回家后唤来后母之子，发现其衣服很厚，攥其手，很温暖。于是其父就要休妇。子骞说："母在一子单，母去四子寒。"其父乃漠然不语。据《韩诗外传》，此事的结局是：其继母改悔，此后对待四子至为均平，遂成慈母。正如《说苑》的评论："孝哉闵子骞！一言其母还，再言三子温。"

在这件事中，子骞谏父，其继母未被驱逐，自然感念子骞；三个兄弟能得以温暖，自然也感念子骞。这里，子骞谏父，使父母兄弟之行均合于宜，于是人们对其父母兄弟无非议之言。这是大孝。这一点上，子骞甚至超越了舜。虞舜尽力隐瞒其父母和弟弟的过错，而不是劝止。其父瞽瞍，其母握登，其弟象屡次有杀舜之心。舜若及早谏止，也许可以避免使其父母和弟弟留下杀己的恶名，从而不为后世所非议。

孔子说："闵子骞真是孝啊！人们对于他的父母兄弟没有非议之言。"

6.南容三复白圭，孔子以其兄之子妻之。

南容，孔子弟子南宫括，字子容。括，又写作"适"，读 kuò。

三，多。古人往往用三和九表示多，此处的"三"就是这种情况，而不是实指三次。**复**，古字作"復"，返回的意思。《说文》："復，往来也。"这里的意思是反复。古字也有"复"字，意思是走老路。《说文》：

"复，行故道也。"復与复含义不同，但现代简化字一律写作"复"。

圭，古人的玉制礼器，上尖下方或上圆下方，帝王和诸侯举行隆重礼仪时所用。《诗·大雅·抑》中有诗句如下："白圭之玷，尚可磨也；斯言之玷，不可为也!"玷，缺。斯，此。为，治，引申为救。这句诗的意思是，白圭上的缺损，尚可以通过打磨而变成平的；这说话中的缺损，是没办法挽救的。这讲的是言语要谨慎。

南容读《诗》至此，一天之内多次反复读这几句诗，说明他与诗句中所言的慎言之意深有契合。南容的慎言使得他在邦有道之时，不被废置不用；在邦无道之时，又能免于被刑和被杀。因此，孔子把自己的侄女嫁给了他。

《公冶长第五》第2章中已经记录了孔子评论南容的话，同时也记下了孔子把自己侄女嫁给南容这件事。此处弟子再次记录孔子嫁侄女于南容这件事，是弟子各记所闻，不是重出。

南容反复诵读白圭之诗，孔子把自己兄长的女儿嫁给了他。

7.季康子问："弟子孰为好学?"孔子对曰："有颜回者好学，不幸短命死矣。今也则亡。"[①]

季康子问："你的弟子中谁是好学的？"季康子是鲁国执政的上卿，地位远高于孔子，所以，记录者用"孔子对曰"。

者，助词，用在有字句宾语后面，这个宾语是下文的主语。在这里，"颜回"是下文"不幸短命死矣"的主语。亡（wáng），无。此义后人读

---

① 皇侃《义疏》本中，"今也则亡"之后，尚有"未闻好学者也"。

wú。孔子回答说："有一个叫颜回的弟子好学，不幸短命死了。现在则没有好学的。"

本章中，季康子所问的与《雍也第六》第3章中哀公所问的是同一个问题。在回答哀公问时，孔子说：有一个叫颜回的弟子好学，他不迁怒于他人，也不第二次犯同样的错误，但是不幸短命死了。现在则没有好学的人，我也没有听说过好学的人。这里在回答季康子问的时候，孔子则说，有一个叫颜回的弟子好学，不幸短命死了，现在则没有好学的了。

为什么这两处问的问题相同而孔子的回答却不同？这有两方面的原因：第一，问者身份不同。哀公是国君，国君问话，臣下应尽可能详细回答。季康子是臣，必待其能问才告诉他。《大戴礼·虞戴德》中，孔子曾说："丘与君唯无言，言必尽，于他人则否。"第二，哀公可能有迁怒贰过的毛病，因此孔子特别指出颜渊不迁怒不贰过的品德，用以微谏哀公。季康子则没有迁怒贰过的毛病，因此不须提及。

季康子问："你的弟子中谁是好学的？"孔子回答说："有一个叫颜回的弟子好学，不幸短命死了。现在则没有好学的。"

8.颜渊死，颜路请子之车以为之椁。子曰："才不才，亦各言其子也。鲤也死，有棺而无椁。吾不徒行以为之椁。以吾从大夫之后，不可徒行也。"①

颜路，《史记·仲尼弟子列传》："颜无繇（yóu）字路。路者，颜回父，父子尝异时事孔子。"**请**，请求给予。**椁**（guǒ），字又作"槨"，外

---

① 皇侃《义疏》本中，"鲤也死"作"鲤死"，"吾不徒行以为之椁"作"吾不可徒行以为之椁"，"不可徒行也"作"吾以不可徒行"。

棺，这里做动词，做椁。《白虎通·崩薨》："椁之为言廓也，所以开廓辟土，无令迫棺也。"**以**，而。颜渊死，其父颜路请求把孔子的车给予自己来为颜渊做椁。

才，才能。**不才**，没有才能。在这里，才指代颜渊，不才指代伯鱼。**亦**，在这里是语气词，不过，只是。"才不才，亦各言其子也"，意思是不管有才能还是无才能，不过是各说各自的儿子。

鲤，孔子的儿子，名鲤，字伯鱼。《孔子家语·本姓解》："鱼之生也，鲁昭公以鲤鱼赐孔子。荣君之贶（kuàng，意思是赏赐），故因以名曰鲤，而字伯鱼。鱼年五十，先孔子卒。"**棺**，棺材。《白虎通·崩薨》："棺之为言完，所以藏尸令完全也。"《说文》："棺，关也，所以掩尸也。"鲤也死，有棺而无椁，意思是伯鱼死的时候，有棺而无椁。

徒行，步行。**以**，而。我不能徒步行走而把车给他做椁。

以，因为。从大夫之后，跟随在大夫们后边。大夫位爵已尊，不可步行。孔子回鲁后，被视为国老，虽无具体职务，但地位不低于大夫。这里孔子自称"从大夫之后"，是孔子的谦辞。"以吾从大夫之后，不可徒行也"，意思是因为我跟随在大夫们后边，不可以徒步行走。

颜渊死，其父颜路请求把孔子的车给自己来为颜渊做椁。孔子说："不管有才能还是无才能，不过是各说各自的儿子。伯鱼死的时候，有棺而无椁。我不能徒步行走而把车给他做椁。因为我跟随在大夫们后边，不可以徒步行走。"

9.颜渊死。子曰："噫！天丧予！天丧予！"

噫，痛伤之声。**丧**，亡。**予**，我。天丧予，意思是老天这是要我的命啊。连说两遍"天丧予",可见孔子痛惜之甚。

颜渊死。孔子说:"哎呀!老天这是要我的命啊!老天这是要我的命啊!"

10.颜渊死,子哭之恸。从者曰:"子恸矣!"曰:"有恸乎?非夫人之为恸而谁为?"[①]

恸(tòng),极其悲痛,大哭。颜渊死,孔子哭颜渊极其悲痛。

从者,指跟随的弟子。跟随的弟子说:"您太悲痛了!"

有恸乎,孔子不知自己已经极其悲痛了,所以反问说:"我悲伤过度了吗?"**夫**(fú),指示代词,在这里用作定语,相当于"彼"或"此"。**夫人**,此人,指颜渊。非夫人之为恸而谁为,即"非为夫人恸而为谁恸",意思是我不为此人过哀而为谁过哀呢。

颜渊死,孔子哭颜渊极其悲痛。跟随孔子的弟子说:"您过哀了!"孔子说:"我过哀了吗?我不为此人过哀而为谁过哀呢?"

11.颜渊死,门人欲厚葬之。子曰:"不可。"门人厚葬之。子曰:"回也视予犹父也,予不得视犹子也。非我也,夫二三子也。"

门人,弟子。这里的"门人",既可能是孔子的弟子,也可能是颜渊的弟子。颜渊死,孔子的弟子们想厚葬颜渊。孔子说:"不可以。"孔子之所以这样说,有两个原因:第一,贫而厚葬不合礼。根据礼,贫富各有宜。颜渊家贫,不宜厚葬。若厚葬,则不合礼。第二,君子必不得已时才接受

---

① 皇侃《义疏》本中,"曰:'有恸乎?'"作"子曰:'有恸乎?'","谁为"作"谁为恸"。

他人帮助。而颜渊有薄葬，并不是完全无法下葬。有棺可以不求有椁，有葬可以不求厚葬。既有棺，又有葬，并不是到了不得已的时候。

但是弟子们没有听从孔子的话，他们厚葬了颜渊。于是孔子说："颜渊视我如父，我却不能视他如子。"这是因为颜渊自有父，其父颜路欲厚葬颜渊，孔子无法制止，因此，孔子说"予不得视犹子也"。

夫，指示代词，那。**二三子**，指孔子的弟子们。孔子说："这不是我的主意，是那弟子们干的啊。"

颜渊死，孔子的弟子们想厚葬颜渊。孔子说："不可如此。"但是弟子们仍厚葬了颜渊。孔子说："颜渊视我如父，我却不能视他如子。厚葬这件事，不是我的主意，是那弟子们干的啊。"

12.季路问事鬼神。子曰："未能事人，焉能事鬼?"曰："敢问死。"曰："未知生，焉知死?"

季路，仲由的字。仲由字子路，一字季路。**事**，侍奉，服事。**鬼**，人死灵魂曰鬼。**神**，本义是神灵，引申为人死后的灵魂。可见，鬼神都是指人死后的灵魂。子路问如何侍奉人死后的灵魂。

未，不曾，还没有。**能**，做得到。**焉**，哪里。孔子回答说："还没有做到侍奉活人，哪里能做到侍奉人死后的灵魂?"侍奉鬼神，实际上是由侍奉活人推导出来的，服事人和服事鬼是一理。因此，应先明白侍奉活人的道理，而后自然知道如何侍奉鬼神。子路之问颠倒了二者的关系，因此孔子不予回答。

敢，本义是无畏，有胆量，引申为谦辞，表示冒昧，大胆。子路又说："大胆地问一下死的道理。"孔子回答说："还不知道活着的道理，哪里能知道人死的道理?"生、死一理,不知道活着的道理,就不知道死后的道理,因此对于子路颠倒主次之问,孔子不予回答。实质上,孔子的不回答已经做了深刻回答。"未能事人,焉能事鬼","未知生,焉知死",已经明白说出了"事人"和"知生"才是根本。

子路问如何侍奉人死后的灵魂。孔子说:"还没有做到侍奉活人,哪里能做到侍奉人死后的灵魂?"子路又说:"大胆地问一下死的道理。"孔子说:"还不知道活着的道理,哪里能知道人死的道理?"

13.闵子侍侧,訚訚如也;子路,行行如也;冉有、子贡,侃侃如也。子乐。"若由也,不得其死然。"①

闵子,闵损,字子骞。这里对闵子骞称"子",说明本章乃是子骞的弟子所记。

侍,陪从于尊长之侧。**訚訚**(yín),恭敬正直之貌。**如**,用在形容词词尾,意思是……的样子。闵子陪从于孔子之侧,恭敬正直的样子。这是因为闵子骞生性中正。

行行(hàng),刚强之貌。子路,刚强的样子。这是因为子路生性刚强。

侃侃(kǎn),和乐的样子。冉有、子贡,和乐的样子。二子皆和乐。

子乐,见四弟子各尽其自然之性,于是孔子很高兴。此处孔子之乐,乐在四弟子各尽其性。

若,逆料之辞,不能完全确定的意思。**由**,子路的名。**得其死**,是当

---

① 皇侃《义疏》本中,"若由也,不得其死然",作"曰:'若由也,不得其死然。'"

时的俗语，意思是得善终。**然**，语气词，相当于"焉"。孔子说："像仲由，怕是不能善终吧。"孔子为什么这么说呢？因为子路性刚直。在邪枉的时代，刚直自然招祸。后来，子路果然死于卫国的内乱。

闵子陪从于孔子之侧，恭敬正直的样子；子路，刚强的样子；冉有、子贡，和乐的样子。孔子很高兴。但是，孔子又说："像仲由，怕是不能善终吧。"

14.鲁人为长府。闵子骞曰："仍旧贯，如之何？何必改作？"子曰："夫人不言，言必有中。"

鲁人，指鲁国的执政大臣。**为**，做，须根据上下文确定其具体含义，这里指翻修。**府**，是聚的意思，藏财货曰府，可见"府"是藏财货之所。**长**，是府的名字。鲁人为长府，意思是鲁国的执政大臣们翻修长府。

仍，因袭，不改。**贯**，事。**如何**，怎样。闵子骞说："因袭旧样子不动，怎么样？为何一定要改造呢？"翻修改造之事，劳民伤财，若得已，则不如不改造。

夫，那。**人**，指闵子骞。**有中**，有所击中，意思是中于道理。孔子听说了闵子骞的这些话，说："那人不爱说话，若说话则必有所击中。"

鲁国的执政大臣们翻修长府。闵子骞说："因袭旧样子不动，怎么样？为何一定要改造呢？"孔子听说了闵子骞的这些话，说："那人不爱说话，若说话则必有所击中。"

15.子曰："由之瑟，奚为于丘之门？"门人不敬子路。子曰："由也升堂矣，未入于室也。"①

由，仲由。**奚**，何，为何。**为**，做，这里指弹奏。子路性刚，鼓瑟有杀伐之声，而孔门文雅，非用武之所，所以孔子说："仲由的瑟，为何弹奏于我的门下呢？"

敬，尊敬。门人听到孔子这样说，以为孔子贱看子路，于是不尊敬子路。

升堂入室，是一个比喻。古人屋栋之下，前堂后室。堂室之间，有户相通。自宅外进入，先入门，再上堂，最后入室。于是入门、升堂、入室，被比喻为学问的三阶段。堂前有阶，进入堂须先登阶，所以入堂称为升堂。孔子见门人如此，知门人误解了自己的意思，就解释说："仲由已经升堂了，只是还没有入室罢了。"

孔子说："仲由的瑟，为何弹奏于我的门下呢？"于是门人不尊敬子路。孔子说："仲由已经升堂了，只是还没有入室罢了。"

16.子贡问："师与商也孰贤？"子曰："师也过，商也不及。"曰："然则师愈与？"子曰："过犹不及。"②

师，颛孙师，字子张。**商**，卜商，字子夏。**孰**，谁。**贤**，贤能，才德出众。子贡问："子张和子夏谁更贤能一些？"

过，过当，即超过了适当。**不及**，不及当，即达不到适当。孔子说：

---

① 皇侃《义疏》本中，"瑟"作"鼓瑟"。

② 皇侃《义疏》本中，"子贡问"作"子贡问曰"，"师与商也孰贤"作"师与商也孰贤乎"，"过犹不及"作"过犹不及也"。

"师超过了适当，商达不到适当。"

愈，胜，意思是更贤能。子贡见孔子说子张过当，子夏不及当，便认为过当更贤能一些，于是问道："这样的话，那么师更贤能吗？"

犹，如。过当和不及当都不得中道，在这个意义上，过和不及是一样的。因此，孔子说："过当犹如不及当。"

子贡问："师和商谁更贤能一些？"孔子说："师超过了适当，商达不到适当。"子贡说："这样的话，那么师更贤能吗？"孔子说："过当犹如不及当。"

17.季氏富于周公，而求也为之聚敛而附益之。子曰："非吾徒也。小子鸣鼓而攻之，可也。"

季氏，此处当是指季康子，鲁国的执政上卿。**周公**，指周公旦。他食采于周，爵位为公，所以被称为周公。周公是周天子的卿士，他的富裕是应当的。而季氏是诸侯的卿士，不应当富于周公却比周公还要富裕。**求**，孔子弟子冉求，字子有，当时是季康子的家臣。两个"**之**"字，都指季氏。**附**，增加。**益**，也是增加的意思。季氏比周公还要富裕，而冉求为季氏聚敛从而使其财富更多。

徒，门徒。**小子**，诸弟子。**鸣鼓**，击鼓，这是为了声明冉求之罪。**攻**，本义是进攻，这里的意思是指责过失。**之**，他，指冉求。孔子说："冉求不是我的门徒。弟子们击鼓去指责他的罪过，是可以的了。"

季氏比周公还要富裕，而冉求为季氏聚敛从而使其财富更多。孔子说："冉求不是我的门徒。弟子们击鼓去指责他的罪过，是可以的了。"

18.柴也愚，参也鲁，师也辟，由也喭。子曰："回也，其庶乎！屡空。赐不受命，而货殖焉，亿则屡中。"①

本章是孔子对六位弟子进行的评论。

柴，孔子弟子高柴。《史记·仲尼弟子列传》："高柴，字子羔。少孔子三十岁。子羔长不盈五尺，受业孔子，孔子以为愚。"**愚**，憨厚，这里的意思是过于厚道，因此王弼注："愚，好仁过也。"高柴过于厚道。《孔子家语·弟子行》说他"往来过之，足不履影；启蛰不杀，方长不折；执亲之丧，未尝见齿"。柴也愚，意思是高柴过于厚道。

参，曾参，字子舆。**鲁**，迟钝。参也鲁，意思是曾参天性迟钝。

师，颛孙师，字子张。**辟**（pì），偏颇，不实在。这个意义后来写作"僻"。子张习于礼容，少诚实。师也辟，意思是子张不实在。

由，仲由，字子路。**喭**（yàn），刚猛。由也喭，意思是仲由刚猛。

其，大概。**庶**，是"庶几"的省略，意思是也许可以，差不多，表示希望或猜测，这里表示猜测。**屡**，每。**空**，匮乏。颜回大概是差不多的吧，但是每每匮乏。

赐，端木赐，字子贡。**命**，指官府之命。古者各种职业都受命于官府，据《吕氏春秋·上农篇》，成年人都隶属于某种职业，隶属农业则专门从事粮食生产，隶属工业则专门从事器物制造，隶属商业则专门从事货物交易。农、工、商都是受命于官府的。而子贡却不隶属于官府的商业，而是自己拿自己的钱财买贱卖贵，从中得利，这就是"不受命而货殖"。受命于官府叫商贾，不受命于官府则叫货殖。**货**，财。**殖**，繁殖，生长。**货殖**，意思

---

① 皇侃《义疏》本中，"辟"作"僻"，"亿"作"忆"。

是财富繁殖生长。

亿（yì），预料，猜测。**中**，这里的意思是猜中。亿则屡中，意思是子贡猜测行情每每猜中。赐不受命，而货殖焉，亿则屡中，意思是子贡不受命于官府，自己出资贱买贵卖而使财富增殖，猜测行情每每猜中。

高柴过于厚道，曾参天性迟钝，子张不实在，仲由则刚猛。孔子说："颜回大概是差不多的吧！但是每每匮乏。子贡不受命于官府，自己出资贱买贵卖而使财富增殖，猜测行情每每猜中。"

19.子张问善人之道。子曰："不践迹，亦不入于室。"

善人，指质美而未学的人。子张问关于善人的道理。

践，踩，踏。《说文》："践，履也。"这里的意思是循着。**迹**，脚印。《说文》："迹，步处也。"不践迹，不循着前人的脚印，意思是不效法前言往行，也就是没有进行学习，全凭天生美质。**入于室**，是一个比喻的说法，指为学的最高境界。为学有三步：入门、登堂、入室。善人若不学前言往行，就不能进入最高境界。这里，孔子的意思是，善人应学习前人成法，方能成就其德。单单依靠天生的美质，是进入不了最高境界的。其意在劝学。

子张问关于善人的道理。孔子说："善人不效法前言往行，也不能进入最高境界。"

20.子曰："论笃是与，君子者乎？色庄者乎？"

论，言论。**笃**，厚实。**是**，此，用来复指前置宾语。这里的前置宾语是"论笃"。**与**，赞许。"论笃是与"，即"与论笃"，意思是言论厚实就予以赞许。

　　色，指面部表情。**庄**，庄重，庄严。"君子者乎，色庄者乎"，意思是，言论厚实的人，到底是真正厚实的君子，还是假装表情庄重的人呢？因此，在《论语》中，孔子曾说自己要听其言还要观其行。

　　孔子说："言论厚实就予以赞许，但是言论厚实的人，到底是君子呢？还是假装表情庄重的人呢？"

　　21.子路问："闻斯行诸？"子曰："有父兄在，如之何闻斯行之？"冉有问："闻斯行诸？"子曰："闻斯行之。"公西华曰："由也问闻斯行诸，子曰'有父兄在'。求也问闻斯行诸，子曰'闻斯行之'。赤也惑，敢问。"子曰："求也退，故进之。由也兼人，故退之。"

　　斯，连词，则，乃。**诸**，之，指代所闻之事。"闻斯行诸"，意思是听到一件事就去实行它。

　　"有父兄在，如之何闻斯行之"，意思是有父兄在，怎能听说一件事就去实行它呢？应当先禀告父兄，得到他们同意后才能去实行。

　　冉有问了同样的问题，孔子却回答："听到了一件事就去实行它。"

　　惑，疑惑。**敢**，是谦辞，也是敬辞，表示冒昧，大着胆子。公西华说："仲由问听说了一件事就去实行它，您说'有父兄在'。冉求问听说了一件事就去实行它，您说'听说了一件事就去实行它'。我感到疑惑，冒昧问您。"

　　退，谦退。**进**，前进，这里是使动用法，使之前进。**进之**，意思是鼓励他前进。**兼**，本义是同时并有，这里的意思是加倍。**兼人**，推开别人自己一人做两人的事，意思是勇于作为。**退**，后退，这里是使动用法，使之后退。**退之**，意思是抑制他。孔子说："冉求谦退，所以要鼓励他前进。仲由勇于作为，所以要抑制他。"

子路问："听说了一件事，就去实行它吗？"孔子说："有父兄在，怎能听说一件事就去实行它吗？"冉有问："听说了一件事，就去实行它吗？"孔子说："听说了一件事，就去实行它。"公西华说："仲由问听说了一件事就去实行它，您说'有父兄在'。冉求问听说了一件事就去实行它，您说'听说了一件事就去实行它'。我感到疑惑，冒昧问您。"孔子说："冉求谦退，所以要鼓励他。仲由勇于作为，所以要抑制他。"

22.子畏于匡，颜渊后。子曰："吾以女为死矣。"曰："子在，回何敢死？"

畏（wèi），通"围"，围困。**匡**，是地名，指卫国的匡邑。**后**，动词，在后，指失散在后边。孔子被围困在匡时，颜渊失散在后。

为，做，具体含义须看上下文，在这里的意思是相斗。**为死**，指与匡人相斗而死。孔子说："我以为你与匡人相斗而死了。"

子，您，对话时的敬称。《礼记·曲礼》："父母在，不许友以死。"颜渊事孔子犹父，所以有"子在，回何敢死"的回答。意思是老师您在，我怎敢死？

孔子被围困在匡时，颜渊失散在后。孔子说："我以为你与匡人相斗而死了。"颜渊说："老师您在，我怎敢死？"

23.季子然问："仲由、冉求可谓大臣与？"子曰："吾以子为异之问，曾由与求之问。所谓大臣者，以道事君，不可则止。今由与求也，可谓具臣矣。"曰："然则从之者与？"子曰："弑父与君，亦不从也。"①

季子然，季氏家子弟。当时仲由、冉求仕于季氏家，季子然夸耀己家能得此二贤臣，所以问孔子："仲由、冉求可称为大臣吗？"

子，您，对话时的敬称。**为**，做，含义很广泛，在这里的意思是提出。**异**，奇异，不寻常。**之**，介词，表示修饰、限制。**问**，问题。**曾**（zēng），乃，竟然。孔子说："我以为你要提出不寻常的问题，竟然是关于仲由和冉求的问题。"

君，天子、诸侯、大夫，凡有地者都可以称为君。**止**，停止，指的是停止做官，即弃官而去。《礼记·曲礼》："为人臣之礼，不显谏，三谏而不听，则逃之。"为何要离去呢？《白虎通·谏诤》："诸侯之臣，诤不从得去何？以屈尊伸卑，孤恶君也。"出仕为官是为了行道，道不能行，为官就失去了意义，所以当君不认可道时，臣即当弃官而去。"所谓大臣者，以道事君，不可则止"，意思是所谓大臣，应以正道侍奉自己的君主。君主若以正道为不可，臣当弃官而去。

具，才能，才具。今由与求也，可谓具臣矣，意思是现在仲由和冉求，可称为有才能之臣。仲由、冉求之所以不能称为大臣，是因为他们不能匡救季氏之恶，又不愿弃官而去。

然，这样。**之**，指家君，具体说指季氏。**与**，句末语气词，表示疑问。后世写作"欤"。季子然说："这样的话，那么仲由和冉求是完全服从家君

---

① 皇侃《义疏》本中，"弑"作"杀"。

的人吗？"

　　弑（shì），臣杀君、子杀父母曰弑。**君**，则指国君。孔子说："如果是弑父和弑国君这样的事，他们也是不会服从的。"

　　季氏家子弟季子然问："仲由、冉求可称为大臣吗？"孔子说："我以为你要提出不寻常的问题，竟然是关于仲由和冉求的问题。所谓大臣，应以正道侍奉自己的君主。君主若以正道为不可，臣当弃官而去。现在仲由和冉求，可称为有才能之臣。"季子然说："这样的话，那么仲由和冉求是完全服从家君的人吗？"孔子说："如果是弑父和弑国君这样的事，他们也是不会服从的。"

　　24.子路使子羔为费宰。子曰："贼夫人之子。"子路曰："有民人焉，有社稷焉，何必读书，然后为学？"子曰："是故恶夫佞者。"

　　使，派遣，使令。**子羔**，孔子弟子高柴，字子羔。**费**（bì），也作"鄪"，季氏采邑名。**宰**，大夫家掌管家务的总管叫家宰，采邑的长官叫邑宰。这里的宰指邑宰。子路为季氏家宰，他派遣子羔做费邑的邑宰。

　　贼，动词，害。**夫**，那。**人之子**，指子羔。孔子听说了这件事，认为子羔学业尚未娴熟，若使之为政，则一定治理不好，反而会犯下罪过，因此说："这是害那子羔。"

　　民人，人民。**社**，土神。**稷**，谷神。子路认为，有人民，就可以练习治理人民；有社稷，就可以练习服侍鬼神。这也是学习。为何一定要读书，这样之后才算是学习呢？

　　夫，那。**佞**，能言善辩，这里是贬义。孔子说："这就是我厌恶那能言善辩之人的原因。"古代人们先学而后入仕。这是因为道之本在于自己修身，而后才用于治人。学而知之，然后才能将所学用于实践。子路让子羔为费宰，则是本末颠倒。而子路却利口强辩，因此孔子不斥责其非，而斥责其佞。

子路派遣子羔做费邑宰。孔子说："这是害那子羔。"子路说："有人民，有社稷，为何一定要读书，这样之后才算是学习呢？"孔子说："这就是我厌恶那能言善辩之人的原因。"

25.子路、曾皙、冉有、公西华侍坐。子曰："以吾一日长乎尔，毋吾以也。居则曰：'不吾知也！'如或知尔，则何以哉？"①

曾皙，曾参之父，名点，字皙。《史记·仲尼弟子列传》："曾蒧（diǎn）字皙。"

侍，陪从于尊长之侧。**侍坐**，指陪坐。子路、曾皙、冉有、公西华陪坐着。

以，因为。**一日**，一天，是谦言。以吾一日长乎尔，因为我比你们年长一些。孔子比四人年龄大得多，却谦虚地说比他们年长一天。**尔**，你们。**毋**，禁止之辞，不要。毋吾以，即"毋以吾"，意思是不要因为我而不言。孔子说："因为我比你们年长一些，你们不要因为我而不言。"

居，平时。不吾知，即"不知吾"，不了解我，意思是没人了解我。**或**，有人。**以**，用。**何以**，即"以何"，用什么来对待这种情况，意思是怎么做。孔子说，平时你们说"没人了解我"。假如有人了解你，你们怎么做呢？

---

① 皇侃《义疏》本中，"皙"误作"晢"，"毋"作"无"。

子路、曾晳、冉有、公西华陪坐着。孔子说："因为我比你们年长一些，你们不要因为我而不言。平时你们说：'没人了解我'。假如有人了解你，你们怎么做呢？"

子路率尔对曰："千乘之国，摄乎大国之间，加之以师旅，因之以饥馑，由也为之，比及三年，可使有勇，且知方也。"夫子哂之。①

率尔，轻率的样子。"子路率尔对曰"，意思是子路轻率地回答说。《礼记·曲礼》："侍于君子，不顾望而对，非礼也。"这是因为礼崇尚谦让。不左右顾望看看他人的情况就急切地回答，是不谦让，因此非礼。

千乘之国，有一千辆兵车的诸侯国。这在春秋末期已经不是大国，属于中等力量的诸侯国了。

摄（shè），夹处。摄乎大国之间，意思是夹处在大国中间。

加，把某种行为施于别人身上。**师旅**，代指军队。《周官·小司徒》："五人为伍，五伍为两，四两为卒，五卒为旅，五旅为师，五师为军。"伍、两、卒、旅、师、军，都是古代军队组织的名称。一旅五百人，一师二千五百人。古文中常用"师旅"指代军队。加之以师旅，意思是被外国军队侵入。

因，接续。**饥**，古文作"饑"，意思是谷物不熟。古文也有"飢"字，是"饿"的意思。**馑**，谷不熟为饑，蔬不熟为馑。草菓可吃的都叫蔬。饥馑，就是粮食和草菓都不能成熟。战争之后，往往会出现凶年，其表现是饥馑。"因之以饥馑"，即"以饥馑因之"，用饥馑接续在战争之后，意思

---

① 率，皇侃《义疏》本作"卒"。

是战争之后接着就是饥馑。

由，是子路的名。**为**，治理。**比**（bì）和**及**，都是达到的意思。我来治理它，达到三年。

可使有勇，即"可使之有勇"。这个"之"，指代这个国家。意思是可以使这个国家有勇气。

方，宜，百事之宜，即什么事该怎么做。"且知方也"，意思是而且知道百事之宜。

哂（shěn），微笑。**之**，他，指子路。夫子哂之，意思是孔子对子路笑了笑。

子路轻率地回答说："有一千辆兵车的诸侯国，夹处在大国中间，被外国军队侵入，战争之后接着就是饥馑，我来治理此国，达到三年，可以使这个国家有勇气，而且知道百事之宜。"孔子对子路笑了笑。

"求，尔何如？"对曰："方六七十，如五六十，求也为之，比及三年，可使足民。如其礼乐，以俟君子。"①

四位弟子陪坐，以年齿先后，子路第一，曾皙第二，冉有第三，公西华第四。子路回答完毕，接着应由曾皙回答。但是曾皙正在鼓瑟，因此孔子跳过曾皙，直接问冉求。

何如，即"如何"，怎么做。孔子问道："冉求，你怎么做？"

方，古代计算面积的术语。例如，方百里，就是纵横各百里。**如**，或。方六七十，如五六十，意思是纵横各六七十里，或者纵横各五六十里的

---

① 皇侃《义疏》本，"足民"作"足民也"。

小国。

足，富足。"比及三年，可使足民"，意思是达到三年，可以使人民富足。

如，对待。**以**，则。**俟**，等候。"如其礼乐"，以俟君子，意思是如何对待它的礼乐，则等待君子。

孔子问："冉求，你怎么做？"冉求回答说："纵横各六七十里，或纵横各五六十里的小国，我治理它，达到三年，可以使人民富足。对待它的礼乐，则等待君子来做。"

冉有生性谦退，他只说自己可以治理一个小国，而且治理的成效只限于使人民富足，而达不到修明礼乐。

"赤，尔何如？"对曰："非曰能之，愿学焉。宗庙之事，如会同，端章甫，愿为小相焉。"

赤，弟子公西华的名。公西华名赤，字子华。孔子问公西华，说："赤，你怎么做？"

能，动词，能够做到。**之**，它，指代自己的志向。公西华回答说："不是说我能够做到，但我愿意学着去做。"

宗庙之事，指祭祀。**如**，或。**会同**，指诸侯相见。两个诸侯相见叫会，众多诸侯一起相见叫同。"宗庙之事，如会同"，意思是祭祀或者诸侯相见。**端**，就是《乡党》中说的"帷裳"，用整幅布做的裙子，没有邪杀，在上朝和祭祀时穿用。称为"端"，取其正。因此，端，可以简单理解为上朝和祭祀时穿的礼服。**章甫**，礼冠。它本是商代的礼帽，但周代用六代礼乐，保留了商代的礼帽，因此章甫成了周代士大夫的礼冠。端和章甫，都是名词，不成句子，因此这里的"端章甫"做动词，意思是穿着礼服，戴着礼帽。**愿**，古字作"願"，愿意，希望。古字也有"愿"字，意思是诚谨、善良。《说文》："愿，谨也。"与"願"字的意义完全不同。今简化字皆写作"愿"。**为**，做。**相**（xiàng），赞礼的人。愿为小相焉，意思是愿意当一个小小的赞礼人。

孔子问公西华："赤，你怎么做？"公西华回答说："不是说我能够做到，但我愿意学着去做。祭祀或者诸侯相见，我穿着礼服，戴着礼帽，愿意做一个小小的赞礼人。"

"点，尔何如？"鼓瑟希，铿尔，舍瑟而作，对曰："异乎三子者之撰。"子曰："何伤乎？亦各言其志也。"曰："莫春者，春服既成，冠者五六人，童子六七人，浴乎沂，风乎舞雩，咏而归。"夫子喟然叹曰："吾与点也！"[1]

希，稀疏。**鼓瑟希**，意思是弹瑟的动作逐渐减少。**铿**，琴瑟声，这里的意思是弹奏的最后一声很有力。**尔**，语气词。**舍**，是"捨"的本字，意思是释手，放弃。**舍瑟**，手离开瑟。**作**，站起来。

孔子问曾皙："点，你怎么做？"此时，曾点弹瑟的动作逐渐减少，瑟声逐渐稀疏，很有力地弹了最后一声，手离开瑟站了起来。根据礼，侍坐于君子，君子有问于己，则站起回答，回答完毕就坐。若没有回答完毕的时候，君子让自己坐，也可以坐下。曾皙起身回答孔子问话，从而可知前边三位弟子在回答问话时也是先站起的。**撰**，本义是编写，这里的意思是

---

[1] 皇侃《义疏》本中，"莫"作"暮"，"冠"作"得冠"，"咏"作"詠"。

设想。曾皙说："我与他们三位的设想不同。"

伤，创伤，受伤，引申为妨害。**亦**，语气词，不过，只是。孔子见曾皙谦让，于是就说："这有什么妨害呢？只是各言其志罢了。"

莫（mù），是"暮"的本字，本义是日落的时候，引申为晚。**暮春**，晚春，指季春三月末。**者**，助词，用在时间词之后，无实义。**春服**，春天所穿的衣服。**成**，就。晚春三月末，春天的衣服已经穿就了。

冠者，指成年人。古代男子二十岁开始戴冠，行冠礼，算是成年人了。《白虎通·绋冕》："所以有冠者何？冠者，中卷也，所以中卷持其发也。"**童**，指八岁到十九岁的少年。《说文》作"僮"，"僮，未冠也"。这里指未成年的少年。"冠者五六人，童子六七人"，意思是五六个成年人，六七个小孩子。

浴，洗身。**沂**，水名，指沂水。据《水经注》，沂水发源于曲阜东南尼丘山西北麓，流经曲阜城南，北对稷门，稷门又名高门，又叫雩门。稷门之南是沂水，沂水南岸有雩坛，坛高三丈，即曾点所欲风舞处。"浴乎沂"，意思是在沂水洗洗澡。

风，吹风。**舞雩**（yú），指舞雩台。**雩**，求雨之祭。吁嗟求雨之声。天旱求雨，在城之南郊筑坛，使童男女各八人，向天舞而呼吁，称为舞雩。鲁城（即曲阜）南门称为雩门，就是因为南门之外沂水之畔建有舞雩台。"风乎舞雩"，意思是到舞雩台上吹吹风。

咏，同"詠"，歌詠。**归**，回家。"咏而归"，意思是唱着歌回家去。

曾皙说："晚春三月末，春天的衣服已经穿就了。五六个成年人，六七个小孩子，在沂水洗洗澡，到舞雩台上吹吹风，唱着歌回家去。"

喟（kuì），长叹。**与**，赞许。孔子长叹道："我赞成曾点的志向啊！"

孔子为何赞成曾点呢？孔子生当乱世，有才德而君不用。子路、冉有、公西华皆以从政为志，只有曾点了解时代状况而不求为政，因此孔子赞成曾点的志向。

孔子问曾皙："点，你怎么做？"曾点弹瑟的动作逐渐减少，很有力地弹了最后一声，手离开瑟站了起来，回答说："我与他们三人的设想不同。"孔子说："这有什么妨害呢？只是各言其志罢了。"曾皙说："晚春三月末，春天的衣服已经穿就了。五六个成年人，六七个小孩子，在沂水洗洗澡，到舞雩台上吹吹风，唱着歌回家去。"孔子长叹道："我赞成曾点的志向啊！"

三子者出，曾皙后。曾皙曰："夫三子者之言何如？"子曰："亦各言其志也已矣。"曰："夫子何哂由也？"曰："为国以礼，其言不让，是故哂之。""唯求则非邦也与？""安见方六七十，如五六十，而非邦也者？""唯赤则非邦也与？""宗庙会同，非诸侯而何？赤也为之小，孰能为之大？"①

者，助词，在说明句中，用在名词主语的后面，表示停顿。**后**，动词，在后。子路、冉有、公西华三人出去了，曾皙在后。

夫，指示代词，用作定语，相当于这或那。**何如**，怎样。曾皙问孔子："这三位同学的话怎么样？"**亦**，语气词，不过，只是。**已**，语气词，略等于"矣"。孔子说："不过是各言其志罢了。"

曾皙问："老师您为何笑仲由呢？"**为**，治理。**以**，用。**让**，谦让。

---

① 皇侃《义疏》本中，"夫子"作"吾子"，无第四个"曰"字，"宗庙会同"作"宗庙之事如会同"，"非诸侯而何"作"非诸侯如之何"，"赤也为之小"作"赤也为之小相"，"孰能为之大"作"孰能为之大相"。

孔子说："治国要用礼，而仲由的话不谦让，因此笑他。"

唯，语气副词，起加强语气的作用，难道。曾皙问："难道冉求所说的就不是邦国吗？"**安**，焉，哪里。**者**，助词，用在句末，表示疑问或测度，这里表示疑问。孔子说："哪里见过纵横六七十里或五六十里而不是邦国的？"

曾皙又问："难道公西赤说的不是邦国吗？"**为**，做。**之**，其，指诸侯。**小**，指公西赤说的小相。孔子回答说："宗庙祭祀和会同，不是诸侯又是什么？赤若只能做诸侯的小相，那么谁能做诸侯的大相呢？"

子路、冉有、公西华出去了，曾皙在后。曾皙问孔子："这三位同学的话怎么样？"孔子说："只是各言其志罢了。"曾皙问："老师您为何笑仲由呢？"孔子说："治国要用礼，而仲由的话不谦让，因此笑他。""难道冉求所说的就不是邦国吗？""哪里见过纵横六七十里或五六十里而不是邦国的？""难道公西赤说的不是邦国吗？""宗庙祭祀和会同，不是诸侯又是什么？赤若只能做诸侯的小相，那么谁能做诸侯的大相呢？"

颜渊第十二

1.颜渊问仁。子曰："克己复礼为仁。一日克己复礼，天下归仁焉。为仁由己，而由乎人哉?"颜渊曰："请问其目。"子曰："非礼勿视，非礼勿听，非礼勿言，非礼勿动。"颜渊曰："回虽不敏，请事斯语矣。"

颜渊问孔子什么是仁。

克，胜，引申为克制。**复**，古文作"復"，返回。古文的"复"字，则是走老路的意思。孔子回答说："克制自己返回到礼上就是仁。""克己复礼为仁"可能是古代的一个固定用语，《左传·昭公二十二年》说："仲尼曰：'古也有志：克己复礼，仁也。'"志，是记载的意思。一个"志"字，说明"克己复礼为仁"的说法在孔子之前就已经有了。**归**，称。一日能克制自己返回到礼上，天下人就会称之为仁人。

而，语气词，用在句中，表示反诘语气，意思是难道。"为仁由己，而由乎人哉"，意思是实践仁德，是由自己决定的，难道由他人决定吗?

其，它的。它指克己复礼。**目**，条目，细目。颜渊说："请问克己复礼的细目。"

非礼，不合乎礼。**勿**，禁止之辞，不要。孔子说："若看了不合乎礼，就不要看；若听了不合乎礼，就不要听；若说了不合乎礼，就不要说；若行动了不合乎礼，就不要行动。"

敏，聪慧。**请**，请对方允许自己做某事。**事**，做，从事。**斯**，此。颜渊说："我虽然不聪慧，但请您允许我按照这话去做。"

颜渊问孔子什么是仁。孔子说："克制自己返回到礼上就是仁。一日能克制自己返回到礼上，天下人就会称之为仁人。实践仁德，是由自己决定的，难道由他人决定吗？"颜渊问："请问克己复礼的细目。"孔子回答道："若看了不合乎礼，就不要看；若听了不合乎礼，就不要听；若说了不合乎礼，就不要说；若行动了不合乎礼，就不要行动。"颜渊说："我虽然不聪慧，但请您允许我照着这些话去做。"

2.仲弓问仁。子曰："出门如见大宾，使民如承大祭。己所不欲，勿施于人。在邦无怨，在家无怨。"仲弓曰："雍虽不敏，请事斯语矣。"

仲弓，孔子弟子冉雍，字仲弓。仲弓问仁，《史记·仲尼弟子列传》作"仲弓问政"。这里前后章都是问仁，此处不应是问政，可见《史记》有误。仲弓问孔子什么是仁。

出门，指在社会上与他人来往。**大宾**，指贵宾。**使民**，指役使人民。**承**，奉。**大祭**，重大的祀典。出门去像见贵宾，役使人民时像承奉重大的祀典。这两句话隐含的意思是与人交往要恭敬，劳使人民要谨慎。"出门如见大宾，使民如承大祭"，这两句话可能也是古代的固定用语，《左传·僖公三十三年》："晋臼季曰：'臣闻之，出门如宾，承事如祭，仁之则也。'"

所，代词，作前置宾语。**欲**，希望，想要。所不欲，即"不欲所"，不希望的事情。**施**，加，这里的意思是推行。自己不想要的事情，不要推行在他人身上。如此说来，自己想要的事情，也要推行到他人身上。这就是孟子说的仁者"得民心有道，所欲与之聚之，所恶勿施尔也"。这就是恕道。

在邦，指仕于诸侯之国。**在家**，指仕于卿大夫之家。做到了以上所讲的恭敬、谨慎和恕，就可以达到无论是仕于诸侯的国还是仕于卿大夫的家，都无人怨恨自己。

仲弓问什么是仁。孔子说："在社会上与人来往时就像见贵宾那么恭敬，役使人民时就像承奉重大祀典那么谨慎。自己不想要的事情，不要推行在他人身上。这样，无论是仕于诸侯的国还是仕于卿大夫的家，都无人怨恨自己。"仲弓说："我虽然不聪慧，但请您允许我照着这些话去做。"

3.司马牛问仁。子曰："仁者，其言也讱。"曰："其言也讱，斯谓之仁已乎？"子曰："为之难，言之得无讱乎？"[1]

司马牛，孔子弟子。《史记·仲尼弟子列传》："司马耕，字子牛。牛多言而躁。"牛之兄为宋国司马桓魋，故牛以司马为氏。孔安国、朱熹等说司马牛名犁，不知何据。可能司马耕一名耕，又一名犁。

司马牛问孔子什么是仁。

讱（rèn），《说文》："讱，顿也。"顿同钝，迟钝。讱，是出言缓慢

---

① 皇侃《义疏》本中，"斯谓之仁已乎"作"斯可谓之仁已矣乎"。

谨慎的意思。针对司马牛多言而躁的特点，孔子回答说："仁者，他出言缓慢谨慎。"

斯，则，乃。**已**，语气词，略等于"矣"。司马牛感觉仁道至大，似乎不是出言缓慢谨慎就可以称为仁的，所以又问："他出言缓慢谨慎，就可以称为仁了吗？"

孔子回答说："做起来难，说起来难道可以不缓慢谨慎吗？"

司马牛问孔子什么是仁。孔子说："仁者，他出言缓慢谨慎。"司马牛又问："他出言缓慢谨慎，就可以称为仁了吗？"孔子说："做起来难，说起来难道可以不缓慢谨慎吗？"

4.司马牛问君子。子曰："君子不忧不惧。"曰："不忧不惧，斯谓之君子已乎？"子曰："内省不疚，夫何忧何惧？"①

司马牛问什么是君子。

司马牛，宋人，其兄桓魋为宋国司马，将要作乱，司马牛常为此事忧虑恐惧，因此当司马牛问孔子什么是君子时，孔子回答说："君子不忧愁不恐惧。"

斯，则，乃。司马牛觉得孔子说得太少，就又问："不忧愁不恐惧，就可以称为君子了吗？"

内省（xǐng），自我反省。**疚**，病，这里的意思是心中有愧。**夫**，指示代词，用作主语，意思是彼，他。一个人，平时所作所为没有罪恶，自我反省时就不会心中有愧。心中无愧，就不会有忧愁和恐惧。孔子说："自

---

① 皇侃《义疏》本中，"斯谓之君子已乎"作"斯可谓之君子已乎"。

我反省没有愧疚，他忧愁什么、恐惧什么呢？"孔子的逻辑是：没有作恶，就没有愧疚；没有愧疚，就心中坦荡；心中坦荡，就没有忧愁和恐惧，这就是君子。因此，这里的表面意思是君子不忧不惧，实质是君子不作恶。

司马牛问什么是君子。孔子说："君子不忧愁不恐惧。"司马牛又问："不忧愁不恐惧，就可以称为君子了吗？"孔子说："自我反省没有愧疚，他忧愁什么、恐惧什么呢？"

5.司马牛忧曰："人皆有兄弟，我独亡。"子夏曰："商闻之矣：死生有命，富贵在天。君子敬而无失，与人恭而有礼，四海之内皆兄弟也。君子何患乎无兄弟也？"①

亡（wáng），无。据《左传·哀公十四年》，宋国司马桓魋暗算宋公。宋公召来军队进攻桓魋，桓魋入于曹而叛。但曹民反叛他，桓魋遂奔卫，后奔齐。这是桓魋行恶将亡之事。因此司马牛忧虑地说："他人都有兄弟，我唯独没有。"

商，子夏的名。**闻之**，听说过这样的话。**之**，指代下边的话。"死生有命，富贵在天"，意思是人的死生长短，由天命决定；人的贫富贵贱，也由上天决定。"有命"和"在天"，互文见义，都是由天命决定的意思。

敬，严肃认真。**与人**，和人来往。**恭**，肃敬。敬而无失，说的是做事；与人恭而有礼，说的是待人。死生和富贵由天决定，人能做的则是做事严肃认真而无过失，和人交往恭敬而合乎礼。这样，四海之内的人，都可以以礼亲近他而成为兄弟。君子为什么忧虑没有兄弟呢？

① 皇侃《义疏》本中，"四海之内皆兄弟也"作"四海之内皆为兄弟也"，"君子何患乎无兄弟也"作"君子何患乎无兄弟"。

司马牛忧虑地说："他人都有兄弟，我唯独没有。"子夏说："我听说过这样的话：人的死生长短由天命决定，贫富贵贱也由上天决定。君子做事严肃认真而无过失，和人交往恭敬而合乎礼，这样，四海之内的人都是兄弟。君子为什么忧虑没有兄弟呢？"

6.子张问明。子曰："浸润之谮，肤受之愬，不行焉，可谓明也已矣。浸润之谮，肤受之愬，不行焉，可谓远也已矣。"

明，意思是看人看事清楚明白。子张问什么是看人看事清楚明白。

浸润，指水浸灌滋润，其特点是逐渐浸透而不急骤。**谮**（zèn），诬陷，说人坏话。浸润之谮，意思是像水渐渐浸润那样的诬陷。这样的诬陷容易被人不知不觉地接受。**肤受**，指皮肤受到尘垢污染。这样的污染也是逐渐进行而人对此没有觉察。**愬**（sù），诽谤，与"谮"同义。《说文》说："谮，愬也。"肤受之愬，意思是像皮肤渐渐接受尘垢污染那样的诽谤。这样的诽谤也容易被人不知不觉地接受。**不行**，行不通。**远**，有远见，看得远。

子张问什么是明。孔子说："像水渐渐浸润那样的诬陷，像皮肤渐渐接受尘垢污染那样的诽谤，这两种事在此人这里行不通，就可以称此人明。像水渐渐浸润那样的诬陷，像皮肤渐渐接受尘垢污染那样的诽谤，这两种事在此人这里行不通，就可以称此人看得远。"

7.子贡问政。子曰："足食，足兵，民信之矣。"子贡曰："必不得已而去，于斯三者何先?"曰："去兵。"子贡曰："必不得已而去，于斯二者何先?"曰："去食。自古皆有死，民无信不立。"①

子贡问为政之道。

足，动词，使充足。这里缺少一个主语，主语应为"为政者"。**兵**，本义是兵器。《说文》："兵，械也。"这里的兵代指武备。**之**，他，指为政者。孔子回答说："为政者当使食物充足，使武备充足，人民信任他。"足食则人知礼节，足兵则外敌不敢侵，民信之则民服从命令和教化。因此，为政之道，须做到这三点。

兵者凶器，且不得已无兵之时，只要足食和民信之，则君民固守也可以使国家安全，因此当子贡继续问"一定不得已要去掉，在这三者中先去掉哪一个"时，孔子回答说："去掉武备。"

子贡又问："一定不得已要去掉，在这余下的二者之中先去掉哪一样?"

孔子回答说："去掉食物。"无，不。人无食物必死，但还有高于食物的东西，那就是信。自古以来，未有民不信任统治者而能立国的。因此，孔子说："自古都有死，但是人民不信任统治者就无法立国。"

由这一章，可以看到孔门弟子是非常善于提问的。

子贡问为政之道。孔子说："为政者当使食物充足，使武备充足，人民信任他。"子贡说："一定不得已要去掉，在这三者中先去掉哪一样?"孔子回答说："去掉武备。"子贡说："一定不得已要去掉，在这余下的二者中先去掉哪一样?"孔子回答说："去掉食物。自古都有死，但是人民不

---

① 皇侃《义疏》本中，"民信之矣"作"使民信之矣"，"去兵"之后的"子贡曰"作"曰"，"民无信不立"作"民不信不立"。

信任统治者就无法立国。"

8.棘子成曰："君子质而已矣，何以文为？"子贡曰："惜乎，夫子之说君子也！驷不及舌。文犹质也，质犹文也。虎豹之鞟，犹犬羊之鞟。"①

棘子成，卫国大夫，《三国志·秦宓传》作"革子成"。**质**，质朴，朴素。**已**，止，这里的意思是足够。**以**，用。**文**，文彩，指外在的修饰。**为**，句末语气词，表示疑问。棘子成说："君子质朴就足够了，何必用文彩这种外在的修饰呢？"

夫子，指棘子成。凡大夫都可以被尊称为夫子。"惜乎，夫子之说君子也"是一个倒装句，正常语序应为"夫子之说君子也惜乎"，意思是您对君子的解说真是可惜啊。

驷（sì），古代一车驾四马，所以称驾四马的车或一车所驾的四马为驷。**及**，赶上。**舌**，代指所说的话。"驷不及舌"，意思是话语一说出，驷马也追不上。

犹，如同。"文犹质也，质犹文也"，文彩如同质朴，质朴如同文彩，意思是文彩和质朴同等重要。

鞟（kuò），去毛的皮。《说文》鞟作鞹，曰："鞹，去毛皮也。"意思是去掉了毛的皮。虎豹的毛皮之所以与犬羊的毛皮不同，在于其毛的花纹。如果把虎豹的毛去掉，只剩下虎豹的皮，那么它和犬羊的皮又有什么不同呢？如果把君子的文彩去掉，只剩下质朴，那么君子的质朴与野人的质朴又有什么不同呢？虎豹与犬羊的区别在于其毛的花纹，君子与野人的

---

① 皇侃《义疏》本中，"棘子成"作"棘子城"，"鞟"作"鞹"，"犹犬羊之鞟"作"犹犬羊之鞹也"。

区别正在于君子的文彩。

棘子成说："君子质朴就足够了，何必用文彩这种外在的修饰呢？"子贡说："您对君子的解说真是可惜啊！话语一说出，驷马也追不上。文彩如同质朴，质朴如同文彩。虎豹去毛之后的皮和犬羊去毛之后的皮是一样的。"

9.哀公问于有若曰："年饥，用不足，如之何？"有若对曰："盍彻乎？"曰："二，吾犹不足，如之何其彻也？"对曰："百姓足，君孰与不足？百姓不足，君孰与足？"

年，年成。五谷熟曰年。因为五谷每岁一熟，因此年又被当作岁的代称。**饥**，古字作"饑"，谷不熟为饑。此处的意思是饥荒。**用**，财用，指从民间征发的粮食、财物等。如之何，怎么办。鲁哀公问有若说："年成不好，财用不足，怎么办？"

盍（hé），何不。**彻**，周代的田税制度，税率为十分之一，称为什一而税。什一而税是天下的通法，故用"彻"字表示。彻，通。有若说："何不用什一而税的彻法呢？"

二，指十分之二的税率。**犹**，尚且。**其**，指示代词，那。哀公说："十分之二的税率，我尚且不够用，怎么能实行那十分之一的税率呢？"

孰，谁。**与**，给予。君孰与不足，即"孰与君不足"。有若说："百姓富足了，谁会给予君不足呢？百姓不富足，谁会给予君充足呢？"这里边的道理是，财货都是来自百姓，百姓富足，君自然也足用；若百姓不足，君自然也不足。因此，要降低税率使百姓富足，这样君才能足用。

鲁哀公问有若说："年成不好，财用不足，怎么办？"有若说："何不用什一而税的彻法呢？"哀公说："十分之二的税率，我尚且不够用，怎么能实行那十分之一的税率呢？"有若说："百姓富足了，谁会给予君不足呢？百姓不足时，谁会给予君充足呢？"

10.子张问崇德辨惑。子曰："主忠信，徙义，崇德也。爱之欲其生，恶之欲其死。既欲其生，又欲其死，是惑也。'诚不以富，亦祇以异。'"

崇，尊崇的意思。**辨**，别，意思是辨析明白。子张问怎样尊崇品德、辨析迷惑。

主，亲近。**忠信**，指忠信之人。**徙**，迁。**徙义**，迁往义处，意思改变自己的态度顺从义事。忠信是德，义是德。亲近忠信之人，改变态度顺从义事，这就在行动上表达出对德的尊崇，这就是崇德。对于同一个人，喜爱他的时候就希望他活下去，厌恶他的时候就希望他死掉。对同一个人，既希望他活下去，又希望他死掉，这就是迷惑。

"诚不以富，亦祇以异"，出自《诗·小雅·我行其野》。这是一首远嫁异国却被遗弃的妇女写的诗。诗的最后写道："不思旧姻，求尔新特。成不以富，亦祇以异。"旧姻，是弃妇的自称。特，匹，指配偶。**成**，是诚的假借字，确实的意思。**以**，因为。**亦**，语气词，无实义。**祇**，只。**异**，异心，意思是喜新厌旧。这几句诗的意思是，你不考虑我，却去求得新的配偶。你确实不是因为她有钱，而只是因为她是新的而异于我这个旧的。

本章引用此诗中的这两句，已经脱离了原诗的含义，而是取诗中的"异"字来描绘人的迷惑。意思是一方面希望他活下去，另一方面却又希望他死掉，这是很异常的现象，这就叫惑。

子张问怎样尊崇品德、辨析迷惑。孔子说："亲近忠信之人，改变态度顺从义事，这就是尊崇品德。对于同一个人，喜爱他的时候就希望他活下去，厌恶他的时候就希望他死掉。对同一个人，既希望他活下去，又希望他死掉，这就是迷惑。'你确实不是因为她富裕，而只是因为她是新的而异于我这个旧的。'"

其实，这样处理和解释"诚不以富，亦祇以异"是牵强的。这两句诗置于此处相当突兀，不好解释。程颐认为这两句诗应当在《季氏第十六》第12章开头"齐景公有马千驷"之前。读者可参考本书《季氏第十六》第12章的解说。

11.齐景公问政于孔子。孔子对曰："君君，臣臣，父父，子子。"公曰："善哉！信如君不君，臣不臣，父不父，子不子，虽有粟，吾得而食诸？"①

齐景公，名杵臼。《周书·谥法解》："布义行刚曰景。"

鲁昭公末年，孔子尚为布衣。因鲁国国内政治混乱，孔子于是去到齐国。齐景公和孔子之间的这段问答就发生在孔子在齐时期。在尊者面前应称名，所以这里说"孔子对曰"，而不说"子曰"。

君君，前一个"君"是主语，指君主。后一个君是谓语动词，意思是要像一个君主。

齐景公向孔子问政。孔子回答说："君要像君，臣要像臣，父要像父，子要像子。"孔子之所以作这样的回答，是因为春秋末期，礼崩乐坏，君不像君、臣不像臣是一种普遍现象。孔子希望天下能恢复到礼所规定的等级

---

① 皇侃《义疏》本中，"吾得而食诸"作"吾岂得而食诸"。

秩序下，这就要求君要像君、臣要像臣。同时，也是因为在当时的齐国内部，陈氏控制大权，也存在着君不像君、臣不像臣的局面。

信，本义是言语真实，这里是确实的意思。**虽**，即使。**粟**，禾、黍的子粒，这里指代粮食。**得**，能，可。**诸**，之，指粟。齐景公听到孔子这样说，很有同感，就说："您说的话真是对啊！如果确实是君不像君，臣不像臣，父不像父，子不像子，那么，即使有粮食，我能吃得到它吗？"

齐景公向孔子问政。孔子回答说："君要像君，臣要像臣，父要像父，子要像子。"齐景公说："您说的话真是对啊！如果确实是君不像君，臣不像臣，父不像父，子不像子，那么，即使有粮食，我能吃得到它吗？"

12.子曰："片言可以折狱者，其由也与？"子路无宿诺。

片，一半，偏。**片言**，指当事双方中一方的说法。**折**，断。**狱**，诉讼。**折狱**，断狱，判案。判案需要当事双方到场，以听取双方的说法。子路极为诚信，别人不愿欺骗他，所以单方的说法就是事实，子路只听取单方的陈述就可以断案。因此，孔子说："根据当事双方中一方的说法就可以断案，大概就是仲由吧？"

宿（sù），隔夜的。子路为人极为诚信，恐怕临时多变，所以不预先许诺，即使是提前一夜的诺言也不敢许。这句话与"片言折狱"体现的都是子路的极端诚信，因此记录者以同类记于此处。

孔子说："根据当事双方中一方的说法就可以断案，大概就是仲由吧？"子路没有隔夜的诺言。

13.子曰："听讼，吾犹人也。必也，使无讼乎！"

听讼，听其所讼之辞，以判断是非曲直。这里代指审理案件。**犹**，如同。孔子在鲁定公时曾为鲁国司寇，因此也曾听讼。他说："审理案件，我如同他人。"

假如通过导民以德、齐民以礼这样的教化手段，使人民内心没有了作恶的念头，自然就没有了狱讼，那就不需要审理案件了。这就是孔子说的"必也，使无讼乎"，意思是一定要使得没有诉讼才好！这是孔子的一个期望。

孔子说："断案，我如同他人。一定要使得没有诉讼才好！"

14.子张问政。子曰："居之无倦，行之以忠。"

子张问为政之道。

居，处于。**之**，指政治的职位。**倦**，本义是疲劳，这里的意思是懈怠。处在政治的职位上不懈怠。**忠**，忠诚，尽心竭力。执行这个职位的职责时尽心竭力。

子张问为政之道。孔子说："处在政治的职位上不懈怠，执行这个职位的职责时尽心竭力。"

15.子曰："博学于文，约之以礼，亦可以弗畔矣夫！"①

本章另见《雍也第六》第 27 章。但在《雍也》篇中，作"君子博学于文，约之以礼，亦可以弗畔矣夫。"

---

① 皇侃《义疏》本，"博学于文"作"君子博学于文"。

孔子说："广博地学习先王典籍，同时又用礼来约束自己，也就可以不违背道了。"

16.子曰："君子成人之美，不成人之恶。小人反是。"

成，成就。**美**，善，这里是名词，指好事。**是**，这。

孔子说："君子成就他人的善事，不成就他人的恶事。小人与这相反。"

17.季康子问政于孔子。孔子对曰："政者，正也。子帅以正，孰敢不正？"①

这里用"孔子对曰"而不用"子对曰"，是因为季康子是执政者，是尊者。在尊者面前用名。以下二章的"孔子对曰"同此。

帅，同"率"，带领，引申为带头。**正**，端正。**以**，介词，用，拿。"子帅以正"，字面意思是您用端正带头，实际意思是您若带头端正。

季康子问孔子为政之道。孔子回答说："政，就是端正。您若带头端正，谁敢不端正呢？"

18.季康子患盗，问于孔子。孔子对曰："苟子之不欲，虽赏之不窃。"②

患，忧虑。《说文》："患，忧也。"**盗**，本义是动词，盗窃。这里用作名词，盗贼。季康子忧虑鲁国盗贼多，就向孔子请教。

苟，连词，如果，假设。**不**，无。**欲**，名词，贪欲，欲望。《说文》："欲，贪欲也。"**虽**，即使。**之**，指盗贼。**窃**，盗窃。孔子回答说："假如

---

① 皇侃《义疏》本中，"子帅以正"作"子帅而正"。
② 皇侃《义疏》本中，"苟子之不欲"作"苟子不欲"。

您没有贪欲，即使赏赐盗贼使之盗窃，他们也不去盗窃。"这里边的含义是上行下效。《礼记·大学》："尧舜率天下以仁而民从之，桀纣率天下以暴而民从之。其所令反其所好，而民不从。"执政者喜好贪欲，却命令人民不贪，人民不会服从其命令，这就是"其所令反其所好，而民不从"。《礼记·缁衣》："下之事上也，不从其所令，从其所行。"讲的同样是执政者是怎么做的，人民也那么做。人民不会服从执政者的命令，人民只会效法执政者的行为。这就是上行下效。孔子在这里指出了民为盗的根源在于执政者的贪欲，除却盗贼的根本办法是执政者自身没有贪欲。

季康子忧虑盗贼多，向孔子请教。孔子回答说："假如您没有贪欲，即使赏赐盗贼使之盗窃，他们也不去盗窃。"

19.季康子问政于孔子曰："如杀无道，以就有道，何如?"孔子对曰："子为政，焉用杀? 子欲善而民善矣。君子之德风，小人之德草。草上之风，必偃。"①

道，道义。**无道**，没有道义者，指坏人。**就**，趋向，引申为亲近。**有道**，有道义者，指好人。季康子向孔子请教如何为政，说："如果我杀掉坏人，而亲近好人，怎么样?"

欲，动词，希望，想要。孔子对季康子的这个思路不赞许，说："您为政，怎能用杀的办法呢?"在孔子思想中，上行下效是一个必然规律，执政者为善，人民也就会为善，所以他说："您想要善的话，老百姓就会善。"

---

① 皇侃《义疏》本中，"君子之德风，小人之德草。草上之风，必偃"作"君子之德风也，小人之德草也。草尚之风，必偃"。

为了说明这个规律，孔子举了草与风的关系为例。**君子**，指执政者。**德**，德行。**上**，加。**偃**，本义是仰面倒下，这里泛指倒下。孔子说："执政者的德行就像风，老百姓的德行就像草。在草上加风，那么草必然倒下。"因此，可以以德化民，不必用杀的手段。这里，孔子强调的仍然是康子需要带头为善。

季康子向孔子请教如何为政，说："如果我杀掉坏人，而亲近好人，怎么样？"孔子回答说："您为政，怎能用杀的办法呢？您想要善的话，老百姓就会善。执政者的德行就像风，老百姓的德行就像草。在草上加风，草必然倒下。"

以上三章，都是孔子于鲁哀公十一年回鲁以后回答当时鲁国执政者季孙肥（康子）的问话。《论语》中，回答齐景公问话的，均发生在鲁昭公末年孔子35岁到37岁之间，当时孔子尚未从政。鲁昭公出逃到齐国去，孔子也去了齐国。在那里，有齐景公的问话。回答季桓子问话的，都发生在鲁定公九年到鲁定公十三年春孔子51岁到55岁之间。这个时期是孔子在鲁从政时期。只有在鲁国出仕时期，才有季桓子的问话。回答其他国家君主或大臣问话的，都发生在鲁定公十三年春之后至鲁哀公十一年孔子回鲁之前，即孔子55岁到68岁之间。这是孔子周游列国的十四年。孔子回到鲁国后，鲁国的执政者是鲁哀公和季康子，因此凡是回答鲁哀公和季康子问话的，都发生在鲁哀公十一年孔子68岁回鲁之后到鲁哀公十六年孔子73岁去世之前。

20.子张问："士何如斯可谓之达矣？"子曰："何哉，尔所谓达者？"子张对曰："在邦必闻，在家必闻。"子曰："是闻也，非达也。夫达也者，质直而好义，察言而观色，虑以下人。在邦必达，在家必达。夫闻也者，色取仁而行违，居之不疑。在邦必闻，在家必闻。"①

士，有一定品德和知识的男子，也是大夫以下的贵族阶层。《白虎通·爵》："士者，事也。言士虽先未仕，后或有爵位，当任事也。"

斯，则，乃。**达**，古字作"達"，通晓事理。子张问："士怎样才可以称之为达？"

孔子没有马上回答，而是反问道："你所说的达是什么意思？"

在邦，指仕于诸侯。**在家**，指仕于卿大夫家。**闻**，有名望。子张回答道："仕于诸侯，一定有名望；仕于卿大夫家，一定有名望。"

是，这。孔子说："这是闻，不是达。"

于是孔子向子张说明什么是达。**夫**，语气词，用在句首，表示要发议论。**质**，本质，本性。**义**，社会认为合宜的道理和行为。察言而观色，观察人的语言和表情，以知道他人所需。**虑**，《说文》："虑，谋思也。"意思是思考。**下人**，居于人下。"虑以下人"，所思考的是居于人下。孔子说："达者，本性正直而爱好合宜之事，观察他人的语言和表情，所考虑的是居于他人之下。这样的人无论是仕于诸侯还是仕于卿大夫之家，都一定通晓事理。"

闻人则与此不同。**夫**，语气词，用在句首，表示要发议论。**取**，借取。**违**，违背。借取仁者的表情而行动上却违背仁，还自居为仁者而不自疑。

---

① 皇侃《义疏》本中，"士何如斯可谓之达矣"作"士何如斯可谓之达"，"夫达也者"作"夫达者"，"夫闻也者"作"夫闻者"。

这样的人党徒甚多，相互称誉，因此无论仕于诸侯还是仕于卿大夫家，都一定有名望。

子张问："士怎样才可以称之为达？"孔子说："你所说的达是什么意思？"子张回答道："仕于诸侯，一定有名望；仕于卿大夫家，一定有名望。"孔子说："这是闻，不是达。达者，本性正直而爱好合宜之事，观察他人的语言和表情，所考虑的是居于他人之下。这样的人无论是仕于诸侯还是仕于卿大夫之家，都一定通晓事理。闻者，借取仁者的表情而行动上却违背仁，还自居为仁者而不自疑。他们无论仕于诸侯还是仕于卿大夫家，都一定有名望。"

在这里，孔子非常清晰地区分了何为闻何为达。闻，只是有名望，而达则是通晓事理。

21.樊迟从游于舞雩之下，曰："敢问崇德、修慝、辨惑。"子曰："善哉问！先事后得，非崇德与？攻其恶，无攻人之恶，非修慝与？一朝之忿，忘其身，以及其亲，非惑与？"①

舞雩，指鲁城之南的舞雩台。据《水经注》，鲁雩坛高三丈。因此才可以说"舞雩之下"。弟子樊迟跟从孔子游玩于舞雩台下。

崇，本义是高，这里用作动词，尊崇。**修**，治理。**慝**（tè），同"忒"，过差。**辨**，辨别，明辨。**惑**，疑惑。樊迟说："冒昧地问您怎样尊崇品德、治理过差、明辨迷惑。"樊迟所问，皆修身之要，所以孔子听了这话，首先赞赏樊迟之问，说："这个问题问得好！"

---

① 皇侃《义疏》本中，"无攻人之恶"作"毋攻人之恶"。

事，做，从事。**得**，获得。**与**，语气词，用于句末，表示疑问。后来写作"欤"。孔子说："做起事来冲在前面，遇到获得站在后面，这不是尊崇品德吗？"这是从行动上表达了对品德的尊崇。

攻，指责过失。**其**，指自己。指责自己的过差，不指责他人的过差，这不是治理过差吗？意思是，这就是治理过差。

朝，早晨。《尔雅》："朝，早也。"**忿**，怒。一个早上的愤怒，说明愤怒的时间不长。**以**，而。**及**，累及。一个短时的愤怒，就忘了自身，而累及父母，这不是迷惑吗？意思是，这就是迷惑。在这里，孔子没有从理论上讲什么是崇德、修慝、辨惑，而是以三个事例来说明怎样崇德、修慝、辨惑。

樊迟跟从孔子游玩于舞雩台下，说："冒昧地问您怎样尊崇品德、治理过差、辨别迷惑。"孔子说："这个问题问得好啊！做起事来冲在前面，遇到获得站在后面，这不是尊崇品德吗？指责自己的过差，不指责他人的过差，这不是治理过差吗？一个短时的愤怒，就忘了自身，而累及父母，这不是迷惑吗？"

22.樊迟问仁。子曰："爱人。"问知。子曰："知人。"樊迟未达。子曰："举直错诸枉，能使枉者直。"樊迟退，见子夏曰："乡也吾见于夫子而问知，子曰：'举直错诸枉，能使枉者直。'何谓也？"子夏曰："富哉言乎！舜有天下，选于众，举皋陶，不仁者远矣。汤有天下，选于众，举伊尹，不仁者远矣。"①

爱，爱护，给予恩惠。樊迟问什么是仁。孔子说："仁就是爱护他人。"

---

① 皇侃《义疏》本中，"问知"作"问智"，"乡"作"向"，"富哉言乎"作"富哉是言乎"。

"问知"的**知**（zhì），智慧，这个意义后世写作"智"。"知人"的**知**（zhī），知道，了解。樊迟又问什么是智。孔子说："智就是了解他人。"

达，明白。樊迟没有明白。

举，推荐，选用。**直**，正直，这里指正直的人。**错**（旧读 cù，今读 cuò），同"措"，安放。**诸**，之于的合音。**枉**，邪曲，这里指邪曲的人。孔子说："推举正直的人放在邪曲的人之上，能使邪曲的人变正直。"

退，退出，离开。**乡**（xiàng），古字写作"鄉"，通"嚮"。"嚮"，简化字作"向"，不久，这里的意思是刚才。樊迟仍然没有明白孔子的话。从孔子那里离开后，去见子夏，说："刚才我去见老师问什么是智，老师说：'推举正直的人放在邪曲的人之上，能使邪曲的人变正直。'这是指什么意思呢？"

富，本义是财多，这里的意思是丰富。子夏说："这话内涵丰富啊！"

皋陶（gāo yáo），是舜的司法官。**远**，远去。不仁者远，意思是不仁者都化而为仁者，好像都远去而消失了。这也就是"能使枉者直"。**伊尹**，是汤的相。子夏说："舜做天子，从众人之中挑选，推举了皋陶，不仁之人就消失了。汤做天子，从众人之中挑选，推举了伊尹，不仁之人就消失了。"

樊迟问什么是仁。孔子说："仁就是爱护他人。"樊迟又问什么是智。孔子说："智就是了解他人。"樊迟没有明白。孔子说："推举正直的人放在邪曲的人之上，能使邪曲的人变正直。"樊迟离开，去见子夏，说："刚才我去见老师问什么是智，老师说：'推举正直的人放在邪曲的人之上，能使邪曲的人变正直。'这是指什么意思呢？"子夏说："这话内涵丰富啊！舜做天子，从众人之中挑选，推举了皋陶，不仁之人就消失了。汤做天子，从众人之中挑选，推举了伊尹，不仁之人就消失了。"

23.子贡问友。子曰："忠告而善道之，不可则止，毋自辱焉。"

忠，忠诚，尽心竭力。**告**，告之以是非。**道**，引导，后来写作"導"，简化字作"导"。忠告而善道之，意思是忠诚地告之以是非，好好地引导他。不可，指对方不听从。**止**，停止，意思是不再忠告善导。之所以不再告导，是为了成全朋友关系，也是为了使之自悟。**毋**，禁止之辞，不要。**辱**，动词，使屈辱。**自辱**，使自己受到屈辱。

子贡问交友之道。孔子说："忠诚地告之以是非，好好地引导他，他不听从就不再忠告和引导，不要使自己受到屈辱。"

24.曾子曰："君子以文会友，以友辅仁。"

文，这里指学问。**会**，会合，聚会。**辅**，协助。

曾子说："君子以学问与朋友聚会，以朋友协助自己成就仁德。"

子路第十三

1.子路问政。子曰："先之劳之。"请益。曰："无倦。"

先，先行，先做某事，这里指身先，意思是在德行上以身作则。**之**，指人民。**劳**，劝勉。先之劳之，意思是在德行上以身作则，则人民敬服，而后就能达到劝勉人民向善的目的。

益，增加。**倦**，厌倦。子路嫌孔子说的太少，于是请求孔子再增加一些。孔子说："不厌倦。"意思是按上边的办法去做不厌倦。

子路问如何为政。孔子说："在德行上以身作则，然后再劝勉人民向善。"子路请求孔子再增加一些。孔子说："按上边的办法去做不厌倦。"

2.仲弓为季氏宰，问政。子曰："先有司，赦小过，举贤才。"曰："焉知贤才而举之?"曰："举尔所知，尔所不知，人其舍诸?"

仲弓，孔子弟子冉雍。**宰**，大夫家总管和邑长都叫宰，此处不知是哪一种宰。皇侃说是费邑之宰，邢昺说是家宰，都不知有何根据。因此，季氏宰，可模糊地理解为季氏的宰。仲弓做季氏的宰，向孔子问如何为政。

先，身先，意思是在别人之前去做。这里指在德行上以身作则。**有**，词头，无实义。**司**，主管。**有司**，主管官员，这里泛指下属官吏。先有司，意思是在德行上给主管官员以身作则。**赦**，赦免，宽恕。**过**，失误。**举**，推荐，选用。**贤才**，有德行的人才。孔子回答说："在德行上给下属官吏以身作则，宽恕别人小的过失，举用有德行的人才。"

以上孔子讲的是三个方面，仲弓则继续问其中的一个方面。他说："怎能知道有德行的人才而举用他们？"**之**，指贤才。

尔，你。**所**，代词，作前置宾语。尔所知，即"尔知所"，这里的意思是你知道的贤才。**其**，副词，表示强调，难道。**舍**，也写作"捨"，放弃。**诸**，之，指代贤才。孔子说："你就举用你知道的贤才，你不知道的贤才，他人难道就会舍弃掉？"意思是他人也会举用的。

仲弓做季氏的宰，向孔子问如何为政。孔子说："在德行上给下属官吏以身作则，宽恕别人小的过失，举用有德行的人才。"仲弓说："怎能知道有德行的人才而举用他们？"孔子说："你就举用你知道的贤才，你不知道的贤才，他人难道就会舍弃掉？"

3.子路曰："卫君待子而为政，子将奚先？"子曰："必也正名乎！"子路曰："有是哉，子之迂也！奚其正？"子曰："野哉，由也！君子于其所不知，盖阙如也。名不正则言不顺，言不顺则事不成，事不成则礼乐不兴，礼乐不兴则刑罚不中，刑罚不中则民无所错手足。故君子名之必可言也，言之必可行也。君子于其言，无所苟而已矣。"

卫君，指出公辄。卫灵公世子蒯聩得罪于灵公和夫人南子，逃亡国外。灵公死，蒯聩之子公孙辄被南子立为卫君，而辄之父蒯聩虽流亡在晋，却时刻想着回国与辄争夺国君之位。孔子自楚返卫途中，子路有此问。

待，留用。**子**，说话时的敬称。**奚**，何。子路问孔子："若卫君留用您从事国家治理工作，您将先做什么？"

正，纠正，使……正确。**名**，名分，名称。孔子根据当时卫国父子君臣名分颠倒的现实，说："一定先纠正名称。"

"子之迂"的"**之**"字，介词，起把主谓结构变成词组的作用。这样，"子之迂也"是一个词组。**迂**，远，指远于事，不切实际。"有是哉，子之迂也"，不可理解为两句话。若理解为两句话，则"子之迂也"就不成句子，因为它只是一个词组。这样，"有是哉，子之迂也"就是一句话。在这句话中，"**是**"指代"子之迂也"这个词组。"有是哉，子之迂也"，就相当于"有子之迂哉"，意思是有您这样迂远的吗！

奚，何。**其**，指示代词，那，指名称。奚其正，即"正其奚"，纠正名称的什么呢，意思是名称有什么好纠正的。

子路说："若卫君留用您从事国家治理工作，您将先做什么？"孔子说："一定先纠正名称。"子路说："有您这样迂远的吗！名称有什么好纠正的？"

野，粗野，不合礼仪。孔子说："仲由真是粗野啊！"

盖，句首语气词，无实义。**阙**，空置而不言。**如**，……的样子。"君子于其所不知，盖阙如也"，意思是君子对于自己不知道的事物，空置在那里而不言。这是对子路不懂纠正名分的道理却要进行评论的批评。

名不正，名称不正确，即名称与事实不符。把牛称作马，就是名不正。若把牛称作马，那么需要牛的时候，就得说需要马。这样，言语就混乱了。言语混乱，就是言不顺。"名不正则言不顺"，意思是名称不正确，言语就会混乱。**成**，成功。求牛得马，体现的是言语的混乱无序，但造成的是得不到牛，得不到牛，就是"事不成"。"言不顺则事不成"，意思是言语混乱，则国家事务无法成功。**礼乐**，指国家制度。**兴**，行，推行。国家的事情总是失败，国家制度就难以推行。这是事不成则礼乐不兴。**中**，是中庸的"中"，得当。国家制度不能推行，则会有过度刑罚，这是刑罚不能得当。**错**，同"措"，放置。刑罚不能得当，则人民动辄得咎，无处放置手足。

孔子在这里分析了正名与国家治理的关系：名称与事实不符，则言语混乱；言语混乱，则国家事务无法成功；国家事务不能成功，则国家制度难以推行；国家制度难以推行，则刑罚不能得当；过度刑罚，则会造成人民不知所措。

"君子名之"的**"名"**，是一个动词，命名，给名称。**言**，说。君子给它一个名称，这个名称一定是可以说的，意思是使用这个名称不会造成混乱，这就是"名之必可言也"。君子对这个名称的言语一定是可以行得通的，这就是"言之必可行也"。

言，言语，这里指名称。**苟**，苟且，随便。君子对于自己使用的名称，不马虎随便而已。

子路说："若卫君留用您从事国家治理工作，您将先做什么？"孔子说："一定先纠正名称。"子路说："有您这样迂远的吗！名称有什么好纠正的？"孔子说："仲由真是粗野啊！君子对于自己不知道的事物，空置在那里而不言。名称不正确，言语就会混乱；言语混乱，则国家事务无法成功；国家的事情无法成功，国家制度就难以推行；国家制度难以推行，则刑罚不能得当；刑罚不能得当，人民就无处放置手足。因此，君子给它一个名称，这个名称一定是可以说的；对这个名称的言语一定是可以行得通的。君子对于自己使用的名称，不马虎随便而已。"

4.樊迟请学稼。子曰："吾不如老农。"请学为圃。曰："吾不如老圃。"樊迟出。子曰："小人哉，樊须也！上好礼，则民莫敢不敬。上好义，则民莫敢不服。上好信，则民莫敢不用情。夫如是，则四方之民，襁负其子而至矣，焉用稼！"

樊迟，孔子弟子，名须，字子迟。**请**，请求。"请"的后边带动词时，有两种含义：第一，请求对方做某事；第二，请求对方允许自己做某事。在这里，是第一种含义。**稼**，种植五谷曰稼。稼犹嫁，意思是种植五谷欲其有所生，就像人的嫁娶欲生育子孙。樊迟请学稼，意思是樊迟请求孔子教自己学习种植五谷。

农，《说文》："农，耕人也。"指耕田之人，即农民。农，浓也，意思是以耕田来使国家仓廪浓厚。孔子说："我不如常年从事耕种的人。"

为，做，从事。**圃**，种植菜蔬曰圃。樊迟又请求孔子教自己从事菜蔬种植。孔子说："我不如常年种植菜蔬的人。"

小人，不是道德意义上的小人，而是分工意义上的小人，指下层人民。樊迟退出。孔子说："樊须真是下层人啊！"

上，指执政者。**好**，爱好。**莫**，无定代词，没有谁。礼主敬，执政者爱好礼，人民从而化之，也会爱好礼，因而没有谁敢不尊敬执政者。

义，宜，合宜。人闻义则服从，执政者若爱好义，人民从而化之，也会爱好义，因而没有谁敢不服从执政者。

　　信，诚实。**情**，实，指真实情况。执政者若爱好诚实，人民从而化之，也会爱好诚实，因而没有谁敢不以真实情况相待的。

　　孔子说："执政者爱好礼，人民就没有谁敢不尊敬执政者；执政者爱好义，人民就没有谁敢不服从执政者；执政者爱好诚实，人民就没有谁敢不以真实情况相待。"

　　夫，语气词，用在句首，表示要发议论。**是**，此。**襁**，背负婴儿的宽带。**负**，动词，背着。《释名·释姿容》："负，背也，置项背也。"**焉**，疑问代词，哪。**稼**，这里包含上边所说的种植五谷和种植菜蔬。孔子说："像这样的话，四方人民就会用宽带子背负着他们的子女而来，哪里还用得着你学习种植五谷和种植菜蔬来教他们呢？"

　　樊迟请求孔子教自己学习种植五谷。孔子说："我不如常年从事耕种的人。"樊迟又请求孔子教自己从事菜蔬种植。孔子说："我不如常年种植菜蔬的人。"樊迟退出。孔子说："樊须真是下层人啊！执政者爱好礼，人民就没有谁敢不尊敬执政者；执政者爱好义，人民就没有谁敢不服从执政者；执政者爱好诚实，人民就没有谁敢不以真实情况相待。像这样的话，四方人民就会用宽带子背负着他们的子女而来，哪里还用得着你学习种植五谷种植菜蔬来教他们呢？"

　　5.子曰："诵《诗》三百，授之以政，不达；使于四方，不能专对。虽多，亦奚以为？"

　　诵，朗诵。背文曰讽，以声节之曰诵。可见，单单背出来文字叫讽，而诵则需要有一定的节奏，因此可以理解为朗诵。

　　《诗》有三百零五篇，这里说"三百"，是举整数。**授**，给予，付与。

以，介词，把。授之以政，即"以政授之"，把政事交给他。

达，通晓，明白。朗诵《诗经》三百篇，把政事交给他，他却搞不明白。

使，出使。**四方**，指四方国家，即各国。**专**，擅。**对**，答。春秋之时，大夫出使四方，只接受国君给予的使命，而不接受国君给予的固定话语，这就是《公羊传》说的"聘礼，大夫受命，不受辞，出竟有可以安社稷、利国家者，则专之可也"。专，专擅，专擅对答的内容。与"专对"相对的，是依靠他人帮助来对答。另外，出使期间，在会议或宴会上，宾主双方都会引用《诗》来表达自己的看法。现在，这个能朗诵《诗》三百篇的人，出使到各国去，做不到随机引用《诗》句来专擅对答，这就叫"不能专对"。不能，做不到。"使于四方，不能专对"，意思是出使各国，却做不到随机引用《诗》来专擅对答。

亦，语气词，无实义。**奚**，何。**以**，动词，用。**为**，句末语气词，表疑问。"为"字的这种用法，只与"何""奚"这样的字连用。如《颜渊第十二》第8章中："棘子成曰：'君子质而已矣，何以文为？'"亦奚以为，等于"奚以"，用到何处。亦奚以为，意思是用到何处呢。

孔子说："朗诵《诗》三百篇，把政事交给他，他却搞不明白；出使到各国去，又做不到随机引用《诗》来专擅对答。即使他朗诵《诗》很多，用到何处呢？"

6.子曰："其身正，不令而行。其身不正，虽令不从。"

其，他的，指执政者的。**正**，端正。**令**，发出命令。**行**，做，从事。如果执政者自身端正，不用发出命令，人民就会去做。这是因为民不从其令而从其行。

虽，即使，纵使。**从**，听从。如果执政者自身不端正，即使发出命令，人民也不会听从。《礼记·缁衣》说："下之事上也，不从其所令，从其所行。"

孔子说："如果执政者自身端正，不用发出命令，人民就会去做。如果执政者自身不端正，即使发出命令，人民也不会听从。"

7.子曰："鲁、卫之政，兄弟也。"①

鲁，是周公旦的封国。**卫**，是康叔封的封国。周公旦和康叔封都是周武王的弟弟。在周武王的兄弟之中，周公旦和康叔封最为亲密。在周初，鲁、卫二国之政很相似。到了春秋末，二国之政也都同样地败坏了。因此，孔子叹之。

孔子说："鲁国、卫国的政治，兄弟般相似。"

8.子谓卫公子荆："善居室。始有，曰'苟合矣'。少有，曰'苟完矣'。富有，曰'苟美矣'。"

公子，诸侯之子称为公子。卫公子荆，卫国大夫。贤明的吴国公子季札曾称他为君子。《左传·襄公二十九年》："吴公子札来聘。遂适卫，说蘧瑗、史狗、史?、公子荆、公叔发、公子朝，曰：'卫多君子，未有患也。'"鲁国也有一个公子荆，是鲁哀公的儿子。为了区别开来，记录者在这里特别加上"卫"字，称"卫公子荆"。

① 皇侃《义疏》本，"兄弟也"作"兄弟"，而无"也"字。

室，家。孔子评论卫国公子荆："善于居家。"意思是卫公子荆善于居家过日子。**苟**，诚，确实。**合**，聚合。刚开始有点财富，他就说："确实聚合了一点。"

少，稍。**完**，备。财富稍稍增多了一点，他就说："确实已经完备了。"

待到很富有的时候，他说："确实已经非常好了。"孔子称赞卫公子荆对财富的容易满足，针对的是当时官僚阶层的奢华之风。

孔子评论卫国公子荆："善于居家过日子。刚开始有点财富，他就说：'确实聚合了一点。'财富稍稍增多了一点，他就说：'确实已经完备了。'待到很富有的时候，他说：'确实已经非常好了。'"

9.子适卫，冉有仆。子曰："庶矣哉！"冉有曰："既庶矣，又何加焉？"曰："富之。"曰："既富矣，又何加焉？"曰："教之。"①

适，往……去。《说文》："适，之也。"**仆**，驾车。孔子去往卫国，冉有给他驾车。

庶，众多，此处指人口众多。**既**，已经。**又**，再。**加**，增加。**焉**，句末语气词。孔子说："卫国人口众多啊！"冉有说："已经人口众多了，再增加什么呢？"孔子说："使人民富裕。"

教（jiào），教化，教育。《说文》："教，上所施，下所效也。"冉有说："人民已经富裕之后，再增加什么呢？"孔子说："教化人民。"在这里，富裕与教化有着先后关系，应当先富后教。这也是我国古代一个重要思想。

---

① 皇侃《义疏》本中，"冉有仆"作"冉子仆"。

孔子去往卫国，冉有给他驾车。孔子说："卫国人口众多啊！"冉有说："已经人口众多了，再增加什么呢？"孔子说："使人民富裕。"冉有说："人民已经富裕之后，再增加什么呢？"孔子说："教化人民。"

10.子曰："苟有用我者，期月而已可也，三年有成。"

苟，连词，如果，假设。**期**（jī），周期。《说文》："期，会也。"期月，会合于此月，就是一周年。**可**，可以，不够充足之辞。**成**，成功，成就。

孔子说："假如有用我的人，一年而已，达到可以，三年有成功。"

《史记·孔子世家》："灵公老，怠于政，不用孔子。孔子喟然叹曰：'苟有用我者，朞月而已，三年有成。'"据此可知，孔子此语在居卫时。

11.子曰："'善人为邦百年，亦可以胜残去杀矣。'诚哉是言也！"

为邦，治理国家。**亦**，也。**胜**，战胜。**残**，凶暴之人。**去**，除掉，消除。**杀**，刑杀。

善人治理国家一百年，也可以做到战胜凶暴之人和不再用刑杀。凶暴之人不再作恶，那么，刑杀自然就去掉了。但是，也只是去掉了刑杀，其他轻刑仍然是需要的。善人不学前言往行，也就不能进入最高境界——圣，因而治理国家上百年，才能达到化凶暴之人不再作恶，刑杀不再使用。但是社会远远未进入仁的境界。这样看来，善人治国，虽然比现实中的君主治国要好，但比圣人治国要差。善人治国，是一种居中的政治。

诚，确实。**是**，这。"善人为邦百年，亦可以胜残去杀矣。"这是孔子以前的古话，孔子引用来，且评论说："这话是确实的啊！"

孔子说："'善人治理国家一百年，也可以做到战胜凶暴之人和不再用刑杀。'这话是确实的啊！"

12.子曰："如有王者，必世而后仁。"

王，圣人为天子。**世**，三十年为一世，这里指一代人的时间。一代人的时间里，旧有的被恶所化导的人民逐渐消失，新生的被善所化导的人民逐渐长成，替代了恶化之民，这样，整个社会才能全部换成新民。因此，圣王为政，需要一代人的时间才能使社会进入仁的境界。

把本章与上章对比，同样是治国，善人需要百年时间才能做到胜残去杀，而王者三十年就可能使社会进入仁的境界。善人为邦与王者治天下，其差距如此。

孔子说："如果有圣人为天子，社会也必须一代人的时间才能进入仁的境界。"

13.子曰："苟正其身矣，于从政乎何有？不能正其身，如正人何？"

苟，假如。**正**，端正。**何有**，意思是有何难。政者，正也。从政的本意是做端正的事。自身端正，做事就端正，所以说自身端正，则从政不难。如正人何，即"如何正人"，意思是怎么去端正他人。

孔子说："假如端正了自身，对于从政来说，有何难？如果不能端正自身，怎么去端正他人？"

14.冉子退朝。子曰："何晏也?"对曰："有政。"子曰："其事也。如有政,虽不吾以,吾其与闻之。"

冉子,冉有。这里用"冉子",说明这一章是冉有的弟子记录的。**朝**,臣朝见君。近君曰进,远君曰退。散朝后,臣远君,故曰退。冉有仕于季氏家,冉有是季氏的家臣,季氏则是家君。季氏与冉有之间也是君臣关系。这里的朝,指季氏的私朝。退朝,指从季氏的私朝回来。

晏,晚。冉有从季氏私朝回来。孔子说:"为何这么晚呢?"冉有说:"有政务。"

其,指示代词,指意之所属的那个,可理解为"那"。其事也,意思是那是事务而不是政务。《左传·昭公二十五年》杜预注:"在君为政,在臣为事。"孔子对此作出区分,是正名之意。

孔子的正名意识很强,有时候会通过纠正一个字词来纠正名分。本章就是一例。又如《韩诗外传》卷五记载:"孔子侍坐于季孙,季孙之宰通曰:'君使人假马,其与之乎?'孔子曰:'吾闻:君取于臣曰取,不曰假。'季孙悟,告宰通曰:'今以往,君有取谓之取,无曰假。'孔子曰:'正假马之言而君臣之义定矣。'"孔子通过把"假"(按:借的意思)纠正为"取"确定了君臣名分。本章中,孔子则通过把"政"纠正为"事"确定君臣名分。

以,用。不吾以,即"不以吾",不用我。**其**,副词,表示揣测,大概。**与闻**,参与闻知,意思是知道。如果有政务,虽然鲁君不用我,我大概也会知道的。

冉有从季氏私朝回来。孔子说:"为什么这么晚呢?"冉有说:"有政务。"孔子说:"那是事务。如果有政务,虽然鲁君不用我,我大概也会知道的。"

15.定公问："一言而可以兴邦，有诸?"孔子对曰："言不可以若是，其几也。人之言曰：'为君难，为臣不易。'如知为君之难也，不几乎一言而兴邦乎?"

曰："一言而丧邦，有诸?"孔子对曰："言不可以若是，其几也。人之言曰：'予无乐乎为君，唯其言而莫予违也。'如其善而莫之违也，不亦善乎? 如不善而莫之违也，不几乎一言而丧邦乎?"①

这段问答发生在孔子在鲁，尚未离开鲁国周游列国的时候。当时鲁国国君是鲁定公。他是鲁昭公和鲁哀公之间的鲁国国君。

言，言辞。**诸**，之，指代"一言"。定公问："一句话可以使国家兴盛，有这样的一句话吗?"

"孔子对曰"，君前臣名，所以这里用"孔子对曰"而不用"子对曰"。

若，如，像。**是**，这，指"一言而可以兴邦"。**其**，副词，表示揣测语气，大概。**几**，古字作"幾"，意思是近，今简化作"几"。古代也有"几"字，是矮桌子的意思，与"幾"的意思完全不同。其几也，意思是大概有近于可以使国家兴盛的一句话。

"不几乎"的"乎"，于的意思。孔子回答说："话不可以像这样，大概有近于能使国家兴盛的一句话。人们说：'当一个君主难，当一个臣子不容易。'如果知道当一个君主难，不就近于一句话就可以使国家兴盛吗?"

这里边的逻辑在于，认识到当一个君主很难，则君主会尽力做好君主

---

① 皇侃《义疏》本中，"言不可以若是，其几也"作"言不可以若是，其几"，"如知为君之难也"作"如知为君难也"，"一言而丧邦"作"一言而可以丧邦"，"唯其言而莫予违也"作"唯其言而乐莫予违也"。

的事情，这样，国家就可能会兴盛。孔子原本引用的是两句话，包括为君难和为臣不易，但是这里是对定公讲的，因此不再提及"为臣不易"。

定公又问："一句话可以使国家丧亡，有这样的一句话吗？"孔子回答说："话不可以像这样，大概有近于使国家丧亡的一句话。"

乎，于。**唯**，只。**其**，他，指君主。**违**，违抗。人们说："我不乐意于做君主，只是因为君主说话而没有人违抗才乐意做君主的。"引用了这句话之后，孔子说："假如君主是对的而没人违抗他，不也很好吗？假如君主是错的而没人违抗他，不就近于一句话就能使国家丧亡吗？"

鲁定公问："一句话可以使国家兴盛，有这样的一句话吗？"孔子回答说："话不可以像这样，大概有近于可以使国家兴盛的一句话。人们说：'当一个君主难，当一个臣子不容易。'如果知道当一个君主难，不就近于一句话就可以使国家兴盛吗？"定公又问："一句话可以使国家丧亡，有这样的一句话吗？"孔子回答说："话不可以像这样，大概有近于使国家丧亡的一句话。人们说：'我不乐意于做君主，只是因为君主说话而没有人违抗才乐意做君主的。'假如君主是对的而没人违抗他，不也很好吗？假如君主是错的而没人违抗他，不就近于一句话就能使国家丧亡吗？"

16.叶公问政。子曰："近者说，远者来。"①

叶（shè），地名，当时属楚国。**叶公**，指当时的叶县尹沈诸梁，字子高。

说，喜悦。这个意义后世写作"悦"。施惠于近处的人民，使他们喜

————————

① 皇侃《义疏》本中，"说"作"悦"。

悦，则远方的人民就会向慕而到来。

叶公问如何为政。孔子说："使近处的人民喜悦，使远方的人民到来。"

17.子夏为莒父宰，问政。子曰："无欲速，无见小利。欲速则不达，见小利则大事不成。"①

莒父，鲁国的邑名。子夏做莒父的邑宰，向孔子求教如何为政。

欲，希望，想要。**见**，看见，这里的意思是贪图。无欲速，无见小利，意思是不要希望快速，不要贪图小利。

达，到达，这里的意思是达到目标。**成**，成功，办成。"欲速则不达，见小利则大事不成"，意思是希望快速则不能达到目标，贪图小利则大事不能成功。

子夏的毛病是格局不够大，因此孔子告诫他不要希望快速和贪图小利。希望快速，则急遽无序，反而无法达到目标。贪图小利，则格局狭小，就忘了该做的大事。

子夏做莒父的邑宰，问如何为政。孔子说："不要希望快速，不要贪图小利。希望快速则不能达到目标，贪图小利则大事不能成功。"

18.叶公语孔子曰："吾党有直躬者，其父攘羊，而子证之。"孔子曰："吾党之直者异于是。父为子隐，子为父隐，直在其中矣。"

语（yù），告诉，对……说。**党**，古字作"黨"，是古代的一种基层行政单位，五百家为党。这里的党，意思是家乡。古代也有"党"字，是一

---

① 皇侃《义疏》本中，"无见小利"作"毋见小利"。

种姓氏，与"黨"字意义不同。**躬**，身。**直躬**，直身而行。**攘**（ráng），偷窃。有因而盗曰攘。他人的家禽家畜跑到自己跟前来，而自己将之据为己有，这叫攘，今天叫昧下。**证**，古字作"證"，证实，今简化字作"证"。古字中也有"证"字，意思是直言纠正，与"證"字的意义不同。**之**，指其父攘羊这件事。

叶公告诉孔子说："我家乡有一个直身而行的人，他父亲昧下了别人家的羊，而作为儿子的他证实了这件事。"

是，此，指"其父攘羊，而子证之"这样的做法。**隐**，掩盖。《说文》："隐，蔽也。"父子天性之中是相互帮助掩盖的，这才是直接发自内心毫无曲折的感情流露，所以父子相隐才是最直接的感情。直就在这里边。**其**，指示代词，那。孔子说："我家乡的正直者与这种做法不同。父为子掩盖，子为父掩盖，直就在那里边啊。"

叶公告诉孔子说："我家乡有一个直身而行的人，他父亲昧下了别人家的羊，而作为儿子的他证实了这件事。"孔子说："我家乡的正直者与这种做法不同，父为子掩盖，子为父掩盖，直就在那里边啊。"

19.**樊迟问仁。子曰："居处恭，执事敬，与人忠。虽之夷狄，不可弃也。"**

居，住。**处**，也是住的意思。**居处**，就是在家居住，燕居。**恭**，肃敬，有礼之貌。《说文》："恭，肃也。"居处恭，意思是平日在家，肃敬有礼。**执**，执行。**敬**，严肃认真。执事敬，意思是执行事务之时，严肃认真。**与**，交往。**忠**，忠诚，尽心竭力。与人忠，意思是与人交往，尽心竭力。

之，去往。**夷狄**，中国古代对中原以外人民和地区的称呼，无礼仪是夷狄的一大特点。

樊迟问什么是仁。孔子说："平日在家，肃敬有礼；执行事务，严肃认真；与人交往，尽心竭力。即使去到夷狄地区，也不可丢弃这些。"

20.子贡问曰："何如斯可谓之士矣？"子曰："行己有耻，使于四方，不辱君命，可谓士矣。"曰："敢问其次。"曰："宗族称孝焉，乡党称弟焉。"曰："敢问其次。"曰："言必信，行必果，硁硁然小人哉！抑亦可以为次矣。"曰："今之从政者何如？"子曰："噫！斗筲之人，何足算也？"

斯，连词，则，乃。子贡问道："怎样做乃可称之为士？"

有耻，有可耻之事，意思是说有耻于做的事情。行己有耻，就是让自己行动的时候有耻于做的事情。孔子说："让自己行动的时候有耻于做的事情，出使到四方各国，不辱君命，可以称作士了。"

称，称赞。**孝**，善待父母。**弟**（dì），弟对兄的敬爱。这个意义后世写作悌（tì）。**焉**，句末语气词。宗族称孝焉，乡党称弟焉，二句互文见义，意思是宗族的人和家乡的人称赞他善待父母，敬爱兄长。

子贡说："冒昧问您士的次一等是什么样。"孔子说："宗族的人和家乡的人称赞他善待父母，敬爱兄长。"

子贡继续说："冒昧问您再次一等的士是什么样。"

信，动词，守信用。**果**，动词，实现，这里的意思是有成果。言必信，行必果，意思是说话一定守信用，行动一定有成果。这里边已经包含着这种守信和取得成果并不考虑事情本身的是非黑白。君子的言行都会考虑是否合乎义，而小人不考虑这一点。因此，孔子把"言必信，行必果"

定性为小人的做法。**硁硁**（kēng），固执的样子。**抑**，连词，表示转折，但是的意思。

孔子说："说话一定守信用，行动一定有成果，固执的样子像小人啊！但也可以作为次一等的士了。"

子贡问："现在的从政者怎么样？"

噫，叹词。**斗**，量器，一斗盛十升。**筲**（shāo），竹器，可以盛一斗二升，也就是十二升。斗和筲，都是容量不大的容器。斗筲之人，指器量浅狭的人。**足**，值得，够得上。**算**，数（shū）。孔子说："噫！器量浅狭之人，怎么值得数上呢？"意思是，他们都够不上士的资格。

子贡问道："怎样做乃可称之为士？"孔子说："让自己行动的时候有耻于做的事情，出使到四方各国，不辱君命，可以称作士。"子贡说："冒昧问您士的次一等是什么样。"孔子说："宗族的人和家乡的人称赞他善待父母，敬爱兄长。"子贡说："冒昧问您再次一等的士是什么样。"孔子说："说话一定守信用，行动一定有成果，固执的样子像小人啊！但也可以作为次一等的士了。"子贡问："现在的从政者怎么样？"孔子说："噫！器量浅狭的人，怎么值得数上呢？"

21.子曰："不得中行而与之，必也狂狷乎！狂者进取，狷者有所不为也。"

中，中庸的中。**中行**，依中庸而行者，中道而行。**与**，交往。**狂**，指勇于进取者。**狷**（juàn），指洁身自好者，有所不为者。《说文》无"狷"字，有"獧"（juàn）字，段玉裁注："獧、狷古今字。《论语》作狷，《孟子》作獧。"孔子说："不能得到中道而行者来交往，那就必定是与狂者和狷者交往了！"

有所不为，指不屑于去做不洁之事，意思与上章的"行己有耻"相同。狂者知进不知退，狷者则应进而退，守节无为。二者都不合中庸之道。但是在当时的社会，找不到依中庸而行者，只能退而求其次，与狂狷交往了。狂者进取，狷者有所不为，意思是狂者勇于进取，狷者洁身自好。

孔子说："不能得到中道而行者来交往，那就必定是与狂者和狷者交往了！狂者勇于进取，狷者洁身自好。"

22.子曰："南人有言曰：'人而无恒，不可以作巫医。'善夫！""不恒其德，或承之羞。"子曰："不占而已矣。"

南人，南国之人。**而**，如。**恒**，常，这里指常性，恒心。

巫，古代能以舞降神的人。《说文》："在男曰觋（xí），在女曰巫。"医，医工，指治病的人。《说文》："医，治病工也。"巫、医都以士来充当，而且巫常以禳祷替人治病，因此巫和医常常是一回事。巫医世代相传，所以能精通其技能，非无恒心之人所能充当。因此南国之人有这样的话："一个人如果没有恒心，不可用他做巫医。"孔子认为这话有道理，所以称赞说："这话说得好啊！"**夫**，语气词，用在句末，表示感叹。

"不恒其德，或承之羞"，是《易·恒卦》九三的爻辞。**恒**，使动用法，使……有常。不恒其德，意思是不能使其德性有常。**或**，也许，可能。**承**，奉，受。**之**，指不恒其德。不恒其德，或承之羞，意思是不能使其德性有常，那就可能承受羞辱。

此处加上"子曰"二字，是为了把《易》中的话与下边孔子的话区分开来。**占**，占卜，视兆以知吉凶。无常性之人，不但不可用他当巫医，而且不可以占卜。占卜是要预知吉凶的，无常性之人的吉凶占卜不出来。因此，孔子说："也就是无法占卜罢了。"

孔子说："南国之人有这样的话：'一个人如果没有恒心，不可用他做巫医。'这话说得好啊！"《易·恒卦》爻辞说："不能使其德性有常，那就可能承受羞辱。"孔子说："也就是无法占卜罢了。"

23.子曰："君子和而不同，小人同而不和。"

和，本义是声音相应，引申为调和、和谐。这里作动词，指调和自己与别人的意见和观点。**同**，本义是相同、一样。这里作动词，指同意别人的意见和观点。

孔子说："君子愿意将自己的意见与别人的意见调和但不苟同别人的意见，而小人则是苟同别人的意见而不愿将自己的意见与别人调和。"

24.子贡问曰："乡人皆好之，何如?"子曰："未可也。""乡人皆恶之，何如?"子曰："未可也。不如乡人之善者好之，其不善者恶之。"①

好（hào），喜欢。**可**，可以，含有赞许的意思。子贡问道："一乡之人都喜欢他，这个人怎么样？"孔子说："尚不能赞许。"这是因为若一乡之人皆恶，此人乃恶人朋党，自然为众人喜欢。

子贡继续问："一乡之人都厌恶他，这个人怎么样？"孔子说："尚不能赞许。"这是因为若一乡之人皆恶，此人独善，与众人不同，因而为众人所恶，也是可能的。

---

① 皇侃《义疏》本中，"其不善者恶之"作"其不善者恶之也"。

既然在一乡之人都喜欢和一乡之人都厌恶两种情况下，这个人都是尚未可赞许，那么什么情况下才可以赞许这个人呢？孔子说："不如一乡之中的善者喜欢他，不善者厌恶他。"这种情况下，这个人的属性才是明确的。善人喜欢他，说明他善；恶人厌恶他，也说明他善。此时才可以赞许他。

子贡问道："一乡之人都喜欢他，这个人怎么样？"孔子说："尚不能赞许。""一乡之人都厌恶他，这个人怎么样？"孔子说："尚不能赞许。不如一乡之中的善者喜欢他，一乡之中的不善者厌恶他。"

25.子曰："君子易事而难说也。说之不以道，不说也。及其使人也，器之。小人难事而易说也。说之不以道，说也。及其使人也，求备焉。"[①]

事，服事。**说**（yuè），喜悦。这里是使动用法，使……喜悦。**器**，本义是器具。这里作动词。器之，就是"以之为器"，即以之为器具。不同的器具有不同的功能，以人为器具的意思就是根据各人不同的才能予以不同的任用。君子容易服事但是难以取悦。不以正道取悦他，他不喜悦，所以难以取悦他。但到了他用人的时候，则会根据每个人不同的才能予以不同的任用，而不是求全责备，因此容易服事。

备，齐备。**求备**，意思是要求具备所有的才能。小人难以服事却容易取悦。这是因为，不以正道取悦他，他也喜悦。到了他用人的时候，却要求每个人具备所有的才能，因此难以服事。

孔子说："君子容易服事但是难以取悦。不以正道取悦他，他不喜悦。

---

① 皇侃《义疏》本中，"小人难事而易说也"作"小人难事而易说"，无"也"字。

到了他用人的时候，则会根据每个人不同的才能予以不同的任用。小人难以服事却容易取悦。不以正道取悦他，他也喜悦。到了他用人的时候，却要求每个人具备所有的才能。"

26.子曰："君子泰而不骄，小人骄而不泰。"

泰，安舒。**骄**，傲慢。君子坦荡荡，表现在外貌上安详舒展。君子不以己傲物，所以没有傲慢之态。小人长戚戚，表现在外貌上很傲慢，唯恐失去尊严，因而没有舒泰的模样。

孔子说："君子安舒而不傲慢，小人傲慢而不安舒。"

27.子曰："刚、毅、木、讷近仁。"

刚，性情刚强。刚者无欲，无欲则内心静，仁者内心静，所以说刚者近似于仁。**毅**，果决。毅者果决，仁者有勇，所以说毅者近似于仁。**木**，质朴。木者质朴，仁者不尚华饰，所以说木者近似于仁。**讷**（nè），言语迟钝。讷者迟钝，仁者慎言，所以说讷者近似于仁。

以上四者与仁近似，因此说"近仁"。**近**，近似。

孔子说："刚强、果决、质朴、言语迟钝，近似于仁。"

28.子路问曰："何如斯可谓之士矣?"子曰："切切偲偲，怡怡如也，可谓士矣。朋友切切偲偲，兄弟怡怡。"[1]

切，责。**切切**，相切责的样子。**偲偲**（sī），互相勉励规劝的样子。**切**

---

[1]　皇侃《义疏》本中，"何如斯可谓之士矣"作"何如也斯可谓士矣"，"兄弟怡怡"作"兄弟怡怡如也"。

切偲偲，相互勉励责善的样子。**怡**（yí），和悦。**如**，用在形容词词尾，意思是……的样子。怡怡如，和悦的样子。

子路问道："怎样才可称之为士？"孔子说："相互勉励责善，相处和悦，可称为士。"这两点都是子路所缺乏，因此孔子以此相告。又恐子路将此两点胡乱应用，所以孔子又将之进行区分。朋友之间讲究的是义，因此当用切切偲偲；而兄弟之间讲究的是恩，当用怡怡。

子路问道："怎样才可称之为士？"孔子说："相互勉励责善，相处和悦，可称为士。朋友之间，是相互勉励责善；兄弟之间，是相处和悦。"

29.子曰："善人教民七年，亦可以即戎矣。"

教，教导。**即**，就，往那里去的意思。**戎**，本义是兵器。《说文》："戎，兵也。"这里的意思是战争。善人以孝悌忠信等教导人民，使人民知道亲近长上，并愿意为长上而死，这样才可以去打仗。

孔子说："善人教导人民七年，也可以让人民去参加战争了。"

30.子曰："以不教民战，是谓弃之。"

教，教导，这里是训练的意思。不教民，即没有经过训练的人民。**弃**，抛弃。

孔子说："让未受过训练的人民去作战，这叫作抛弃他们。"

宪问第十四

1.宪问耻。子曰："邦有道，谷；邦无道，谷，耻也。""克伐怨欲不行焉，可以为仁矣?"①子曰："可以为难矣，仁则吾不知也。"

宪，孔子弟子原宪，字子思。原宪问什么是耻辱。此处对原宪不称氏不称字，只称名，因此可以怀疑本章乃原宪自己所记。

谷，古字写作"穀"，是禄的意思，指出仕得禄。孔子说："国家政治清明，可以出仕得禄；国家政治混乱，也出仕得禄，就是耻辱。"

这里的问题是：原宪只是问什么是耻辱，孔子只需要回答"邦无道，谷，耻也"就可以了，但是孔子却额外说"邦有道，谷"，孔子为什么这样回答原宪呢？这是因为原宪为人洁身自好，不愿出仕，因此孔子说国家政治清明，是可以出仕得禄的。这是鼓励原宪，开阔原宪的思想。

克，本义是战胜，这里的意思是好胜人。**伐**，自夸其功。人若有功

---

① 《史记·仲尼弟子列传》中，在"克伐怨欲不行焉"之前有"子思曰"三字。

劳，自己来夸耀，相当于自己砍去了功劳，就像砍去树木一样，因此自夸其功用"伐"字。**怨**，怨恨。**欲**，贪欲。**焉**，句末语气词。**为**，意义很广泛，这里的意思是是算作。可以为仁，即"可以之为仁"。之，它，指"克伐怨欲不行"。可以为仁，意思是可把它算作仁。原宪又问："如果好胜人、自夸、怨恨、贪欲都不做，可以算作仁吗？"

以上四种毛病都能克制，是很难能。但是克制了这四种毛病只是做到了无损于人，还没有做到有益于人，远远没有达到己欲立立人、己欲达达人的程度，因此不能算作仁。虽然可以肯定这远远不是仁，但是孔子还是很婉转地说："是不是仁，我不知道。"

原宪问什么是耻辱。孔子说："国家政治清明，可以出仕得禄；国家政治混乱，也出仕得禄，就是耻辱。""如果好胜人、自夸、怨恨、贪欲都不做，可以算作仁吗？"孔子说："可以算作难能，是不是仁，我不知道。"

2.子曰："士而怀居，不足以为士矣。"

而，用在主谓结构，连接主语和谓语，表示设定或强调。这里表示设定，意思是如果。**怀**，留恋。**居**，安居。**足**，值得，够得上。**为**，当作。士当志于道，不求安居。士若求安居，就够不上一个士了。"不足以为士"，即"不足以之为士"，意思是不值得把他当作一个士。

孔子说："士如果留恋安居生活，就不值得把他当作一个士了。"

3.子曰："邦有道，危言危行。邦无道，危行言孙。"

危，高峻，这里的意思是使……高尚。国家政治清明之时，可以使言语高尚，使行为高尚。

孙（xùn），恭顺。《说文》作"愻"。这个意义后来写作"逊"。国家政治混乱之时，行为可以保持高尚，不与乱俗同流合污，但是为了全身远离危害，言语则应改变高尚而变成恭顺。"邦无道，危行言孙"，意思是国家政治混乱，可以使行为高尚，但言语要恭顺。

孔子说："国家政治清明，可以使言语高尚，使行为高尚。国家政治混乱，可以使行为高尚，但言语要恭顺。"

4.子曰："有德者必有言，有言者不必有德。仁者必有勇，勇者不必有仁。"

言，指善言，有益于人的言语。有德者说话不会害人，因为他的存心就是有益于他人，所以必然会说出有益于他人的言语，这就是"有德者必有言"。但是，会说出有益于他人言语的人却不一定全都是有德者。这是因为有的人言不由衷，有的人只说不行，这就是"有言者不必有德"。

仁者见危授命，有杀身以成仁，无求生以害人，所以仁者一定勇敢，这就是"仁者必有勇"。但是暴虎冯河的人、追名逐利不怕死的人，看似勇敢，却非仁者，这就是"勇者不必有仁"。

孔子说："有德的人一定有善言，有善言的人不一定有德。仁者一定有勇敢，勇敢的人不一定有仁德。"

5.南宫适问于孔子曰："羿善射，奡荡舟，俱不得其死然。禹、稷耕稼而有天下。"夫子不答。南宫适出，子曰："君子哉若人！尚德哉若人！"

南宫适（kuò），孔子弟子，即《公冶长第五》第2章中的南容。《史记·仲尼弟子列传》："南宫括字子容。"括，也写作"适"，都读 kuò。

羿（yì），夏代诸侯，有穷国的国君，善于射箭。当时夏朝的天子名叫相，羿篡夺了相的天子位置，杀相。但羿又被自己的臣寒浞（zhuó）杀死篡位。寒浞与羿的妻子生下了奡（ào）。**奡**，又写作"浇"（仍读 ào）。最后，夏朝的后代少康杀死奡，重新夺回了天下。**荡**，推。奡力气很大，能陆地推舟而行。**死**，寿终而死。不得其死，不得善终。**然**，相当于"焉"，句末语气词。羿善于射箭，奡能陆地推舟，这两个人都不得善终。

禹，夏禹，姒姓，名文命，黄帝的玄孙，鲧（gǔn）的儿子。**稷**，后稷，姬姓，名弃，周的先祖。夏禹治水使民可以耕种，后稷教民播种百谷，因此这里说"禹、稷耕稼"。**稼**，种植谷物曰稼。禹自身登上天子之位，后稷的后代至周武王时也登上了天子之位。因此，称为"有天下"。

南宫适向孔子问道："羿善于射箭，奡能陆地推舟，这两个人都不得善终。禹和稷耕种土地、种植百谷，他们却拥有了天下。"

南宫适的意思是，古代崇尚武力的人不得善终，崇尚德行的人则拥有天下。孔子有德，早晚也要拥有天下。对于这个类比，孔子无法回答，因此孔子没有回答。

出，出去，离开。南宫适离开后，孔子才对南宫适进行了称赞。**若**，指示代词，此，这个。"君子哉若人，尚德哉若人"，意思是此人真是君子啊！此人真是崇尚德行啊！

南宫适向孔子问道："羿善于射箭，奡能陆地推舟，这两个人都不得善终。禹和稷耕种土地、种植百谷，他们却拥有了天下。"孔子没有回答。南宫适离开后，孔子说："此人真是君子啊！此人真是崇尚德行啊！"

6.子曰："君子而不仁者有矣夫，未有小人而仁者也。"

这里的"君子"和"小人"是以德而言。君子指有德者，小人指无德者。君子虽有德，但有时会有不仁的行为。如：管仲一匡天下，九合诸侯不以兵车，是其仁；但管氏有三归，官事不摄，则是其不仁。**夫**，语气词，用在句末，表示感叹。"君子而不仁者有矣夫"，意思是君子有不仁的行为，这种情况是有的。

未，不曾，还没有。小人无德，从来也达不到仁，因此没有哪个小人有仁行。未有小人而仁者也，不曾有小人却有仁行的，意思是小人有仁行，这种情况是不曾有的。

孔子说："君子有不仁的行为，这种情况是有的；小人有仁行，这种情况是不曾有的。"

7.子曰："爱之，能勿劳乎？忠焉，能勿诲乎？"

劳，勉励。**忠**，忠诚，尽心竭力。爱护一个人，就会勉励他为善；忠诚于一个人，就会教诲他向善。因此，朱熹说："爱而无劳，禽犊之爱也；忠而无诲，妇寺之忠也。爱而知劳之，其为爱也深矣；忠而知诲之，其为忠也大矣。"

孔子说："爱护一个人，能不勉励他吗？忠诚于一个人，能不教诲他吗？"

8.子曰："为命，裨谌草创之，世叔讨论之，行人子羽修饰之，东里子产润色之。"

为，意义很广泛，在这里的意思是制作。**命**，命令。**裨谌**（bì chén），郑国大夫。**草**，起草。**创**，开创。**草创**，意思是拟稿。**之**，指命令。裨谌草创之，意思是裨谌拟稿。**世叔**，郑国大夫游吉，即《左传》中所说的子太叔。世、太二字通用，世子也称太子。**讨**，研究。**论**，议论。讨论，研究以后提出建议。"世叔讨论之"，意思是世叔研究后提出建议。**行人**，古代掌管外交的官员。**子羽**，郑国大夫公孙挥，也写作"公孙翚"，字子羽。翚（huī）是锦鸡，有五彩羽毛，因此此人名翚字子羽，其名与字高度关联。"行人子羽修饰之"，意思是行人子羽作修饰。**东里**，子产所居之处，因而成为子产的号，称"东里子产"。"东里子产润色之"，意思是东里子产作润色。

孔子说："制作一道命令，裨谌拟稿，世叔研究后提出建议，行人子羽作修饰，东里子产作润色。"

9.或问子产。子曰："惠人也。"问子西。曰："彼哉！彼哉！"问管仲。曰："人也。夺伯氏骈邑三百，饭疏①食，没齿无怨言。"

或，有人。有人问子产为人如何。

惠，仁爱。《说文》："惠，仁也。"《左传·昭公二十年》："及子产卒，仲尼闻之，出涕曰：'古之遗爱也。'"孔子认为子产继承了古人仁爱的遗风。因此，当有人问子产为人的时候，孔子回答说："子产是仁爱之人。"

子西，指子驷之子公孙夏，是郑国大夫。子产就是继他之后为郑国执政的。**彼**，代词，他。有人问子西为人如何，孔子说："他啊！他啊！"这

---

① 皇侃《义疏》本中，"疏"作"蔬"。

大概是一句古成语，是当时表示轻视的习惯用语。

  人，仁。**伯氏**，齐国大夫，皇侃以为名偃，不知何据。**骈**，邑名。**三百**，指三百家。**饭**，动词，吃。**疏食**，粗食，包括粗粮和菜。**没**（mò），尽。**齿**，年龄。没齿，到死。"夺伯氏骈邑三百"，其实是齐桓公夺伯氏之邑给管仲。伯氏自知己罪，因此至死不怨恨。有人又问管仲的为人。孔子说："管仲是仁人。他剥夺了伯氏骈邑的三百家采地，使伯氏吃粗食，但伯氏到死没有怨恨之言。"

  有人问子产为人如何。孔子说："子产是仁爱之人。"又问子西为人如何。孔子说："他啊！他啊！"又问管仲为人如何。孔子说："管仲是仁人。他夺走了伯氏骈邑的三百家采地，使伯氏吃粗食，但伯氏到死没有怨恨之言。"

  10.子曰："贫而无怨难，富而无骄易。"

  孔子说："贫困而不怨恨，这很难做到；富裕而不骄傲，这容易做到。"

  11.子曰："孟公绰为赵、魏老则优，不可以为滕、薛大夫。"

  孟公绰，鲁国大夫。**赵和魏**，都是晋国的卿。**老**，家臣之长。《仪礼·士昏礼》郑玄注："老，群吏之尊者。"**优**，本义是充裕，这里的意思是宽闲。赵、魏两家喜欢多得贤人，两家贤人很多，家老职务不繁重，而孟公绰生性寡欲，正适合这样的环境，因此会感到很宽闲。滕、薛是两个小国，贤人很少，大夫职务繁重，与孟公绰的个性不合，所以说孟公绰不能做滕、薛的大夫。"不可以为滕、薛大夫"，即"不可以之为滕、薛大夫"，意思是不可用他做滕、薛两国的大夫。

孔子说："孟公绰做赵、魏两家的家臣之长会感到宽闲，但不可用他做滕、薛两国的大夫。"

12.子路问成人。子曰："若臧武仲之知，公绰之不欲，卞庄子之勇，冉求之艺，文之以礼乐，亦可以为成人矣。"曰："今之成人者何必然？见利思义，见危授命，久要不忘平生之言，亦可以为成人矣。"

成人，人格完备的人。子路问什么样的人是人格完备的人。

臧武仲，鲁大夫臧孙纥（hé），谥武，名纥，字仲。他是臧文仲之孙，臧宣叔之子。**知**（zhì），智慧。这个意义后世写作"智"。这里说的臧孙纥的智慧指他不受齐侯封邑一事。臧孙纥从鲁国逃到齐国，齐庄公打算封给他田地。他听说了这件事，就去见齐庄公，劝齐庄公伐晋，认为齐庄公若不趁晋国内乱去伐晋，而宁肯服事晋国，不是老鼠又是什么？于是齐庄公恼怒，不再封他田地。臧孙纥之所以如此做，是因为他已经预见到了齐庄公将要被杀。他通过激怒齐庄公不给自己封地从而避免了自己随齐庄公遭遇祸难。这是臧武仲的智慧。

公绰，指孟公绰。**欲**，贪欲。孟公绰没有贪欲。**卞**，鲁邑。**庄子**，卞邑大夫。**艺**，才能。**文**，饰。**亦**，也，不够充足之词，隐含着一个意思：不属于最好的。

子路问什么样的人是人格完备的人。孔子说："如果具备了臧武仲的智慧，孟公绰的不贪，卞庄子的勇敢，冉求的才能，再以礼乐加以修饰，也可以认为他是一个人格完备的人了。"

第二个"曰"字，仍然是孔子说。之所以再用一个"曰"，是表示停顿以后又继续说。

"今之成人者何必然"，意思是现在的人格完备的人哪里一定要这样呢？

见利思义，意思是见到财利，考虑合乎义，然后才取之。**危**，危难。**授**，予。见危授命，意思是见到君亲有危难，自己愿意献出生命来救君亲。**要**（yāo），约，穷困的意思。**平生**，平素，往常。虽长期处于穷困之中，也不忘往常的诺言。孔子说："见到财利，会考虑取之是否合乎义；见到君亲有危难，愿意献出生命去救出君亲；虽长期处于穷困之中，也不忘往常的诺言。具备了这些，也可以认为他是一个人格完备的人了。"

子路问什么样的人是人格完备的人。孔子说："如果具备了臧武仲的智慧，孟公绰的不贪，卞庄子的勇敢，冉求的才能，再以礼乐加以修饰，也可以认为他是一个人格完备的人了。"停顿了一会儿，孔子接着说："现在的人格完备的人哪里一定要这样呢？见到财利，会考虑取之是否合乎义；见到君亲有危难，愿意献出生命去救出君亲；虽长期处于穷困之中，也不忘往常的诺言。具备了这些，也可以认为他是一个人格完备的人了。"

13.子问公叔文子于公明贾曰："信乎，夫子不言不笑不取乎？"公明贾对曰："以告者过也。夫子时然后言，人不厌其言。乐然后笑，人不厌其笑。义然后取，人不厌其取。"①子曰："其然，岂其然乎？"

公叔文子，卫国大夫公孙拔，卫献公的孙子。文是谥，子是敬称。《谥法》："慈惠爱民曰文。"据《礼记·檀弓》，公叔文子谥贞惠文子，这里只称"文子"，不言贞惠，是因为"文"足以兼有其他二字。**公明贾**（jiǎ），大概也是卫人。公明是氏，贾是名。**信**，确实。**夫子**，指公叔文

---

① 皇侃《义疏》本中，"人不厌其言"作"人不厌其言也"，"人不厌其笑"作"人不厌其笑也"，"人不厌其取"作"人不厌其取也"。

子。大夫以上官员可以称为夫子。

孔子向公明贾问公叔文子的为人，说："夫子不说话、不笑、不拿取，是真的吗？"

以，因为。公明贾回答说："这是因为说这话的人搞错了。"**时**，合时。**厌**，恶。公明贾说："夫子合时然后才说话，所以人们不厌恶他说话。高兴然后才笑，所以人们不厌恶他笑。合宜然后才拿取，所以人们不厌恶他拿取。"

其，指代这件事。**然**，如此。**其然**，这件事原来是这样。**岂**，岂能。"岂其然"，这件事岂能是那样。那样，指传说中的"不言不笑不取"。

孔子说："这事原来是这样，岂能是那样呢？"

孔子向公明贾问公叔文子的为人，说："夫子不说话、不笑、不拿取，是真的吗？"公明贾回答说："这是因为说这话的人搞错了。夫子合时然后才说话，所以人们不厌恶他说话。高兴然后才笑，所以人们不厌恶他笑。合宜然后才拿取，所以人们不厌恶他拿取。"孔子说："这事原来是这样，岂能是那样呢？"

14.子曰："臧武仲以防求为后于鲁，虽曰不要君，吾不信也。"

臧武仲，即臧孙纥，武是谥，仲是字。他是臧文仲的孙子，臧宣叔的儿子。**防**，邑名，是臧武仲的封邑。

臧孙纥之父臧宣叔娶于铸，铸女生贾和为而死。宣叔的继室生臧孙纥。这样，贾和为乃臧孙纥的两个异母兄长。臧宣叔立臧孙纥为子，而贾和为出居于铸的舅家。臧孙纥在鲁国受到孟孙诬陷，逃奔到邾（zhū），后来回到自己的封邑防。期间他派人带着大龟去到铸，告诉贾，说自己没有才能，未能守住宗祧（tiāo，宗祧泛指宗庙），但是自己的罪还达不到断绝祭祀的程度，因此让贾向鲁君献上大龟，请立贾为后。贾又让为以大龟献给鲁君，请立后。臧孙纥向鲁君提出的条件是："苟守先祀，无废二勋，敢不避邑！"意思是如果能够守住先辈的祭祀，不废掉臧文仲和臧宣叔的功劳，自己就会离开防邑。最后的结果是鲁君答应了立为为后。于是，臧孙纥离开防邑去了齐国。

以，用，这里的意思是凭借。**为后**，立后。因为臧孙纥已经失去了臧氏之后的地位，于是他据防邑请求鲁君为臧氏重新立后。**虽**，即使。**要**（yāo），要挟。臧孙纥据邑请求立后，就是要挟鲁君。

孔子说："臧武仲凭借防邑向鲁君请求立后，即使他说不是要挟鲁君，我也是不相信的。"

15.子曰："晋文公谲而不正，齐桓公正而不谲。"

谲（jué），诡诈。**正**，端正。孔子说："晋文公诡诈而不端正，齐桓公端正而不诡诈。"

16.子路曰："桓公杀公子纠，召忽死之，管仲不死。"曰："未仁乎？"子曰："桓公九合诸侯，不以兵车，管仲之力也。如其仁，如其仁。"

桓公，齐国国君。齐僖公生公子诸兒（ní）、公子纠、公子小白。其中诸兒是嫡子，即位为襄公。公子纠和小白都是庶出，公子纠之母为鲁人，小白之母为卫人。襄公行事无常，鲍叔牙侍奉小白逃奔到莒国。襄公从弟公孙无知杀襄公，自立为君。管仲、召（shào）忽二人服事公子纠奔鲁。

匹妇。**为**，做，这里的意思是执守。**谅**，诚信。**经**，自缢。**沟渎**，田间水道。岂能像庶民那样执守诚信，自缢于沟渎之中而没有人知道他呢？这里，孔子赞美了管仲之功，但也没有说召忽不应当为公子纠而死。

子贡说："管仲不是仁者吧？桓公杀了公子纠，他做不到为公子纠而死，还去辅佐桓公。"孔子说："管仲辅佐桓公，称霸诸侯，使天下的一切都得到纠正，老百姓到今天还在享受着他赐予的恩惠。假如没有管仲，我们大概都会披散着头发、衣襟向左了啊。岂能像庶民那样执守小信，自缢于沟渎之中而没人知道他呢？"

18.公叔文子之臣大夫僎与文子同升诸公。子闻之，曰："可以为文矣。"

公叔文子，卫国大夫公孙拔。《论语》的编辑者在这里用的是公孙拔的谥号，而实际上发生这件事的时候，公孙拔并没有"文子"这种称呼，"文子"的称呼是在公孙拔死后才被人给予的。在《论语》中，类似这样对生人用死后称号的情况甚多，这是因为在《论语》编辑成书的时候，这些人早已作古了。

僎（zhuàn），公叔文子的家臣。这里的大夫，指的是家大夫。僎是公叔文子的臣，其职务则是公叔文子家中的大夫。公叔文子是家君，僎是家大夫。**诸**，于。**公**，公朝，指卫君之朝。公孙拔的家臣僎有才德，被公孙拔推荐给卫君，成为卫国大夫，与公孙拔一同升在公朝，成了同朝为官的同僚。**文**，《谥法》："赐民爵位曰文。"

公叔文子的家臣、担任家大夫的僎与文子一同升在公朝。孔子听说了这件事，说："公孙拔可以谥为文了。"

19.子言卫灵公之无道也，^①康子曰："夫如是，奚而不丧？"孔子曰："仲叔圉治宾客，祝鮀治宗庙，王孙贾治军旅。夫如是，奚其丧？"

夫，句首语气词，表示要发议论。**奚**，何，为何。**而**，连词，表示转折。**丧**，亡国。孔子说卫灵公无道，季康子问："像这样的话，为何却不亡国呢？"

治，治理，管理。**宾客**，指外国的来访者，这里代指外交。**其**，副词，表示强调，有"难道"的意思。孔子说："仲叔圉管理外交，祝鮀管理宗庙，王孙贾管理军队。像这样的话，怎能亡国？"虽然卫灵公无道，但是他所任用的大臣都非常能干，因此卫灵公没有亡国。

孔子说卫灵公无道，季康子问："像这样的话，为何却不亡国呢？"孔子说："仲叔圉管理外交，祝鮀管理宗庙，王孙贾管理军队。像这样的话，怎能亡国？"

20.子曰："其言之不怍，则为之也难。"^②

其，指示代词，他，在这里的意思是一个人。**之**，它，这里指大话。**怍**，惭愧。一个人，如果说起大话来没有惭愧，那就是没有一定要做的想法，因此真的要求他照他的话去做，他就作难了。意思是，他是不会照他的话去做的。

孔子说："一个人说起大话不惭愧，那么他做起来就难了。"

---

① 皇侃《义疏》本中，"子言卫灵公之无道也"作"子曰卫灵公之无道久也"。
② 皇侃《义疏》本中，"则为之也难"作"则其为之难也"。

21.陈成子弑简公。孔子沐浴而朝，告于哀公曰："陈恒弑其君，请讨之。"公曰："告夫三子。"孔子曰："以吾从大夫之后，不敢不告也。君曰'告夫三子'者。"之三子告，不可。孔子曰："以吾从大夫之后，不敢不告也。"①

陈成子，齐国大夫陈恒。**简公**，齐国国君，名壬。《左传·哀公十四年》："齐陈恒弑其君壬于舒州。"**弑**，下杀上叫弑。陈成子弑简公，意思是陈成子杀了齐简公。

沐，洗发。**浴**，洗身。**朝**，动词，指臣去见君主。孔子沐浴之后去见君主。**告**，告诉。**请**，请求，这里是请求对方对某事。**讨**，讨伐。孔子告诉哀公说："陈恒杀了他的国君，我请求您去讨伐他。"

夫，指示代词，用作定语，那。**三子**，指季孙、叔孙、孟孙三家大臣。哀公说："告诉那三家大臣。"鲁政在三家之手，哀公不得自专，所以鲁哀公让孔子去告诉季孙、叔孙、孟孙三家大臣。

以，因为。**从**，跟随。以吾从大夫之后，意思是因为我跟随在大夫们后边。按礼，孔子应告诉的是国君，而不是三家权臣。但是，哀公让他去告诉三家，他也只好前去。所以，孔子出来后，自我解释说："因为我跟随在大夫们后边，不敢不把这件事告诉国君。现在是国君说'告诉那三家大臣'的。"**者**，句末助词，无实义。

之，往，去到。**可**，赞成，同意。孔子去到三家大臣那里报告了这件事，三家大臣不赞成讨伐。孔子说："因为我跟在大夫们后边，不敢不报告这件事。"

---

① 皇侃《义疏》本中，"弑"作"杀"，"三子"作"二三子"，末句的"不敢不告也"作"不敢不告"。

陈成子杀了齐简公。孔子沐浴之后去朝见鲁君，告诉鲁哀公说："陈恒杀了他的国君，我请求您去讨伐他。"哀公说："告诉那三家大臣。"孔子说："因为我跟随在大夫们后边，不敢不把这件事告诉国君。现在是国君说'告诉那三家大臣'的。"孔子去到三家大臣那里报告了这件事，三家大臣不赞成讨伐。孔子说："因为我跟在大夫们后边，不敢不报告这件事。"

22.子路问事君。子曰："勿欺也，而犯之。"

事，服事。**君**，天子诸侯卿大夫有地者都可称为君。子路问怎样服事君主。

欺，欺骗。**犯**，冒犯，指犯颜直谏。《礼记·檀弓》："事君有犯而无隐，事亲有隐而无犯。"这就是说，对君不可有隐瞒，但是可以犯颜直谏。

子路问怎样服事君主。孔子说："不要欺骗，但可以对他犯言直谏。"

23.子曰："君子上达，小人下达。"

达，晓。**上**，指德义。**下**，指财利。

孔子说："君子晓得德义，小人晓得财利。"

24.子曰："古之学者为己，今之学者为人。"

古代从事学问的人，学习是为了提升自己，所以说是"为己"。今天从事学问的人，学习是为了显扬自己给别人看的，所以说是"为人"。

孔子说："古代从事学问的人，学习是为提升自己的；现在从事学问的人，学习是为了让别人看的。"

25.蘧伯玉使人于孔子。孔子与之坐而问焉，曰："夫子何为？"对曰："夫子欲寡其过而未能也。"使者出。子曰："使乎！使乎！"

蘧（qú）**伯玉**，卫国大夫，名瑗（yuàn），是当时著名的君子，他是一个能够不断反省自己、追求自身完善的人。孔子在卫国时，曾在他家做管事。

与，给予。**坐**，座位。这个意义后世写作"座"。蘧伯玉派人到孔子这里，孔子给予使者座位而问话。**夫子**，指蘧伯玉。大夫以上得称夫子。**为**，做，从事。孔子说："夫子在做什么？"

寡，少，这里作动词，意思是减少。**未**，不曾，还没有。**能**，做得到。使者说："夫子想减少自己的过错却还没有做到。"

出，出去，离开。使者离开后，孔子说："真是好使者啊！真是好使者啊！"

孔子为什么赞赏这个使者？因为这个使者的对答诚实得体。蘧伯玉是当时著名的君子，非常注重修身，常欲减少自己的过错，使者以实相告，不卑不亢；同时，使者之言，必不是出使之前从蘧伯玉那里接受的言辞，而是临机对答，非常得体。因此孔子赞美使者，认为蘧伯玉所使得人。

蘧伯玉派人到孔子这里。孔子给予使者座位而问话，问："夫子在做什么？"使者说："夫子想减少自己的过错却还没有做到。"使者离开后，孔子说："真是好使者啊！真是好使者啊！"

26.子曰："不在其位，不谋其政。"曾子曰："君子思不出其位。"

其，指示代词，那。**谋**，谋划。《说文》："虑难为谋。"各职位的官员应专心做好自己职位上的事情，而不互相侵职。

孔子说："不在那个职位上，不去谋划那个职位的政务。"这句话是重出，《泰伯第八》第 14 章，就是这句话。

"君子思不出其位"，是《易·艮卦》的象辞，意思是君子考虑问题不越出他的位置。因为孔子和曾子的这两句话意思几乎完全一致，所以记录者把这两句话记载在一起。

孔子说："不在那个职位上，不去谋划那个职位的政务。"曾子说："君子考虑问题不越出他的位置。"

27.子曰："君子耻其言而过其行。"①

耻，意动用法，以……为耻。**而**，之。**过**，超过。言超过行，即说得多，做得少。《里仁第四》第 22 章说："古之言之不出，耻躬之不逮也。"《礼·杂记》也说："有其言而无其行，君子耻之。"与本章意思相近。

孔子说："君子以言语超过行动为耻。"

28.子曰："君子道者三，我无能焉：仁者不忧，知者不惑，勇者不惧。"子贡曰："夫子自道也。"②

君子道，君子之道。依下文可知，仁者、智者、勇者都是君子。**者**，助词，在说明句中，用在名词主语的后面，表示停顿。**能**，动词，能够做到。

仁者乐天知命，内省不疚，所以无忧愁。智者通晓万事，所以无迷惑。

---

① 皇侃《义疏》本中，"君子耻其言而过其行"作"君子耻其言之过其行也"。

② 皇侃《义疏》本中，"知"作"智"，"道"作"導(导)"。

勇者无所害怕，所以无畏惧。孔子说："君子之道有三种，我未能做到：仁者无忧愁，智者无迷惑，勇者无畏惧。"

夫子，指孔子。**道**，说。子贡说："这正是说的老师您自己啊。"

孔子说："君子之道有三种，我未能做到：仁者无忧愁，智者无迷惑，勇者无畏惧。"子贡说："这正是说的老师您自己啊。"

29.子贡方人。子曰"赐也贤乎哉？夫我则不暇。"①

方，谤。《经典释文》："方人，郑本作谤，谓'言人之过恶'。"子贡方人，意思是子贡言人过恶。**夫**，语气词，用在句首，表示要发议论。孔子说："你很贤能吗？我就没有这样的空闲。"

子贡言人过恶。孔子说："你很贤能吗？我就没有这样的空闲。"

30.子曰："不患人之不己知，患其不能也。"②

患，忧虑。《说文》："患，忧也。"**其**，指自己。**能**，做得到。

孔子说："不忧虑别人不了解自己，而忧虑自己做不到。"在《卫灵公第十五》第 19 章，孔子说："君子病无能焉，不病人之不己知也。"君子应该忧虑的是自己没有才能，不忧虑他人不了解自己。与本章意思相同。

31.子曰："不逆诈，不亿不信，抑亦先觉者，是贤乎！"

逆，本义是迎，这里的意思是预先猜测。**诈**，欺骗。不逆诈，意思是不预先猜测别人是在欺诈。**亿**，揣度。**信**，诚实。不亿不信，意思是不揣

---

① 皇侃《义疏》本中，"赐也贤乎哉"作"赐也贤乎我夫哉"，"夫我则不暇"作"我则不暇"。

② 皇侃《义疏》本中，无"之"字，"患其不能也"作"患己无能"。

度别人是不诚实的。

抑，连词，表示转折，但是。**亦**，也。先觉，预先觉察到。"抑亦先觉"，意思是但是也能预先觉察到他人的欺骗和不诚实。这里的意思是，虽然不预先就把别人想象成欺诈和不诚实的人，但是别人一旦有欺诈和不诚实，我也是可以事先觉察出来的，不至于被欺骗。

是，此，这。是贤乎，意思是这是贤人吧。

孔子说："不预先猜测别人欺诈，不揣度别人不诚实，但是也能事先觉察出欺诈和不诚实的人，这是贤人吧！"

32.微生亩谓孔子曰："丘何为是栖栖者与？无乃为佞乎？"孔子曰："非敢为佞也，疾固也。"①

微生亩，微生是氏，亩是名。从这里他直呼孔子之名看，他大概是一位年龄比孔子大且有德的隐者。**何**，为何。**为**，做。**是**，这。**栖栖**（xī），忙碌不安貌，同"棲棲（xī）"。**无乃**，是一个固定句式，意思是莫非、恐怕。**为**，做，从事。**佞**，有口才，能说善道，多用于贬义。这里就是用于贬义，意思是以口才取悦于人。

微生亩对孔子说："孔丘为何要做这忙碌不安的人呢？莫非是从事以口才取悦他人之事吗？"

这里用"孔子曰"而不用"子曰"，是因为微生亩是长者且有德，在尊者面前要称名。**疾**，痛恨，厌恶。**固**，顽固，固执。孔子说："不敢做以口才取悦于人之事，只是痛恨顽固。"意思是自己想以道来化解这些顽固。

---

① 皇侃《义疏》本中，"孔子曰"作"对曰"。

微生亩对孔子说："孔丘为何要做这忙碌不安的人呢？莫非是从事以口才取悦他人之事吗？"孔子说："不敢做以口才取悦于人之事，只是痛恨顽固。"

33.子曰："骥不称其力，称其德也。"

骥，良马。《说文》："骥，千里马也。"**称**，称赞。**德**，指驯良的德性。对于千里马，不是称赞其力气，而是称赞其德性。对人也是如此。

孔子说："对于千里马，不称赞它的力气，而称赞它的德性。"

34.或曰："以德报怨，何如？"子曰："何以报德？以直报怨，以德报德。"

或，有人。**德**，指恩惠。**报**，报答。**怨**，怨恨。有人说："以恩惠来报答怨恨，怎么样？"自己用恩惠报答了他人所施加的怨恨，那么，当有人给予自己恩惠时，用什么报答呢？因此，孔子反问："何以报德？"意思是用什么来报答恩惠呢？

直，正直，公正。《荀子·修身》："是谓是，非为非，曰直。"在这里，"直"的意思是本心。直者不藏匿自己的怨恨，别人施加给自己怨恨，则还报以自己的本心。若自己本心欲以怨报怨，则可以以怨报怨；若自己的本心不愿继续追究对方，则可以不再还报。一切皆以本心为准。这即是"以直报怨"。"以直报怨，以德报德"，意思是以本心来报答怨恨，以恩惠来报答恩惠。

有人说："以恩惠来报答怨恨，怎么样？"孔子说："用什么来报答恩惠呢？以本心来报答怨恨，以恩惠来报答恩惠。"

35.子曰："莫我知也夫!"子贡曰："何为其莫知子也?"子曰："不怨天,不尤人,下学而上达。知我者其天乎!"①

莫我知之叹,在获麟之后,时间是鲁哀公十四年,见《史记·孔子世家》。

莫我知,即"莫知我",没有人了解我。**夫**,句末语气词,表感叹。孔子说:"没有人了解我啊!"**为**,是。何为,相当于"何谓",什么是。**其**,指示代词,那。子贡说:"什么是那没人了解您呢?"

怨,怨恨。**尤**,本义是罪过、过失。这里作动词,意思是责过、归咎。**下**,指人事。**上**,指天命。**达**,晓。孔子说:"我不怨恨天,也不归咎于人,下学人事,上晓天命。"孔子不怨天,不尤人,下学上达,这些人们都不知道。这才是孔子说的"莫我知"。**其**,副词,表示揣测语气,大概。知我者其天乎,意思是了解我的大概只有天吧!

孔子说:"没有人了解我啊!"子贡说:"什么是那没人了解您呢?"孔子说:"我不怨恨天,也不归咎于人,下学人事,上晓天命。(这些人们都不了解)了解我的大概只有天吧!"

36.公伯寮愬子路于季孙。子服景伯以告,曰:"夫子固有惑志于公伯寮,吾力犹能肆诸市朝。"子曰:"道之将行也与,命也。道之将废也与,命也。公伯寮其如命何?"②

公伯寮(liáo),公伯是氏,寮是名,字子周。《史记·仲尼弟子列传》:"公伯寮,字子周。周愬子路于季孙。"**愬**(sù),诽谤。公伯寮在

<hr>

① 皇侃《义疏》本中,"知我者其天乎"作"知我者其唯天乎"。
② 皇侃《义疏》本中,"夫子固有惑志于公伯寮"作"夫子固有惑志于公伯寮也"。

季孙那里诽谤子路。

子服景伯，子服是氏，景是谥，伯是字。子服景伯名何。《左传·哀公十三年》："景伯曰：'何也立后于鲁矣。'"杜预注："何，景伯名。"**以告**，即"以之告"，以"公伯寮愬子路于季孙"告于孔子。**夫子**，指季孙。**固**，本来。**惑**，疑惑。**志**，意。子服景伯把此事告诉了孔子，说："季孙对公伯寮本来就有疑惑之意。"

犹，尚。**肆**，陈尸。**诸**，之于的合音。**市朝**，指陈尸的场所。大夫以上受刑陈尸于朝，士则陈尸于市。公伯寮是士，当说是"肆诸市"，这里说"肆诸市朝"，只是"市朝"连文而已。吾力犹能肆诸市朝，意思是我的力量尚可以使季孙杀掉公伯寮陈尸于市朝。

子路在季孙家中所执行的"隳三都"等政策，是孔子强公室、弱私家思想的实践，因此这里孔子将公伯寮诽谤子路之事与道之行废相连。**道**，指思想主张。**与**，语气词，表示感叹，后世写作"欤"。**其**，副词，表示强调，有"难道"的意思在内。孔子说："我的主张能实行吧，是天命；我的主张被废掉吧，是天命。公伯寮难道能把天命怎么样呢？"

公伯寮在季孙那里诽谤子路。子服景伯把此事告诉了孔子，说："季孙对公伯寮本来就有疑惑之意，我的力量尚可以使季孙杀掉公伯寮陈尸于市朝。"孔子说："我的主张能实行吧，是天命；我的主张被废掉吧，是天命。公伯寮难道能把天命怎么样呢？"

37.子曰：“贤者辟世，其次辟地，其次辟色，其次辟言。”子曰：“作者七人矣。”①

辟（bì），躲避。此字的这个意义在后来写作“避”。**世**，人世，指社会。贤者避开社会而隐居。**辟地**，避开乱国，去往治国。**辟色**，君主面色不友好，则躲避而去。**辟言**，君主有恶言，则躲避而去。

孔子说：“贤者避开社会而隐居，比隐居次一等的是避开乱国去往治国，比避开乱国去往治国次一等的是见君主面色不友好则躲避而去，比见君主面色不友好而躲开次一等的是君主有恶言则躲避而去。”

再次用“子曰”，表示上边的话与下边的话，时间上不连续。可能是中间停顿了一会儿。**作**，为，做。这样做的人有七人了。孔子并没有指明是哪七人，但后世却多有附会。如：苞咸说七人指长沮、桀溺、丈人、石门、荷蒉、仪封人、楚狂接舆。王弼说七人指伯夷、叔齐、虞仲、夷逸、朱张、柳下惠、少连。郑康成则说，伯夷、叔齐、虞仲，辟世者；荷蓧、长沮、桀溺，辟地者；柳下惠、少连，辟色者；荷蒉、楚狂接舆，辟言者。这些猜测都是穿凿附会。孔子只是说，这样做的有七人了。

孔子说：“贤者避开社会而隐居，比隐居次一等的是避开乱国去往治国，比避开乱国去往治国次一等的是见君主面色不友好则躲避而去，比见君主面色不友好而躲开次一等的是君主有恶言则躲避而去。”孔子说：“这样做的有七人了。”

---

① 皇侃《义疏》本中，“辟”作“避”。

38.子路宿于石门。晨门曰："奚自?"子路曰："自孔氏。"曰："是知其不可而为之者与?"

石门,鲁城外门。**晨门**,掌管早晚开闭城门的人,也是一位隐者。**奚**,何。**自**,从。奚自,意思是从何处而来。大概子路外出,回来甚晚,城已经关闭,不得已在城门外宿了一晚。早上,掌管开闭城门的人问他:"你从哪里来?"子路回答说:"从孔氏那里来。"

知其不可而为之,意思是孔子知道天下不可治但仍勉强周游东西希望自己被任用来治理天下。这是晨门讥讽孔子不能隐遁避世。

子路住在鲁城外门石门这个地方。早晨,掌管开闭城门的晨门说:"你从哪里来?"子路说:"从孔氏那里来。"晨门说:"是那位知道天下不可治却仍要治天下的人吗?"

39.子击磬于卫。有荷蒉而过孔氏之门者,曰:"有心哉,击磬乎!"既而曰:"鄙哉,硁硁乎!莫己知也,斯己而已矣。深则厉,浅则揭。"子曰:"果哉,末之难矣!"

磬,一种石制乐器。孔子在卫国时,有一次正在击磬。

荷,担。**蒉**(kuì),草编的筐。《说文》:"蒉,草器也。"有一个担着草编的筐从孔子门前走过的人。"有心哉,击磬乎",意思是所击的磬声中有含义啊。**既而**,已而,随后,旋即。**鄙**,鄙陋。**硁硁**(kēng),固执的样子,这里指磬声中表达出固执的样子。鄙哉,硁硁乎,即"硁硁乎,鄙哉",意思是磬声中表达的固执很鄙陋啊。

"莫己知",即莫知己,没有人了解自己。**斯**,则,乃。"斯己而已",即"斯己知而已",意思是只是自己了解自己而已。

深则厉，浅则揭（qì），是《诗·邶风·匏有苦叶》中的诗句。**厉**，穿着衣服涉水。**揭**，掀起衣服。水深则穿着衣服渡河，水浅则掀起衣服渡河。荷蒉引用这句诗的含义是，人处世当随世而变。若世道可治则治之，若世道不可治则放弃。

荷蒉说："击磬之声有含义啊！"随后又说："磬声中表达出的固执很鄙陋啊！磬声中透着没人了解自己，只有自己了解自己而已的意思。水深则穿着衣服渡河，水浅则掀起衣服渡河。"

果，果敢，有决断。**果哉**，意思是真果敢啊。**末**，无。**末之难**，即"无难"。意思是，如果按照荷蒉的这种果决，那就没有什么难事了。

孔子在卫国时，有一次正在击磬。有一个担着草编的筐从孔子门前走过的人，说："击磬之声有含义啊！"过了一会儿，又说："磬声中表达出的固执很鄙陋啊！磬声中透着没人了解自己，只有自己了解自己而已的意思。水深则穿着衣服渡河，水浅则掀起衣服渡河。"孔子说："真是果敢啊！要是按照这种果敢行事，那就没有什么难事了！"

40.子张曰："《书》云：'高宗谅阴，三年不言。'何谓也？"子曰："何必高宗？古之人皆然。君薨，百官总己，以听于冢宰三年。"

《书》，指《尚书》，古人不称之为《尚书》，而称之为《书》。就像今天的《诗经》，古人也不称之为《诗经》，而称之为《诗》。高宗，殷高宗武丁，是殷商的中兴之王。孔安国说："盘庚弟小乙子名武丁，德高可尊，故号高宗。"

谅阴，是天子、诸侯居丧之称。**谅**，信，指信任冢宰。**阴**，默，默而不言。"高宗谅阴，三年不言"来自《书·无逸》，原话为"作其即位，乃或谅阴，三年不言"。或，有的意思。《无逸》中的这句话意思是，殷高宗武丁即位，则有信任冢宰、默而不言之事，三年不说话。这是在说高宗孝行明著，是称赞高宗的。

春秋时代的君主，已经没有行此三年之礼的了，因此子张对《尚书》中这样的说法感到奇怪，就问孔子："《书》中说：'高宗谅阴，三年不言。'说的是什么意思？"

薨，天子死曰崩，诸侯死曰薨。**总**，聚束。**冢**，大。孔子说："为何一定是高宗呢？古代人都是这样。君主死后，百官聚束己职，而听命于大宰三年。"

子张说："《书》中说：'高宗谅阴，三年不言。'说的是什么意思？"孔子说："为何一定是高宗呢？古代人都是这样。君主死后，百官聚束己职，而听命于大宰三年。"

41.子曰："上好礼，则民易使也。"[①]

上，指在上位者。**使**，使唤，指挥。礼对各等级的身份、义务做了规定。如果在上位者喜好礼，按礼行事，那么百姓就会效法他，也按礼行事，这样的话，百姓就容易指挥。这仍是上行下效的意思。

孔子说："在上位者喜好礼，民众就容易指挥。"

---

① 皇侃《义疏》本中，"则民易使也"作"则民易使之也"。

42.子路问君子。子曰:"修己以敬。"曰:"如斯而已乎?"曰:"修己以安人。"曰:"如斯而已乎?"曰:"修己以安百姓。修己以安百姓,尧舜其犹病诸!"

这里的君子指在位者。子路问怎样当一个在位者。

修,修养品德。**以**,而。**敬**,做事严肃认真。孔子说:"修养自己的品德而使自己做事严肃认真。"子路嫌少,问:"如此而已吗?"

安,使……安定。**人**,本义是与自己相对者,这里指朋友亲族。孔子说:"修养自己的品德而使朋友亲族安定。"子路仍然嫌少,问:"如此而已吗?"

其,副词,大概,表示揣测语气。**犹**,尚且,还。**病**,难。**诸**,之,指"修己以安百姓"。孔子说:"修养自己的品德而使百姓安定。修养自己的品德而使百姓安定,尧舜大概还难以做到!"

子路问怎样当一个在位者。孔子说:"修养自己的品德而使自己做事严肃认真。"子路说:"如此而已吗?"孔子说:"修养自己的品德而使朋友亲族安定。"子路说:"如此而已吗?"孔子说:"修养自己的品德而使百姓安定。修养自己的品德而使百姓安定,尧舜大概还难以做到!"

43.原壤夷俟。子曰:"幼而不孙弟,长而无述焉,老而不死,是为贼。"①以杖叩其胫。

原壤,孔子故旧,鲁人。**夷**,伸腿箕踞而坐。**俟**,等待。原壤伸腿箕踞而坐着等待孔子。

---

① 皇侃《义疏》本中,"孙弟"作"逊悌"。

孙（xùn），谦让，恭顺。《说文》作"愻"。这个意义后来写作"逊"。**弟**（dì），弟对兄的敬爱。这个意义后来写作"悌"（tì）。幼而不孙弟，意思是幼少之时不恭顺、不敬爱。**述**，称述。长大后没有什么可以称述的。**是**，这。**贼**，祸害。

孔子说："幼少之时不恭顺、不敬爱，长大后没有什么可以称述的，到了老年却不死，这就是祸害。"

叩，击。**胫**，小腿。膝以上曰股，膝以下曰胫。孔子用拐杖敲击其小腿，以使其收回小腿，不再箕踞。

原壤伸腿箕踞而坐着等待孔子。孔子说："幼少之时不恭顺、不敬爱，长大后没有什么可以称述的，到了老年却不死，这就是祸害。"孔子用拐杖敲击了一下原壤的小腿。

44.阙党童子将命。或问之曰："益者与?"子曰："吾见其居于位也，见其与先生并行也。非求益者也，欲速成者也。"

五百家为党。**阙党**，党名，孔子家阙里所在之党。**童子**，未成年人，八岁到十九岁为童。**将**，传。**将命**，传达宾主之辞。阙党有一个童子传达宾主之辞。

或，有人。**之**，他，指孔子。**益**，长进。有人问孔子："这是一个求长进的人吧?"

居于位，坐在席位上。礼，童子侍长者，皆立而不坐。须坐时，也是坐在席角处，而没有座位。只有成人才有座位。而这个童子却坐在席位上。**先生**，成人。**并行**，并肩而行。《礼记·王制》："父之齿随行，兄之齿雁行。"意思是若是像父亲那样年龄的人，自己应跟在人家后边走；若是像兄长那样年龄的人，自己应该走在侧面稍后一些。而这个童子却与成年人并肩而行，毫无礼让。所以孔子说，这不是一个求长进的人，而是一个想快速长成成人的人。

　　阙党有一个童子传达宾主之辞。有人问孔子说："这是一个求长进的人吧？"孔子说："我看见他坐在席位上，看见他与成年人并肩而行。这不是一个求长进的人，而是一个想快速长成成人的人。"

卫灵公第十五

1.卫灵公问陈于孔子。^①**孔子对曰："俎豆之事，则尝闻之矣。军旅之事，未之学也。"明日遂行。**

陈（zhèn），阵法。《说文》："敶，列也。"省略后作"陈"，《经典释文》即作"陳"。陈的意思是阵法，并不是"陈"通"阵"。因此，这里的"陈"不是通假字，本身就读 zhèn。卫灵公问陈于孔子，意思是卫灵公向孔子询问阵法。

君前臣名，所以用"孔子对曰"而不用"子对曰"或"子曰"。

俎（zǔ），一种礼器，用来放置牲体。此字的造字，左为半肉，右为"且"。且字从几，足有二横。其中一横指地面。俎，从半肉在且上。可见是用来放牲体的。**豆**，一种盛食物的器皿，形似高脚盘，用来盛流体食物。若是木制，称为豆；若是瓦制，称为登。俎豆之事，指代行礼之事。

---

① 皇侃《义疏》本中，"陈"作"阵"。

孔子说："行礼之事，我曾经听说过。"**军旅**，指军队。古代军制，五人为伍，五伍为两，四两为卒，五卒为旅，五旅为师，五师为军。这样一来，一旅五百人，一军一万二千五百人。军旅，这里用来指代军队。孔子说："军队之事，没有学过。"

明，今之次。**明日**，指今天的次日，即第二天。**行**，本义是行走，引申为离去。孔子第二天就离去了。

卫灵公向孔子询问阵法。孔子回答说："行礼之事，我曾经听说过。军队之事，没有学过。"孔子第二天就离去了。

2.在陈绝粮，从者病，莫能兴。子路愠见曰："君子亦有穷乎?"①子曰："君子固穷，小人穷斯滥矣。"

陈，陈国。**绝**，尽。**粮**，也写作"糧"，指干粮，粮食。在陈绝粮，意思是在陈国境内干粮用尽了。**从者**，指跟随孔子的人。**莫**，无定代词，没有谁。**兴**，起，站起来。"从者病，莫能兴"，意思是跟从孔子的那些弟子们饿病了，没有谁能站起来。

愠，怒。子路恼怒地来见孔子。**穷**，困窘，不得志。这个"穷"字，古字为"窮"，身处穴下，寓意即是困窘。学也禄在其中，因此君子不应困窘，但是今天君子却如此困窘，因此子路恼怒地来见孔子，说："君子也有困窘吗?"

固，坚守，这里的意思是安于。**斯**，则，乃。**滥**，无节制，指无所不为。孔子说："君子会安于困窘，小人困窘则无所不为了。"

---

① 皇侃《义疏》本中，"君子亦有穷乎"作"君子亦穷乎"。

在陈国境内干粮用尽了，跟从孔子的那些弟子都饿病了，没有谁能站起来。子路恼怒地来见孔子，说："君子也有困窘吗?"孔子说："君子会安于困窘，小人困窘则无所不为了。"

3.子曰："赐也，女以予为多学而识之者与?"对曰："然，非与?"曰："非也，予一以贯之。"

女，通"汝"，你。**识**（zhì），记住。孔子呼子贡的名说："赐啊，你认为我是大量地学而且把所学的东西记住的人吗?"子贡回答说："是的，不是这样吗?"

一以贯之，即"以一贯之"。**以**，用。**一**，一个道理。**贯**，穿，贯通。孔子说："不是这样，我是用一个道理贯穿所有。"在这里，孔子没有说这个"一以贯之"的"一"到底是什么道理。但《里仁第四》第15章中，当孔子对曾参说"吾道一以贯之"的时候，曾参当即就理解这个"一"指孔子的忠恕之道。

孔子说："赐啊，你认为我是大量地学而且把所学的东西记住的人吗?"子贡回答说："是的，不是这样吗?"孔子说："不是这样，我是用一个道理贯穿所有。"

4.子曰："由，知德者鲜矣!"

孔子说："仲由，当今社会懂得德的人少啊!"

5.子曰："无为而治者，其舜也与? 夫何为哉? 恭己正南面而已矣。"

治，太平。**其**，副词，表示揣测，意思是大概。**与**，后世写作"欤"，语气词，表疑问。孔子说："无为而天下太平的人，大概就是舜吧？"

夫，指示代词，他。**恭**，敬、肃。**正**，端正。**面**，向。南面，即"面南"，面向南。帝王座位面向南，所以称居于帝王之位叫"南面"。孔子说："他做了什么呢？使自己恭敬端正地面向南而已。"

舜之所以能够无为而天下太平，是因为他以自己的德感化天下人，同时也因为任官得人。

孔子说："无为而天下太平的人，大概就是舜吧？他做了什么呢？使自己恭敬端正地面向南而已。"

6.子张问行。子曰："言忠信，行笃敬，虽蛮貊之邦，行矣。言不忠信，行不笃敬，虽州里，行乎哉？立则见其参于前也，在舆则见其倚于衡也，夫然后行。"子张书诸绅。①

行，本义是行走，这里的意思是在社会生活中行得通。子张问如何在社会生活中行得通。

忠，忠诚，尽心竭力。**信**，诚实。**笃**，厚道。**敬**，认真。**虽**，即使。**蛮**，古代对南方少数民族的蔑称。**貊**（mò），古代对北方少数民族的蔑称，也写作"貉"（mò）。蛮貊，指代中原以外地区，与"夷狄"同义。孔子说："说话忠诚诚实，做事厚道认真，即使在中原以外地区，也是行得通的。"

州，是古代的一种行政区域名称。五家为比，五比为闾，四闾为族，五族为党，五党为州。这样，一州有二千五百家。**里**，古代基层行政区域

---

① 皇侃《义疏》本中，"参"作"参然"，"夫然后行"作"夫然后行也"。

名称。五家为邻，五邻为里。**州里**，指代本乡本土。孔子说："说话不忠诚诚实，做事不厚道认真，即使在本乡本土，能行得通吗?"意思是行不通。

其，它，指"忠信笃敬"四个字。**参**，排列，显现。**舆**，车厢。**倚**，靠。**衡**，车衡，车辕头上用来固定轭的横木，而轭是驾在马脖子上的。**夫**，句首语气词，表示要发议论。站立的时候，则看见"忠信笃敬"这几个字排列在眼前。在车厢里的时候，则看见"忠信笃敬"这几个字靠在车衡上。这样才能在社会上行得通。

书，写。**诸**，之于的合音。**绅**，腰间大带的下垂部分。子张把孔子说的这几句话写在腰间大带上。

子张问如何在社会生活中行得通。孔子说："说话忠诚诚实，做事厚道认真，即使在中原以外地区，也是行得通的。说话不忠诚诚实，做事不厚道认真，即使在本乡本土，能行得通吗? 站立的时候，则看见'忠信笃敬'这几个字排列在眼前。在车厢里的时候，则看见'忠信笃敬'这几个字靠在车衡上。这样才能在社会上行得通。"子张把孔子说的这几句话写在腰间大带上。

7.子曰："直哉，史鱼! 邦有道，如矢。邦无道，如矢。君子哉，蘧伯玉! 邦有道，则仕。邦无道，则可卷而怀之。"

史鱼，卫国大夫史䲡（qiū），字子鱼。**矢**，箭。箭干很直，射出去也是直的，以此来形容史鱼的正直。孔子说："史鱼正直啊! 国家政治清明，他像箭一样直。国家政治混乱，他像箭一样直。"《韩诗外传》卷七记载有史鱼正直的一件事："昔者卫大夫史鱼病且死，谓其子曰：'我数言蘧伯玉之贤而不能进，弥子瑕不肖而不能退。为人臣不能进贤而退不

肖，死不当治丧正堂，殡我于室足矣。'卫君问其故，子以父言对。君造然
召蘧伯玉而贵之，而退弥子瑕，徙殡于正堂，成礼而后去。生以身谏，死
以尸谏，可谓直矣。"刘向《新序》和王肃《孔子家语》也载有这件事。

蘧伯玉，卫国大夫蘧瑗，字伯玉。**卷**，收起来。**怀**，藏。**之**，指蘧伯
玉自己。孔子说："蘧伯玉真是一个君子啊！国家政治清明就出来做官，
国家政治混乱则可以把自己收起来藏着。"为什么蘧伯玉"邦有道则仕，
邦无道则可卷而怀之"就可以称为君子呢？这是因为蘧伯玉的出和处，合
乎用行舍藏的君子之道，因此称之为君子。

孔子说："史鱼正直啊！国家政治清明，他像箭一样直。国家政治混
乱，他像箭一样直。蘧伯玉真是一个君子啊！国家政治清明就出来做官，
国家政治混乱则可以把自己收起来藏着。"

8.子曰："可与言而不与言，失人。不可与言而与之言，失言。知者
不失人，亦不失言。"①

失，做事不合适，失当。本章孔子的话可补足为"可与之言而不与之
言，失于人。不可与之言而与之言，失于言。知者不失于人，亦不失于
言"。**失人**，即"失于人"，意思是在对人上失当。**失言**，即"失于言"，意
思是在说话上失当。**知**，智慧。这个意义后世写作"智"。

孔子说："可以和他说却没有和他说，这是在对人上失当。不可以和
他说却和他说，这是在言语上失当。智慧的人既不在对人上失当，也不在
言语上失当。"

---

① 皇侃《义疏》本中，"知"作"智"。

9.子曰："志士仁人，无求生以害仁，有杀身以成仁。"

志士，志于仁之士。**仁人**，仁爱之人。**以**，而。**成**，成就。"无求生以害人，有杀身以成仁"，意思是没有为了求生而伤害仁德的，有牺牲自己而成就仁德的。

成就仁德并非只有牺牲自己这一个途径。伯夷、叔齐、比干是杀身成仁者，但舜、禹、管仲不牺牲自己同样也可以成就仁。但是当面对着生死的时候，却需要作出抉择，是为了求生而伤害仁呢，还是为了成就仁而牺牲自己呢？对于志于仁之士和仁爱的人来说，只有一种选择，就是杀身成仁。

孔子说："志于仁之士和仁爱之人，没有为了求生而伤害仁德的，却有牺牲自己而成就仁德的。"

10.子贡问为仁。子曰："工欲善其事，必先利其器。居是邦也，事其大夫之贤者，友其士之仁者。"①

为，做，具体含义则要根据上下文来确定，在这里的意思是培养。子贡问怎样培养仁德。

工，工匠，手工业劳动者。**欲**，希望，想要。**利**，锐利，快，可以理解为得心应手。这里为使动用法，意思是使……得心应手。**器**，器具，指工具。孔子先设了一个譬喻，说："工匠想要把自己的工作做好，必须先使自己的工具得心应手。"

居，住，处。**是**，这。**事**，服事。**友**，以……为友。**士**，指有一定品德和知识的人，也是大夫以下的贵族阶层。居住在这个国家，要服事这个

---

① 皇侃《义疏》本中，"友其士之仁者"，作"友其士之仁者也"。

国家中大夫之中的贤者，要以这个国家中士之中的仁者为友。这里，对大夫用"事"字，是因为大夫尊贵；对"士"用"友"字，是因为与大夫相比，普通的士地位较低。对大夫，用"贤"字，对士用"仁"字，则属于互文见义，并无尊卑区别。

在说"事其大夫之贤者，友其士之仁者"之前，孔子先表达了工具的重要性。这样看来，"大夫之贤者"和"士之仁者"都是工具。这些人可以辅助自己培养仁德。在《颜渊第十二》第 24 章，曾子就说过"以友辅仁"。在本章中，孔子也是这样的观念。与贤者和仁者相处，自然有助于培养仁德。

子贡问怎样培养仁德。孔子说："工匠想要把自己的工作做好，必须先使自己的工具得心应手。居住在这个国家，要服事这个国家大夫之中的贤者，要和这个国家士之中的仁者交友。"

11.颜渊问为邦。子曰："行夏之时，乘殷之辂，服周之冕，乐则《韶》《舞》。放郑声，远佞人。郑声淫，佞人殆。"

为，做，这里是治理的意思。**为邦**，治理国家。颜渊问如何治理国家。

行，实行。**时**，四时，这里指历法。夏代以一月为正月，殷代以十二月为正月，周代以十一月为正月。孟春之月，万物初生，为四时之始，最清楚明白，也最合乎四时实际，因此历法要用夏代的。

辂（lù），指大车。辂字又作"路"，意思是行于道路。古代以木做车，到了商代才有辂这个名称。到周代，又在辂上装饰上金玉，这样就过于奢侈了。而商代的辂质朴节俭，因此孔子主张用殷之辂。**冕**，礼冠。周代的礼冠华美，而孔子在礼服上是主张华美的，他曾称赞禹"致美乎黼冕"，因此他要用周代的冕。**则**，效法。《韶》，舜乐名。《韶》乐尽善尽美，所以孔子主张用《韶》乐。**舞**，同"武"，指周代的《武》乐。《武》乐包括文、武、周公所作之乐。虽未尽善，但尽美，所以孔子也主张用《武》乐。

孔子说："实行夏代的历法，乘坐殷代的大车，戴周代的礼冠，音乐效法《韶》乐和《武》乐。"

放，弃。**郑声**，郑国的音乐。《礼记·乐记》说，郑音、宋音、卫音、齐音"皆淫于色而害于德，是以祭神弗用也"。四国之音皆放纵，而此处只说郑声，也是举其最过分的来说的。**远**，疏远。**佞人**，工于口舌之人。**淫**，放纵。**殆**，危险。

孔子说："废弃郑国音乐，疏远工于口舌之人。郑国的音乐放纵，工于口舌之人危险。"

弟子中问政者很多，孔子仅仅对颜渊谈到这些根本的国家事务，这是因为在孔子心目中，颜渊乃王者之佐，是伊尹一类的人物。其他弟子都远不及颜渊的才德。

颜渊问如何治理国家。孔子说："实行夏代的历法，乘坐殷代的大车，戴周代的礼冠，音乐效法《韶》乐和《武》乐。废弃郑国音乐，疏远工于口舌之人。郑国的音乐放纵，工于口舌之人危险。"

12.子曰："人无远虑，必有近忧。"[①]

虑，思考，谋划。**忧**，忧患。若不能作长远谋划，那么就必然会有眼前的忧患。这两句话是《易·既济》象辞中的话，是说人当考虑忧患而及早

[①] 皇侃《义疏》本中，"人无远虑"作"人而无远虑"。

进行预防。

孔子说：“一个人没有长远的考虑，一定会有眼前的忧患。”

13.子曰：“已矣乎！吾未见好德如好色者也。”

已，止。已矣乎，停止了吧，算了吧。**未**，不曾，还没有。**好**（hào），喜爱。**色**，美色，女性美。“好德如好色”，意思是喜爱德行就像喜爱美色。

据《史记·孔子世家》，这句话是孔子在卫国时说的。当时，孔子已经见过南子。《世家》说：“居卫月余，灵公与夫人同车，宦者雍渠参乘，出，使孔子为次乘，招摇市过之。孔子曰：‘吾未见好德如好色者也。’于是丑之，去卫，过曹。是岁，鲁定公卒。”这里，孔子是在比较的意义上看待“好德”和“好色”的。好德与好色都没有过错，孔子所要求的是，当好德与好色放在一起时，好德应有不低于好色的地位。

孔子说：“算了吧！我不曾见过喜爱德行就像喜爱美色的人。”

14.子曰：“臧文仲其窃位者与！知柳下惠之贤而不与立也。”

臧文仲，鲁国大夫臧孙辰。**其**，大概，表示揣测语气。**窃**，盗取。窃位，盗取了大夫职位。在位者，当向国君举荐贤才，但是臧文仲在位，知道柳下惠贤能却不向国君举荐，所以称之为盗取大夫职位者。

柳下惠，即展获，字子禽。据《列女传》：“柳下惠死，门人将谥之。妻曰：‘夫子之谥宜为惠乎？’门人从，以为谥。”这样说来，展获谥惠，乃是私谥。因其所封之邑名柳下，故称柳下惠。也有说他家有大柳树，行惠德，因此称为柳下惠。**与**，帮助，这里的意思是举荐。**立**，立于公朝。

孔子说："臧文仲大概是个盗取大夫职位的人吧！他知道柳下惠贤能却不举荐他立于公朝。"

15.子曰："躬自厚而薄责于人，则远怨矣。"

"躬自厚而薄责于人"，可以补全为"躬自厚责而薄责于人"。**躬**，自身，本身。躬自，是一个副词，修饰"厚责"，意思是"对自己"。**厚**，重，这里的意思是严格。**责**，要求。**薄**，轻，这里的意思是宽。

孔子说："对自己要求严，对他人要求宽，就会远离怨恨。"

16.子曰："不曰'如之何，如之何'者，吾末如之何也已矣。"

不曰，字面意思是"不说"，可理解为不考虑。**如之何**，怎么办。不曰"如之何，如之何"，意思是不考虑出了事情怎么办。人生当经常考虑一旦出现就无法处理的事情，从而事先预防，不使之萌芽。**末**，无，不。末如之何，即无如之何，意思是不知怎么办。**已**，语气词，略等于"矣"。

孔子说："不考虑'出了事情怎么办'的人，我也不知对他怎么办了。"

17.子曰："群居终日，言不及义，好行小慧，难矣哉！"①

群，聚在一起。**居**，处。**终**，一段时间的开始到结束。**终日**，一天的开始到结束，即一整天。"群居终日"，意思是一整天聚处在一起。**及**，说到，提及。**义**，社会认为合宜的道理或行为。"言不及义"，意思是言语不提及合宜的道理和行为。**慧**，才智。好行小慧，喜欢要些小聪明。

---

① 皇侃《义疏》本中，"慧"作"惠"。

难，意思是难以做到。

孔子说："一整天聚处在一起，言语不提及合宜的道理和行为，喜欢耍些小聪明，也是很难做到的啊。"这实际上是反语和讽刺。如，一个人一生只干坏事不干好事，这也是很难做到的。这就是反语和讽刺。

18.子曰："君子义以为质，礼以行之，孙以出之，信以成之。君子哉！"①

义，宜，社会认为合宜的道理或行为。不同的角色，有不同的宜。父之宜为慈，子之宜为孝，兄之宜为良，弟之宜为悌，长之宜为惠，幼之宜为顺，君之宜为仁，臣之宜为忠。**质**，本质，根本。义以为质，即"以义为质"，以合宜为根本。

礼以行之，即"以礼行之"，以礼来实行它。**之**，它，指义，即合宜。在这里可以看到，礼是一种约束，是为了保障实行义的。义才是根本，礼只是外在形式。

孙（xùn），《说文》作"愻"，后来写作"逊"，谦让、恭顺的意思。孙以出之，即"以孙出之"，以谦让的态度把它表达出来。

信，诚实。**成**，完成，实现。信以成之，即"以信成之"，以诚实来实现它。

"君子哉"，意思是若能做到以上四点，就真是君子啊。

孔子说："君子以合宜为根本，以礼来实行合宜，以谦让的态度来表达合宜，以诚实来实现合宜。这样的话，就真是君子啊！"

---

① 皇侃《义疏》本中，"孙"作"逊"。

19.子曰："君子病无能焉，不病人之不己知也。"

病，忧虑。**无能**，没有才能。

孔子说："君子应该忧虑的是自己没有才能，不忧虑他人不了解自己。"

《宪问第十四》第 30 章，孔子说："不患人之不己知，患其不能也。"与本章表达的是一个意思。可能是孔子不同的时间用不同的话语表达了相同的意思，弟子只是各记所闻而已。

20.子曰："君子疾没世而名不称焉。"

疾，担心，忧虑。**没**（mò），尽。**世**，一生。没世，尽其一生。**名**，名誉。**称**，称扬。

孔子说："君子忧虑尽其一生而名誉不能称扬。"

古之学者为己，并不是为了求名而是为了培养自己的才和德。但是在孔子那里，名与实是一致的。名的基础是实。有其实必有其名，反过来也正确，即有其名必有其实。因此，有名就意味着有实。名不称扬，说明无其实。无实，正是孔门忧虑的。因此，孔子才说君子要忧虑的是一直到死都没有名可以称扬。

孔子的这句话大概是在作《春秋》之前所说。《史记·孔子世家》是这样记载的："子曰：'弗乎弗乎，君子疾没世而名不称焉。吾道不行矣，吾何以自见于后世哉？'乃因史记作春秋。"

21.子曰："君子求诸己，小人求诸人。"

求，要求。**诸**，于。君子若遇事不顺，会反过来要求自己提高；小人若遇事不顺，则会要求他人改变。

孔子说："君子要求自己，小人要求他人。"

22.子曰："君子矜而不争，群而不党。"

矜，庄重。君子庄重，是对自身严肃认真，而不是为了争胜于他人。矜而不争，意思是庄重而不争胜。**群**，聚集成群。**党**，助，偏私。君子群处是为了与义人相互亲近，相互切磋，培养品德，而不是为了相互偏私。群而不党，意思是群处而不偏私。

孔子说："君子庄重而不争胜，群处而不偏私。"

23.子曰："君子不以言举人，不以人废言。"

以，因。**举**，荐举，选用。有言者不一定有德，因此君子不因人有善言就举荐他。**废**，弃。无德之人，也可能有善言；地位卑贱之人，也可能有善言。君子不因人地位卑贱或无德就废弃他的善言。

孔子说："君子不因人有善言就举荐他，不因人地位卑贱或无德就废弃他的善言。"

24.子贡问曰："有一言而可以终身行之者乎？"①子曰："其恕乎！己所不欲，勿施于人。"

言，字。**一言**，就是一个字。**以**，用。**之**，它，指代"一言"。子贡问孔子："有没有一个字可以用终身去实行它呢？"

其，表示揣测语气，大概。**欲**，希望，想要。**施**，推行，施加。孔子

---

① 皇侃《义疏》本中，"有一言而可以终身行之者乎"作"有一言而可以终身行者乎也"。

说："大概是'恕'这个字吧！自己不想要的，不要施加到他人身上。"

在孔子那里，忠和恕是两个不同层次的要求。忠是己欲立而立人，己欲达而达人，其要求是成就自己也要成就他人，这是很不容易做到的。相对于忠来说，恕就容易一些。恕只是要求不要把自己不想要的强加给他人。

子贡问孔子："有没有一个字可以用终身去实行它呢？"孔子说："大概是'恕'这个字吧！自己不想要的，不要施加到他人身上。"

25.子曰："吾之于人也，谁毁谁誉？如有所誉者，其有所试矣。斯民也，三代之所以直道而行也。"①

毁，毁谤。**誉**，称赞。谁毁谁誉，即"毁谁誉谁"。吾之于人也，谁毁谁誉，即我对于人，毁谤过谁，称赞过谁呢？意思是没有出于一己之私的毁谤和称赞。**者**，助词，用在复合句前面分句的后尾，起停顿作用，以引出后面分句的说明解释。**其**，副词，表示强调，含有"必定"的意思在内。**试**，考验。"如有所誉者，其有所试矣"，意思是如果对谁有所称赞，必定有所考验。这意味着不会无根据地称赞。

斯，此，这。**民**，人，这里作动词，待人。**斯民**，意思是这样没有私曲地待人。**三代**，指夏、殷、周三代的圣王。**直**，正直，没有私曲。"斯民也，三代之所以直道而行"意思是这样待人，是夏、殷、周三代的圣王直道而行的原因。

孔子说："我对于人，毁谤过谁，称赞过谁呢？如果对谁有所称赞，必定有所考验。这样没有私曲地待人，是夏、殷、周三代的圣王直道而行

---

① 皇侃《义疏》本中，"吾之于人也"作"吾之于人"，"如有所誉者"作"如有可誉者"。

的原因。"

26.子曰："吾犹及史之阙文也，有马者借人乘之，今亡矣夫！"①

犹，尚。**及**，赶上，这里的意思是赶上见到。**史**，史官，掌书文之官。**阙**（què），空阙。**文**，字。"史阙文"，是主谓结构，加入一个"之"字，变成了一个词组，作动词"及"的宾语。古代史官，遇到有疑问的文字，就空阙下来，以待知者，不敢自行穿凿，也不以不识为耻。孔子说自己尚能赶上见到史官空阙文字。

"有马者借人乘之"，承上省略了"吾犹及"三字，可以补全为"吾犹及有马者借人乘之"。自己有马，却无法将之驯顺，也不必以此为耻，借给能者去驯顺即可。"有马者借人乘之"，意思是也赶上见到自己有马不驯顺就借给有能者乘坐去驯顺它。

史阙文，马借人，这两个现象都展示了一个道理：不以不能为耻。

亡（wáng），无。**夫**，语气词，用在句末，表示感叹。今亡矣夫，现在已经没有这样的现象了啊！

孔子说："我尚能赶上见到史官空阙文字，也赶上见到自己有马不能驯顺就借给有能者乘坐去驯顺它，但这两种现象现在已经没有了啊！"

27.子曰："巧言乱德。小不忍，则乱大谋。"

巧言，好言，指好听的话。**乱**，扰乱。好听的话使是非混乱，人听了好听的话，就会丧失自己坚守的原则。巧言乱德，意思是好听的话扰乱德

---

① 皇侃《义疏》本中，"今亡矣夫"作"今则亡矣夫"。

性。**忍**，忍耐。"小不忍，则乱大谋"，意思是对于小事情不忍耐，就会扰乱大谋划。

孔子说："好听的话扰乱德性。对于小事情不忍耐，就会扰乱大谋划。"

28.子曰："众恶之，必察焉。众好之，必察焉。"

察，考察。一个人被众人所恶，不可马上与众人一样去厌恶他，而要考察其真实原因。他之所以被众人厌恶，也可能是他特立不群所致，未必就一定是此人可恶。一个人被众人所喜欢，也不可马上与众人一样去喜欢他，而要考察其真实原因。他之所以被众人喜欢，也可能是阿党比周所致，未必就是此人有德。

孔子说："大家厌恶他，一定要考察为什么厌恶他。大家喜欢他，一定要考察为什么喜欢他。"

29.子曰："人能弘道，非道弘人。"①

弘，使大，弘扬。**道**，道理，规律。道理和规律先于人而存在，人的才德若大，则对道理和规律的认识就会深刻，从而使道理和规律得到弘扬。"人能弘道"，意思是人能弘扬道理和规律。

道理和规律客观存在着，它并不能使人的才德变大。这就是"非道弘人"。试想，若道理和规律能使人才德变大，那么人人都不须作任何努力即可成为圣人。

孔子说："人能弘扬道理和规律，道理和规律并不能使人的才德变大。"

① 皇侃《义疏》本中，"非道弘人"作"非道弘人也"。

30.子曰："过而不改，是谓过矣。"

而，连词，这里表示转折，却。**是**，这，指过而不改。有过错而改正之，就没有过错了。有过错却不改正，这个行为本身就是过错。

孔子说："有过错却不改正，这就叫过错。"

31.子曰："吾尝终日不食，终夜不寝，以思，无益，不如学也。"

终，指一段时间从开始到结束。**终日**，一整天。**终夜**，一整夜。**寝**，睡觉。**以**，而。

孔子说："我曾经一整天不吃饭，一整夜不睡觉，来思考，没有益处，不如去学。"

32.子曰："君子谋道不谋食。耕也，馁在其中矣。学也，禄在其中矣。君子忧道不忧贫。"

谋，图谋，营求。"君子谋道不谋食"，意思是君子应图谋学到道而不用营求饭食。道高则禄来，自然有饭食，所以不用专门去营求饭食。

耕，本义是犁地，这里泛指从事农业劳动。**馁**，饥饿。从事农业劳动，难以避免凶荒之年，即使有粮食，也会被他人所夺，导致饥饿。"耕也，馁在其中矣"，意思是饥饿就在从事农业劳动之中。

禄，禄位，俸禄。如果去学习而不耕种，则见识高远，被四方国家所重视任用，就可以得到禄位。"学也，禄在其中矣"，意思是禄位就在学习之中。既然禄位就在学习之中，那么学习时就应该只忧虑不能得道，而不用去忧虑贫穷。

这里的逻辑是：耕种，是能直接得到衣食的，但耕种往往导致饥饿。

学道不是直接得到衣食的，但自然能够得到衣食，所以君子只用求道而不用耕种，只用担心学不到道，而不用担心贫穷。

孔子说："君子应图谋学到道而不用营求饭食。饥饿在耕种之中，禄位在学习之中。君子应忧虑不能得道而不用忧虑贫穷。"

33.子曰："知及之，仁不能守之，虽得之，必失之。知及之，仁能守之，不庄以莅之，则民不敬。知及之，仁能守之，庄以莅之，动之不以礼，未善也。"①

知，智慧。这个意义后来写作"智"。**及**，达到。**之**，指官位。智慧达到了某个官位，但自己的仁德却不能守住官位，即使得到了官位，也一定会失去。

庄，庄重。**莅**（lì），临。"庄以莅之"，意思是庄重地莅临在这个官位上。**敬**，尊敬。智慧达到了某个官位，仁德能守住这个官位，但是不能庄重地莅临在这个官位上，人民就不会尊敬。**动**，用。智慧达到了某个官位，仁德能守住这个官位，也能庄重地莅临在这个官位上，但是不能以礼来使用这个官位，也是不够好的。

这一章是对上章"禄在其中"的接续。上章讲如何得到禄位，本章则讲守住和应用所得到的禄位需要有智慧，有仁德，有庄重的仪态，还要以礼履职。

孔子说："智慧达到了某个官位，但自己的仁德却不能守住官位，即使得到了官位，也一定会失去。智慧达到了某个官位，仁德能守住这个官

---

① 皇侃《义疏》本中，"知"均作"智"。

位，但是不能庄重地莅临在这个官位上，人民就不会尊敬。智慧达到了某个官位，仁德能守住这个官位，也能庄重地莅临在这个官位上，但是不能以礼来使用这个官位，也是不够好的。"

34.子曰："君子不可小知，而可大受；小人不可大受，而可小知也。"

知，知遇。**受**，用。"君子不可小知，而可大受"，意思是君子不可给予小知遇，而可以大用。"小人不可大受，而可小知也"，意思是小人不可大用，而可以给予小知遇。

孔子说："君子不可以给予小知遇，而可以大用；小人不可以大用，而可以给予小知遇。"

35.子曰："民之于仁也，甚于水火。水火，吾见蹈而死者矣，未见蹈仁而死者。"

民，人。**甚**，过分，严重。水火无情，蹈之则死。但是人们对于水火的疏远还抵不上对于仁的疏远。民之于仁也，甚于水火，意思是人们对于仁的疏远比对于水火的疏远更严重。**蹈**，踩，踏，践行。《说文》曰："蹈，践也。"何以见得人们更疏远仁呢？证据是：见过踏进水火而死的人，没见过践行仁而死的人。

孔子说："人们对于仁的疏远比对于水火的疏远更严重。水火，我见过踏进去而死的，没有见过践行仁而死的。"

36.子曰："当仁，不让于师。"

当，面对，遇到。**让**，谦让。弟子侍奉老师，遇事要请命而行。但是行仁宜急，所以面对着需要行仁之事，即使是自己的老师，也不谦让。

孔子说："面对需要行仁之事，对自己的老师也不要谦让。"

37.子曰："君子贞而不谅。"

贞，正。**谅**，信。君子权变，若做事合乎正道，则不必守信用。《孟子·离娄下》："大人者，言不必信，行不必果，唯义所在。"意思与孔子此语相同。

孔子说："君子做事合乎正道，不必守信用。"

38.子曰："事君，敬其事，而后其食。"

敬，严肃认真，这里作动词，严肃认真去完成。**其**，他的，指君主的。**食**，本义是食物，这里是引申义，指俸禄。

孔子说："服事君主，严肃认真去完成君主的事情，而把得到君主的俸禄放在其次。"

39.子曰："有教无类。"

有，词头，无实义。如"有周""有宋"的"有"，都是这种情况。**类**，本义是名词，种类。这里作动词，区分种类，如贵贱、地域、老少等。

孔子说："教人不区分人的种类。"

40.子曰："道不同，不相为谋。"

道，指思想主张。**相**，互相，这里的意思是在一起。**为**，做，这里的意思是进行。**谋**，谋划。

孔子说："思想主张不同，不在一起进行谋划。"

41.子曰："辞达而已矣。"

辞，言辞，语言。**达**，表达，传达。**已**，止。言辞能表达意思即止，不需要华丽。可见，孔子是反对辞藻艳丽的。

孔子说："言辞能表达意思就行了。"

42.师冕见，及阶，子曰："阶也。"及席，子曰："席也。"皆坐，子告之曰："某在斯，某在斯。"师冕出。子张问曰："与师言之道与?"子曰："然，固相师之道也。"

师，乐师。古代乐师多为盲人。**冕**，是乐师的名。**师冕**，鲁国盲人乐师名冕。师冕见，意思是师冕来见孔子。**及**，到达。到达堂前台阶时，孔子说："这是台阶。"**席**，席位。到了席位边上，孔子说："这是席位。"

某，指代人名。**斯**，此。某在斯，意思是某人在这里。师冕坐下后，大家都坐下了。孔子对师冕说："某人在这里，某人在这里。"孔子把座中人的名一一告诉师冕。记录者不能尽述，所以用"某在斯，某在斯"来概括。

道，在这里可以理解为礼。待师冕走后，子张问孔子："这是与盲人乐师说话之礼吗?"**固**，本来。**相**，帮助。孔子说："对，这本来就是帮助乐师的礼啊。"

师冕来见孔子，到达堂前台阶时，孔子说："这是台阶。"到了席位边上，孔子说："这是席位。"大家都坐下后，孔子对师冕说："某人在这里，某人在这里。"师冕走后，子张问孔子："这是与盲人乐师说话之礼吗?"孔子说："对，这本来就是帮助盲人乐师的礼啊。"

季氏第十六

1.季氏将伐颛臾。冉有、季路见于孔子曰："季氏将有事于颛臾。"

季氏，鲁国权臣季孙氏，这里的季氏当指季康子，名肥。孔子回鲁后，鲁国的当政者是季康子。**伐**，征伐，出兵攻打。**颛臾**（zhuān yú），古国名，风姓，伏羲之后，当时是鲁国的附庸。季氏贪其土地，所以想灭而取之。

有事，指有征伐之事。当时，冉有和季路都是季氏家臣，两人来见孔子，告知季氏将攻打颛臾之事。

季氏将要出兵攻打颛臾。冉有、季路来见孔子，说："季氏将对颛臾有征伐之事。"

孔子曰："求！无乃尔是过与？夫颛臾，昔者先王以为东蒙主，且在邦域之中矣，是社稷之臣也。何以伐为？"

求，冉有的名。**无乃**，恐怕。**是**，起宾语提前作用。**过**，责备，怪罪。**与**，表疑问的语气词，后世写作"欤"。"无乃尔是过与"，是一个倒装句，正常语序为"无乃过尔与"，恐怕该责备你吧？孔子说："求！恐怕该责备你吧?"

冉有、子路一起来见孔子，但冉求是季氏家宰，曾为季氏聚敛，因此孔子独疑季氏伐颛臾是冉求所教。

夫，语气词，用在句首，表示要发议论。**昔**，从前，往日。**者**，助词，用在时间词后边，无实义。**先王**，指周代早期的天子。**东蒙**，指蒙山。因为其位置在鲁国东部，所以称为东蒙。**主**，祭祀之主，主持祭祀者。颛臾，从前先王把它作为蒙山的祭祀之主。**邦**，诸侯的封地，这里指鲁国的封地。**域**，疆界。鲁国的封界七百里，颛臾是鲁国的附庸，在鲁国的封界之中。**是**，这。**社稷**，代指鲁国。社稷之臣，是鲁国的臣，即颛臾是臣属于鲁国的。诸侯原本是不以附庸为臣的，而这里说颛臾是鲁国之臣，说明颛臾当时已经臣属于鲁国了。社稷之臣，同时也表示，颛臾是鲁国君主的臣，而不是季孙的家臣。季孙攻灭颛臾，只能起到削弱鲁君和扩充季氏势力的作用。

这里孔子三句话，讲明了三个道理：先王以为东蒙主，表示颛臾是先王所封，不可攻伐；在邦域之中，表示不必攻伐；是社稷之臣，表示非季氏所当攻伐。三句话使得季氏攻伐颛臾的正当性完全消失。

何以，即"以何"，因为什么。**为**，句末语气词，表示疑问。"何以伐为"，意思是为什么要出兵攻打它。

孔子说："求！恐怕该责备你吧？颛臾，从前先王把它作为蒙山的祭祀之主，而且在鲁国封地的疆界之内，这是鲁国和鲁君的臣属。为什么要出兵攻打它呢？"

冉有曰："夫子欲之，吾二臣者皆不欲也。"孔子曰："求！周任有言曰：'陈力就列，不能者止。'危而不持，颠而不扶，则将焉用彼相矣？且尔言过矣。虎兕出于柙，龟玉毁于椟中，是谁之过与？"

夫子，指季孙。**二臣**，指冉有自己和子路。**欲**，希望，想要。**之**，指攻伐颛臾这件事。冉有见孔子单独责己，就说："季孙要这样做，我和子路都不希望这样做。"

周任，是孔子以前古代的一位史官。《左传》隐公六年和昭公五年都曾引用周任的话语。**陈**，贡献。**就**，留。**列**，行列，位次，这里指职位。**能**，动词，做到。**止**，停止，停止留在那个职位上，意思是离开那个职位。孔子呼冉有之名说："求！周任有这样的话：'贡献力量就留在那个职位上，做不到者就离开那个职位。'"

接着，孔子用盲人的相来类比官职。**持**，扶持。**颠**，倒下。**扶**，搀扶。**焉**，疑问代词，哪里。**彼**，代词，那个。**相**，帮助盲人行路的人。有危险而不扶持，倒下而不搀扶，那么哪里用得到那个相呢？意思是，你是季氏之宰，季氏做此危颠之事，你有责任去扶持和搀扶，而你没有尽到持危扶颠的责任，那么季氏哪里还用得到你这个辅相呢？

过，动词，错。"且尔言过矣"，意思是而且你的话错了。话指的是冉有所说的"夫子欲之，吾二臣者皆不欲也"这句话。

兕，青色野牛，其皮坚厚，可以制铠。**柙**（xiá），关野兽的木笼。**龟**，守龟，用以占卜，由龟人掌管。**玉**，命圭，由典瑞掌管。**椟**，木匣。**是**，这。老虎和野牛从笼子里逃出，守龟和命圭毁坏在木匣中，这是谁的过错呢？意思是守护者的过错。

冉有说："季孙要这样做，我和子路都不希望这样做。"孔子说：

"求！周任有这样的话：'贡献力量就留在那个职位上，做不到者就离开那个职位。'有危险而不扶持，倒下而不搀扶，那么哪里用得到那个相呢？而且你的话错了。老虎和野牛从笼子里逃出，守龟和命圭毁坏在木匣中，这是谁的过错呢？"

冉有曰："今夫颛臾，固而近于费。今不取，后世必为子孙忧。"

夫，指示代词，用作定语，相当于彼或此，意思是那或这。**固**，坚固，指城郭坚固。**费**（bì），季氏的采邑，也写作"鄪"。据阎若璩《释地又续》，颛臾距离费邑仅仅七十里。**忧**，忧虑。

冉有说："现在那颛臾，城郭坚固而且接近季孙的采邑费。现在不攻取，后世一定会成为季氏子孙的忧虑。"

孔子曰："求！君子疾夫舍曰欲之而必为之辞。丘也闻有国有家者，不患寡而患不均，不患贫而患不安。盖均无贫，和无寡，安无倾。夫如是，故远人不服，则修文德以来之。既来之，则安之。今由与求也，相夫子，远人不服而不能来也，邦分崩离析而不能守也，而谋动干戈于邦内。吾恐季孙之忧，不在颛臾，而在萧墙之内也。"

疾，痛恨，厌恶。**夫**，指示代词，那，指代"舍曰欲之而必为之辞"这种做法。**舍**，抛开。**辞**，言辞，说辞，这里作动词，意思是找个说辞。孔子说："求！君子痛恨那不说自己想要却一定为之找个说辞的做法。"

有国者，指诸侯。有家者，指卿大夫。**患**，忧虑。**寡**，少，与"多"相对。这里的"寡"指土地和人口寡少。当时的土地人口是最大的财富，因此这里的"寡"可理解为财富寡少。**均**，平均，均匀。孔子说："我听说，诸侯和卿大夫，不忧虑财富寡少而忧虑财富分配不均匀，不忧虑贫困而忧虑不安定。"

盖，是"蓋"的俗体字，句首语气词。**和**，和睦。**倾**，倾覆，颠覆。财富分配均匀就没有贫穷，和睦团结就没有财富的寡少，上下安定就没有倾覆。

夫，语气词，用在句首，表示要发议论。**故**，仍旧。**修**，也写作"脩"，修饰，治理。**来**，使……来到。**安**，使……安心。孔子说："如果这样，远方的人仍旧不服，就修治文德使他们到来。已经使他们到来之后，则使他们安心。"

相，辅佐。**夫子**，指季氏。**分崩离析**，民有异心曰分，欲去曰崩，不可会聚曰离析。**守**，保全。**干**，楯。**戈**，戟。**干戈**，指代武器。孔子说："现在仲由和冉求，辅佐季孙，远方之人不服而不能使他们到来，邦国分崩离析而不能保全，却谋划在邦国之内动武。"

萧，肃，肃敬。**墙**，屏。臣去见天子或国君，到达天子或国君的门屏时要肃敬，因此这道门屏称为萧墙。天子的门屏在路门之外，诸侯的门屏在内门之内。大夫以帘当屏，士则以帷当屏。在鲁国，只有鲁君有萧墙，因此这里的萧墙之内指的是鲁君。季孙与鲁君之间，长期有矛盾。季孙的目标是削弱鲁君的力量，鲁君的目标则是削弱季孙的权势。颛臾作为鲁君的臣，是对抗季孙的一股力量。季孙之所以要攻灭颛臾，就是要削弱支持鲁君的势力，同时扩大自己的势力。因此，孔子说："我恐怕季孙的忧虑，不在颛臾，而在鲁君。"

孔子说："求！君子痛恨那不说自己想要的却一定为之找个说辞的做法。我听说，诸侯和卿大夫，不忧虑财富寡少而忧虑财富分配不均匀，不忧虑贫穷而忧虑不安定。财富分配均匀就没有贫穷，和睦团结就没有财富的寡少，上下安定就没有倾覆。如果这样，远方的人仍旧不服，就修治文德使他们到来。已经使他们到来之后，则使他们安心。现在仲由和冉求，辅佐季孙，远方之人不服而不能使他们到来，邦国分崩离析而不能保全，却谋划在邦国之内动武。我恐怕季孙的忧虑，不在颛臾，而在鲁君。"

2.孔子曰："天下有道，则礼乐征伐自天子出；天下无道，则礼乐征伐自诸侯出。自诸侯出，盖十世希不失矣；自大夫出，五世希不失矣；陪臣执国命，三世希不失矣。天下有道，则政不在大夫。天下有道，则庶人不议。"

礼乐，动词，创制礼乐。王者功成之后制礼作乐，诸侯不得制礼作乐。**征**，上伐下曰征。《孟子·尽心下》说："征者，上伐下也，敌国不相征也。"敌，相当、同等。敌国不相征，就是说只有天子才可以征伐诸侯，诸侯之间地位相等，地位相等的国家之间是不存在征伐的。诸侯若没有得到天子的命令，不得兴兵去攻打另一诸侯。天子攻打某个诸侯，叫讨，但并不是天子亲自去讨，而是委派其他诸侯去讨。诸侯奉天子之命去攻打另一个诸侯，叫伐。因此天子讨而不伐，诸侯伐而不讨。

这是天下政治清明时的情况。但是到了春秋时代，王室衰微，天下政治混乱，出现了自行制礼作乐的诸侯，诸侯之间的互相征伐也出现了。所以，孔子感叹说："天下政治清明，则制礼作乐出兵征伐由天子决定；天下政治混乱，则制礼作乐出兵征伐由诸侯决定。"

盖，是"蓋"的俗体字，句首语气词。**稀**，少。制礼作乐出兵征伐由诸侯决定，十代之后少有不失去权力的。制礼作乐出兵征伐由大夫决定，则五代之后少有不失去权力的。

陪，重。**陪臣**，就是臣之臣。《礼记·曲礼》："列国之大夫，入天子之国，自称曰陪臣某。"诸侯是天子之臣，诸侯的大夫是天子之臣的臣，隔了一重，所以叫陪臣。在诸侯国之内，大夫是国君之臣，大夫的家臣是国君之臣的臣，也叫陪臣。这里的陪臣指的就是大夫的家臣。**执**，把持。若是陪臣把持国家政权，则三代之后少有不失去权力的。

此处说到陪臣时，孔子不说"礼乐征伐自陪臣出"，而说"陪臣执国命"。这是因为陪臣虽然可以专擅国君的大权，但没有制礼作乐征伐他国的情况。礼乐征伐，必然要与其他国家交往，而陪臣的命令不出国境。**政**，政权，政事。"天下有道，则政不在大夫"，意思是天下政治清明，国家大政不在大夫手中。

庶人，平民。**议**，非议。天下政治清明，人人各守其位，各得其所，民间自然没有非议。"天下有道，则庶人不议"，意思是天下政治清明，平民不非议政治。

孔子说："天下政治清明，则制礼作乐出兵征伐由天子决定；天下政治混乱，则制礼作乐出兵征伐由诸侯决定。制礼作乐出兵征伐由诸侯决定，十代之后少有不失去权力的；制礼作乐出兵征伐由大夫决定，则五代之后少有不失去权力的；大夫的家臣把持诸侯国政权，则三代之后少有不失去权力的。天下政治清明，则国家大政不在大夫手中。天下政治清明，则平民不非议政治。"

3.孔子曰："禄之去公室五世矣，政逮于大夫四世矣，故夫三桓之子孙微矣。"[①]

禄，禄位，这里的意思是给予禄位的权力。**去**，离开。**公室**，指鲁君。给予禄位的权力离开鲁君已经五代了。从鲁宣公算起，经过了成公、襄公、昭公，到孔子离开鲁国时在位的定公，一共五代鲁君。

政，政权。**逮**，及，这里的意思是落到。政权落到大夫手中已经四代了。从季文子算起，经过武子、平子，到孔子离开鲁国时当政的季桓子，季氏家已经当政四代。

夫，指示代词，用作定语，等于"彼"或"此"。**三桓**，指三家，包括仲孙、叔孙、季孙。他们都是鲁桓公的后代，所以称为三桓。仲孙是公子庆父之后，叔孙是公子叔牙之后，季孙是公子季友之后。其中，仲孙后来改其氏为孟，因此又称孟孙。**微**，衰败。根据上一章孔子说的礼乐征伐自大夫出，五世希不失的道理，政权落到三桓手中已经四代了，应该衰败了。

孔子说："给予禄位的权力离开鲁君已经五代了，政权落到大夫手中已经四代了，因此那三桓的子孙衰败了。"

4.孔子曰："益者三友，损者三友。友直，友谅，友多闻，益矣。友便辟，友善柔，友便佞，损矣。"

友，动词，和……交朋友。孔子说："和三种人交朋友有益，和三种人交朋友有害。"

直，正直，这里作名词，意思是正直的人。**谅**，诚信，这里的意思是

---

① 孔子说这话应在鲁定公时。

诚信的人。多闻，博学，这里的意思是博学的人。和正直的人交朋友，和诚信的人交朋友，和博学的人交朋友，是有益的。

便（biàn），巧，熟练。**辟**（bì），避免。这个意义后来写作"避"。**便辟**，巧妙地避开他人所忌以求容媚。友便辟，意思是和能巧妙避开他人所忌以求容媚的人交朋友。

柔，温顺。**善柔**，贬义词，意思是善于当面温顺而背后毁谤。友善柔，意思是和善于当面温顺而背后毁谤的人交朋友。

便（pián），有口才。**佞**，常用作贬义，有口才，能说善道。便佞，这里是贬义，能说善道却没有真才实学。友便佞，意思是和能说善道却没有真才实学的人交朋友。

孔子说："和三种人交朋友有益，和三种人交朋友有害。和正直的人交朋友，和诚信的人交朋友，和博学的人交朋友，是有益的。和能巧妙地避开他人所忌以求容媚的人交朋友，和善于当面温顺而背后毁谤的人交朋友，和能说善道却没有真才实学的人交朋友，是有害的。"

5.孔子曰："益者三乐，损者三乐。乐节礼乐，乐道人之善，乐多贤友，益矣。乐骄乐，乐佚游，乐宴乐，损矣。"

乐，动词，以……为快乐。孔子说："以三种行为为快乐，是有益的；以三种行为为快乐，是有害的。"

节，动词，把……作为准则。乐节礼乐，意思是以把礼乐作为准则为乐。**善**，优点。乐道人之善，意思是以称道他人的优点为乐。**贤**，才德出众的。乐多贤友，意思是以有很多才德出众的朋友为乐。

骄，高傲。**骄乐**，高傲自乐。乐骄乐，意思是以高傲自乐为乐。**佚**，放荡。**游**，古字写作"遊"，游玩。乐佚游，意思是以放荡地游玩为乐。
宴，宴会。**宴乐**，举办宴会自乐。乐宴乐，以举办宴会自乐为乐。

孔子说："以三种行为为快乐，是有益的；以三种行为为快乐，是有害的。以把礼乐作为准则为乐，以称道他人的优点为乐，以有很多才德出众的朋友为乐，是有益的。以高傲自乐为乐，以放荡地游玩为乐，以举办宴会自乐为乐，是有害的。"

6.孔子曰："侍于君子有三愆：言未及之而言谓之躁，言及之而不言谓之隐，未见颜色而言谓之瞽。"

侍，陪从于尊长之侧。**君子**，指有一定才德的人，一般是士以上之人。《礼记·玉藻》郑玄注："君子，士以上。"**愆**，过失。《说文》："愆，过也。"陪侍君子有三种过失。

及，到。**躁**，急躁，不安静。君子言事尚未轮到他，他却说话，这叫急躁。**隐**，隐瞒。君子言事轮到他说话了，他却不说话，这叫隐瞒。**颜色**，脸色。**瞽**，盲人，这里的意思是没眼色。不看君子脸色趋向就说话，这叫没眼色。

孔子说："陪侍君子有三种过失：君子言事尚未轮到他说话，他却说话，这叫急躁；君子言事轮到他说话了，他却不说话，这叫隐瞒；不看君子的脸色趋向就说话，这叫没眼色。"

7.孔子曰："君子有三戒：少之时，血气未定，戒之在色。及其壮也，血气方刚，戒之在斗。及其老也，血气既衰，戒之在得。"

戒，戒除，这里作名词，需要戒除的事情，作"有"的宾语。君子有三戒，意思是君子有三种需要戒除的事情。

少，年轻，古人以三十岁以前为少。**色**，美色，女性美。年轻时，血气没有稳定，需要戒除的事情是贪恋女色。

及，到。**其**，他的。**壮**，壮年。《礼记·曲礼》上："三十曰壮，有室。"**刚**，刚强。到了他的壮年，血气正刚强，需要戒除的事情是与人争斗。

老，年岁大。《说文》："老，考也。七十曰老。"**得**，贪得，贪恋财物。到了他的老年，血气已经衰弱，需要戒除的事情是贪恋财物。

孔子说："君子有三种需要戒除的事情：年轻时，血气没有稳定，需要戒除的事情是贪恋女色。到了他的壮年，血气正刚强，需要戒除的事情是与人争斗。到了他的老年，血气已经衰弱，需要戒除的事情是贪恋财物。"

8.孔子曰："君子有三畏：畏天命，畏大人，畏圣人之言。小人不知天命而不畏也，狎大人，侮圣人之言。"

畏，敬畏，这里作名词，敬畏的对象，作"有"的宾语。**大人**，指在高位的人。**狎**，因为习惯而不重视。**侮**，凌辱。

孔子说："君子有三种敬畏的对象：敬畏天命，敬畏在高位的人，敬畏圣人的话。小人不知天命因而不敬畏天命，不重视在高位的人，凌辱圣人的话。"

9.孔子曰："生而知之者，上也。学而知之者，次也。困而学之，又其次也。困而不学，民斯为下矣。"

之，它，指知识或道理。**困**，艰难，窘迫。**民**，人。**斯**，则，乃。

孔子说："生来就知道知识和道理的人，是上等。学习然后知道知识和道理的人，是次一等。窘迫然后学习知识和道理，是又次一等。窘迫却不学习，这样的人则是下等。"

10.孔子曰："君子有九思：视思明，听思聪，色思温，貌思恭，言思忠，事思敬，疑思问，忿思难，见得思义。"

思，考虑。**明**，看得清楚。**聪**，听明白，听而能辨别是非。《说文》："聪，察。"**色**，面部表情。**貌**，容貌。**恭**，肃敬。**忠**，忠诚，尽心竭力。**敬**，严肃认真。《说文》："敬，肃也。"**问**，请教，询问。**忿**，愤怒。**难**(nàn)，灾祸。**得**，获得。**义**，合宜。

孔子说："君子有九项要考虑的事情：看东西要考虑看清楚，听话语要考虑听明白，面部表情要考虑温和，容貌要考虑肃敬，言语要考虑忠诚，做事要考虑严肃认真，有疑问要考虑请教，愤怒要考虑灾祸，看到可以获得的东西要考虑得到它是否合宜。"

11.孔子曰："见善如不及，见不善如探汤。吾见其人矣，吾闻其语矣。隐居以求其志，行义以达其道。吾闻其语矣，未见其人也。"

善，好的言行。**不及**，赶不上。**探汤**，探试热水。人用手探试热水，必然会迅速地把手撤走，这里用以比喻见到坏人坏事迅速避开。"见善如不及，见不善如探汤"，意思是看到好的言行就像害怕赶不上，看见坏的言行就像把手伸进热水试探那样快速离开。

其，指示代词，这，那。**见其人**，见到过这样的人，意思是在当代仍然有这样的人。**语**，古语。闻其语，听到这样的古语，意思是在古代有这样的话。"吾见其人矣，吾闻其语矣"，意思是我见到过这样的人，听到过这样的古语。

求，寻求。**志**，志向，指理想。**达**，实现。**道**，指思想主张。"隐居以求其志，行义以达其道"，意思是隐居起来寻求他的理想，做合宜之事来实现他的主张。"吾闻其语矣，未见其人也"，意思是我听到过这样的古语，却没有见过这样的人。

孔子说："看到好的言行就像害怕赶不上，看见坏的言行就像把手伸进热水试探那样快速离开。我见到过这样的人，听到过这样的古语。隐居起来寻求他的理想，做合宜之事来实现他的主张。我听到过这样的古语，却没有见过这样的人。"

12.齐景公有马千驷，死之日，民无德而称焉。伯夷、叔齐饿于首阳之下，民到于今称之。其斯之谓与？[①]

驷，指四匹马。古代用四匹马驾一辆车，称为一驷。**千驷**，四千匹马。这是一笔巨大的财富。**称**，称誉。**焉**，句末语气词。齐景公有马四千匹，死的时候，百姓找不到他有什么德行可以称誉。

首阳，山名。伯夷、叔齐在首阳山下受饿，百姓到今天还称誉他们。**其**，副词，大概，表示揣测语气。**斯**，此，指以德为称。"其斯之谓与"，大概这就叫以德为称吧？

齐景公有马四千匹，死的时候，百姓找不到他有什么德行可以称誉。伯夷、叔齐在首阳山下受饿，百姓到今天还称誉他们。大概这就叫以德为

---

① 皇侃《义疏》本中，"民无德而称焉"作"民无得称焉"，"其斯之谓与"作"其斯谓与"。

称吧？

在这里，"斯"字指代不明。解释为"以德为称"，是很勉强的。可见，本章有缺漏，不可强行解释。

宋代的程颐认为《颜渊第十二》的第10章中，"诚不以富，亦祇以异"这句引用的《诗》句应当在本章之首。朱熹在此基础上认为，章首当有"孔子曰"三字。这样本章就成了如下面貌：

孔子曰："'诚不以富，亦祇以异。'齐景公有马千驷，死之日，民无德而称焉。伯夷、叔齐饿于首阳之下，民到于今称之。其斯之谓与？"

这段话的意思是，孔子说："'确实不是因为富裕，而只是因为卓异。'齐景公有马四千匹，死的时候，百姓找不到他有什么德行可以称誉。伯夷、叔齐饿于首阳山下，百姓到今天还称誉他们。大概这就是这两句诗所指的意思吧？"

如此一来，本章的语意不仅通顺，而且明确。程、朱的猜测也许是对的，但也不能作为定论。因此，对于本章，笔者只能暂时阙疑。

13.陈亢问于伯鱼曰："子亦有异闻乎？"对曰："未也。尝独立，鲤趋而过庭。曰：'学《诗》乎？'对曰：'未也。''不学《诗》，无以言。'鲤退而学《诗》。他日，又独立，鲤趋而过庭。曰：'学礼乎？'对曰：'未也。''不学礼，无以立。'鲤退而学礼。闻斯二者。"陈亢退而喜曰："问一得三，闻《诗》，闻礼，又闻君子之远其子也。"①

陈亢（gāng），孔子弟子，字子禽。**伯鱼**，孔子之子，名鲤，字伯鱼。

---

① 皇侃《义疏》本中，"无以言"作"无以言也"，"闻斯二者"作"闻斯二者矣"。

之所以如此取名和字，是因为伯鱼出生之时，孔子得鲁君赐鲤鱼。以君之赐为荣，故取名鲤，字伯鱼。伯，嫡长子称伯。伯鱼为孔子独子，也称伯。

子，对话时的敬称。**亦**，语气词，无实义。**异**，不同。**闻**，本义是动词，听见。《说文》："闻，知闻也。"在这里作名词，指听到的知识、道理、事情等，可以理解为教导。陈亢认为，伯鱼是孔子的儿子，日常从孔子那里当得到一些不同于他人的教导，因此发问。陈亢问伯鱼说："您从老师那里听到过不同的教导吗？"

尝，曾经。**独立**，指孔子独自站立在堂上。**鲤**，是伯鱼的自称，伯鱼自称己名。**趋**，指低头弯腰、小步快走，这是表示恭敬的一种行走姿势。**庭**，堂阶前之地，院子。堂前有台阶，台阶下的平地叫庭。**《诗》**，即今天说的《诗经》。古代外交，常常引《诗》来表达意思。若不学《诗》，就没法说话，所以孔子才说"不学《诗》，就没法说话"。

伯鱼回答说："没有。曾经有一次，他独自站立在堂上，我小步快走通过庭院。他说：'学《诗》了吗？'我回答说：'没有。'他说：'不学《诗》，就没法说话。'我退下来之后就学《诗》。另有一天，他独自站立在堂上，我小步快走通过庭院。他说：'学礼了吗？'我回答说：'没有。'他说：'不学礼，就没法立身。'我退下来之后就学礼。听过这两件事。"

斯，此。**者**，代词，用在数词的后面，表示几种人、几件事或几样东西等等。这里表示的是几件事。

远，不是疏远的意思，而是指父子不相嘻嘻亲近。《白虎通·五行》："君子远子近孙。"陈亢退下后高兴地说："我问了一个问题，得到了三方面知识，听到了《诗》的重要，听到了礼的重要，听到了君子不与其子嘻嘻相亲近。"

陈亢问伯鱼说:"您从老师那里听到过不同的教导吗?"伯鱼回答说:"没有。曾经有一次,他独自站立在堂上,我小步快走通过庭院。他说:'学《诗》了吗?'我回答说:'没有。'他说:'不学《诗》,就没法说话。'我退下来之后就学《诗》。另有一天,他又独自站立在堂上,我小步快走通过庭院。他说:'学礼了吗?'我回答说:'没有。'他说:'不学礼,就没法立身。'我退下来之后就学礼。听过这两件事。"陈亢退下后高兴地说:"我问了一个问题,得到了三方面知识,听到了《诗》的重要,听到了礼的重要,又听到了君子不与其子嘻嘻相亲近。"

14.邦君之妻,君称之曰夫人,夫人自称曰小童,邦人称之曰君夫人,称诸异邦曰寡小君,异邦人称之亦曰君夫人。

邦君,诸侯国国君。**妻**,齐,意思是与夫齐体,无论地位高低都称妻,因此这里作为叙述,用词为"邦君之妻"。**曰**,叫作,称为。**夫**,扶,意思是能扶助丈夫。**夫人**,意思是能扶助丈夫的人。邦君之妻,君称之曰夫人,意思是诸侯国国君的妻子,国君称她叫作夫人。

童,幼稚无知。夫人自谦,对国君自称叫作小童。

邦人,指本邦人民。邦人称之曰君夫人,意思是本邦人民称她叫作君夫人。

诸,之于的合音。本邦人民向外邦人称呼自己的君夫人叫作寡小君。**寡**,少,这里的意思是寡德。本帮人向外邦人称呼自己国家的君主时,谦称寡君;那么,向外邦人称自己国君夫人时,就谦称寡小君。

"异邦人称之亦曰君夫人",意思是外邦人称她也叫作君夫人。

诸侯国国君的妻子,国君称她叫作夫人,她自己对国君自称叫作小童，本邦人称她叫作君夫人，本帮人对外邦人称她叫作寡小君，外邦人称她也叫作君夫人。

孔子之时，诸侯的嫡妻名号不正，所以孔子用这些称呼来纠正其名分。

崔述和梁启超都认为，这一章可能是后人见到竹简有空白，就随手记下了一些本非《论语》内容的字句，因而怀疑本章不是《论语》的内容。但是，据杨伯峻先生分析，这种怀疑是没有道理的。他认为，书写《论语》的竹简不过八寸，短者每章一简，长者一章数简，断断没有多大空白能书写这四十多字。而且这一章既见于《古论》，又见于《鲁论》，可见各种古本都有这一章，因此绝非后人所掺入。①

---

① 参见杨伯峻：《论语译注》，中华书局，2006年，第202页。

阳货第十七

1.阳货欲见孔子，孔子不见，归孔子豚。孔子时其亡也，而往拜之。遇诸涂。谓孔子曰："来！予与尔言。"曰："怀其宝而迷其邦，可谓仁乎？"曰："不可。""好从事而亟失时，可谓知乎？"①曰："不可。""日月逝矣，岁不我与。"孔子曰："诺，吾将仕矣。"

阳货，名虎，字货。他是季氏家臣，此时把持鲁国之政。这就是陪臣执国命的局面。阳货于定公八年叛乱逃离鲁国，那时孔子五十岁，因此阳货见孔子这件事应当是在孔子将近五十岁的时候发生的。

第一个"**见**"，使动用法，使……来见。第二个"**见**"，去见。阳货想让孔子来见自己，欲使孔子到自己手下来做官以帮助自己，但是孔子却不去见他。

归（kuì），馈赠。**豚**（tún），小猪。这里应当是蒸熟了的小猪。孔子

---

① 皇侃《义疏》本，"可谓知乎"作"可谓智乎"。

不愿见阳货，于是阳货想了办法让孔子来见。办法就是馈赠给孔子一只蒸熟的小猪。根据当时的礼，若地位在自己之下者送来馈赠，只用在家当场拜谢就够了。若是地位在自己之上者送来了馈赠，则先在自己家当场拜谢，随后还要到馈赠者家中去拜谢。当时的孔子只是一个普通的士，阳货的地位高于孔子，孔子自然要到阳货家中去拜谢，这样，孔子就不得不去见阳货了。

时，伺，窥伺。**亡**（wáng），无，这里的意思是不在家。亡解释为无的时候，古人读亡，后人读无。**诸**，之于的合音。**涂**，古字作"塗"，道路，这个意义也写作"途"。遇诸涂，意思是在路上与阳货相遇。

阳货想让孔子来见自己，孔子不去见他，阳货就馈赠给孔子一只蒸熟的小猪。孔子伺其不在家的时候，去拜谢他。在路上与阳货相遇。阳货对孔子说："过来！我和你说。"

下边三个"曰"字，是阳货的自问自答。古籍中有这种自问自答的记述方式。一直到"孔子曰"之后，才是孔子的话。记录者之所以加"孔子曰"三字，就是为了将孔子的话与此前阳货的自问自答区分开来。

怀，怀藏。**宝**，指孔子的思想主张。**迷**，使迷乱。孔子不仕，是怀藏治国之道而不用。看着国家难治，自己却不出来做官帮助治理，任凭国家迷乱，这与仁者拯弱兴衰的理想背道而驰，不能称为仁者。因此，阳货说："怀藏着治国之道却使他的邦国迷乱，可以称为仁吗？"然后，阳货自己回答说："不可以。"

从，参与其事。**从事**，参与政治事务。**亟**（qì），屡次。**时**，时机，机会。**知**，智慧。阳货接着说："喜欢参与政治事务却屡次失去机会，可以称为智吗？"然后，阳货自己回答说："不可以。"

日月，指时间，岁月。**逝**，流逝。**岁**，光阴，时间。**与**，在一起。阳货说："时间流逝了，光阴不和我们在一起。"

诺，答应声，表示同意。**仕**，出仕。孔子说："好的，我将出来做官了。"

阳货想让孔子来见自己，孔子不去见他，阳货就馈赠给孔子一只蒸熟的小猪。孔子伺其不在家的时候，去拜谢他。在路上与阳货相遇。阳货对孔子说："过来！我和你说。""怀藏着治国之道却使他的邦国迷乱，可以称为仁吗？""不可以。""喜欢参与政治事务却屡次失去机会，可以称为智吗？""不可以。""时间流逝了，光阴不和我们在一起。"孔子说："好的。我将出来做官了。"

2.子曰："性相近也，习相远也。"

性，人的本性。人初生尚未受到外界影响时，其本性是相近似的。这个相近似的本性是什么？孟子认为是善。孔子为什么不像孟子那样直接说人性本善呢？这是因为孔子在这里要强调的是"习"的重要性，而不是对人性到底是善是恶作出判断，所以孔子没有直接说人性本善，他只是说人的本性是相近的。

习，本义是鸟拍翅频频练飞，这里引申为学习、练习。人的本性虽然相近，但是出生之后，由于所处的环境和所相处的人不同，所学习的东西不一样，从而导致有善有恶。若与善人相处，则学习到的是善；若与恶人相处，则学习到的是恶。善恶悬殊，所以称为"相远"。

孔子说："人的本性是相近似的，但是后天的学习使这种本性相差很远。"

3.子曰："唯上知与下愚不移。"①

上一章谈人性，这一章则谈才性。

知，智慧的人。**愚**，蠢笨的人。古人把人的才性分为上中下三等，而且把上智之人等同于善人，把下愚之人等同于恶人。这种区分是错误的。上智和下愚只是智力才性上的不同，与善恶无关。

移，迁移，变化。上智之人与下愚之人不会互相转化。为什么不会互相转化？上智之人是生而知之者，因此不会变成下愚之人。下愚之人则是困而不学者，因此也不会变成上智之人。只有中等智力的人才是可上可下的。

孔子说："只有上等智慧的人和下等蠢笨的人之间是不会相互变化的。"

4.子之武城，闻弦歌之声。夫子莞尔而笑②，曰："割鸡焉用牛刀?"子游对曰："昔者偃也闻诸夫子曰：'君子学道则爱人，小人学道则易使也。'"子曰："二三子! 偃之言是也，前言戏之耳。"

之，到……去。**武城**，鲁邑名，子游为武城宰。**弦**（xián），乐器上的弦。只有琴瑟有弦，因此这里的弦指代琴瑟。**歌**，按一定的乐曲或节拍歌唱。《说文》："歌，咏也。"弦歌，指琴瑟之声和歌咏之声。孔子来到武城，听到城中有琴瑟之声和歌咏之声。这说明，子游为政，是以礼乐教化百姓。

莞（wǎn）**尔**，微笑的样子。**尔**，做词尾，用在形容词和副词之后，意思是某种样子。**割**，宰杀。宰杀鸡子用小刀就够了，哪里用得上宰牛的

———————

① 皇侃《义疏》本中，"知"作"智"。

② 皇侃《义疏》本中，"笑"作"咲"（xiào,同"笑"）。

刀呢？这里用鸡比喻武城小邑，用牛刀比喻礼乐大道。治理武城这样的小邑，哪里用得上礼乐这样的大道呢？

子游，孔子弟子言偃，字子游。**昔**，从前，往日。**者**，助词，用在时间词之后，无实义。**昔者**，意思是从前。**君子**，指在位者。**道**，指礼乐。**小人**，指百姓。在位者学礼乐，则爱护人民。百姓学礼乐则知贵贱有等，故而易为在位者所役使。

子游回答说："从前我从您那里听说：'在位者学礼乐则爱护人民，百姓学礼乐则容易役使。'"子游的意思是，治理的地方虽有大小，但是治理之道是一样的，因此治理起来都必须用礼乐。

二三子，指跟从孔子的弟子。**戏**，开玩笑。孔子说："弟子们！言偃的话是对的，前边我说的话是和他开玩笑的。"

孔子来到武城，听到城中有琴瑟之声和歌咏之声。孔子微笑着说："杀鸡哪里用得上牛刀呢？"子游回答说："从前我从您那里听说：'在位者学礼乐则爱护人民，百姓学礼乐则容易役使。'"孔子说："弟子们！言偃的话是对的，前边我说的话是和他开玩笑的。"

5.公山弗扰以费畔[①]，召，子欲往。子路不说，曰："末之也已，何必公山氏之之也？"子曰："夫召我者，而岂徒哉！如有用我者，吾其为东周乎？"

公山弗扰，公山是氏，弗扰是名，即《左传》所说的公山不狃（niú），字子泄（xiè）。《潜夫论·志氏姓》："公山氏，鲁公族，姬姓。"

---

① 皇侃《义疏》本中，"公山弗扰"作"公山不扰"，"说"作"悦"。

费（bì），是季氏采邑，公山弗扰为费邑之宰。**畔**，同"叛"，背叛，这里实指暗地里谋逆，而不是指明目张胆地叛乱。此事指定公八年公山弗扰在季桓子那里不得意，所以把阳虎当成自己的依靠，从而参与了阳虎密谋杀掉季桓子的活动。当时的孔子尚未在鲁出仕，故而公山弗扰召他前去。朱熹注为"据邑以叛"，指定公十二年公山弗扰明目张胆叛乱并进攻鲁城之事。若被朱注误导，本章甚谬。因为定公十二年的时候，孔子已经是鲁国司寇，正是孔子指挥军队平定了公山弗扰的叛乱，绝无可能被公山弗扰所召。而且，孔子也不会跟从一个叛乱的家臣造反。正是因为公山弗扰在定公八年的时候并未明目张胆起兵叛乱，孔子才打算应召前去。

公山弗扰凭着费邑背叛季氏，派人来召孔子，孔子想要前去。

说（yuè），喜悦，高兴。这个意义后世写作"悦"。**末**，无。**之**，往，去。**已**，止。末之也已，意思是没有地方去就算了。何必公山氏之之也，是一个倒装句，正常语序为"何必之公山氏"。前一个"**之**"，起宾语前置的作用。后一个"**之**"，意思是去往。何必公山氏之之也，意思是为何一定要去公山氏那里呢？

子路不高兴，说："没有地方去就算了，为什么一定要去公山氏那里呢？"

夫，指示代词，他。**者**，用在复合句前面分句的后尾，起停顿作用，以引出后面的说明解释。**而**，语气词，用在句中，表示反诘语气，含有"难道"的意思。**岂**，难道。**徒**，空，徒然。"夫召我者，而岂徒哉"，意思是他召我，难道是徒然的吗？也就是说，不会白白地召我去，一定会用我。

其，表示祈使语气，含有"希望"的意思。**为**，做成。为东周，意思是使周道兴于东方。鲁国在东，所以说是"东周"。如有用我者，吾其为东周乎，意思是若有用我者，我希望能使周道兴于东方。"

公山弗扰凭着费邑背叛季氏，派人来召孔子，孔子想要前去。子路不高兴，说："没有地方去就算了，为何一定要去公山氏那里呢？"孔子说："他召我，难道是徒然的吗？若有用我者，我希望能使周道兴于东方。"

6.子张问仁于孔子。孔子曰①："能行五者于天下，为仁矣。"请问之。曰："恭，宽，信，敏，惠。恭则不侮，宽则得众，信则人任焉，敏则有功，惠则足以使人。"

"子张问仁于孔子"，意思是子张向孔子请教什么是仁。

行，实行。**者**，代词，用在数词的后面，表示几种人、几件事情或几样东西等。**五者**，这里的意思是五种德行。孔子说："能对天下人实行五种德行，就是仁。"

请，请求对方允许自己做某事。**之**，它们，指五种德行。请问之，意思是子张请求允许自己询问这五种德行。

恭，肃敬。《说文》："恭，肃也。"在貌为恭，在心为敬。**宽**，宽厚。**信**，诚实。**敏**，勤勉。**惠**，慈爱。**侮**，轻慢，凌辱。**任**，任用。**功**，成绩。

子张向孔子请教什么是仁。孔子说："能对天下人实行五种德行，就是仁。"子张请求允许自己询问这五种德行。孔子说："肃敬，宽厚，诚

---

① "孔子曰"，在这里显得很突兀。在《论语》中，若是地位在孔子之上者问话，孔子回答，才用"孔子曰"。这里是弟子向孔子请教问题，当用"子曰"，但却使用了"孔子曰"这种说法，殊难理解。此处阙疑，以待能者赐教。

实，勤勉，慈爱。肃敬则不被人轻慢，宽厚则得到众人拥护，诚实则被人任用，勤勉则有成绩，慈爱则足以役使他人。"

7. 佛肸召，子欲往。子路曰："昔者由也闻诸夫子曰：'亲于其身为不善者，君子不入也。'①佛肸以中牟畔，子之往也，如之何？"子曰："然，有是言也。不曰坚乎，磨而不磷。不曰白乎，涅而不缁。吾岂匏瓜也哉？焉能系而不食？"

佛肸（bì xī），晋国范氏或中行（háng）氏的家臣，任中牟邑宰。**中牟**，春秋时晋国邑名，在今河南省汤阴县西，不是今天河南郑州市的中牟县。

崔东壁和梁启超都认为本章的记载是荒唐的，他们认为佛肸造反是在赵襄子时，而赵襄子在晋国当政是在孔子死后五年。但是实际情况怎样呢？据《史记·孔子世家》，"佛肸为中牟宰。赵简子攻范、中行，伐中牟。佛肸叛，使人召孔子。孔子欲往。"赵简子是打着晋侯的旗号攻打范氏和中行氏，征伐中牟的。《左传·哀公五年》也记载有赵鞅（即赵简子）围中牟之事。

此处可确定三点：第一，佛肸不是赵简子的家臣，而是范氏或中行氏的家臣。第二，因为赵简子是打着晋侯旗号来攻打范、中行，佛肸抗拒，是畔晋，而不是畔赵简子。第三，赵简子攻打范、中行，伐中牟时，孔子正在卫国。

由此可见，质疑本章真实性的崔、梁二人误矣。

---

① 皇侃《义疏》本中，"君子不入也"作"君子不入"。

召，呼唤，这里的意思是派人来请。以言曰召，以手曰招。"佛肸召，子欲往"，意思是佛肸派人来召请孔子，孔子想要前去。

昔，从前，往日。**者**，助词，用在时间词之后，无实义。**昔者**，意思是从前。**亲**，亲自。**身**，自己。亲于其身，意思是亲自。**入**，进入。这里指进入其地盘。佛肸当时是中牟邑宰，他凭借中牟背叛晋国，这就是亲自做不善之事。

如之何的"**之**"，指的是孔子过去说的"亲于其身为不善者，君子不入也"这句话。老师您要去他那里，那么怎么对待您过去说的这话呢？子路说："从前我听您说过：'亲自做不善之事的人，君子不进入其地盘。'佛肸凭借中牟背叛晋国，老师您去他那里，怎么看待您过去说的话呢？"

然，应答之词，是的，对的。**磷**（lìn），薄损。**涅**（niè），一种黑色染料，这里用作动词，用涅染黑。**缁**，本义是黑色，这里用作动词，变黑。孔子说："是的，有这话。不是说坚硬吗，打磨也不薄损；不是说洁白吗，用涅染也不变黑。"孔子这里的意思是，君子虽在乱世，处乱国乱地，也不会被污染。

匏（páo）**瓜**，即瓠（hù），果实叫葫芦。**食**，吃。这里的意思是被别人吃。孔子说："我难道是一个葫芦吗？怎能系在那里而不被人吃呢？"

佛肸派人来请孔子，孔子想要前去。子路说："从前我听您说过：'亲自做不善之事的人，君子不进入其地盘。'佛肸凭借中牟背叛晋国，老师您去他那里，怎么对待您过去说的话呢？"孔子说："是的，有这话。但是，不是说坚硬吗，打磨也不薄损；不是说洁白吗，用涅染也不变黑。我难道是一个葫芦吗？怎能系在那里而不被人吃呢？"

8.子曰："由也！女闻六言六蔽矣乎？"对曰："未也。""居！吾语女。好仁不好学，其蔽也愚。好知不好学，其蔽也荡。好信不好学，其蔽也贼。好直不好学，其蔽也绞。好勇不好学，其蔽也乱。好刚不好学，其蔽也狂。"①

言，字，这里的含义是"德"。**六言**，指六种德，即下文所讲的仁、知、信、直、勇、刚。这是六种德，但是如果不好学，不知如何裁处，就会产生弊病，这就是"六蔽"。**蔽**，蒙蔽，蔽塞，这里的意思是弊病。孔子说："仲由！你听说过六种品德同时也会有六种弊病吗？"子路回答说："没有听说过。"尊长问自己问题，自己要站起来离开坐席回答。回答结束，可以就坐。如果回答尚未结束，尊长命自己坐下，则坐下。孔子问子路，子路站起来回答。

居，坐下。**语**（yù），告诉，对……说。孔子说："坐下！我告诉你。"

好（hào），喜欢。**仁**，仁爱。**愚**，蠢。仁者博施济众，但若不好学，则不明白其中的道理，会被人陷害，似成愚蠢之人。"好仁不好学，其蔽也愚"，意思是喜欢仁爱却不喜欢学习，它的弊病是愚蠢。

知，智慧。**荡**，摇荡无所执守。智者聪慧，若不好学，则妄自运用智慧，不能守德。"好知不好学，其蔽也荡"，意思是喜欢智慧却不喜欢学习，它的弊病是摇荡无所执守。

信，诚信。**贼**，伤害。信者重诺，若不好学，则不明是非地守诺，会导致伤害自己。"好信不好学，其蔽也贼"，意思是喜欢诚信却不喜欢学习，它的弊病是伤害自己。

① 皇侃《义疏》本中，"由也"作"由"，"居"上有"曰"字。

直，正直。**绞**，急切。直者不曲，若不好学，则讥刺他人过于急切。"好直不好学，其蔽也绞"，意思是喜欢正直却不喜欢学习，它的弊病是讥刺他人过于急切。

勇，勇敢。**乱**，作乱。勇者敢为，若不好学，则不知界限，敢于作乱。"好勇不好学，其蔽也乱"，意思是喜欢勇敢却不喜欢学习，它的弊病是作乱。

刚，刚强。**狂**，狂妄。刚者无欲，若不好学，则不知中庸为美，会导致狂妄。"好刚不好学，其蔽也狂"，意思是喜欢刚强却不喜欢学习，它的弊病是狂妄。

孔子说："仲由！你听说过六种品德同时也会有六种弊病吗？"子路回答说："没有听说过。""坐下！我对你说。喜欢仁爱却不喜欢学习，它的弊病是愚蠢。喜欢智慧却不喜欢学习，它的弊病是摇荡无所执守。喜欢诚信却不喜欢学习，它的弊病是伤害自己。喜欢正直却不喜欢学习，它的弊病是讥刺他人过于急切。喜欢勇敢却不喜欢学习，它的弊病是作乱。喜欢刚强却不喜欢学习，它的弊病是狂妄。"

9.子曰："小子！何莫学夫《诗》？《诗》，可以兴，可以观，可以群，可以怨。迩之事父，远之事君，多识于鸟兽草木之名。"

小子，弟子门人。**莫**，不。**夫**，指示代词，那。孔子说："小子们！为何不学那《诗》呢？"

兴（xīng），《诗》的一种表现手法，由景衬托感情。《诗》有六义：风、雅、颂，是三种形式；赋、比、兴，是三种表现手法。其中赋是直接铺陈叙述，朱熹《诗集传》："赋者，敷陈其事而直言者也。"它是《诗最基本的表现手法。比是比喻，朱熹《诗集传》："以彼物比此物也。"兴是起兴，用其他东西引出要说的内容，《诗集传》："兴者，先言他物以引起所咏之辞也。"

本章只说"《诗》，可以兴"，实际上是以"兴"代表《诗》的表现手法，内中已经包含了赋和比。这里的"兴"，应理解为说话的方法。"可以兴"，即"可以之兴"，意思是可以借此学到说话的方法。**观**，观览，指观览各国的盛衰。"可以观"，即"可以之观"，意思是可以借此观览到各国的盛衰。**群**，群聚。《诗》有"如切如磋，如琢如磨"，乃是朋友之道，因此借《诗》可以学到群聚之道。**怨**，讽刺劝谏。《诗》有"君政不善则风刺之"，"言之者无罪，闻之者足以戒"，因此借《诗》可以讽刺劝谏。

迩，近。《诗》有《凯风》《白华》论养亲之道，有《雅》《颂》论君臣之道，因此近可以学到服事父母之道，远可以学到服事君主之法。**识**(shí)，知道。《诗》中多载有鸟兽草木的名字。如《关雎》《雀巢》有鸟，《驺虞》《狼跋》有兽，《采蘩》《葛覃》有草，《甘棠》《椒朴》有木。之所以应多识鸟兽草木之名，是因为人的饮食、医药都需要鸟兽草木。能知其名，知其形，知其性，方可使用，因此儒家重视博物之学。多识于鸟兽草木之名，意思是更多地知道鸟兽草木的名字。

孔子说："小子们！为何不学那《诗》呢？《诗》，可借之学到说话的方法，可借之观览到各国的盛衰，可借之学到群聚之道，可借之讽刺劝谏。近可以学到服事父母之道，远可以学到服事君主之法。还能更多地知道鸟兽草木的名字。"

10.子谓伯鱼曰："女为《周南》《召南》矣乎？人而不为《周南》《召南》，其犹正墙面而立也与？"①

女（rǔ），通"汝"，你。**为**，做。具体含义须结合上下文，在这里的意思是学。**《周南》《召南》**，是《国风》开始的两部分。《周南》以《关雎》作为第一首，《召南》以《雀巢》作为第一首。"二南"所言都是修身齐家之道。女为《周南》《召南》矣乎，意思是你学《周南》《召南》了吗？

而，用在主谓结构，连接主语和谓语，表示设定或强调。在这里是表示设定，意思是假设，如果。"人而不为《周南》《召南》"，意思是人如果不学《周南》《召南》。**其**，副词，表示揣测语气，意思是大概。**犹**，如，象。**正**，对着。对着墙面站立，则无所见，不能行。**与**，语气词，表示疑问。"其犹正墙面而立也与"，意思是大概就像对着墙面站立吧？

孔子对伯鱼说："你学《周南》《召南》了吗？人如果不学《周南》《召南》，大概就像对着墙面站立吧？"

11.子曰："礼云礼云，玉帛云乎哉？乐云乐云，钟鼓云乎哉？"

云，语气副词，无实义。**玉**，泛指圭璧之类的玉器。**帛**，丝织物的总称。玉和帛，古代用来作为礼物。**云乎哉**，语气助词，表感叹。礼的根本是敬意，礼物只是这种敬意的表示，而不是敬意本身。当时的风俗却把礼物当作礼本身，这就颠倒了礼和礼物的关系，所以孔子感叹说："礼啊礼啊，就是玉帛吗？"

---

① 皇侃《义疏》本中，"女"作"汝"。

钟鼓，是乐器，用来奏乐。乐的根本是和，钟鼓奏乐只是和的表达，而不是和本身。当时的风俗却把钟鼓奏乐当作和，这就颠倒了乐与乐器的关系，所以孔子感叹说："乐啊乐啊，就是钟鼓吗？"

孔子说："礼啊礼啊，就是玉帛吗？乐啊乐啊，就是钟鼓吗？"

12.子曰："色厉而内荏，譬诸小人，其犹穿窬之盗也与？"

色，面部表情，意思是外表。**厉**，严厉。**荏**（rěn），软弱，怯懦。色厉内荏，意思是外表严厉而内心怯弱。**譬**，比喻。**诸**，之于的合音。**小人**，小民，百姓。譬诸小人，意思是拿小民来比方的话。**其**，副词，表示揣测语气，大概。**犹**，如，象。**穿**，穿孔，打洞。**窬**（yú），通"踰"，踰墙。

孔子说："外表严厉而内心怯弱，拿小民来比方的话，大概就像打洞踰墙的小偷吧？"

13.子曰："乡原，德之贼也。"①

乡，乡里。**原**，探究。在乡里之中，探究他人的想法，从而迎合之以求媚于人。这样的老好人只想着怎样取悦于人而没有是非观念。《孟子·尽心下》说这样的人："居之似忠信，行之似廉洁。众皆悦之，自以为是，而不可入于尧舜之道。故曰'德之贼也'。"

贼，残害，败坏，这里是名词，败坏者。德之贼也，意思是德行的败坏者。

孔子说："在乡里之中，探究他人想法以求容媚的老好人，是德行的

---

① 皇侃《义疏》本中，"德之贼也"作"德之贼"。

败坏者。"

14.子曰："道听而涂说，德之弃也。"①

道，道路。**涂**，古字作"塗"，道路，这个意义也写作"途"。**说**，解说。为人师，须自己研习精熟，而后才可以给人解说。道听而涂说，在道路上听到，就在道路上开始给人解说，必多谬误。因此，为有德者所抛弃。

孔子说："在道路上听说，就在道路上解说，是有德者抛弃的做法。"

15.子曰："鄙夫可与事君也与哉？其未得之也，患得之。既得之，患失之。苟患失之，无所不至矣。"②

鄙，鄙陋，鄙贱。**夫**，成年男子的通称。前一个"**与**"，是连词，和。后一个"**与**"，语气词，表示疑问。"鄙夫可与事君也与哉"，意思是可以和鄙陋之人一起服事君主吗？

其，他，指鄙夫。**之**，它，指代禄位。**患**，忧虑。其未得之也，患得之，意思是他尚未得到禄位的时候，忧虑着要得到禄位。**既**，已经。已经得到禄位后，忧虑失去禄位。**苟**，连词，如果，假设。**无所不至**，意思是无所不为。如果忧虑失去禄位，他就会无所不为。至此，就回答了本章首句所提出的问题：可以和鄙陋之人一起服事君主吗？不可以。

孔子说："可以和鄙陋之人一起服事君主吗？他尚未得到禄位的时候，忧虑着要得到禄位。已经得到禄位后，忧虑失去禄位。如果忧虑失去禄位，他就会无所不为。"

---

① 皇侃《义疏》本中，"德之弃也"作"德之弃"。
② 皇侃《义疏》本中，"鄙夫可与事君也与哉"作"鄙夫可与事君哉"，"其未得之也"作"其未得之"。

16.子曰："古者民有三疾，今也或是之亡也。古之狂也肆，今之狂也荡；古之矜也廉，今之矜也忿戾；古之愚也直，今之愚也诈而已矣。"

古者，古代的时候。**者**，助词，用在时间词后，无实义。**民**，人。**疾**，毛病，缺点。"古者民有三疾"，意思是古代的时候，人有三个毛病。**或**，也许。**是**，此，这些，指古代人的三个毛病。**亡**（wáng），无。"今也或是之亡也"，意思是今天也许连这些毛病都没有了。

狂，狂放，不受拘束。**肆**，指将力量、才智充分表现出来。**荡**，摇动，意思是无所执守。古代的狂放，会充分表现自己的力量和才智，今天的狂放则无所执守。**矜**，持重。**廉**，本义是棱角，这里的意思是品性端方不苟。**忿**，怒。**戾**，乖，背理。古代的持重，品性端方不苟，今天的持重则忿怒背理。**愚**，实在。**直**，正直，无邪曲。古代的实在正直无邪曲，今天的实在只是一种欺诈的手段罢了。意思是这种实在是装出来的。

孔子说："古代的时候，人有三个毛病，今天也许连这些毛病都没有了。古代的狂放，会充分表现自己的力量和才智，今天的狂放则无所执守。古代的持重，品性端方不苟，今天的持重则忿怒背理。古代的实在，正直无邪曲，今天的实在只是一种欺诈的手段罢了。"

17.子曰："巧言令色，鲜矣仁。"

本章与《学而第一》第3章相同。大概是弟子门人各自记录所闻，所以有重出。

巧，好。这里做动词，使……好。**令**，善，好。这里做动词，使……善。

孔子说："使言语好听，使表情柔善，则很少有仁爱。"

18.子曰："恶紫之夺朱也，恶郑声之乱雅乐也，恶利口之覆邦家者。"①

恶（wù），厌恶。**紫**，紫色，是北方间色。这里的"紫"指代间色。**朱**，赤色，是南方正色。这里的"朱"指代正色。**之**，介词，其作用是把主谓结构变成词组，本身无实义。"恶紫之夺朱也"，意思是厌恶间色夺占正色的地位。

郑声，郑国的音乐，是当时的靡靡之音。但当时的靡靡之音不止郑声，还有宋声、卫声、齐声。这里单举郑声，代指靡靡之音。**乱**，扰乱。**雅**，正。"恶郑声之乱雅乐也"，意思是厌恶靡靡之音扰乱正乐。

利，快。**利口**，好口才。**覆**，倾覆。**邦**，指诸侯国。**家**，指代卿大夫。"恶利口之覆邦家者"，意思是厌恶以好口才倾覆国与家的人。

孔子说："厌恶间色夺占正色的地位，厌恶靡靡之音扰乱正乐，厌恶以好口才倾覆国与家的人。"

19.子曰："予欲无言。"子贡曰："子如不言，则小子何述焉?"子曰："天何言哉? 四时行焉，百物生焉，天何言哉?"

子，对话时的敬称。**小子**，弟子。**述**，遵循。《说文》："述，循也。"子贡说："老师您不说话，那么弟子们遵循什么呢?"

四时，指春夏秋冬四季。**行**，运行。孔子说："天说什么话了? 春夏秋冬四时运行，百物生长，天说什么话了?"

孔子说："我打算不说话了。"子贡说："老师您不说话，那么弟子们遵循什么呢?"孔子说："天说什么话了? 春夏秋冬四时运行，百物生长，

---

① 皇侃《义疏》本中，"恶郑声之乱雅乐也"作"恶郑声之乱雅乐"，"恶利口之覆邦家者"作"恶利口之覆邦家也"。

天说什么话了？"

20.孺悲欲见孔子，孔子辞以疾。①**将命者出户，取瑟而歌，使之闻之。**

孺悲，人名，鲁人，其身份未知。《礼·杂记》记载，哀公曾让孺悲到孔子处学习士丧礼。由此推断，孺悲可能是一位官员。这样说来，孺悲欲见孔子，可能不是孺悲自己来见孔子，而是派人来让孔子去见他。将命者就是孺悲派来请孔子的人。**辞**，推辞。**疾**，小病。孺悲想让孔子来见自己，孔子以有小病进行推辞。

将，携带，这里是传达。**命**，言辞。**将命者**，传辞者，这里指孺悲的使者。**户**，堂与室之间的出入之门，是单扇门。室在堂后，堂室之间有户相通。古人平时居处在室中。**歌**，按一定的乐曲或节拍歌唱。《说文》："歌，咏也。"取瑟而歌，意思是拿出瑟边弹边唱。前一个"**之**"，指传辞者。后一个"**之**"，指弹瑟歌咏。使者出户之后，孔子取出瑟弹唱，让使者听到弹唱。

孔子不愿去见孺悲，所以对使者说自己有小病不能去见。但担心使者不明白，所以又弹瑟歌咏，让使者听到，从而使之明白自己并不是真的有小病，只是不愿去见孺悲而已。

孺悲想让孔子来见自己，孔子以有小病进行推辞。使者出户之后，孔子取出瑟边弹边唱，让使者听到弹唱。

---

① 皇侃《义疏》本中，"孔子辞以疾"作"孔子辞之以疾"。

21.宰我问："三年之丧，期已久矣。君子三年不为礼，礼必坏；三年不为乐，乐必崩。旧谷既没，新谷既升，钻燧改火，期可已矣。"

宰我，孔子弟子，名予，字子我。三年之丧，《礼·丧服》所规定的为父母服丧三年。实际的时间并未达到三年，而是二十七个月。**期**（qī），期限。**已**，副词，太。宰我说："为父母服丧三年，期限太长了。"

为，做。在具体上下文中，含义相当广泛，在这里的意思是演习。**崩**，倒塌，败坏。君子三年不习礼，礼必定败坏；三年不习乐，乐必定败坏。

谷，古字作"穀"，是粮食作物的总称。《说文》："穀，百穀之总名。"**既**，已经。**没**，用尽。**升**，同"登"，收成，这里是成熟的意思。旧的谷物已经用尽，新的谷物已经成熟。

燧，古代取火的工具。有金燧，有木燧。取火于太阳的铜镜是金燧，被钻取火的木料是木燧。这里指木燧。据《月令》，春天用榆柳木取火，夏天用枣杏木取火，季夏用桑柘木取火，秋天用柞楸木取火，冬天用槐檀木取火。之所以四时用不同的取火之木，一是适应五行的要求。春属木，木色青，榆柳色青，故春取榆柳之火。夏属火，火色赤，枣杏色赤，故夏取枣杏之火。季夏属土，土色黄，桑柘色黄，故季夏取桑柘之火。秋属金，金色白，柞楸色白，故秋取柞楸之火。冬属水，水色黑，槐檀色黑，故冬取槐檀之火。二是为了避免疾病。四时之木，各有所宜。春用榆柳，到了夏天仍用榆柳，则有毒，容易使人生病，所以要改用枣杏。

钻燧是取火的方法。具体做法，已经不知。大约是用其中一种木料为钻，另一种木料为燧。如春用榆柳木取火，则用榆木为钻，柳木为燧。**改**，改变。**改火**，意思是一年之中用不同的木料钻燧取火。一年结束，木料也用了一遍。**期**（jī），周期。只要是时间上循环一遍，都可称为期，因此，期有期年，期月，期日，也就是一整年，一整月，一昼夜。这里的期指一周年。**已**，止。期可已矣，一周年就可以停止了，意思是一年就够了。

宰我问："为父母服丧三年，期限太长了。君子三年不习礼，礼必定败坏；三年不习乐，乐必定败坏。旧的谷物已经用尽，新的谷物已经成熟。钻燧取火的木料也改变一遍了，所以，服父母之丧一年就够了。"

子曰："**食夫稻，衣夫锦，于女安乎?**"曰："**安。**""**女安则为之。夫君子之居丧，食旨不甘，闻乐不乐，居处不安，故不为也。今女安，则为之!**"**宰我出。子曰："予之不仁也! 子生三年，然后免于父母之怀。夫三年之丧，天下之通丧也。予也有三年之爱于其父母乎!**"①

食，吃。**夫**，指示代词，那。**稻**，稻谷，是贵重的精食。**衣**，穿。锦，有图案花纹的丝织品。三年居丧期间，孝子应住在由木料搭成、上边盖草的简易房中，吃的是粗食，喝的是水，睡在用草编成的垫子上，没有食稻衣锦之理。但是根据宰我所说，服丧一年结束，之后就可以食稻衣锦了。因此，孔子问他："吃着那稻谷，穿着那锦衣，在你安心吗?"宰我回答说："安心。"

夫，句首语气词，表示要发议论。**居**，处。**居丧**，处于丧期。**旨**，美味。**甘**，本义是味美，这里作动词，感到味美。孔子说："你心安，你就这样做。君子处于丧期，吃到美味不感到味美，听到音乐不感到快乐，居处心不安，因此不做食稻衣锦的事情。现在你心安，就去做吧!"

---

① 皇侃《义疏》本中，"女"作"汝"，"予也有三年之爱于其父母乎"作"予也有三年之爱于父母乎"。

予，宰我的名。**之**，介词，起把主谓结构变成词组的作用。予之不仁也，即"予不仁也"，意思是宰予不仁啊。

免，解除。**怀**，怀抱。免于父母之怀，意思是脱离开父母的怀抱。

夫，句首语气词，表示要发议论。**通**，共通的。天下之通丧，天下人共通的丧期。所谓共通，意思是从天子到庶人，对于父母之丧，均服丧三年。《礼记·中庸》："父母之丧，无贵贱一也。"意思是，对于父母之丧，不论地位贵贱，一律都是三年。

也，语气词，表示停顿。**于**，介词，被。予也有三年之爱于其父母，即宰予被其父母爱护三年，意思是宰予从他父母那里获得三年之爱。"予也有三年之爱于其父母乎"，意思是宰予从他父母那里获得过三年之爱吧。

孔子的逻辑是：因为子生三年，然后免于父母之怀，所以子对父母，应居丧三年，这是逻辑推论的大前提。宰予从他父母那里获得过三年之爱，这是小前提。最后，自然得出结论：宰予对父母，应居丧三年。宰予对父母之丧应居丧三年，但宰予不愿如此，而是希望居丧一年，这说明宰予对其父母无爱。于是，结论就是：宰予不仁。

这段话中，孔子的逻辑非常严密。

宰我出去之后，孔子说："宰予不仁啊！孩子出生三年，然后才能脱离开父母的怀抱。三年之丧，是天下共通的丧期。宰予从他父母那里获得过三年之爱吧！"

孔子说："吃着那稻谷，穿着那锦衣，在你心安吗？"宰我回答说："心安。"孔子说："你心安，你就这样做。君子处于丧期，吃到美味不感到味美，听到音乐不感到快乐，居处心不安，因此不做食稻衣锦的事情。现在你心安，就去做吧！"宰我出去之后，孔子说："宰予不仁啊！孩子出生三年，然后才能脱离开父母的怀抱。三年之丧，是天下共通的丧期。宰予从他父母那里获得过三年之爱吧！"

22.子曰："饱食终日，无所用心，难矣哉！不有博弈者乎？为之，犹贤乎已。"

终，就一段时间来说，从开始到结束。**终日**，就是一天从开始到结束，即整天。饱食终日，意思是整天吃得饱饱的。**所**，处所，地方。无所用心，没有地方使用心思。**难**，困难。难矣哉，真是难啊，意思是这是很难做到的。一般人整天吃得饱饱的，总是要干点事情。整天吃得饱饱的，什么也不干，这倒是很难做到的。在这里，"难矣哉"是孔子的反语和讽刺。

博，古代的一种棋局，掷骰子之后下棋。**弈**，围棋。**者**，代词，表示"……的人或事"，这里是表示"……的事"。"不有博弈者乎"，意思是不是有下围棋这样的事吗？**为**，做，从事。**之**，它，指下围棋这样的事。**犹**，尚且。**贤**，胜。**乎**，于。**已**，止，这里的意思是什么也不做。"为之，犹贤乎已"，意思是从事下围棋，尚且胜于停止下来什么也不做。

孔子说："整天吃得饱饱的，没有地方使用心思，这是很难做到的啊！不是有下围棋这样的事吗？从事下围棋，尚且胜于停止下来什么也不做。"

23.子路曰："君子尚勇乎？"子曰："君子义以为上，君子有勇而无义为乱，小人有勇而无义为盗。"

君子，指在位者。**尚**，崇尚。子路说："君子崇尚勇敢吗？"

上，同"尚"。**义**，合宜。义以为上，即"以义为尚"，把义作为崇尚对象，意思是崇尚义。**为**，做，从事。**乱**，名词，叛乱。**盗**，名词，盗贼。"君子有勇而无义为乱，小人有勇而无义为盗"，意思是君子有勇而无义会去从事叛乱，小人有勇而无义会去做盗贼。

由此可见，"勇"虽然是一种美德，但需要有限制。这个限制就是"义"。勇，须在义的范围内。越出义的范围，勇就成了恶德。孔子对子路讲这样的道理，正是对子路尚勇的矫正。

子路说："君子崇尚勇敢吗？"孔子说："君子崇尚义，君子有勇而无义会去作乱，小人有勇而无义会去做盗贼。"

24.子贡曰："君子亦有恶乎？"子曰："有恶：恶称人之恶者，恶居下流而讪上者，恶勇而无礼者，恶果敢而窒者。"曰："赐也亦有恶乎？""恶徼以为知者，恶不孙以为勇者，恶讦以为直者。"[①]

君子，这里指孔子。《礼记》中就有这种情况。《礼记·礼运》说："昔者仲尼与于蜡宾，事毕，出游于观之上，喟然而叹。仲尼之叹，盖叹鲁也。言偃在侧曰：'君子何叹？'"这里的"君子"就是指孔子。**恶**（wù），厌恶，指厌恶的人和事。从下文看，这里的"恶"指的是厌恶的人。子贡说："老师您也有厌恶的人吗？"

称，宣扬。**恶**（è），丑，劣，与美好相对。君子隐恶扬善，不宣扬他人之恶。宣扬他人之恶，说明宣扬者无仁厚之意，所以孔子厌恶他。"恶称人之恶者"，意思是厌恶宣扬他人之恶的人。

---

① 皇侃《义疏》本中，"子贡曰"作"子贡问曰"，"赐也亦有恶乎"作"赐也亦有恶也"，"知"作"智"，"孙"作"逊"。

居，处。**流**，河流。**下流**，本义是河流的下方，这里比喻较低的地位。居下流，意思是处于下位。**讪**（shàn），讽刺，讥讽。**上**，指地位较高者。处于下位却讽刺在上者的人，没有忠敬之心，所以孔子厌恶之。"恶居下流而讪上者"，意思是厌恶处于下位却讽刺在上者的人。

勇而无礼，就会作乱，故孔子厌恶之。"恶勇而无礼者"，意思是厌恶勇敢却不受礼节制的人。

窒，阻塞，这里的意思是不通事理。果断敢为却不通事理，故为孔子所厌恶。"恶果敢而窒者"，意思是厌恶果断敢为却不通事理的人。

孔子回答说："有厌恶的人：厌恶宣扬他人之恶的人，厌恶处于下位却讽刺在上者的人，厌恶勇敢却不受礼节制的人，厌恶果断敢为却不通事理的人。"

孔子接着问子贡："你也有厌恶的人吗？"

徼（jiǎo），抄袭。**知**（zhì），智慧，聪明。恶徼以为知者，即"恶以徼为知者"，意思是厌恶把抄袭他人当作自己聪明的人。

孙（xùn），《说文》作"愻"，谦让，恭顺。这个意义后来写作"逊"。"恶不孙以为勇者"，即"恶以不孙为勇者"，意思是厌恶把不恭顺当作自己勇敢的人。

讦（jié），揭发、攻击别人的阴私、过错或短处。"恶讦以为直者"，即"恶以讦为直者"，意思是把揭发别人阴私当作自己正直的人。

子贡回答说："厌恶把抄袭他人当作自己聪明的人，厌恶把不恭顺当作自己勇敢的人，厌恶把揭发他人阴私当作自己正直的人。"

子贡说："老师您也有厌恶的人吗？"孔子说："有厌恶的人：厌恶宣扬他人之恶的人，厌恶处于下位却讽刺在上者的人，厌恶勇敢却不受礼节制的人，厌恶果断敢为却不通事理的人。"孔子说："你也有厌恶的人吗?"子贡回答说："厌恶把抄袭他人当作自己聪明的人，厌恶把不恭顺当作自己勇敢的人，厌恶把揭发他人阴私当作自己正直的人。"

25.子曰："唯女子与小人为难养也，近之则不孙，远之则怨。"

唯，语气副词，起加强语气的作用，无实义。**为**，是。**养**，侍奉，这里的意思是相处。

孔子说："女子和小人是难以相处的，让其接近，他们就不恭顺；让其远离，他们就怨恨。"

26.子曰："年四十而见恶焉，其终也已。"

年，年龄。**见**，被。**恶**，厌恶。**其**，副词，表示揣测语气，大概。**终**，停止不再延续，结束。**已**，语气词，略等于"矣"。

四十为不惑之年，到此时仍被人厌恶，说明此人一直不愿改过从善。到了此时，也就不可能再改过从善了，所以他的德行大概就此终了，不会再有长进了。

孔子说："一个人年龄四十却被人厌恶，他的德行大概就到此结束了。"

微子第十八

1.微子去之，箕子为之奴，比干谏而死。孔子曰："殷有三仁焉。"

微，国名。**子**，爵位名。子爵的封地在天子直接管辖的领地之内，即王畿之内。微子名启，汉代为避景帝刘启的讳，称微子启为微子开。他是殷王帝乙的长子，纣王的同母庶兄。微子启之母生微子和仲衍时，尚为妾。后被立为妻，生纣辛，纣辛则为嫡子。可见，微子虽长却是庶出，纣辛虽少却是嫡出，所以纣辛被立为后，成为天子。**去**，离开。**之**，人称代词，他，指商纣王。微子去之，意思是微子离开了纣王。

箕（jī），也是国名，也是位于王畿之内的子爵之国。箕子的名和字不见于书传，只有《庄子·大宗师》班彪注说："箕子，名胥馀。"他是殷王帝乙的弟弟，因而是商纣王的叔父。**为**，做。**之**，他，指商纣王。**奴**，奴隶，奴仆。箕子为之奴，意思是箕子做了纣王的奴隶。

比干，也是殷王帝乙的弟弟，商纣王的叔父。**谏**，劝谏。比干谏而死，意思是比干因劝谏纣王而死。

微子、箕子、比干，他们三人的行为不同。据《史记·殷本纪》："西伯既卒，周武王之东伐，至盟津。诸侯叛殷，会周者八百。诸侯皆曰：'纣可伐矣。'武王曰：'尔未知天命。'乃复归。纣愈淫乱不止。微子数谏不听，乃与太师、少师谋，遂去。比干曰：'为人臣也，不得不以死争。'乃强谏纣。纣怒曰：'吾闻圣人心有七窍。'剖比干，观其心。箕子惧，乃佯狂为奴，纣又囚之。"虽然三人的行动不同，但都是忧虑君乱而欲使人民安宁，有爱人民之心，所以都称为仁。

微子离开了纣王，箕子做了纣王的奴隶，比干因劝谏纣王而死。孔子说："殷有三位仁人。"

2.柳下惠为士师，三黜。人曰："子未可以去乎？"曰："直道而事人，焉往而不三黜？枉道而事人，何必去父母之邦？"

柳下惠，即展获，氏展，名获，字子禽。因食邑柳下，私谥惠，故称柳下惠。

为，做，担任。**士师**，掌管狱讼的官员。士师是司寇的下属官员，在天子朝堂中，由下大夫担任。在诸侯朝堂中，由中士和下士担任。可见，柳下惠当时只是一个小官。因此，后来的孟子才说柳下惠不辞小官，意思是柳下惠不推辞做一个小官。三，多次。**黜**，贬退，罢免。柳下惠担任士师，多次被罢免。

以，因。**去**，离开，指离开鲁国。"子未可以去乎"，即"子未可以之去乎"，意思是你不能因此而离开鲁国吗？之，指的是多次被罢免这件事。

直，正直。**焉**，指示代词，哪里。用正直之道服事人，去到哪里不会被多次罢免呢？**枉**，邪曲。**父母之邦**，指祖国。用邪曲之道服事人，为什么一定离开祖国呢?

柳下惠担任士师,多次被罢免。人们说:"你不能因此而离开鲁国吗?"柳下惠说:"用正直之道服事人,去到哪里不会被多次罢免呢?用邪曲之道服事人,为什么一定离开祖国呢?"

3.齐景公待孔子,曰:"若季氏,则吾不能,以季、孟之间待之。"曰:"吾老矣,不能用也。"孔子行。

本章是孔子在齐时的事情。据《史记·孔子世家》,鲁昭公流亡到齐国后,孔子也来到了齐国,为高昭子家臣,通过高昭子见到了齐景公。齐景公问政于孔子后,很高兴,将以尼谿田封孔子,被晏婴劝止。之后,齐景公对孔子说"奉子以季氏,吾不能,以季、孟之间待之。"齐大夫欲害孔子,孔子自己也听说了。景公说:"吾老矣,弗能用也。"孔子就离开齐国返回了鲁国。

《世家》中,齐景公的话是对孔子说的,但本章中,齐景公的话是对别人说的。这是因为景公的话中有"以季、孟之间待之"。之,他。一个"之"字,说明这句话不是对孔子说的,而是对他人说的。

待,对待。**若**,如,像。**能**,做得到。**季**,指季孙。**孟**,指孟孙。《左传·昭公四年》说,季孙为鲁国司徒,叔孙为司马,孟孙为司空。司徒是上卿,司空是下卿。在鲁三家中,季孙权力最大,孟孙权力最小。齐景公说,给予孔子像季孙那样的地位,自己是做不到的,因为当时齐国有田氏当政。但是也不能给予孔子像孟孙那样的地位,因为孟孙权力太小。齐景公考虑的是给予孔子季孙和孟孙之间的地位。

中间插入一个"曰"字,说明后边的话与前边的话不是同一次说的。

老，年老。当时齐景公年已六十，所以以自己年老作为推托不用孔子。

行，离去。

齐景公对人说到如何对待孔子，说："给予他像鲁国季孙氏那样的地位，我无法做到，我将以季孙和孟孙之间的地位来对待他。"后来，齐景公又说："我老了，不能用他了。"孔子就离开了齐国。

4.齐人归女乐，季桓子受之，三日不朝，孔子行。

归（kuì），馈赠。**女乐**，女歌舞艺人。齐人归女乐之事，《史记·孔子世家》的叙述是：鲁国任用孔子后，内政出现了很大进步，齐国很恐惧，认为孔子继续为政于鲁，鲁国强大后必然要称霸，而齐国距离鲁国最近，鲁国可能会先吞并齐国。于是齐人想了一个逼走孔子的办法。他们送给鲁君八十名能歌善舞的美女和一百二十匹披着彩饰的马。这些女乐和文马驻扎在鲁城南高门外。季桓子微服前去观看多次，又请鲁君前去观看，怠于政事。季桓子最终接受了女乐，三天不听政；鲁国郊祭时，又不给大夫们送祭肉。于是孔子就离开了鲁国，此时为定公十三年春，当时孔子五十五岁。

季桓子，就是季孙氏。**受**，接受。**行**，离开。

齐国人赠送了女歌舞艺人，季桓子接受了，三天不上朝，孔子就离开了鲁国。

5.楚狂接舆歌而过孔子，曰："凤兮凤兮，何德之衰？往者不可谏，来者犹可追。已而，已而，今之从政者殆而！"孔子下，欲与之言。趋而辟之，不得与之言。①

狂，疯癫，这里是名词，疯子。**接舆**，楚人陆通，字接舆。楚昭王时，政令无常，陆通被发佯狂，不出仕，时人称为楚狂。**歌**，按一定的乐曲或节拍歌唱。《说文》："歌，咏也。"楚狂接舆唱着从孔子旁边经过。

凤，是瑞鸟，接舆把孔子比作凤鸟。**兮**，句中句尾的语气词。**何**，为何。**德**，德行。**衰**，衰退。凤作为瑞鸟，只有在圣君出现的时候才出现，而当时并没有圣君出现。在没有圣君的时候，凤鸟若出现，则是凤鸟德行的衰退。在没有圣君的时候，孔子周流诸国，求行其道，这是孔子德行的衰退。接舆唱道："凤鸟啊凤鸟，为什么德行衰退？"

谏，纠正。**追**，补救。以往的事情无法纠正了，今后的事情尚可补救。这是劝孔子隐居。

已，止。**而**，语气词。**殆**，危险。停下吧停下吧，现今的从政者危险啊！

下，下车。**趋**，疾行。**辟**（bì），躲开。这个意义后来写作"避"。**得**，能。孔子下车，想要和接舆说话。接舆却疾行避开孔子，于是孔子不能和他说话。若接舆停下来与孔子说话，他就会被人知道不是疯子。况且，接舆也能想到孔子会和自己说些什么，无非是君子出处之道等自己不想听的话。

楚狂接舆唱着从孔子旁边经过，说："凤鸟啊凤鸟，为什么德行衰退？

---

① 皇侃《义疏》本中，"何德之衰"作"何德之衰也"，"往者不可谏，来者犹可追"作"往者不可谏也，来者犹可追也"，"不得与之言"作"不得与之言也"。

以往的事情无法纠正了，今后的事情尚可补救。停下吧停下吧，现今的从政者危险啊！"孔子下车，想要和接舆说话。接舆疾行避开孔子，于是孔子不能和他说话。

6.长沮、桀溺耦而耕，孔子过之，使子路问津焉。长沮曰："夫执舆者为谁？"子路曰："为孔丘。"曰："是鲁孔丘与？"曰："是也。"曰："是知津也。"问于桀溺。桀溺曰："子为谁？"曰："为仲由。"曰："是鲁孔丘之徒与？"对曰："然。"曰："滔滔者天下皆是也，而谁以易之？且而与其从辟人之士也，岂若从辟世之士哉？"耰而不辍。

子路行，以告。夫子怃然，曰："鸟兽不可与同群，吾非斯人之徒与而谁与？天下有道，丘不与易也。"[①]

长沮、**桀溺**，是两位隐者。这不是他们的真实姓名。大概是根据他们的外貌而给予的代称。当时二人正在耕作，浑身是汗，因此二人的代称沮、溺都从水。长沮，意思是身材高大、脸上有汗。桀溺，意思是长得很特别，浑身是汗，好像沉溺在水中。《论语》中有不少根据其特点而给予的代称，如：晨门、荷蒉、荷蓧丈人等都是如此。

耦（ǒu），两人相配合从事耕作，这是古代的一种耕作方法。《说文》："耦，耒广五寸为伐，二伐为耦。"耒是耕器。两个耒并耕就是耦。长沮、桀溺耦而耕，意思是长沮、桀溺相配合从事耕作。**过**，经过。**之**，他们，指长沮、桀溺。孔子过之，意思是孔子从他们旁边经过。**津**，渡口。孔子派子路向长沮、桀溺询问渡口在何处。

---

① 皇侃《义疏》本中，"夫执舆者为谁"作"夫执舆者为谁乎"，"曰：'是也'"作"对曰：'是也'"，"辟"作"避"，"鸟兽不可与同群"作"鸟兽不可与同群也"。

夫，指示代词，那。**执**，拿着。**舆**，本义是车，这里指辔，即马缰绳。子路为孔子驾车，此时下车去问长沮、桀溺，孔子自然要接过缰绳。因此，执舆，就是执辔，拿着缰绳。长沮说："那拿着缰绳的人是谁？"**为**，是。子路说："是孔丘。"

是，这，这人。**与**，语气词，表示疑问，后世写作"欤"。长沮问："这人是鲁国的孔丘吗？"**是**，正确，与"非"相对，按今天的语言就是"是的"。子路说："是的。"

是，这人，指孔子。长沮说："这人知道渡口。"长沮认为孔子周流天下，应该知道渡口。

子，对话时的敬称，意思是你。子路见长沮不说渡口在何处，就问桀溺。桀溺说："你是谁？"子路说："是仲由。"桀溺说："是鲁国孔丘的门徒吗？"子路回答说："是的。"

滔滔，水流貌。洪水弥漫时，到处都是洪水。现今天下像洪水弥漫那样到处都是混乱。**是**，此，如此，指混乱。谁以易之，是倒装句，正常语序为"以谁易之"。**以**，与。**易**，改变。而谁以易之，意思是与谁一起来改变它。**而**，同"尔"，你。**辟**（bì），躲避。**辟人**，避开坏人。**辟人之士**，指孔子。**岂**，副词，表示反问。**若**，比得上。**世**，社会。**辟世**，避开社会而隐居。辟世之士，指长沮、桀溺自己。桀溺说："而且你与其跟从像孔丘那样避开坏人的人，岂能比得上跟从我们这样避开社会的人呢？"

耰（yōu），本义是一种农具，用来粉碎土块。这里作动词，粉碎土块以覆盖种子。**辍**，止。耰而不辍，意思是粉碎土块覆种不停。

行，离开。**以告**，即"以之告"。之，指子路与长沮、桀溺的对话内容。"子路行，以告"，意思是子路离开长沮、桀溺，把刚才的对话内容告诉了孔子。**怃**（wǔ）**然**，失意貌。孔子之所以失意，是因为长沮、桀溺不理解自己。夫子怃然，意思是孔子很失落。**群**，动词，群聚。鸟兽不可与同群，是倒装句，正序为"不可与鸟兽同群"，意思是人不可与鸟兽群聚在一起。**斯**，指示代词，这。**徒**，同类的人。**与**，在一起。吾非斯人之徒与而谁与，正常语序为"吾非与斯人之徒而与谁"，意思是我不和人类在一起而和谁在一起呢。**与**，参与。**易**，改变。天下若政治清明，我就不会参与改变它了。

长沮、桀溺相配合从事耕种，孔子从他们旁边经过，派子路询问他们渡口在何处。长沮说："那拿着缰绳的人是谁？"子路说："是孔丘。"长沮问："这人是鲁国的孔丘吗？"子路说："是的。"长沮说："这人知道渡口。"子路问桀溺。桀溺说："你是谁？"子路说："是仲由。"桀溺说："是鲁国孔丘的门徒吗？"子路回答说："是的。"桀溺说："现今天下像洪水弥漫那样到处都是混乱，而你与谁一起来改变它呢？而且你与其跟从像孔丘那样避开坏人的人，岂能比得上跟从我们这样避开社会的人呢？"桀溺边说边粉碎土块覆种不停。

子路离开长沮、桀溺，把刚才的对话内容告诉了孔子。孔子很失落，说："人不可与鸟兽群聚在一起，我不和人类在一起而和谁在一起呢？天下若政治清明，我就不会参与改变它了。"

7.子路从而后，遇丈人，以杖荷蓧。子路问曰："子见夫子乎？"丈人曰："四体不勤，五谷不分，孰为夫子？"植其杖而芸。子路拱而立。止子路宿，杀鸡为黍而食之，见其二子焉。明日，子路行，以告。子曰："隐者也。"使子路反见之。至，则行矣。

子路曰："不仕无义。长幼之节，不可废也；君臣之义，如之何其废之？欲絜其身，而乱大伦。君子之仕也，行其义也。道之不行，已知之矣。"①

从，跟随。**后**，落在后边。**丈人**，老者。**杖**，棍子。**荷**（hè），扛着，担着。**蓧**（diào），《说文》作"莜"，一种竹器，用来在田间除草。子路跟随孔子外出，落在了后边，遇到一位老者，用棍子扛着一个除草器。

夫子，是对大夫以上官员的尊称。子路问道："您看见夫子了吗？"

既然是大夫以上官员，当然是不用从事农业生产劳动了，所以老者称之为"四体不勤，五谷不分"。**体**，肢体，身体的一部分。**四体**，四肢。**勤**，劳，辛苦。**分**（fèn），播种。老者说："四肢不劳动，不播种五谷，谁是夫子？"

植，竖立。**芸**（yún），同"耘"，除草。**拱**，敛手。老者竖立起他的棍子，一手扶着棍子，一手用蓧给田除草。子路敛手而立。

止，留，留住。**宿**，住宿。**黍**（shǔ），黄米，性黏，既可食用又可酿酒。**食**（sì），也写作"飤"，拿食物给人吃。老者留子路住宿，杀鸡做黄米饭给子路吃。**见**，使动用法，使……来见。见其二子，意思是让他的两个儿子来见子路。

明，今之次。**明日**，次日，第二天。**行**，离开。第二天，子路离开，把这些情况告诉了孔子。

隐者，隐士。孔子说："这是隐士。"

反，回去。这个意义后来写作"返"。孔子让子路返回去见老者。**行**，

---

① 皇侃《义疏》本中，"已知之矣"作"己知之矣"。

离去，这里的意思是不在家。子路到了老者家中，老者却不在家。

无，不。**义**，宜，合宜。不仕无义，意思是不出仕为官是不恰当的。

节，指一定的道德规范。**废**，弃。如之何，怎么。**其**，副词，表示强调，含有"难道"的意思。子路说："长幼之间的规范，不能废弃；君臣之间的恰当关系，怎么就可以废弃呢?"

絜（jié），清洁。后来写作"潔"，简化字写作"洁"。**乱**，废弃。**伦**，人伦，指人之间的关系。在古代有"五伦"，包括父子有亲，君臣有义，夫妇有别，长幼有序，朋友有信。**大伦**，指君臣关系。"欲絜其身，而乱大伦"，意思是想要洁净自身，却废弃了君臣关系。

行，实行，履行。**义**，宜，指合宜的道理或行为，这里的意思是义务。君子之仕也，行其义也，意思是君子出仕为官，是为了履行他的义务。

道，思想主张。**不行**，无法实现。道之不行，已知之矣，意思是我们的思想主张不能实现，是已经知道的。

子路跟随孔子外出，落在了后边，遇到一位老者，用棍子扛着一个除草器。子路问道："您看见夫子了吗?"老者说："四肢不劳动，不播种五谷，谁是夫子?"老者竖立起他的棍子，给田除草。子路敛手而立。老者留子路住宿，杀鸡做黄米饭给子路吃，又让他的两个儿子来见子路。第二天，子路离开，把这些情况告诉了孔子。孔子说："这是隐士。"让子路返回去见老者。子路到了老者家中，老者却不在家。

子路对老者的两个儿子说："不出仕为官是不恰当的。长幼之间的规范，不能废弃；君臣之间的恰当关系，怎么就可以废弃呢? 想要洁净自身，却废弃了君臣关系。君子出仕为官，是为了履行他的义务。我们的思想主张不能实现，是已经知道的。"

8.逸民：伯夷、叔齐、虞仲、夷逸、朱张、柳下惠、少连。子曰：
"不降其志，不辱其身，伯夷、叔齐与！"谓"柳下惠、少连，降志辱身
矣，言中伦，行中虑，其斯而已矣。"谓"虞仲、夷逸，隐居放言，身中
清，废中权。我则异于是，无可无不可。"

逸，超绝，超过一般。**民**，指无位者。这里列举了七位节行超绝的
人，包括伯夷、叔齐、虞仲、夷逸、朱张、柳下惠、少连。这里列举的七
人之中，按时间，虞仲是在伯夷、叔齐之前的，但是却被列在了伯夷、叔
齐之后，这是因为虞仲之德不敌伯夷、叔齐。这同《孟子》把伯夷放在伊
尹之前进行称赞是一个道理。

接下去则是孔子对以上所列诸人的评价。

志，志向。**辱**，辱没。**与**，后世写作"欤"，语气词，表示疑问或感
叹。在这里表示感叹。孔子说："不降低自己的志向，不辱没自己的身
子，是伯夷、叔齐啊！"伯夷、叔齐隐居饿死，是不降低他们的志向；不
出仕为官，是不辱没自己的身子。此二人不仅心逸，而且身逸。

谓，说，评论。**柳下惠**，即展禽。《孟子·公孙丑》说他"不羞汙君，
不卑小官"。意思是他不以在恶浊的君主手下做官为耻辱，不推辞做一个
小官。他还曾经多次被罢免官职。这就是既降志，又辱身。**少连**，其人其
事不可考。但《礼记·杂记》记载有孔子的话："少连、大连善居丧，三
日不怠，三月不解，期悲哀，三年忧。东夷之子也。"由此得到的信息是：
少连是东夷人，善居丧。降志辱身，意思是降低了志向，辱没了身子。

中，合乎。**伦**，道理。**虑**，思想，指人心。言中伦，行中虑，意思是
言论合乎道理，行为合乎人心。《孟子·公孙丑下》说柳下惠"遗佚而不
怨，阨穷而不悯。故曰'尔为尔，我为我，虽袒裼裸裎于我侧，尔焉能浼

我哉?'"意思是,当他被遗漏遗弃的时候,却不怨恨;当他处于困厄困窘的时候,却不愤懑。他还说:"你是你,我是我,即使你在我旁边袒开衣服露出身体,即使你完全裸体,你又怎能玷污到我?"这些说明柳下惠的行为是合乎人心的。

其,副词,表示揣测,意思是大概。**斯**,此。其斯而已矣,意思是大概如此而已。

孔子评论:"柳下惠、少连,降低了志向,辱没了身子,但是他们的言论合乎道理,行动合乎人心,大概如此而已。"

虞仲,即周太王次子仲雍。《汉书·地理志》:"周太王长子太伯,次曰仲雍,少曰公季。公季有圣子昌,欲传国焉。太伯、仲雍辞行采药,遂奔荆楚。"**夷逸**,《尸子》说:"夷诡诸之裔。或劝其仕,曰:'吾譬则牛,宁服轭耕于野,不忍被绣入庙而为牺。'"

放,弃置。**放言**,弃置言语,不再谈论世务。**清**,清高。**废**,废弃,指自我废弃。**权**,权变。他们隐遁退居,不再谈论世务,不仕于浑浊之世,是合乎清高的。他们适逢乱世,自我废弃,全身远害,是合乎权变的。

孔子评论:"虞仲、夷逸,隐居起来,弃置言语,他们的行为合乎清高,他们的自我废弃合乎权变。"

是,此,指以上六人。**可**,仕进。**不可**,退居。孔子说自己与以上这些超绝之人不同,不是一定要仕进,也不是一定要退居,仕进或退居,只看是否合宜。该仕进则仕进,该退居则退居。这就是孟子评论孔子时说的"孔子可以仕则仕,可以止则止,可以久则久,可以速则速"。因此,他说孔子是"圣之时者"。"我则异于是,无可无不可",意思是我却与以上诸人不同,不是一定要仕进,也不是一定要退居。

本章开端时，孔子列举逸民，共七人，但是在评论时，却只说到六人，余下一位朱张，孔子未予评论。为何如此？古人有两种解释：第一种认为朱张的行为与孔子相同，因此孔子不予评论。王弼说："朱张字子弓，荀卿以比孔子。"第二种认为这体现了孔子的慎重态度。清代刘宝楠说："朱张见《汉书·古今人表》。（中略）窃以朱张行事，当夫子时已失传，故下文论列诸贤，不及朱张，而但存其姓名于逸民之列，盖其慎也。"

节行超绝的人：伯夷、叔齐、虞仲、夷逸、朱张、柳下惠、少连。孔子说："不降低自己的志向，不辱没自己的身子，是伯夷、叔齐啊！"评论"柳下惠、少连，降低了志向，辱没了身子，但是他们的言论合乎道理，行动合乎人心，大概如此而已。"评论"虞仲、夷逸，隐居起来，不再谈论世事，他们的行为合乎清高，他们的自我废弃合乎权变。我则和以上诸人不同，不是一定要仕进，也不是一定要退居。"

9.大师挚适齐，亚饭干适楚，三饭缭适蔡，四饭缺适秦，鼓方叔入于河，播鼗武入于汉，少师阳、击磬襄入于海。①

大（tài）**师**，乐师的长官。**挚**，太师之名。大师挚，就是《泰伯第八》第 15 章的"师挚"，他是鲁国的乐官之长。**适**，到……去。《说文》："适，之也。"鲁哀公时，礼乐崩坏，乐师纷纷离去。太师名叫挚，去到了齐国。

亚，次。**饭**，餐。亚饭，第二餐。天子、诸侯进食之时，需要奏乐。亚饭是职务名称，这里指负责为鲁君每天第二顿饭奏乐的人。**干**，是亚饭

---

① 皇侃《义疏》本中，"鼗"作"鞀"（táo）。

的名。亚饭名干，去到了楚国。

三饭、**四饭**，也是职务名称。**缭**、**缺**，是人名。三饭名缭，去到了蔡国。四饭名缺，去到了秦国。

鼓，击鼓者。**方叔**，是人名。**入**，去到。**河**，黄河，这里指黄河边。击鼓的方叔去到黄河边居住。

播，摇。**鼗**（táo），乐器名，长柄的小摇鼓。**武**，人名。摇小鼓的名叫武，去到汉水边居住。

少师，是太师的助手。**阳**，人名。**磬**，石制的打击乐器。**襄**，人名。据《孔子家语·辨乐解》，师襄虽然以击磬为官，但也善于弹琴。由此可知，击磬襄就是《孔子世家》所说的师襄。而《孔子世家》误将孔子向师襄学习弹琴的事情记载在孔子在卫时期。

少师叫阳、击磬的叫襄，他们去到海边居住。

太师名挚，去到了齐国；亚饭名干，去到了楚国；三饭名缭，去到了蔡国；四饭名缺，去到了秦国；击鼓的方叔去到黄河边居住；摇小鼓的叫武，去到汉水边居住；少师叫阳、击磬的叫襄，他们去到海边居住。

10.周公谓鲁公曰："君子不施其亲，不使大臣怨乎不以。故旧无大故，则不弃也。无求备于一人。"

周公，周公旦。**鲁公**，周公之子伯禽。《史记·周公世家》："武王破殷，遍封功臣同姓戚者。封周公旦于少昊之虚曲阜，是为鲁公。周公不就封，留佐武王。武王既崩，成王少，周公乃践祚代成王摄行政当国。于是卒相成王，而使其子伯禽代就封于鲁。"本章就是周公旦对伯禽说的话。

施（chí），同"弛"，弃置不用。《经典释文》作"弛"。**亲**，亲族之人。**以**，用。君子不弃置自己亲族之人不用，不使大臣怨恨不用自己。

故旧，老朋友。**大故**，大的变故，指谋恶逆之事。老朋友没有谋恶逆之事，就不抛弃。

无，不，禁止之辞。**备**，齐备。不要以全才来要求一个人。

周公对鲁公说："君子不弃置自己亲族之人不用，不使大臣怨恨不用自己。老朋友没有谋恶逆之事，就不抛弃。不要以全才来要求一个人。"

11.周有八士：伯达、伯适、仲突、仲忽、叔夜、叔夏、季随、季骐。

周，古代注家中，有人认为是周文王时，有人认为是周成王时，还有人认为是周宣王时。总而言之，指西周时。西周时，有人生子四次，每次生子二人，共八子，后来都成了显耀之士。这是非常特异的事情，所以《论语》进行了记载。

适（kuò），多用于人名。**骐**，读 guā。

这八子以伯、仲、叔、季作为顺序。《白虎通·姓名》："称号所以有四何？法四时用事先后，长幼、兄弟之象也。故以时长幼，号曰伯、仲、叔、季也。伯者，长也。伯者子最长，迫近于父。仲者，中也。叔者，少也。季者，幼也。"

这里的八士，伯二，仲二，叔二，季二。可见是每次都是孪生二子。

周朝有兄弟八人，都是显耀之士：伯达、伯适、仲突、仲忽、叔夜、叔夏、季随、季骐。

子张第十九

1.子张曰："士见危致命，见得思义，祭思敬，丧思哀，其可已矣。"

士，有一定品德和知识的男子，也是大夫以下的贵族阶层。**致**，献出。士见危致命，意思是士见到君亲有危难，愿意献出自己的生命来解救君亲。**得**，获得，指利益。**思**，想到，考虑。**义**，宜，指社会认可的道理和行为。见得思义，意思是看到利益能想到得之是否合宜。**敬**，恭敬严肃。祭思敬，意思是祭祀时能想到恭敬严肃。**丧**，居丧。**哀**，悲伤。丧思哀，意思是居丧时能想到悲哀。

其，副词，表示揣测语气，大概。**可**，可以，不够充足之辞，意思是达到了士的最低要求。**已**，语气词，略等于"矣"。其可已矣，意思是大概就可以了。

子张说："士见到君亲有危难则愿意献出自己的生命来解救君亲，看到利益能想到得之是否合宜，祭祀能想到敬肃，居丧能想到悲伤，大概就可以了。"

2.子张曰:"执德不弘,信道不笃,焉能为有?焉能为亡?"

执,持守。**弘**,动词,大,使大,弘扬的意思。执德不弘,意思是持守美德,不能弘扬。**笃**,厚实,引申为坚定。信道不笃,意思是信仰道理,不能坚定。

执德弘、信道笃,此人对于社会来说才是可以看重的。若虽持德而不能弘扬,虽信道而不能坚定,此人对于社会来说,则是可有可无,无足轻重的。

有,指这个人存在。**亡**(wáng),无,指这个人不存在。焉能为有,焉能为亡,怎能说这个人是存在的,怎能说这个人是不存在的。意思是,有这个人,这个世界也不增加重量;没有这个人,这个世界也不减少重量。这个人就是可有可无的。

子张说:"持守道德,不能弘扬;信仰道理,不能坚定。怎能说这个人是存在的?怎能说这个人是不存在的?"

3.子夏之门人,问交于子张。子张曰:"子夏云何?"对曰:"子夏曰:'可者与之,其不可者拒之。'"子张曰:"异乎吾所闻。君子尊贤而容众,嘉善而矜不能。我之大贤与,于人何所不容?我之不贤与,人将拒我,如之何其拒人也?"①

子夏的弟子,向子张请教与人交往之道。

云,说。子张说:"子夏说了什么?"

可,可以交往。**与**,与之交往,和他交往。**其**,指示代词,那。**拒**,

① 皇侃《义疏》本中,三个"拒"字均作"距"。

拒绝。门人回答说："子夏说：'可以交往者则和他交往，那些不可以交往的则拒绝之。'"

子张说："和我听到的不一样。"

贤，有才德的人。**容**，容受，容纳。**众**，普通人。**嘉**，赞美。**矜**，怜悯。**不能**，做不到。君子尊敬贤人而容受普通人，赞美好人而怜悯做不到的人。

之，介词，起把主谓结构变成词组的作用。**大**，表示程度的副词，很。**与**，语气词，表示疑问。"我之大贤与，于人何所不容"，意思是我很贤能吧，对人有什么不容受的。**其**，副词，表示强调。我是不贤能的吧，别人将拒绝我，我还怎么拒绝别人呢？

子夏的弟子，向子张请教与人交往之道。子张说："子夏说了什么？"门人回答说："子夏说：'可以交往者则和他交往，那些不可以交往的则拒绝之。'"子张说："和我听到的不一样。君子尊敬贤人而容受普通人，赞美好人而怜悯做不到的人。我是很贤能的吧，对人有什么不容受的？我是不贤能的吧，别人将拒绝我，我还怎么拒绝别人呢？"

4.子夏曰："虽小道，必有可观者焉。致远恐泥，是以君子不为也。"

虽，即使。**小道**，指异端学说。**观**，观赏。"虽小道，必有可观者焉"，意思是即使是异端学说，也一定有可以观赏的地方。

致，达到。**远**，久远。**泥**，泥滞不通。**是以**，因此。**为**，做，这里的意思是学。"致远恐泥，是以君子不为也"，意思是用它想达到久远则恐怕就会泥滞不通，因此君子不学它。

子夏说："即使是异端学说，也一定有可以观赏的地方。但是想用它想达到久远则恐怕就会泥滞不通，因此君子不学它。"

5.子夏曰："日知其所亡，月无忘其所能，可谓好学也已矣。"

亡（wáng），动词，无。**所亡**，指原来没有的知识和技能。**能**，动词，做得到。**所能**，指原来已经学到的知识和技能。**已**，语气词。

子夏说："每天知道一些自己原来没有的知识和技能，每个月不忘掉原来已经学到的知识和技能，可以称为好学了。"

6.子夏曰："博学而笃志，切问而近思，仁在其中矣。"

博，广。**笃**，厚实，引申为动词，坚定。人虽博学，但也有自己的志趣，因此既要广博地学习，同时也要使志趣坚定。博学而志趣不坚定，则学的虽然广博却不会有成就。博学而笃志，意思是既要广博地学习，又要坚定志趣。

切问，切近地问，意思是所问的要切近自己已学而未悟的知识。其相反的做法是泛问，完全不切近自己所已学。**近思**，切近地思考，意思是所思考的要切近于自己将要达到而尚未达到的知识。其相反的做法是远思，即去思考那些自己远远达不到的知识。泛问和远思，则虽劳而无功。切问而近思，意思是发问要切近自己已学而未悟的知识，思考要切近自己将要达到而尚未达到的知识。

其，指"博学笃志，切问近思"。为什么说仁在这里边呢？博学笃志，切问近思，虽然本身不是仁，但是仁者纯笃，学者既然能够在学习上如此纯笃，就是具备了仁者所需要的特性，因此说仁在其中。

子夏说："既要广博地学习，又要坚定志趣；发问要切近自己已学而未悟的知识，思考要切近自己将要达到而尚未达到的知识；仁就在这里边。"

7.子夏曰："百工居肆以成其事，君子学以致其道。"

百，言其种类多。**工**，工匠，手工业劳动者。**居**，处，住。**肆**，作坊。**成**，动词，成就。**事**，业。百工居肆以成其事，意思是工匠居处在作坊中来成就他的事业。何以知居肆可以成就其事业？这是因为在作坊中，可以不断学习。**致**，达到。君子学以致其道，意思是君子通过学习来达到他的道。

这里，子夏以百工居处于作坊中学习可以成就事业来类比君子需要不断学习来达到道。

子夏说："工匠们居处于作坊中来成就他的事业，君子通过学习来达到他的道。"

8.子夏曰："小人之过也必文。"

文（wèn），掩饰。君子有过错，知之必改正。小人有过错，则不肯说自己有错，因而会用言辞来掩饰得好像没有过错。

子夏说："小人有过错，一定会掩饰。"

9.子夏曰："君子有三变：望之俨然，即之也温，听其言也厉。"①

俨，庄重。常人远望去多懈怠，而君子远望去常庄重。**即**，靠近。**温**，

---

① 皇侃《义疏》本中，"俨"作"严"。

温和。常人靠近去，多见其表情和神态多猛厉。君子靠近去，则常感到温和。**厉**，严正。常人之言多邪佞，君子之言常严正。

这所谓"三变"，并不是不同时候出现的，而是君子同一时间不同侧面的表现。

子夏说："君子有三变：远望他，感到的是庄重；靠近他，感到的是温和；听他说话，感到的是严正。"

10.子夏曰："君子信而后劳其民，未信则以为厉己也。信而后谏，未信则以为谤己也。"

信，信任。**劳**，役使。**厉**，使困苦，折磨。君子应取得人民信任而后役使人民，还没有取得信任就役使人民，则人民会认为是折磨自己。

谏，劝谏。**谤**，诽谤。君子应取得上级信任而后对上级进行劝谏，未取得信任就劝谏则会被上级认为是诽谤自己。

子夏说："君子应取得人民信任而后役使人民，还没有取得信任就役使人民，则人民会认为是折磨自己。君子应取得上级信任而后对上级进行劝谏，还没有取得信任就劝谏则会被上级认为是诽谤自己。"

11.子夏曰："大德不逾闲，小德出入可也。"

大德，大节。**逾**，逾越。**闲**，本义是木栅栏，这里的意思是法度。**小德**，小节。**出入**，就像出木栅栏和入木栅栏那样，比喻有时在法度之内，有时在法度之外。在小节上虽然不尽合理，但也无害，因此说"可"。人在大节上不逾越法度，小节上有出入是可以的。这是对人不求全责备的态度。

孔子也有小节上的出入。如《韩诗外传》："孔子遭齐程本子于郯之间，倾盖而语终日。有间，顾子路曰：'由！束帛十匹，以赠先生。'子路曰：'昔者由也闻之于夫子，士不中道相见。女无媒而嫁者，君子不行也。'孔子曰：'大德不逾闲，小德出入可也。'"

子夏说："大节不逾越法度，小节有所出入是可以的。"

12.子游曰："子夏之门人小子，当洒扫应对进退，则可矣，抑末也。本之则无，如之何？"子夏闻之，曰："噫！言游过矣！君子之道，孰先传焉？孰后倦焉？譬诸草木，区以别矣。君子之道，焉可诬也？有始有卒者，其唯圣人乎！"①

门人小子，弟子。**当**，承担，担当。**洒扫**，洒水扫地。扫地前洒水，以防扫地时灰尘弥漫，因此洒在前，扫在后。**应**和**对**，都是回答。"应"可能没有语言，只是说一个"喏"。"对"则有答词。**进**，上前。**退**，退下。**抑**，连词，表示转折，但是。**末**，非根本的、不重要的事。

子游说："子夏的弟子们，承担起洒水、扫地、回答、上前、退下，是可以的，但这是不重要的事。"

本，根本，指道，该学的道理。该学的道理却没有，怎么办呢？

噫，叹辞，表示内心不平。**言游**，即言偃，字子游。**过**，错。子夏听说了子游的这些话，说："噫！言游错了！"

君子之道，意思是君子传道。**孰**，谁。**焉**，指示代词，用以复指前置的宾语。这里的前置宾语是"孰"。孰先传焉，即"先传孰"，意思是先传

---

① 皇侃《义疏》本中，"则可矣"作"可矣"，"卒"作"终"。

授给谁。这里虽然只说了"孰先传焉"，但实际上已经包含了"孰后传"。这样，"孰先传焉"的意思是：先传授给谁，后传授给谁。**倦**，厌倦。孰后倦焉，意思是谁后厌倦。这里边也包含了另一层意思，即"孰先倦焉"，即谁先厌倦。孰后倦焉，意思是谁先厌倦，谁后厌倦。

"君子之道，孰先传焉？孰后倦焉？"意思是君子传道，先传授给谁？后传授给谁？谁先厌倦？谁后厌倦？

譬，比方。《说文》："譬，谕也。"**诸**，之于的合音。**区**，区分。**别**，辨别。譬诸草木，区以别矣，意思是拿草和树来比方的话，就是区分种类予以辨别。

诬，污蔑。君子之道，焉可诬也，意思是君子传道的方法，怎么可以污蔑呢？

卒，终。**其**，副词，表示揣测语气，大概。**唯**，独，只有。有始有卒，即有始有终，意思是学习起来始终如一而不厌倦。能做到这样的，大概只有圣人吧。普通人学久则厌倦，所以子夏不是一上来就传授大道，而是让弟子从小事做起，以辨别谁可以先传授大道，谁可以后传授大道，谁会先厌倦，谁会后厌倦。

子游说："子夏的弟子们，承担起洒水、扫地、回答、上前、退下，是可以的，但这是不重要的事。该学的道理却没有，怎么办呢？"子夏听说了子游的这些话，说："噫！言游错了！君子传道，先传授给谁后传授给谁呢？谁先厌倦谁后厌倦呢？就像草和树，需要区分开来予以辨别。君子传道的方法，怎么可以污蔑呢？学习起来始终如一不会厌倦的人，大概只有圣人吧！"

13.子夏曰："仕而优则学，学而优则仕。"

优，充裕。《说文》："优，饶也。饶，余也。"做官有自己的职务，完成职务之后仍有充裕的力量，则学习。学习之外仍有充裕的力量，则去做官。

子夏说："做官之外，仍有充裕的力量，则学习；学习之外，仍有充裕的力量，则做官。"

14.子游曰："丧致乎哀而止。"

致，本义是送达。若用在思想感情方面，意思是表达。丧事，表达了哀痛就可以停止。这是《孝经》中的话。《孝经》对居丧为什么要以表达了哀痛为界限？其目的在于防止居丧者哀痛过度而毁灭自己。虽然丧主哀，但是若孝子过度哀痛以至于毁灭自己，那实际上亏了孝道，因为那完全不符合去世者的愿望。由此也可以看到，古人制礼，根据在人之常情。

子游说："丧事，表达了哀痛就可以停止了。"

15.子游曰："吾友张也为难能也，然而未仁。"

张，子张。**为**，是。**难能**，难以做到。什么事情别人难以做到？这里没有提及。但是接着下一章就说子张仪容壮伟，可知子张做出的容仪，别人很难做出来。子张仪容过盛，只能成就自己而不能成就他人，因此说他"未仁"。**未**，不曾，还没有。**仁**，动词，达到仁。

子游说："我的朋友子张的容仪是他人难以做到的，虽然这样，他却未曾达到仁。"

16.曾子曰："堂堂乎张也，难与并为仁矣。"

堂堂，形容仪表壮伟。**张**，子张。**与**，和。**并**，一起。**为**，动词，做，从事，这里的意思是实践。难与并为仁，即"难与之并为仁"，意思是难以和他一起实践仁德。之所以无法一起实践仁德，是因为子张过于重视外在修饰，不注重内心修养，别人无法帮助他实践仁德，他也无法帮助别人实践仁德。正是因为子张过度修饰外表，甚至还要学舜和禹走路的样子，所以后来被《荀子·非十二子》称为"贱儒"。

曾子说："子张仪表壮伟啊，难以和他一起实践仁德。"

17.曾子曰："吾闻诸夫子：人未有自致者也，必也亲丧乎！"

诸，之于的合音。**夫子**，指孔子。**致**，同"至"，极尽。**自致**，即"致自"，极尽自己。**必**，一定。

曾子说："我从老师那里听说过：人没有极尽自己内心真情的，父母之丧则一定会极尽真情吧！"

18.曾子曰："吾闻诸夫子：孟庄子之孝也，其他可能也；其不改父之臣与父之政，是难能也。"

孟庄子，鲁大夫仲孙速。其父是孟献子，名蔑。**其**，指示代词，他。**他**，别的。**能**，做得到。"其他可能也"，意思是在别的方面，他人是可以做得到的。

政，政治，这里的意思是政治措施。**是**，这。"其不改父之臣与父之政，是难能也"，意思是他不改变他父亲所任用的人和他父亲的政治措施，这是别人难以做到的。

《学而第一》第 11 章中，孔子就说过："父在，观其志；父没，观其行。三年无改于父之道，可谓孝矣。"意思是，其父活着的时候，观察人子的志意；其父去世之后，观察人子的行为；人子三年不改变其父的规矩，就可以称为孝了。结合此章和本章，可以看到，在孔子心中，不改父之道是孝道中很难做到的一条。

曾子说："我从老师那里听说过：孟庄子的孝，在别的方面，他人是可以做得到的；他不改变他父亲所任用的人和他父亲的政治措施，这是别人难以做到的。"

19.孟氏使阳肤为士师，问于曾子。曾子曰："上失其道，民散久矣。如得其情，则哀矜而勿喜。"

孟氏，鲁国下卿。**阳肤**，曾子弟子。**士师**，主管刑狱之官。孟氏派阳肤担任士师，阳肤问曾子如何做士师。

上，执政者。**失**，丧失，遗失，这里的意思是丢掉。**道**，指执政者的职分。执政者负有养民和教民的职分。若执政者尽职，人民得养得教，则人民亲附于执政者而不违法犯罪。执政者尽养民教民之职，则是执政者有道。执政者不尽养民教民之职，则是执政者失道。

散，离散。因为执政者不尽职，导致民心离散，与执政者离心离德。

曾子说："执政者丢掉了自己的职分，人民与之离心离德已经很久了。"

情，实。**哀**，悲伤。**矜**，怜悯。因为执政者不尽养民之职，所以人民为生存下去而犯罪，这样的犯罪是不得已。因为执政者不尽教民之职，所以人民无知而犯罪，这样的犯罪是出于无知。人民的犯罪是执政者造成的，所以若审问出罪犯的真实情况，就要为人民悲伤、怜悯人民，而不要喜悦。

孟氏派阳肤担任士师，阳肤问曾子如何做士师。曾子说："执政者丢掉了自己的职分，人民与之离心离德已经很久了。若得到罪犯的真实情况，就要为人民悲伤、怜悯人民，而不要喜悦。"

20.子贡曰："纣之不善，不如是之甚也。是以君子恶居下流，天下之恶皆归焉。"

纣，商代的最后一位王的谥号。《谥法》："残义损善曰纣。"他是殷王帝乙之子，名辛，字受。**是**，这，指人们传说的那样。**甚**，过分，严重。子贡说："纣不善良，不像人们传说的那样过分。"

是以，即"以是"，因此。**居**，处。**流**，河流。**下流**，指河流的下游。在河流中，下游位置低下，所有的上边来水都会流到这里，用以比喻人道德低下，世间所有的恶名都会归到他身上。

恶，恶名，恶事。**归**，归宿，这里的意思是汇聚。**焉**，指示代词，用来复指前置的宾语。这里复指的是"下流"。"天下之恶皆归焉"，即"天下之恶皆归下流"，意思是天下的恶名恶事全都汇聚到居于下流的人身上。子贡说："因此君子厌恶处于下游，如果处于下游，那么天下的恶名恶事就会汇聚于他身上。"

子贡说："纣不善良，不像人们传说的那样过分。因此君子厌恶处于下游，如果处于下游，那么天下的恶名恶事就会汇聚于他身上。"

21.子贡曰："君子之过也,如日月之食焉。过也,人皆见之;更也,人皆仰之。"①

过,名词,过失,过错。**食**,日月亏蚀。这个意义后来写作"蚀"。**焉**,句末语气词。子贡说:"君子的过错,就像日食和月食。"

过,动词,发生了过错。**更**,改。《说文》:"更,改也。"**仰**,本义是抬头,与"俯"相对。这里的意思是仰望。发生了过错,人们都看得见;改正了过错,人们都仰望他。

君子的过错,不是君子故意为之,就像日食和月食不是日月故意为之一样。同时,就像日食和月食可以被人们明确看到一样,君子的过错也是可以被人们明确看到的。就像日食和月食结束之后人们会重新仰望日月一样,君子改正过错之后,人们同样会重新仰望君子。

子贡说:"君子的过错,就像日食和月食。发生了过错,人们都看得见;改正了过错,人们都仰望他。"

22.卫公孙朝问于子贡曰:"仲尼焉学?"子贡曰:"文、武之道,未坠于地,在人。贤者识其大者,不贤者识其小者,莫不有文、武之道焉。夫子焉不学?而亦何常师之有?"

卫公孙朝,这里专门带上一个"卫"字,表示这个公孙朝是卫国的公孙朝。当时有四个公孙朝,鲁国有成邑大夫公孙朝,楚国有武城尹公孙朝,郑国子产的弟弟也叫公孙朝,卫国有大夫公孙朝。

焉,疑问代词,哪里。卫国公孙朝问子贡:"仲尼从哪里学到学问的

---

① 皇侃《义疏》本中,"如日月之食焉"作"如日月之蚀也"。

呢?"之所以会提出这样的问题,是因为人们看到孔子那么有学问,却没有老师。

道,指思想、主张和措施等。文武之道,文王和武王的思想、主张和措施等,这里代指先王之道。**坠**,坠落。**在**,存在。子贡说:"先王之道,没有坠落到地上,而是存在于人之中。"

贤,才德出众的。**识**(zhì),记住。**大**,大道。**小**,末节。**莫**,无定代词,没有谁。**焉**,句末语气词。才德出众者记住了大道,才德不足者记住了末节,没有谁那里是没有先王之道的。**焉**,疑问代词,哪里。夫子焉不学,意思是夫子在哪里不学习。

"而亦何常师之有",正常语序为"而亦有何常师"。**亦**,语气词,无实义。**何**,疑问代词,什么。**常**,恒常,永恒,这里的意思是固定的。而亦何常师之有,意思是而有什么固定的老师呢?书传说到孔子问礼于老聃,访乐于苌弘,问官于郯子,学琴于师襄,可见孔子是没有固定的老师的。只要一个人有善言善行,他都会向这个人学习。

卫国公孙朝问子贡:"仲尼从哪里学到学问的呢?"子贡说:"先王之道,没有坠落到地上,而是存在于人之中。才德出众者记住了大道,才德不足者记住了末节,没有谁那里是没有先王之道的。夫子在哪里不学习呢?而有什么固定的老师呢?"

23.叔孙武叔语大夫于朝曰："子贡贤于仲尼。"子服景伯以告子贡。子贡曰："譬诸宫墙，赐之墙也及肩，窥见室家之好。夫子之墙数仞，不得其门而入，不见宗庙之美，百官之富。得其门者或寡矣。夫子之云，不亦宜乎！"①

叔孙武叔，鲁大夫叔孙州仇，是公子叔牙六世孙叔孙不敢之子。**武**，谥号。《谥法》："刚强直理曰武。"**叔**，字。**语**（yù），告诉，对……说。**朝**，朝廷。**贤**，本义是才德出众，这里的意思是胜过，超过。叔孙武叔在朝廷上对其他大夫说："子贡在才德上超过了仲尼。"孔子死后，诸弟子砥砺学问，皆有长进。当时就有人认为有若、子夏似孔子，子服景伯和陈子禽则认为子贡胜过仲尼。可见子贡晚年进德修业取得了很大进步。

子服景伯，鲁大夫子服何。子服是氏，何是名，景是谥，伯是字。"以告子贡"，即"以之告子贡"。之，指的是叔孙武叔说的话。子服景伯把这话告诉了子贡。

譬，比方。**诸**，之于的合音。**宫墙**，指围墙。**及**，到。**窥**，窃视，引申为从外向内窥视或从内向外窥视。这里指从外向内窥视。**室家**，房舍。子贡说："拿围墙作比方，我的墙才到肩膀那么高，能够从外边窥见墙内房舍的美好。"

第一个"**夫子**"，指孔子。**仞**，古人有多种说法，有人认为是七尺，有人认为是八尺，还有人认为是四尺，也有人认为是五尺、六尺。**官**，也是指房舍。**富**，多。**或**，也许。**寡**，少。子贡说："老师的围墙有数仞高，不能找到门而进入，则看不到宗庙之美，房舍之多。能够找到门的人也许

---

① 皇侃《义疏》本中，"窥"作"闚"，"夫子之云"作"夫子云"。

是很少的。"

第二个"**夫子**",指叔孙武叔。大夫以上皆可称夫子,叔孙武叔是大夫,因而称为夫子。**之**,介词,起把主谓结构变成词组的作用。在这里,"夫子云"是主谓结构,加上"之"变成"夫子之云",就成了一个词组,用作主语。**云**,说。夫子之云,意思是夫子所说。**宜**,合适,相称。"夫子之云,不亦宜乎",意思是夫子所说,不也很相称吗。

叔孙武叔在朝廷上对其他大夫说:"子贡在才德上超过了仲尼。"子服景伯把这话告诉了子贡。子贡说:"拿围墙作比方,我的墙才到肩膀那么高,能够从外边窥见墙内房舍的美好。老师的围墙有数仞高,不能找到门而进入,则看不到宗庙之美,房舍之多。能够找到门的人也许是很少的。夫子所说,不也很相称吗?"

24.叔孙武叔毁仲尼。子贡曰:"无以为也!仲尼不可毁也。他人之贤者,丘陵也,犹可逾也;仲尼,日月也,无得而逾焉。人虽欲自绝,其何伤于日月乎?多见其不知量也。"①

毁,毁谤。**以**,用。叔孙武叔毁谤孔子。子贡说:"不用这样做!仲尼是无法毁谤的。"

贤,指才德。这里的"贤者",不可理解为有才德的人,也就是说,贤与者不可连在一起理解。这是因为这里的"者",需要与下文的"也"连在一起理解。者……也,是判断句式。**丘陵**,土高曰丘,大阜曰陵。阜,土山。**犹**,尚,还。**逾**,越过。别人的才德,是丘陵,尚可越过。

---

① 皇侃《义疏》本中,"仲尼,日月也"作"仲尼,如日月也","人虽欲自绝"作"人虽欲自绝也"。

仲尼，是"仲尼之贤者"的省略。仲尼，日月也，即"仲尼之贤者，日月也"，意思是仲尼的才德，是日月。**无得**，不能，无法。**焉**，用来复指前置的宾语。这里复指的是"日月"。无得而逾焉，意思是无法越过日月。

虽，即使。**绝**，断，不再延续。这里的"自绝"是"自绝于日月"的省略。**其**，副词，表示强调，含有"难道"的意思。即使有人主动与日月断绝关系，难道对日月有什么伤害吗？

多，适，恰，只。**量**（liàng），容量，这里指轻重。"多见其不知量也"，意思是恰看到他不知道自己的轻重。

叔孙武叔毁谤仲尼。子贡说："不用这样做！仲尼是无法毁谤的。别人的才德，是丘陵，尚可越过；仲尼的才德，是日月，无法越过。即使有人主动与日月断绝关系，难道对日月有什么伤害吗？恰看到他不知道自己的轻重。"

25.陈子禽谓子贡曰："子为恭也，仲尼岂贤于子乎？"子贡曰："君子一言以为知，一言以为不知，言不可不慎也。夫子之不可及也，犹天之不可阶而升也。夫子之得邦家者，所谓立之斯立，道之斯行，绥之斯来，动之斯和。其生也荣，其死也哀，如之何其可及也？"

子，对话时的敬称。**为**，行为，这里指对待仲尼。**恭**，恭敬。在貌为恭，在心为敬。**贤**，胜过。陈子禽对子贡说："您对待仲尼太恭敬了，仲尼岂能胜过您呢？"

知，智慧。智者知人，知人则不会失言，因此可以就人的一句话来看此人是否智慧。这就是"君子一言以为知，一言以为不知"，即根据君子说出的一句话就可以判断他是否智慧。既然智慧与不智慧，都可由一句话判断，那么他说的每一句话就都很重要了，因此说话不可以不慎重。子贡说："君子说出一句话，人们会以此为根据判断他是智慧的；君子说出一句话，人们会以此为根据判断他是不智慧的，因此，说话不可以不慎重。"

夫子，指仲尼。**及**，达到，赶上。**犹**，如。**阶**，本义是阶梯，梯子。这里是动词，用阶梯，登着阶梯。**升**，登。夫子之不可及也，犹天之不可阶而升也，意思是人们无法赶上夫子，就像无法用阶梯登上天一样。

之，介词，起把主谓结构变成词组的作用。这里用"之"字把"夫子得邦家"这个主谓结构变成了词组"夫子之得邦家"。**者**，助词，用在句末，表示测度，含有"如果"的意思。**得邦家**，包含两层意思，其一是得邦，指做诸侯；其二是得家，指做卿大夫。夫子之得邦家者，意思是夫子如果能够做诸侯或做卿大夫。

所谓，所说。**立**，本义是站立，引申为成就。这里用作动词，使有成就。**斯**，连词，则，乃。立之斯立，意思是使人民有所成就，就能使人民有所成就。**道**（dǎo），引导。这个意义后来写作"導"，简化字写作"导"。道之斯行，意思是引导人民，人民就会跟着行动。**绥**，安抚。绥之斯来，意思是安抚人民，人民就会来到。**动**，动员。**和**，和睦，这里的意思是协力同心。动之斯和，意思是动员人民，人民就会协力同心。

生，活着。**荣**，光彩，荣耀，与"辱"相对。**哀**，哀痛，这里是使用用法，使人哀痛。他活着的时候是荣耀的，他的死令人哀痛。

如之何其可及也，意思是他人怎么能赶上他呢？

陈子禽对子贡说："您对待仲尼太恭敬了，仲尼岂能胜过您呢？"子贡说："君子说出一句话，人们会以此为根据判断他是智慧的；君子说出一句话，人们会以此为根据判断他是不智慧的，因此说话不可以不慎重。

人们无法赶上夫子，就像无法用阶梯登上天一样。夫子如果能够做诸侯或做卿大夫，就像人们所说的那样，使人民有所成就，就能使人民有所成就；引导人民，人民就会跟着行动；安抚人民，人民就会来到；动员人民，人民就会协力同心。他活着的时候是荣耀的，他的死使人哀痛，他人怎么能赶上他呢?"

尧曰第二十

1.尧曰："咨！尔舜！天之历数在尔躬，允执其中。四海困穷，天禄永终。"舜亦以命禹。

尧，姓伊祁，名放勋。**咨**，叹辞。虞舜地位低下，尧听说他很聪明，有非常好的德，就对他进行了试用，准备把天子之位传给他。任命舜的时候，尧先嗟叹一声"咨"，目的是使舜重视下边的命辞。

舜，姓姚，名重华。**历数**，列次，运数。天之历数，就是上天的运数，指天子之位的轮换。**尔**，你。**躬**，身。天子之位的轮换已经到了你身上，意思是轮到你来做天子了。**允**，信，忠实。**执**，持。**其**，那。**中**，中正之道。尧说："啊！你舜啊！天子之位的轮换已经到了你身上，要忠实地执行那中正之道。"

四海，指天下人。**困**，艰难。**穷**，困窘。**天禄**，上天赐予的福分。**永**，指时间长久，永远。**终**，停止。假如天下人艰难困窘，那么上天赐给你的福分就会永远终结。这是对舜的告诫。

舜亦以命禹，意思是舜禅位给禹的时候，也以这段话来任命禹。

尧说："啊！你舜啊！天子之位的轮换已经到了你身上，要忠实地执行那中正之道。假如天下人艰难困窘，那么上天赐给你的福分就会永远终结。"舜禅位给禹的时候，也以这段话来任命禹。

曰："予小子履，敢用玄牡，敢昭告于皇皇后帝：有罪不敢赦。帝臣不蔽，简在帝心。朕躬有罪，无以万方；万方有罪，罪在朕躬。"[①]

理解这段话的关键是了解这段话的背景。《墨子·兼爱下》和《吕氏春秋·顺民》都说这段话是汤战胜了夏桀之后，遭逢干旱，汤向天祈祷求雨之辞。但是，在《尚书·汤诰》中，汤放逐了夏桀之后，回到自己的都城亳，对天下人发出了一篇《诰》，将伐桀的大义告知天下。这段话是《汤诰》中的部分意思，具体文字则与《汤诰》有差别。那么，理解这段话，就应立足于这个背景。

曰，说。古人认为此"曰"字之前当有"汤"字，但本书以为不必有"汤"字。这是因为"曰"字之后马上就说"予小子履"，一个"履"字已经告诉人们这是汤所说的话了。"曰"前有没有"汤"字，都可以明白这是汤所说。

予，我。**小子**，汤自谦之称。**履**，汤的名。据《史记·殷本纪》，汤名天乙。可见，履和天乙都是汤的名。**敢**，谦辞，表示冒昧，大着胆子。**玄**，黑色。**牡**，雄性。《说文》："牡，畜父也。"凡大祭，牡用牛，所以这里的牡是公牛。**玄牡**，就是黑色公牛。殷商崇尚的是白色，但这里汤却用黑

色公牛，说明此时汤尚未改变夏礼崇尚黑色的习惯。

昭，明。**皇**，大。**后**，君。**帝**，天帝。皇皇后帝，意思是伟大的天帝。汤说："我小子名履，冒昧地用黑色公牛，大着胆子明明白白告诉伟大的天帝。"《汤诰》中说："敢用玄牡，敢昭告于上天神后，请罪有夏。"

有罪，有罪过的人。**赦**，赦免，宽恕罪过。有罪不敢赦，意思是不敢赦免有罪过的人。《汤诰》说："肆台（yí）小子将天命明威，不敢赦。"意思是，因此我小子执行天命的明确威严，不敢赦免有罪的人。有罪的人，指夏桀。

帝臣，天帝之臣，指夏桀。桀是天子，天子要服事天帝，因此天子是天帝的臣。**蔽**，遮蔽，掩饰。**简**，阅，看到。夏桀的罪恶我不掩饰，他的罪恶看在天帝心里。《汤诰》则不是说夏桀的罪看在天帝心里，而是说善人所做的善事和汤自己的罪过，看在天帝心里。其文为："尔有善，朕弗敢蔽；罪当朕躬，弗敢自赦，惟简在上帝之心。"《汤诰》之所以如此说，是因为《汤诰》发布的对象是人民。

朕，我。古时无论贵贱人等都自称朕，到了秦始皇，朕才成为帝王专用的自称。**躬**，自身。**以**，与，与……有关。**方**，方向。**万方**，指天下人。汤说："我自身有罪过，与天下人无关；天下人有罪，罪在我身。"为什么说天下人有罪，罪在我身呢？这是因为我为天下人之主，我欲善而民善，民作恶，则是我未尽教化之责所致。《汤诰》则说："其尔万方有罪，在予一人。予一人有罪，无以尔万方。"

汤说："我小子名履，冒昧地用黑色公牛，大着胆子明明白白告诉伟大的天帝：不敢赦免有罪过的人。夏桀的罪恶我不掩饰，他的罪恶看在天帝心里。我自身有罪过，与天下人无关；天下人有罪，罪在我身。"

《墨子·兼爱下》说："汤曰：'惟予小子履，敢用玄牡，告于上天后曰：今天大旱，即当朕身履，未知得罪于上下。有善不敢蔽，有罪不敢赦，简在帝心。万方有罪，即当朕身。朕身有罪，无及万方。'"

周有大赉，善人是富。"虽有周亲，不如仁人。百姓有过，在予一人。"

周，周邦。**赉**（lài），赐予。《说文》："赉，赐也。"**善人**，就是下一句所说的"仁人"。周邦受天大赐，富于仁人。

"虽有周亲，不如仁人"和"百姓有过，在予一人"，都是《尚书·泰誓中》周武王的话。文王九年，周文王去世。武王继续使用文王纪年。文王十一年，武王观兵孟津。十三年伐纣。《泰誓》三篇，是文王十一年观兵孟津时所作。对本章中这段话的理解应立足于这个背景。但古人注释中多偏离这个背景，因而理解错误者甚众。其主要的错误在于：把周亲理解为管叔、蔡叔，把仁人理解为微子、箕子。这样的理解使得这段话的背景完全错位了。

周，最，至。"虽有周亲，不如仁人"，意思是纣王虽然有很多至亲，不如周邦有仁人。

予一人，王者自称，指自己。这是一种谦虚的说法，意思是自己的才能也仅仅能当一人使用。"百姓有过，在予一人"，意思是天下众民有罪过，责任在我。

周邦受天大赐，富于善人。武王说："纣王虽然有很多至亲，不如周邦有仁人。天下众民有罪过，责任在我。"

谨权量，审法度，修废官，四方之政行焉。兴灭国，继绝世，举逸民，天下之民归心焉。所重：民、食、丧、祭。宽则得众，信则民任焉，敏则有功，公则说。①

谨，谨慎，慎重，这里的意思是查验使之统一。**权**，本义是秤锤。秤由两部分组成，秤锤叫权，秤杆叫衡。这里只说秤锤，实际上是指代称重的器具。《汉书·律历志》："权者，铢、两、斤、钧、石也，所以称物平施，知轻重也。本起于黄钟之重，一龠容千二百黍，重十二铢，两之为两，二十四铢为两，十六两为斤，三十斤为钧，四钧为石，五权谨矣。"石，古代读 shí，现代读 dàn，一百二十斤为石。**量**（liàng），量器，即测量容积的器具。《汉书·律历志》："量者，龠、合、升、斗、斛也，所以量多少也。本起于黄钟之龠，用度数审其容，以子谷秬黍中者千有二百实其龠，十龠为合，十合为升，十升为斗，十斗为斛，而五量嘉矣。"

谨权量，意思是查验秤和量器使之统一。

审，审定，确定。**法**，律，指音乐的十二律。律，是声之所出。《汉书·律历志》："声者，宫、商、角、徵、羽也。五声之本，生于黄钟之律。"**度**，《汉书·律历志》："度者，分、寸、尺、丈、引也，所以度长短也。本起于黄钟之长，以子谷秬黍中者，一黍之广为一分，十分为寸，十寸为尺，十尺为丈，十丈为引，而五度审矣。"

审法度，意思是审定声律和长度单位使之准确。

修，又写作"脩"，修治。**废官**，废缺的官职。所谓废缺，指有职无官，或有官无职。修废官，意思是修治废缺的官职。

① 皇侃《义疏》本中，"四方之政行焉"作"四方之政矣"，无"信则民任焉"，"说"作"悦"。

四方，天下。四方之政行焉，天下的政务就运行起来了。意思是说，做到以上三点，天下的政务就运行起来了。

兴，兴起，这里的意思是重新建立。**国**，指诸侯国。**灭国**，被灭掉的诸侯国，这里实指被无理灭掉的诸侯国。被无理灭掉的诸侯国应该重新建立，但是那些有罪而被灭的诸侯国不在此列。兴灭国，意思是重新建立被无理灭掉的诸侯国。

继，续。**世**，世代。**绝世**，指贤人被杀，其祭祀断绝。应当找寻到贤人的后人，立为贤人之后，使之接续对贤人的祭祀。继绝世，意思是接续上被杀贤人的世代。

举，推荐，使用。**逸民**，节行超绝的人。节行超绝之人，隐居未仕者，则荐用之。举逸民，意思是荐用节行超绝之人。

归，归附。**归心**，即"心归"，内心归附。天下之民归心焉，天下的人民内心归附。做到了兴、继、举三点，天下的人民就会内心归附。

所，代词，作为前置宾语，指代下边说到的"民、食、丧、祭"。**所重**，重视的是。民为国本，所以应重视民众。食，食物。民无食物则死，所以应重视食物。丧，人有生则必有死，死乃人生大事，所以应重视丧事。祭，是对去世者表达敬意和思念，是在世之人的重要事务，所以应重视祭祀。重视丧事和祭祀，是教民重视恩情。若民重视恩义，则背叛就不会出现。因此，执政者重视丧事和祭祀，可以教化民众。

重视的是：人民、食物、丧事、祭祀。

得，获得。宽则得众，意思是政策宽厚，就可以获得众人拥护。**信**，实，指诚实守信。**任**，承担任务。信则民任，意思是执政者诚实守信，人民就愿意承担任务。**敏**，勤勉。**功**，成绩，成就。敏则有功，意思是勤勉就会有成就。**公**，公正，公平。**说**（yuè），喜悦。这个意义后代写作"悦"。公则说，意思是执政者公平公正，人民就喜悦。

查验秤和量器使之统一，审定声律和长度单位使之准确，修治废缺的官职，那么，天下的政务就运行起来了。重新建立被无理灭掉的诸侯国，接续上被杀贤人的世代，荐用节行超绝之人，那么，天下的人民就会内心归附。重视的是：人民、食物、丧事、祭祀。政策宽厚，就可以获得众人拥护；诚实守信，人民就愿意承担任务；勤勉就会有成就；公平公正，人民就喜悦。

从"谨权量"到"公则说"这段话，古人认为是孔子之言。

2.子张问于孔子曰："何如斯可以从政矣？"子曰："尊五美，屏四恶，斯可以从政矣。"子张曰："何谓五美？"子曰："君子惠而不费，劳而不怨，欲而不贪，泰而不骄，威而不猛。"子张曰："何谓惠而不费？"子曰："因民之所利而利之，斯不亦惠而不费乎？择可劳而劳之，又谁怨？欲仁而得仁，又焉贪？君子无众寡，无小大，无敢慢，斯不亦泰而不骄乎？君子正其衣冠，尊其瞻视，俨然人望而畏之，斯不亦威而不猛乎？"子张曰："何谓四恶？"子曰："不教而杀谓之虐，不戒视成谓之暴，慢令致期谓之贼，犹之与人也，出纳之吝谓之有司。"①

据古人所讲，《论语》在汉代有三个版本：第一个是《鲁论语》，一共二十篇。第二个是《齐论语》，一共二十二篇，多出的两篇是《问王》篇和《知道》篇。第三个是《古论语》，一共二十一篇。它虽然没有《问王》篇

---

① 皇侃《义疏》本中，"子张问于孔子曰"作"子张问政于孔子曰"，"何谓五美"作"何谓五美也"，"择可劳而劳之"作"择其可劳而劳之"，"出纳"作"出内"。

和《知道》篇，但是把《尧曰》篇中的"子张问"以下分出去作为一篇。于是《古论语》中就有两个《子张》篇。在本书所依据的《论语》通行本中，第二个《子张》篇是放在《尧曰》篇中的，就是这一章。

斯，连词，乃，则。子张问孔子："怎样才可以从政？"

尊，尊崇。**屏**（bǐng），除去。**斯**，则，乃。孔子说："尊崇五种美行，除去四种恶行，就可以从政了。"

子张问："五种美行指什么？"

惠，恩惠，这里作动词，给予恩惠。**费**，花费，耗费。惠而不费，意思是给予人民恩惠却不用花费什么。**劳**，辛劳，这里作动词，使辛劳。劳而不怨，意思是使人民辛劳而人民不怨恨。**欲**，欲望。欲而不贪，意思是有欲望却不贪婪。**泰**，舒泰，指态度舒泰。**骄**，骄慢。泰而不骄，意思是态度舒泰却不骄慢。**威**，威风。《左传·襄公三十年》："有威而可畏谓之威。"这里作动词，令人畏惧。**猛**，严厉。威而不猛，意思是令人畏惧却不严厉。

孔子回答说："君子给予人民恩惠却不用花费什么，使人民辛劳而人民不怨恨，有欲望却不贪婪，态度舒泰却不骄慢，令人畏惧却不严厉。"

子张问："惠而不费指什么？"

因，根据，顺应。**所**，代词，作为前置的宾语。**所利**，即"利所"，能得到利益之处。第一个"利"，动词，得到利益。第二个"利"，也是动词，使得到利益。**之**，代词，指人民。因民之所利而利之，意思是顺应人民能得到利益之处而使人民得到利益。例如：居于海边的人民，有鱼盐之利，执政者顺应这种有利条件使人民得到鱼盐之利，而自己并没有花费什么，这就叫"因民之所利而利之"，就是惠而不费。**斯**，此。**亦**，语气词，无实义。顺应人民能得到利益之处而使人民得到利益，这不是给予人民恩惠却不用花费什么吗？

孔子知道子张对于五美均有疑问，于是在回答了什么是惠而不费之后，不待子张发问，就继续解释其他四美。

关于劳而不怨。孔子说："选择可以辛苦人民的事情来辛劳人民，又有谁会怨恨呢？"

关于欲而不贪。**欲**，希望，想要。**焉**，疑问代词，哪里。孔子说："想要得到仁而得到了仁，又哪里会贪求呢？"

关于泰而不骄。**无**，不论。**慢**，怠慢。孔子说："君子待人，不论对方人数众多还是人数很少，势力很小还是势力很大，都不敢怠慢，这不是态度舒泰却不骄慢吗？"

关于威而不猛。**正**，使整齐。**尊**，重视。**瞻**，向前望或向上望，这里的意思是远望。**视**，看，这里的意思近看。尊其瞻视，意思是重视自己远望和近看的仪态。**俨然**，庄重的样子。**畏**，敬畏。孔子说："君子使自己衣冠整齐，注重远望和近看的仪态，一副庄重的样子，他人望见他感到敬畏，这不是令人畏惧却不严厉吗？"

子张又问："四种恶行指什么？"

教，教化。**虐**，凌虐。执政者负有教化人民的责任，教化之后，仍有人犯罪，然后再杀掉犯罪之人。若不予教化，从而使人民犯罪，则予以诛杀，这叫作虐待人民。"不教而杀谓之虐"，意思是不教化就杀戮叫凌虐人民。

戒，告诉，指提出要求。**视**，看。**成**，成就，完成。**暴**，凶恶。"不戒视成谓之暴"，意思是没有提出完成的要求却突然要看到成绩叫作对人民凶恶。

慢，怠慢。**致期**，限定日期。**贼**，残害。"慢令致期谓之贼"，意思是起先命令和缓，却突然限定日期，这叫做贼害人民。

犹，如同。**与人**，给人财物。**出纳**，送出和收入，但这里只有送出的意思而没有收入的意思。**之**，介词，起变主谓结构为词组的作用。出纳吝，是一个主谓结构。加上"之"字，成为"出纳之吝"，就变成了一个词组。**吝**，吝啬，舍不得。**有司**，主管人员。如同给人财物，送出的时候吝啬，这叫主管人员。

子张问孔子："怎样才可以从政？"孔子说："尊崇五种美行，除去四种恶行，就可以从政了。子张问："五种美行指什么？"孔子回答说："君子给予人民恩惠却不用花费什么，使人民辛劳而人民不怨恨，有欲望却不贪婪，态度舒泰却不骄慢，令人畏惧却不严厉。"子张问："给予人民恩惠却不用花费什么指什么？"孔子说："顺应人民能得到利益之处而使人民得到利益，这不是给予人民恩惠却不用花费什么吗？选择可以辛劳人民的事情来辛劳人民，又有谁会怨恨呢？想要得到仁而得到了仁，又哪里会贪求呢？君子待人，不论对方人数众多还是人数很少，势力很小还是势力很大，都不敢怠慢，这不是态度舒泰却不骄慢吗？君子使自己衣冠整齐，注重远望和近看的仪态，一副庄重的样子，他人望见他感到敬畏，这不是令人畏惧却不凶猛吗？"子张又问："四种恶行指什么？"孔子说："不教化就杀戮叫作凌虐人民；没有提出完成的要求却突然要看到成绩叫作对人民凶恶；起先命令和缓，却突然限定日期，这叫作贼害人民。如同给人财物，送出的时候吝啬，这叫主管人员而不叫从政者。"

3.孔子曰："不知命，无以为君子也。不知礼，无以立也。不知言，无以知人也。"

命，天命，命运。古人认为，人的贤愚、吉凶、寿夭、穷通等命运，皆禀天而生，都像是天所命令，所以形象地称为天命。君子懂得天命而不妄动。不知天命者则妄动，妄动则非君子。所以，孔子说："不懂得命运，就没法成为君子。"

礼，是人的立身之本。人若不懂得礼，则不知耳听何处，眼看何处，手足置于何处，也就是无法立身。因此，孔子说："不懂得礼，就没法立身于世间。"

言，人说的话。言为心声，听言，可以知道他人所思。言有是非，听言，则知他人是邪是正。同时，不同的人说话时的表现不同，如《易·系辞传》说："将叛者其辞惭，中心疑者其辞枝，吉人之辞寡，躁人之辞多，诬善之人其辞游，失其守者其辞屈。"通过听他人之言而知道他人所思、知道他人邪正、知道他人内心状态，这些都是智人。因此，孔子说："不懂得他人所说的话，就没法了解这个人。"

孔子说："不懂得命运，就没法成为君子。不懂得礼，就没法立身于世间。不懂得他人所说的话，就没法了解这个人。"

附录

仲尼行状

孔子名丘，字仲尼，春秋末年鲁国人。他生于公元前551年，卒于公元前479年，终年七十三岁。

关于孔子生平的材料，甚为芜杂。从《论语》中，可以看到孔子言行的大概。从《左传》中，可以看到孔子的政治活动。《史记》中有专门一篇《孔子世家》为孔子作传。此外，《国语》《孟子》《荀子》《公羊传》《穀梁传》《礼记》《韩诗外传》《孔子家语》等古籍中，也有一些关于孔子的材料。这些材料，未必都是真实的，需要去伪存真地使用。何为伪、何为真，实际上很难确证。但是因为材料真伪不易判定，就放弃对孔子生平的叙述，则是不可取的。笔者认为，为了叙述孔子生平而使用古籍中的材料，可以遵循一条原则，即这些材料需要在逻辑上合理。只要在逻辑上合理的材料，都可以使用。所谓在逻辑上合理的材料，包括两类：第一，与其他材料之间无根本矛盾；第二，与孔子的思想倾向大体一致。本着这样的原则，本文使用这些材料叙述孔子生平如下：

一、孔子先世

孔子曾自称殷人。《礼记·檀弓上》中，孔子死前曾说："而丘也，殷人也。"[①]司马迁《史记·孔子世家》开篇即说："孔子生鲁昌平乡陬邑。其先宋人也，曰孔防叔。"[②]宋国是殷遗民的诸侯国。因此，孔子的先世是殷人。

《孔子家语》有《本姓解》一篇的"本"字，意思是探本，即追根溯源的意思。本姓，就是追溯孔氏之所出。《本姓解》把孔子的先世追溯到了殷代三仁之一的微子。微子是纣王庶兄，以畿内诸侯身份，进入天子朝廷为纣王卿士。微，是国名；子，是爵位名。

周武王克殷后，把纣王的儿子武庚封到殷商旧都朝歌，使他事奉商汤的祭祀。武王死后，年幼的成王继位。武庚试图恢复殷商的天下，遂与周朝王室中不满意周公的诸侯管叔、蔡叔一起作乱。辅佐成王的周公亲自东征，用了两年时间，平定了这次叛乱，杀了武庚和管叔，流放了蔡叔。于是成王改命微子为殷商之后，封于宋，把殷商后裔迁到宋国。微子就是宋国的第一个君主。

微子死后，其弟仲思为宋君。仲思名衍，或名泄。但他仍以"微"为号，称为"微仲"。微子、微仲虽为宋公，却终生称故国之名"微"。仲衍之后的宋国国君，就不再称"微"了，而开始称"宋公"。仲衍生宋公稽，宋公稽生丁公申，丁公申生湣公共。湣公共的长子叫弗父何，次子叫鲋祀（也叫方祀）。湣公没有将君位传给儿子，而是传给了弟弟熙，也就是炀

---

① ［汉］郑玄注，［唐］孔颖达疏：《礼记正义》（上），上海古籍出版社，2008年，第278页。

② ［汉］司马迁：《史记》（三），中华书局，2011年，第1707页。

围回到防邑进行守卫。

叔梁纥所当的这个陬邑大夫，不是那种有封地的大夫，而是没有封地只有"禄田"的大夫。这种大夫的"禄田"只是俸禄，子孙不能继承。正因为如此，当叔梁纥去世之后，孔子母子即陷于贫苦之中。

这样，自宋微子以来，历十四代而至孔子。

二、孔子出生

孔子之父叔梁纥娶鲁国施氏女，生了九个女儿，却没有生儿子。其妾生了一个儿子，叫孟皮。孟皮字伯尼，有足病，为废人。于是叔梁纥向同在陬邑尼丘山麓的颜家求婚。颜家有三个女儿，最小的女儿名叫徵在，愿意嫁给叔梁纥。于是六十六岁左右的叔梁纥与不满二十岁的颜徵在结婚。他们希望得到一个儿子，就到尼丘山去祈祷。后来果然生了一个儿子，于是给儿子取名为丘，字尼。因为排行第二，故称仲尼。《史记·孔子世家》则认为孔子的取名来自其长相。"生而首上圩顶，故因名曰丘云。"①意思是孔子生来头顶洼陷，形似反宇，周边就像土丘，所以取名为丘。

关于孔子父母的结合和孔子的出生，司马迁在《孔子世家》中说："纥与颜氏女野合而生孔子，祷于尼丘得孔子。"②对于"野合"这个用词，历来考辩甚多。大致有三种看法：其一认为"野合"就是不合礼仪。唐代司马贞《史记索隐》说："今此云'野合'者，盖谓梁纥老而徵在少，非当壮室初笄（jī）之礼，故云野合，谓不合礼仪。故《论语》云'野哉由

---

① ［汉］司马迁：《史记》（三），中华书局，2011年，第1707页。
② 同上。

也'，又'先进于礼乐，野人也'，皆言野者是不合礼耳。"①今人匡亚明也说："古时认为年过六十四岁结婚，就不合礼仪。叔梁纥年近古稀，颜徵在则在妙龄，年龄相差甚大，所以司马迁在《史记·孔子世家》种用含义模糊的'野合'二字描述这种不合礼仪的结合，是寓有隐讽意义的。"②其二认为"野合"乃是古人谓圣人皆感天而生。钱穆说："《史记》称叔梁纥与颜氏女祷于尼丘，野合而生孔子。此因古人谓圣人皆感天而生，犹商代先祖契，周代先祖后稷，皆有感天而生之神话。又如汉高祖母刘媪，尝息大泽之陂，梦与神遇，遂产高祖。所云野合，亦犹如此。"其三认为"野合"就是在野外交合。何新说："《孔子世家》：'纥与颜氏野合而生孔子。'未婚而合故称'野合'。或曰：'交之于四野，桑间濮下也。'"他还说："'野合'，乃上古先民之礼俗。传说伏羲始创婚姻分姓制度。则伏羲以前之俗，皆为野合。此俗流传民间，至秦汉犹未衰。盖贵族君子严婚姻继承之制，民间则仍存乡社（公社）制。《周礼》：'仲春二月会合男女之无夫家者'。此所谓'会合'，实即'野合'。"③

以上解释中，第一种较为合理。野合，就是不合礼仪的结合。

关于孔子出生的时间，古籍中有两种说法。第一种，《公羊传》《穀梁传》认为孔子生于鲁襄公二十一年，即公元前552年。具体的生日，《公羊传》说是十一月庚子，《穀梁传》说是十月庚子。《公羊传》所谓十一月，用的是颛顼历，换算成夏历则是八月。《穀梁传》用的则是周历，而周代的历法比夏历早两个月，因此十月就是夏历的八月。当年夏历八月的

---

① ［汉］司马迁：《史记》（三），中华书局，2011年，第1708页。

② 匡亚明：《孔子评传》，南京大学出版社，1990年，第22页。

③ 何新：《圣：孔子年谱》，中国民主法制出版社，2008年，第5页。

庚子日是二十七日，换算成公历则是九月二十八日。于是，孔子出生时间就是公元前 552 年 9 月 28 日。第二种，《史记·孔子世家》认为孔子生于鲁襄公二十二年，即公元前 551 年。但未提及孔子出生的月日。

孔子究竟生于公元前 552 年还是生于公元前 551 年，两千年来未有材料可以作出定论。本书认为任取一说即可。民国时，政府规定孔子出生于公元前 551 年 9 月 28 日，后人接受了这个说法。因此，这个说法就成了最流行的说法，本书从之。

三、孔子早年

孔子三岁的时候，其父叔梁纥就去世了，葬于防。其母颜徵在带着孔子离开孔家，去到了鲁城（曲阜）的阙里居住。徵在之所以离开孔家，有必要性，也有可能性。其必要性在于，这是为了避开妻妾子女间复杂的家庭矛盾的有效办法。其可能性在于颜氏乃是曲阜大族，徵在去到曲阜找到一个存身之处不是难事。

《孔子世家》说："孔子为儿嬉戏，常陈俎（zǔ，一种礼器，用来放置牲体）豆（盛流体食物的器皿），设礼容。"[1]意思是孔子很小的时候，做游戏时，常常陈列祭祀时所用的器物俎和豆，自己则设定各种场景来行礼。孔子之所以会如此，明代张楷在《孔子圣迹图》中说："盖天植其性不学而能也。"[2]这是一个玄虚的解释。匡亚明的解释则很中肯。他认为："这在现在是不可思议的，但在当时贵族社会十分重视祭祀礼仪的情况下是很自然的。这除了社会耳濡目染的影响外，和颜徵在的家庭教育也是分不开

---

① ［汉］司马迁：《史记》（三），中华书局，2011 年，第 1709 页。

② ［明］张楷：《孔子圣迹图》，安徽人民出版社，2013 年，第 13 页。

的。颜徵在当然希望孔丘能学好这些东西，作为将来回到贵族行列中去的阶梯。"①

一个伟大的人物，在小的时候，常有一位伟大的母亲对他进行教育。历史上不乏这样的例证。孔母颜徵在对孔子的教育即是其中一例。

鲁昭公八年，公元前 534 年，孔子十七岁时，颜徵在去世。孔子却不知道其父墓的确切位置，因此无法将其母与其父合葬。《礼记·檀弓上》说："孔子少孤，不知其墓，殡于五父之衢。人之见之者，皆以为葬也。其慎也，盖殡也。问于郰曼父之母，然后得合葬于防。"②这段话的意思是，孔子年少时就成了孤儿，他不知道其父墓的确切位置，于是就先把其母浅葬于五父之衢。看到这情形的人还以为这就是葬了。这其实是他的慎重，并不是葬。后来他向郰曼父的母亲，打听到了他父亲墓地的确切位置，之后才得以将其母与其父合葬。

孔子何以不知其父墓的确切位置呢？司马迁认为其原因是"母讳之"，却没有说明忌讳什么。汉代郑玄认为："孔子之父郰叔梁纥与颜氏之女徵在野合而生孔子，徵在耻焉，不告。"③唐代司马贞则认为司马迁所说的"母讳之"指的是"孔子少孤，不的知父坟处，非谓不知其茔也。徵在笄年适于梁纥，无几而老死，是少寡，盖以为嫌，不从送葬，故不知坟处，遂不告耳，非讳之也"④。钱穆则解释为："孔子父叔梁纥葬于防，其时孔子年幼，纵或携之送葬，宜乎不知葬处。又古人不墓祭，岁时仅在家祭神主，不特赴墓地。又古人坟墓不封、不树、不堆土、不种树，无可辨认。

① 匡亚明：《孔子评传》，南京大学出版社，1990 年，第 25 页。
② ［汉］郑玄注，［唐］孔颖达疏：《礼记正义》（上），上海古籍出版社，2008 年，第 235 页。
③ 同上。
④ ［汉］司马迁：《史记》（三），中华书局，2011 年，第 1709 页。

孔氏乃士族，家微，更应如此。故孔子当仅知父墓在防，而不知其确切所在。及母卒，孔子欲依礼合葬其父母，乃先浅葬其母于鲁城外五父之衢。"①

后来，孔子向郰曼父之母打听，才得知其父墓的确切位置。郰曼父，《孔子世家》作"郰人輓父"。輓（wǎn），也作"挽"，意思是在前边牵着车辆。由这个称呼可以推测，輓父大概是作为挽车人亲自参加了叔梁纥葬礼的，他是知道叔梁纥墓的确切位置的。因此，輓父之母才能把这一重要信息告诉孔子。

孔子母去世不久，鲁国权臣季氏家宴请士一级的贵族。孔子尚在丧期，他腰间系着麻带子，就去季氏家参加宴会，被季氏家臣阳虎贬退。阳虎说："季氏宴请的是士，不敢宴请你。"孔子因此退了下去。在这一年的十一月，鲁国当权的季武子死，其子季孙意如继承了他的爵位和权力，他就是季平子。

孔子十九岁的时候，娶了宋国的开（jiān）官氏为妻。钱穆认为："云宋开官氏，则亦如孔氏，其家乃自宋徙鲁。"②孔子结婚一年之后，生了一个儿子。恰逢鲁君以捕鱼为乐，孔子以士的身份参与了活动，照例可以得到赏赐。鲁君赐给孔子一条鲤鱼。孔子以得到国君赏赐为荣，因此给儿子取名鲤，字伯鱼。

年轻时的孔子，贫且贱。《孟子·万章下》中，孟子曾说："仕非为贫也，而有时乎为贫。"③意思是士出仕，不是因为贫穷，但有时确实是因为

---

① 钱穆：《孔子传》，生活·读书·新知三联书店，2002 年，第 6 页。

② 同上，第 9 页。

③ ［清］焦循：《孟子正义》，中华书局，2017 年，第 585 页。

贫穷。他举的例子就是孔子。为了生计，孔子曾到季氏家做小吏，当过委吏和乘田。孟子说："孔子尝为委吏矣，曰：'会计当而已矣。'尝为乘田矣，曰：'牛羊茁壮长而已矣。'"①这段话的意思是，孔子曾经当过季氏家管仓库的小吏，他说："出入账目清楚就可以。"还曾当过季氏家管牲畜的小吏，他说："牛羊壮实地长大就可以。"

孔子十五岁时就立志于学问，由此逐渐掌握了参与贵族政治必需的六项技能，即礼、乐、射、御、书、数。礼是政治生活和社会交往的制度与风俗，乐是音乐，射是射箭技术，御是驾车技术，书是书写文字，数是计算技能。孔子对这六项技能都很精通。《论语·八佾》中说到，孔子助祭，进入周公庙，对于庙中的各种器物和设施都要问一问。于是就有人说："孰谓鄹人之子知礼乎？入太庙，每事问。"这句话的意思是：谁说鄹叔梁纥的儿子懂得礼呢？他进了太庙，什么都问。既然什么都问，岂不是证明他不懂礼吗？在这里，用"鄹人之子"这种称呼，说明孔子还很年轻。一句"孰谓鄹人之子知礼乎"，则反证出年轻的孔子已经以知礼闻名了。因此，昭公二十四年，当时的孔子三十四岁，鲁国三家权臣之一的孟僖子将要去世的时候，把自己的家大夫们召到面前，告诉他们，礼是人的主干，没有礼，人就无法立身。他说，自己若死，一定让自己的两个儿子仲孙阅（即南宫敬叔）和仲孙何忌（即孟懿子）师事孔子学礼，因为只有学礼才能使他们安稳地坐在位子上。②这也说明孔子当时以知礼闻名。《礼记·射义》

---

① ［清］焦循:《孟子正义》，中华书局，2017 年，第 586 页。

② 杨伯峻:《春秋左传注》(下)，中华书局，2018 年，第 1126 页。记载孟僖子这段话是在《左传·昭公七年》，而孟僖子说这段话是在昭公二十四年，因为孟僖子卒于昭公二十四年。

中，则提到"孔子射于矍相之圃，盖观者如堵墙"①。说明孔子射箭的技术也是非常高明的。

到三十岁的时候，孔子在"六艺"上已经很精通，所以在《论语·为政》中，孔子在回顾自己人生的时候，曾说："吾十有五而志于学，三十而立。"

孔子从哪里学到了这些技能呢？孔子是通过自学、向人请教和亲身考察而学到了众多的知识和技能。孔子自学的情况，无史料可徵。但是，孔子向人请教和通过亲身观察来学习的情况，在古籍中有几个片段的事例：

例一，观周。

在《孔子家语》中有一篇《观周》，叙述了孔子到东周都城洛阳向人请教和亲身考察的情况。

孔子对南宫敬叔说："吾闻老聃博古知今，通礼乐之原，明道德之归，则吾师也。今将往矣。"于是，南宫敬叔就对鲁昭公说，自己的父亲孟僖子曾嘱咐自己师事孔子。"今孔子将适周，观先王之遗制，考礼乐之所极，斯大业也，君盍以乘资之？臣请与往。"鲁昭公答应了，就给了孔子一辆车，两匹马，一个仆人来驾车。南宫敬叔就和孔子一起去了洛阳。

在洛阳，孔子"问礼于老聃，访乐于苌弘，历郊社之所，考明堂之则，察庙朝之度。于是喟然叹曰：'吾乃今知周公之圣，与周之所以王也。'"

等到离开洛阳的时候，老子来送孔子，说："吾闻富贵者送人以财，仁者送人以言。吾虽不能富贵，而窃仁者之号，请送子以言乎：凡当今之士，聪明深察而近于死者，好讥议人者也；博辩闳达而危其身，好发人之

---

① [汉]郑玄注,[唐]孔颖达疏:《礼记正义》(下),上海古籍出版社,2008年,第2312页。

恶者也。无以有己，为人子者；无以恶己，为人臣者。"孔子说："敬奉教。"①

老子这段话的大意是，我听说富贵的人用财物送别朋友，仁爱的人用言语送别朋友。我虽然不能富贵，却窃据仁者的名声，请让我用言语送别你吧：大概今天的士人，头脑聪明见解深刻善于观察却接近于死亡的人，是那些喜好讥刺非议他人的人；知识广博很有口才见识宽广通晓事理却危害自己的人，是那些喜好揭发他人过恶的人。不应把身体看作属于自己的人，是做人子的人；不应厌恶自己的人，是做人臣的人。②孔子听了老子的这些话，说道：恭敬地接受您的教诲。

在孔子观周这件事中，包含有孔子两方面的活动：其一，亲身考察了洛阳的郊社、明堂、庙朝等。其二，向老子问礼，向苌弘学乐，而且得到了老子关于人生的赠言。

例二，学琴。

学琴，指的是孔子向师襄学习如何弹琴。师襄，就是《论语·微子》中的"击磬襄"。《孔子家语·辨乐解》中师襄曾说："吾虽以击磬为官，然能于琴。"这说明，鲁国乐师击磬襄就是教授孔子弹琴的师襄。而《史记·孔子世家》却误把孔子向师襄学琴这件事记在孔子在卫时期，因而让人产生误解，似乎师襄是卫国乐师。

根据《世家》，孔子向师襄学琴的具体情况如下：

"孔子学鼓琴于师襄子，十日不进。师襄子曰：'可以益矣。'孔子曰：

---

① ［三国魏］王肃注，［日］太宰纯补注：《孔子家语》，上海古籍出版社，2019 年，第 82~83 页。

② 人臣对君主，言听则仕，不听则退，不因为君主不听从自己就厌恶自己。这是先秦时代君臣关系的应有之义，那种强调臣绝对忠君的思想，在先秦时代是没有的。

'丘已习其曲矣，未得其数也。'有间，曰：'已习其数，可以益矣。'孔子曰：'丘未得其志也。'有间，曰：'已习其志，可以益矣。'孔子曰：'丘未得其人也。'有间，有所穆然深思焉，有所怡然高望而远志焉。曰：'丘得其为人，黯然而黑，几（qí，同"颀"）然而长，眼如望羊，如王四国，非文王其谁能为此也！'师襄子避席再拜，曰：'师盖云《文王操》也。'"①

《世家》中这段记载的意思是，孔子向师襄学弹琴，十天不向前推进。师襄说："您可以增加学习内容了。"孔子说："我已经熟悉了曲子，但是没有掌握规律。"过了一会儿，师襄说："您已经掌握了规律，可以增加内容了。"孔子说："我还没有感受到这曲子的意思。"过了一会儿，师襄说："您已经熟悉了这曲子的意思，可以增加内容了。"孔子说："我还没有体会出做这曲子的那个人是什么样子。"过了一会儿，孔子显现出严肃深思的样子，显现出喜悦地站在高处远望的样子，说道："我体会出他作为人的样子了，他长得黑黑的、高高的，眼睛看向远方，像是做天下的王，如果不是文王，难道有谁能做到这些呢！"师襄离开座位，向孔子拜了两拜，说："乐师们都说这是《文王操》啊。"

例三，问官。

问官，指的是孔子向郯子询问官制。郯是子爵之国，位于鲁国东南方，属于鲁的附庸。昭公十七年（公元前 525 年），孔子二十七岁的时候，郯子来朝见鲁君。鲁君给他举办了宴会。在宴会上，鲁国三家权臣之一的叔孙昭子问郯子："少皞氏为什么以鸟名来命名官职？"少皞氏是郯的先祖，所

---

① [汉]司马迁：《史记》（三），中华书局，2011 年，第 1723~1724 页。

以叔孙昭子才有此问。郯子作了回答。孔子听说了这件事，就去见郯子，向他学习官名的沿革。后来孔子对人说："吾闻之，'天子失官，官学在四夷。'犹信。"①这里的"夷"不是指夷狄野蛮人，而是指远方。孔子向郯子学习了官制的沿革之后，很是感叹，认为周、鲁衰败，典章阙坏，而郯子作为远方小国之君，却知道前古官名的沿革。因此他说："我听人说，'天子那里没有了主管这类事务的官员，这类事务的学问还保存在远方的国家。'这话确实对啊。"

例四，观礼。

观礼，指季札葬子时，孔子去观礼。《礼记·檀弓下》记载：昭公二十七年，"延陵季子适齐，于其反也，其长子死，葬于嬴、博之间。孔子曰：'延陵季子，吴之习于礼者也。'往而观其葬焉"②。这段话说的是，当时的著名君子吴公子季札出使齐国，在返回吴国的路上，其子去世，将葬在齐国境内的嬴、博之间（今山东泰山附近）。孔子听说了这件事，就说："季札是吴国习礼的人。"于是就去观看葬礼。可见，孔子是很善于通过亲身观察来学习的。

孔子早年，除了以上所述，另有一件不很明显却很重要的事情——教育。孔子是什么时候开始从事教育的，历来有不同的说法。比较让人信服的说法是三十岁左右。李长之说："就在孔子三十岁左右吧，他有了第一批弟子。其中包括孔子后来的著名弟子颜渊的父亲颜路、曾参的父亲曾点。"③钱穆也说："孔子年过三十，殆即退出仕途，在家授徒设教，至是

---

① 杨伯峻：《春秋左传注》（下），中华书局，2018年，第1206~1209页。

② [汉]郑玄注，[唐]孔颖达疏：《礼记正义》（上），上海古籍出版社，2008年，第423页。

③ 李长之：《孔子的故事》，北京出版社，2002年，第16页。

孔子乃成为一教育家。"①尽管无法确定孔子开始从事教育事业的具体时间，但是可以肯定的是，在他正式在鲁国出仕之前的早年间就已经开始了教育活动。这有两个证据：

第一个证据是孟僖子的遗嘱。前边说过，昭公二十四年，孔子三十四岁的时候，孟僖子去世。在去世之前，孟僖子决定让自己的两个儿子孟懿子和南宫敬叔师从孔子学礼。孟懿子和南宫敬叔大概是孪生兄弟，此时他们只有十三岁。孟僖子死后，二人就师事仲尼，成了孔子的学生。

第二个证据是孔子观周之后回到鲁国，弟子多了起来。《史记·孔子世家》在记述了老子对孔子的赠言后，说："孔子自周反于鲁，弟子稍益进焉。"②这句话隐含着在孔子去洛阳之前，弟子不是很多。尽管不是很多，但是是有弟子的。

孔子的学生中，尽管也有贵族子弟，但其主体是士阶层的人。在历史上，孔子是第一个把由贵族垄断的文化教育普及给一般人的人，也是学移民间的划时代的标志。

孔子早年还有两件事应予叙述：

其一，孔子曾经到过郑国。昭公二十年（公元前 522 年），孔子三十岁，曾去过郑国，与郑国执政子产相善。《史记·郑世家》记载说："孔子尝过郑，与子产如兄弟云。及闻子产死，孔子为泣曰：'古之遗爱也！'"司马迁的这个记述来自《左传·昭公二十年》："及子产卒，仲尼闻之，出涕曰：'古之遗爱也。'"③孔子到郑与子产之卒在同一年。

---

① 钱穆：《孔子传》，生活·读书·新知三联书店，2002 年，第 12 页。
② ［汉］司马迁：《史记》（三），中华书局，2011 年，第 1711 页。
③ 杨伯峻：《春秋左传注》（下），中华书局，2018 年，第 1240 页。

其二，齐景公曾向孔子求教过问题。《史记·孔子世家》记载："鲁昭公之二十年，而孔子盖年三十矣。齐景公与晏婴来适鲁，景公问孔子曰：'昔秦穆公国小处僻，其霸何也？'对曰：'秦，国虽小，其志大；处虽僻，行中正。身举五羖，爵之大夫，起缧绁之中，与语三日，授之以政。以此取之，虽王可也，其霸小矣。'景公说。"[①]

四、孔子适齐

在鲁国历史上，鲁桓公死后，其嫡长子公子同继位，是为鲁庄公。桓公次子庆父、三子叔牙、四子季友的后人后来成为三大氏族，分别称为仲孙氏、叔孙氏、季孙氏。仲孙氏原是庶出，后来主动表示不敢与嫡出的叔孙和季孙并肩，故而改称孟孙氏。这样，孟孙氏、叔孙氏和季孙氏三家氏族世代掌握鲁国大权，世代担任大司徒、大司马、大司空三卿。其中，由孟孙氏世袭大司空，叔孙氏世袭大司马，季孙氏世袭大司徒。权力最大的是大司徒季孙氏。因为三家都是鲁桓公的后人，所以被称为"三桓"。三桓之中，季孙氏势力最大。

鲁君和三桓，构成了鲁国长期不变的政治权力格局。在这个格局中，以鲁侯为代表的公室衰微和没落，以三桓为代表的世卿则专横和僭越。如《左传·昭公二十五年》记载："将禘于襄公，万者二人，其众万于季氏。"[②]万是舞名，包括文舞和武舞。文舞手持籥和翟，所以也叫籥舞和羽舞。武舞手持干和戚，所以也叫干舞。万舞也用于宗庙祭祀。昭公二十五年，鲁昭公要祭祀祖庙，包括五庙和其父襄公的祢庙，应当使用六佾共三十六人，

---

① ［汉］司马迁：《史记》（三），中华书局，2011 年，第 1711 页。

② 杨伯峻：《春秋左传注》（下），中华书局，2018 年，第 1275 页。

但是可以用的只有二人，万舞不足。不足的原因是季氏家也有祭祀，季氏家把多数舞者都召去了。季氏不仅召走了多数舞者，使得昭公祭祀的万舞人数严重不足，而且季氏家举行祭祀时，还使用八佾舞。《论语·八佾》说："孔子谓季氏：'八佾舞于庭，是可忍也，孰不可忍也?'"八佾舞乃是天子的乐舞，季氏作为诸侯之下的大夫，连六佾舞也不可使用，他只能使用四佾舞，但他却使用了八佾舞。在撤祭的时候还歌《雍》。《雍》是天子专用的撤祭乐歌。而三家在自家祖庙祭祀结束的时候，竟然也歌《雍》撤祭，所以孔子讥讽道："'相维辟公，天子穆穆'，奚取于三家之堂?"意思是，《雍》诗中说："来助祭的是诸侯和二王之后，周天子恭敬肃穆。"诸侯、二王之后、周天子，在三桓家庙的堂上有哪一个呢?"

在当时的鲁国，不仅有三桓对鲁侯的轻视和僭越，还有三桓家臣对三桓的反叛。在昭公十二年（公元前530年）孔子二十二岁时，季氏的家臣南蒯占据费（bì，也写作"鄪"，鲁国邑名，是季氏的采邑）邑反叛季氏，直到两年后费人驱逐了南蒯，季氏才算平定了南蒯叛变。这样看来，在当时的鲁国，政治是很混乱的。

孔子十七岁那一年，季武子去世，其子季平子继承其政治权位，继续掌握鲁国大权。昭公二十五年（公元前517年），孔子三十五岁。这一年，在鲁国发生了斗鸡之变。季氏与郈（hòu）昭伯斗鸡。双方下了赌注，要争个胜负。为了取胜，双方都很不诚实。季氏的鸡翅膀中撒了芥末以迷住对方鸡的眼睛，而郈家的鸡爪子上安装了锋利的金属薄片。两鸡相斗的结果，季氏的鸡失败。季平子很是恼怒，强行侵占了郈家的房屋，而且责备郈家斗鸡时不诚实。郈昭伯怨恨季平子，于是郈、季交恶。

鲁昭公要除去季平子，就联络了郈昭伯，郈昭伯怂恿昭公行动。昭公趁着叔孙氏离开鲁城去到封邑期间攻伐季平子。季平子请求带着五辆车出亡他国，昭公近臣子家子力劝昭公答应，但昭公不许。郈昭伯则怂恿昭公一定要杀掉季平子。鲁昭公就派遣郈昭伯去迎接孟孙氏的当家人、年仅十四岁的孟懿子来帮助自己。

在叔孙氏不在鲁城的情况下，叔孙氏下属官员小司马鬷（zōng）戾问叔孙家众人，面对眼前的这件事，该怎么办？众人没有给予回答。鬷戾说："我只是一个家臣，不敢考虑国事。现在最概括地说，季氏的存在和灭亡，哪一种情况对我们有利？"众人回答说："没有季氏，就是没有叔孙氏。"鬷戾就说："那么就去救他！"

于是，鬷戾率领叔孙氏家的军队攻陷了季氏家的西北角进入季氏家，而昭公的军队却无战心，解开铠甲捧着箭筒盖子蹲在地上在喝水。叔孙家的军队就把昭公的军队赶跑了。

孟氏之家在季氏东南，孟氏所派的人向西北角方向眺望以探看形势。发现了叔孙氏的旌旗，就告诉了孟懿子。孟懿子抓捕并杀掉了前来联络自己的郈昭伯，表示与鲁昭公决绝。他率领着自己的军队进攻鲁昭公的军队。

鲁昭公见大势已去，就和臧孙氏去到先君墓地哭了一场，辞别先君逃往齐国去了。[1]鲁昭公请求齐景公庇护自己，齐景公于当年年底围鲁国的郓城（今山东郓城东），第二年年初打下郓城，让昭公居住。[2]

昭公出奔，鲁侯之位空阙，鲁国陷入内乱。在鲁国政治混乱的情况下，孔子离开鲁国去到了齐国。这一年是昭公二十五年（公元前517年），孔子三十五岁。

---

[1]　杨伯峻：《春秋左传注》（下），中华书局，2018年，1275~1278页。

[2]　同上，第1282页。

孔子之所以要去齐国，与鲁昭公毫无关系。也就是说，孔子不是因为要追随鲁昭公、为表达自己对昭公的忠诚才去了齐国的。这有多种证据：第一，当时根本没有忠臣观念，否则后来的孔子也不会周游列国了。第二，孔子从来没有去过鲁昭公所居住的郓城。第三，《左传》中叙述斗鸡之变和昭公出奔，根本与孔子无关。第四，当时的孔子地位很低，政治上的事变根本不会使他处于不得不离开鲁国的境地。

孔子适齐，一方面是出于孔子对鲁国内政混乱不满，另一方面是出于孔子自身的原因。第一，齐景公时代，齐国强盛，孔子想去那里做一番事业。第二，在此之前，孔子曾与齐景公有过一面之交。

《史记·孔子世家》说："孔子适齐，为高昭子家臣，欲以通乎景公。"①当时的齐国，有三大权臣：高氏、国氏和陈氏。孔子初到齐国，并不能马上见到齐景公，而是先做了高氏的家臣，然后通过高氏才见到了齐景公。

孔子在齐期间，主要有如下数事：

其一，在齐闻《韶》。

《论语·述而》记载："子在齐闻《韶》，三月不知肉味。曰：'不图为乐之至于斯也。'"意思是，孔子在齐国，听到《韶》乐，好几个月都感知不到肉味。说："没有想到享受音乐会达到这种程度。"

其二，景公问政。

《论语·颜渊》记载："齐景公问政于孔子。孔子对曰：'君君，臣臣，父父，子子。'公曰：'善哉！信如君不君，臣不臣，父不父，子不子，虽有粟，吾得而食诸？'"这段话的意思是，齐景公向孔子问政。孔子回答说：

---

① ［汉］司马迁：《史记》(三)，中华书局，2011年，第1712页。

"君要像君，臣要像臣，父要像父，子要像子。"齐景公说："您说的话真
是对啊！如果确实是君不像君，臣不像臣，父不像父，子不像子，那么，
即使有粮食，我能吃得到它吗？"另据《史记·孔子世家》记载，景公在这
次问政之后，又有一次问政："他日又复问政于孔子，孔子曰：'政在节
财。'"①齐景公对孔子的回答很满意，内心也很愉快。

其三，晏婴沮封。

两次问政后，齐景公心中高兴。打算把尼谿地方的田地封给孔子，却
被晏婴劝阻了。晏婴认为孔子那一套说法和做法是不可以拿来引导齐国人
民的。于是，景公后来再见到孔子时，就不再问政和问礼了，只剩下表面
上的尊敬。

其四，快速离齐。

据《论语·微子》记载："齐景公待孔子，曰：'若季氏，则吾不能，
以季、孟之间待之。'曰：'吾老矣，不能用也。'孔子行。"一个"待之"，
说明齐景公这话不是对孔子当面说的，而是在与他人谈话时说的。但是，
在《史记·孔子世家》中，却记载为齐景公当面对孔子说了这样的话。《世
家》说："异日，景公止孔子曰：'奉子以季氏，吾不能。'以季孟之间待
之。齐大夫欲害孔子，孔子闻之。景公曰：'吾老矣，弗能用也。'孔子遂
行，反乎鲁。"②《世家》中这一个"止"字，说明景公知道孔子打算离开
齐国，因而进行了挽留。挽留的方法是给孔子一个像鲁国季孙氏的地位和
孟孙氏的地位之间的一个地位。但是因为齐国大夫欲害孔子，孔子自己也
听说了这件事，齐景公自然也是知道大夫们的阴谋的。为了使孔子能安全

---

① ［汉］司马迁：《史记》（三），中华书局，2011 年，第 1712 页。

② 同上。

离开，齐景公放弃了对孔子的挽留，而是直接说自己不能用孔子了。

孔子身处险境，只好快速离齐。《孟子·万章下》说："孔子之去齐，接淅而行。"①接，提起。淅，指的是用水淘过的米。虽然米已经淘过了，但孔子来不及做饭，就提起这淘过的米赶快离开了。这一年，是鲁昭公二十七年（公元前 515 年），孔子三十七岁。

孔子三十五岁到齐国，三十七岁离开齐国，前后在齐约三年。

五、孔子在鲁

孔子回到鲁国后，鲁君的位置依然在空阙着。昭公二十八年（公元前 514年），鲁昭公欲入晋求援，但是被晋国六卿拒绝，于是困居于晋国边邑乾侯（在今河北成安县）。因为得不到晋公的接见，昭公于次年春天失望地从乾侯回到郓城，却受到齐景公的侮辱。《左传·昭公二十九年》记载："二十九年春，公至自乾侯，处于郓。齐侯使高张来唁公，称主君。子家子曰：'齐卑君矣，君祇辱焉。'公如乾侯。"②这段记载说，昭公从乾侯回到郓城，齐侯派了高偃之子高张来安慰昭公未被晋侯接见，称昭公为主君。在春秋时，称卿大夫为主君。现在齐侯称昭公为主君，就等于把昭公看作卿大夫，这是对昭公的侮辱。于是，昭公怒而去到乾侯。昭公三十二年（公元前 510 年）年底，昭公死于乾侯。次年六月，鲁国将昭公的灵柩接回。当月，季平子立昭公之弟宋为鲁君，这就是鲁定公。随后，季平子将昭公葬在鲁国群公墓之南稍远的地方。这是季平子泄私愤的做法。他本来还要在群公墓与昭公墓之间挖沟的，被鲁国大夫容驾鹅劝止。容驾鹅说：

---

① ［清］焦循：《孟子正义》，中华书局，2017 年，第 556 页。
② 杨伯峻：《春秋左传注》(下)，中华书局，2018 年，第 1308~1309 页。

"昭公活着的时候，您不能侍奉他；他死了之后，您又要挖沟使他与群公相远离，您这是要彰明自己的过恶吗？日后一定会有以此为耻的人。"季平子还要给昭公谥号，以便让后人知道昭公之恶，也被容驾鹅劝止。容驾鹅说："昭公活着，您不能侍奉，他死了，您又厌恶他，您这是要用这种办法表明自己对昭公的厌恶吗？怎能给谥号呢？"经过容驾鹅的劝说，季平子最终只是把昭公葬在群公墓之南稍远一些的地方，既没有挖沟，也没有给谥。到后来，孔子做鲁国小司空时，挖了一道沟把昭公墓和群公墓圈在了一起，既表达了臣不得贬君这样的意思，也算是帮季平子隐藏了对昭公犯下的罪过。①

从此，鲁国开始了定公时期。定公元年是公元前 509 年，这一年孔子四十三岁。

定公五年夏天，季平子卒，其子季孙斯继承其位置，他就是季桓子。当时的鲁国政治仍然很混乱，这体现在两件事上：

第一，阳虎之乱。

昭公出奔在外期间，季平子执行鲁君的职务，佩戴着鲁君的宝玉叫璵璠（yú fán），行走着国君的步子，祭祀着国君的宗庙。定公五年夏六月，当季平子死的时候，阳虎想以这个宝玉给平子敛尸，但季氏的另一个家臣仲梁怀不给。仲梁怀认为，现在定公已立，季平子应该恢复到臣的位置上去，不当再用璵璠。阳虎就想驱逐仲梁怀，他把自己的想法告诉了季氏采邑费邑之宰公山不狃（即公山弗扰）。公山不狃说："仲梁怀是为我们的家君季平子着想的，他只是不想让季平子僭越而已。你为何对此有怨恨呢？"

---

① 杨伯峻：《春秋左传注》（下），中华书局，2018 年，第 1333~1334 页。

埋葬了季平子之后，季桓子去鲁国东部巡行视察，到了自己的采邑费邑。公山不狃作为费邑宰，到郊外迎接和慰劳，季桓子对公山不狃很尊敬。公山不狃慰劳跟随季桓子的仲梁怀时，仲梁怀对公山不狃很不敬。公山不狃怒，对阳虎说："你还驱逐仲梁怀吗？"意思是可以驱逐仲梁怀了。①

阳虎要驱逐仲梁怀，却担心季桓子及其堂弟公父文伯不答应，于是就囚禁了季桓子和公父文伯，从而驱逐了仲梁怀。后来还把公父文伯驱逐到了齐国。②

定公六年，定公攻取了郑国的匡邑。鲁国出兵的时候，并没有借道卫国，但回师的时候却从卫国都城经过。阳虎强迫季孙和孟孙从卫都南门进、东门出。这足见当时的阳虎权势之嚣张。这就是《论语·季氏》中说的"陪臣执国命"。鲁军的这一行动，惹得卫君大怒，亏得卫国老臣公叔文子劝谏，卫君才没有派兵追赶鲁军。③

定公七年，齐国归还了侵占的鲁国地盘郓城和阳关（今山东泰安东南），阳虎竟然自己将这两个地方据为己有，凭借这两个地方来行鲁国之政。④

在季孙氏家，季平子的儿子也就是季桓子的弟弟季寤，季氏的族人公鉏（chú），以及公山不狃都不得志于季平子。在叔孙氏家，叔孙氏的庶子叔孙辄不被叔孙氏宠爱。叔仲志在鲁国也不得志。于是，这五个人就把阳虎当作依靠。阳虎打算除去三桓，让季寤代替季孙家的当权者季桓子，叔孙辄代替叔孙家的当权者叔孙武叔，自己则代替孟孙家的当权者孟懿子。

① 杨伯峻：《春秋左传注》（下），中华书局，2018 年，第 1354~1355 页。
② 同上，第 1357 页。
③ 同上，第 1359~1360 页。
④ 同上，第 1363 页。

定公八年冬，阳虎打算借着在鲁城东门外的蒲圃宴请季桓子的机会杀掉季桓子。于是他命令都邑的兵车准备整齐，打算杀掉季桓子之后就率领这些兵车进攻孟孙和叔孙二家。不料事败，孟孙的家臣公敛处父打败了阳虎。阳虎就进入定公的宫室，盗走了鲁君的宝玉和大弓，逃到讙（huān，今山东宁阳西北）、阳关。这些事发生在定公八年。[①]定公九年，鲁君讨伐阳关，阳虎奔齐，请齐伐鲁。齐侯不仅没有听从，反而逮捕了阳虎。阳虎脱逃之后，奔宋，接着又逃到晋国，投奔了赵简子。当时孔子说："赵氏其世有乱乎！"[②]意思是，善于作乱的阳虎投奔赵简子，那么赵简子在世的时候，大概就会出现内乱。但实际上，因为赵简子驾驭家臣有方，阳虎自始至终不敢作乱，而是老老实实地为赵简子服务。可见，孔子也有预测不中的时候。

阳虎奔齐的这一年，孔子五十岁。

在阳虎专擅鲁政时期，阳虎与孔子之间曾发生过一件有趣的事情。据《论语·阳货》记载："阳货欲见孔子，孔子不见，归孔子豚。孔子时其亡也，而往拜之。遇诸涂。谓孔子曰：'来！予与尔言。'曰：'怀其宝而迷其邦，可谓仁乎？'曰：'不可。''好从事而亟（qì）失时，可谓知乎？'曰：'不可。''日月逝矣，岁不我与。'孔子曰：'诺，吾将仕矣。'"这段话中的"阳货"就是阳虎。这段话的意思是，阳货想让孔子来见自己，孔子不去见他，阳货就赠给孔子一只蒸熟的小猪。孔子伺其不在家的时候，去拜谢他。在路上与阳货相遇。阳货对孔子说："过来！我和你说。""怀藏着治国之道却使他的邦国迷乱，可以称为仁吗？""不可以。""喜欢参

---

① 杨伯峻：《春秋左传注》（下），中华书局，2018 年，第 1369~1371 页。

② 同上，第 1374~1375 页。

与政治事务却屡次失去机会，可以称为智吗？""不可以。""时间流逝了，光阴不和我们在一起。"孔子说："好的。我将出来做官了。"

第二，公山不狃谋逆。

定公八年，就在阳虎叛乱的时候，在季氏那里不得志的公山不狃也在费邑暗中谋逆。公山不狃还想召请孔子去帮助自己。《论语·阳货》记载："公山弗扰以费畔，召，子欲往。子路不说，曰：'末之也已，何必公山氏之之也？'子曰：'夫召我者，而岂徒哉！如有用我者，吾其为东周乎？'"这段话的意思是，公山弗扰凭着费邑背叛季氏，派人来召孔子，孔子想要前去。子路不高兴，说："没有地方去就算了，为何一定要去公山氏那里呢？"孔子说："他召我，难道是徒然的吗？若有用我者，我希望能使周道兴于东方。"

从以上阳虎专政、叛乱和公山不狃暗中谋逆看，鲁国的政治仍很混乱，因此孔子从齐国回鲁后，一直不愿出仕。孔子从三十七岁到五十一岁这十四年间，是他在鲁不仕时期。当时曾有人问他为什么不出仕，孔子回答说："《书》云：'孝乎惟孝，友于兄弟，施于有政。'是亦为政，奚其为为政？"意思是，《尚书》中说："在家做到了孝和友，就能施政于邦国。"孝和友也是为政，什么才是为政呢？孔子不仕，有难以对人讲的原因，因此托孝友亦是为政而告或人。同时，孝友亦是为政，本身也是一个至理。

对于这个时期，《世家》说："是以鲁自大夫以下皆僭离于正道。故孔子不仕，退而修诗书礼乐，弟子弥众，至自远方，莫不受业焉。"[①]

---

① [汉]司马迁：《史记》(三)，中华书局，2011年，第1715页。

六、孔子仕鲁

定公九年（公元前 501 年），孔子五十一岁的时候，开始在鲁国出仕。之所以这个时候出仕，有两方面原因：第一，鲁国的当权者增加了对孔子的信赖。鲁定公和季桓子看到，阳虎拉拢孔子，孔子拒绝了；公山弗扰拉拢孔子，孔子最终也没有去。这两件事使得鲁定公和季桓子看到，孔子对鲁国的当权者是拥护的。第二，鲁国国内政治安定了一些。最能闹腾的阳虎出逃到国外去了，公山弗扰虽然据费谋逆，但费邑只是一个小地方，公山弗扰在那里也暂时没能搞出大动静。

在这种情况下，鲁定公任命孔子为中都宰。中都，是鲁君的采邑，故城在今山东济宁汶上县西。邑之所以能称为"都"，是因为那里有先君之庙。《左传·庄公二十八年》说："凡邑，有宗庙先君之主曰都，无曰邑。"①中都宰，是鲁君的臣，而不是卿大夫的家臣。

孔子在中都宰任上一年时间，成绩斐然。《史记·孔子世家》说："四方皆则之。"②而《孔子家语·相鲁》说的更为详细："孔子初仕，为中都宰，制为养生送死之节。长幼异食，强弱异任，男女别途，路无拾遗，器不彫伪。为四寸之棺、五寸之椁，因丘陵为坟，不封不树。行之一年，而西方之诸侯则焉。"③《世家》用"四方"，《家语》用"西方"，都说得通。

鲁定公问孔子："照着你的这些方法来治理鲁国，怎么样？"孔子回答

---

① 杨伯峻：《春秋左传注》（上），中华书局，2018 年，第 205 页。

② ［汉］司马迁：《史记》（三），中华书局，2011 年，第 1715 页。

③ ［三国魏］王肃注，［日］太宰纯补注：《孔子家语》，上海古籍出版社，2019 年，第 1 页。

说："即使治理天下都是可以的，何止是鲁国呢！"于是，第二年，鲁定公就任命孔子为小司空。①小司空，是大司空属下官员，而鲁国的大司空是由孟孙氏世袭的。小司空虽在大司空之下，但无论是大司空还是小司空，也都是鲁国的官职，不是家臣。在小司空任上，孔子"乃别五土之性，而物各得其所生之宜，咸得厥所"②。

先时，季孙氏把鲁昭公葬在鲁国群公墓之南，使之不得接近群公。此时，孔子命人挖沟将昭公墓与群公墓圈在了一起。他对季桓子说："贬君以彰己罪，非礼也。今合之，所以掩夫子之不臣。"③

很快，孔子由小司空升任大司寇。这一年是定公十年，孔子五十二岁。

孔子做大司寇听断狱讼，有一个最高目标，就是没有狱讼。《论语·颜渊》中记载孔子说："听讼，吾犹人也。必也，使无讼乎！"意思是，断案，我如同他人。一定要使得没有诉讼才好！怎样才能达到"无讼"？只有通过导民以德和齐民以礼这样的教化手段，使人民内心没有了作恶的念头，自然就没有了狱讼，那就不需要审理案件了。

即使是听讼，孔子的办法也与众不同。《孔子家语·好生》说："孔子为鲁司寇，断狱讼，皆进众议者而问之，曰：'子以为奚若？某以为奚若？'皆曰云云，如是然后夫子曰：'当从某子，几是。'"④意思是，孔子做鲁国的大司寇，审理案件时，都是请来众多的议论者进行询问，说："你认为怎么做？他认为怎么做？"大家都说出自己的见解，这样，孔子最后说："应当按照某人的意见办，因为他的意见接近正确。"

---

① ［三国魏］王肃注，［日］太宰纯补注：《孔子家语》，上海古籍出版社，2019年，第1页。

② 同上。

③ 同上。

④ 同上，第73页。

孔子终于升入了鲁君的朝堂。但是，他仍保持着谦恭的礼容。《论语·乡党》中说："孔子于乡党，恂恂如也，似不能言者。其在宗庙朝廷，便便言，唯谨尔。朝，与下大夫言，侃侃如也；与上大夫言，訚訚如也。君在，踧踖如也，与与如也。"意思是，孔子在乡亲们中间，是温恭的样子，好像没有能力说话。他在宗庙中和朝廷上，说话流利，只是谨慎而已。在朝见君主时，与下大夫说话，是和乐的样子；与上大夫说话，是中正的样子。君出视朝时，孔子是恭谨不安的样子，动作则是徐徐的样子。

孔子担任大司寇期间，主要有以下数事：

第一，夹谷会。

此事发生在定公十年（公元前 500 年），孔子五十二岁。这一年春天，齐鲁两国讲和。这一年夏天，鲁定公和齐景公在夹谷会见。夹谷，有三个，夹谷会的"夹谷"是其中之一，位于今山东莱芜的夹谷峪。"夹谷"，在《公羊传》和《榖梁传》中写作"颊谷"。夹谷会上，孔子担任鲁定公的相，即赞礼者。齐国大夫黎弥（《史记·齐世家》作"黎鉏"）对齐景公说："孔丘知礼但是无勇。如果我们让莱人以武器劫持鲁侯，我们的目的一定可以达到。"齐景公就听从了。而孔子请定公退走，说："战士们，来攻击莱人！两君友好会见，而夷狄俘虏们却要以武力来搅乱。这不是齐君拿来命令诸侯的手段。华夏之外的地方不可以图谋华夏，华夏之外的夷狄不可以扰乱华夏，作为齐国俘虏的莱人不可干犯两国之盟，军队不可以对两君的盟好进行威逼，否则在神那里是不吉祥的，在道德上丧失了义，就人来说则为失礼，齐侯一定不会这样做。"齐侯听了孔子的这些话，马上让莱兵离开了。

将要杀牲歃血在神前盟誓的时候，齐国又要求在盟约中写上："齐军出境作战而鲁国不以甲车三百辆跟从的话，有如这歃血！"这个新条款是齐国单方面要求载入盟书的。鲁国作为小国、弱国，不可能向齐国提出同样的要求，于是孔子退而求其次，要求齐国返还从鲁国侵占的汶阳之田，否则也无法答应齐国的命令。

齐景公将要宴请鲁定公。在那个形势下，鲁君在夹谷多停留一刻，就多增加一分危险。为了达到尽快离开夹谷的目的，孔子以不合礼为由，使得齐国取消了宴会。他对齐国大夫梁丘据说："两君盟会的事情已经结束了，却又要举行宴请，这是让下边办事的人劳苦。而且牺尊、象尊这样的酒器，是不能出国门的，钟、磬这样的乐器也是不可在野外演奏的。在此夹谷举行宴请，牺尊、象尊都具备，就放弃了牺尊、象尊不出国门的礼，等于弃礼。如果牺尊、象尊不具备，那就像秕稗一样秽薄。用秕稗，是国君受辱；弃礼，则名声难听。你何不谋划一下这件事！宴请，是用来彰显德的。宴请却不能彰显德，还不如不宴请。"最终，齐景公宴请鲁定公之事真的就作罢了。①

夹谷会后，齐国归还了鲁国的郓、讙和龟阴之田。

《公羊传》说："孔子行乎季孙，三月不违。"②这说明在这个时期，孔子与三桓之间的关系是很融洽的。

第二，堕三都。

---

① 以上关于夹谷会的情况来自杨伯峻：《春秋左传注》（下），中华书局 2018 年版，第 1378~1379 页。关于夹谷会，《史记·孔子世家》中的叙述过于绘声绘色，让人如临其境。但是却忽略了当时齐强鲁弱的大背景，因此显得不够可信。对于夹谷会，最可信的叙述是《左传·定公十年》，也就是本文所采用的材料。

② ［汉］何休解诂，［唐］徐彦疏：《春秋公羊传注疏》（下），上海古籍出版社，2014 年，第 1102 页和 1107 页。

在夹谷会的这一年，叔孙氏的家臣侯犯占据了叔孙氏的采邑反叛叔孙氏。至此，季孙和叔孙都存在家臣占据自己采邑反叛之事。因此，当定公十二年（公元前498年，孔子五十四岁）孔子提出堕三都的主张时，三桓都没有反对。

三都，指的是季孙氏的费邑（今山东费县）、叔孙氏的郈邑（今山东东平县西）、孟孙氏的成邑（今山东宁阳县东北，在鲁国的北部边境附近）。因为这三个邑中，都立有桓公庙，而有宗庙先君之主的邑可称为都，所以，费、郈、成被称为三都。堕（huī），同"隳"，拆毁的意思。堕三都，就是拆毁这三座城堡。

定公十二年夏，①孔子对鲁定公说："臣无藏甲，大夫无百雉之城，古之制也。今三家过制，请皆损之。"②甲，指铠甲。长宽各一丈叫堵，三堵叫雉。孔子的话，意思是作为臣，不得藏有铠甲；作为大夫，其采邑高不得过一丈，方圆不得超过三百丈。现在三家都超过了制度，请您把它们都减损一些。此时，子路正做季氏家宰，就由他来堕三都。实际上，子路的背后是孔子，孔子才是真正的后台谋划者。

叔孙氏首先响应，拆毁了自己的郈邑。季孙氏也答应拆毁费邑，但费邑在公山不狃手中。公山不狃和叔孙辄乘鲁都空虚，率领费人袭击鲁城。定公和三桓都逃到了季孙氏家，登上了武子之台。费人攻打季孙家，没有攻克，但是箭已经射到了武子台下和定公身边。孔子命鲁大夫申句须、乐颀下了台子，率军反攻，费人败逃。鲁城人在后边追赶，在姑蔑（今山东

---

① 《史记·孔子世家》将堕三都的起点时间定在定公十三年，这是一个失误。

② ［三国魏］王肃注，［日］太宰纯补注：《孔子家语》，上海古籍出版社，2019年，第5页。

泗水县东）打败了费人。公山不狃和叔孙辄奔齐。于是就拆毁了费邑。[1]

将要拆毁成邑的时候，孟孙氏派在那里的邑宰公敛处父对孟孙说："拆毁了成邑，齐人将来到鲁城北门。而且，成邑是孟孙氏的保障。没有了成邑，也就没有孟孙。你假装一切不知，我打算不拆毁成邑。"所以，定公十二年的十二月，定公亲自率军包围成邑，也没有攻克。[2]堕三都之事虎头蛇尾，最终失败。

堕三都之所以失败，根源在于孔子和三桓的目标不同。孔子的目标是削弱三桓的势力从而加强鲁君的力量，三桓的目标则是鉴于家臣据邑叛乱的教训，想通过拆毁这些城堡，为自己排除后顾之忧从而加强自己的力量。当孟氏拒绝拆毁成邑时，季孙和叔孙警醒过来了。这样，堕三都就再也进行不下去了。

第三，诛少正卯。

定公十三年，孔子五十五岁，由大司寇代理季孙氏"相"的职务。这里的"相"，不是赞礼者的意思，而是相当于后世的宰相，当时则称为大司徒。孔子处于如此高位，面有喜色。门人说："闻君子祸至不惧，福至不喜。"孔子说："有是言也。不曰'乐其以贵下人'乎？"孔子的意思是，我的喜色是虽尊贵却愿意处于他人之下之乐。

在孔子做代理相的时期，诛杀了鲁国著名的人物少正卯。这件事见于《荀子·宥坐篇》：

---

[1] 杨伯峻:《春秋左传注》(下),中华书局,2018年,第1386页。

[2] 同上,第1386~1387页。

孔子为鲁摄相，朝七日而诛少正卯。门人进问曰："夫少正卯，鲁之闻人也，夫子为政而始诛之，得无失乎？"孔子曰："居！吾语女其故。人有恶者五，而盗窃不与焉：一曰心达而险，二曰行辟而坚，三曰言伪而辩，四曰记丑而博，五曰顺非而泽。此五者有一于人，则不得免于君子之诛，而少正卯兼有之。故居处足以聚徒成群，言谈足以饰邪营众，强足以反是独立，此小人之桀雄也，不可不诛也。是以汤诛伊谐，文王诛潘止，周公诛管叔，太公诛华仕，管仲诛付里乙，子产诛邓析、史付。此七子者，皆异世同心，不可不诛也。《诗》曰：'忧心悄悄，愠于群小。'小人成群，斯足忧矣。"①

《宥坐篇》中这段叙述的意思是，孔子做鲁国的代理相，听朝七天就诛杀了少正卯。少正是官名，卯是人名。门人就进来问孔子，说："少正卯是鲁国有名的人，您为政就先杀他，会不会是失误呢？"孔子就列举了人的五种恶行：第一，内心对事情很通达却又很险恶；第二，行为邪僻却又很坚定；第三，言论虚假却又很能辩论；第四，记诵的都是不义之事却又很广博；第五，顺从错误却又给人恩泽。若有此五种恶行之一，就不能免于君子的诛杀，而少正卯兼有这五种恶行。他居处足以聚徒成群，言谈足以文饰邪僻迷惑大众，强辩足以以是为非不能被他人驳倒，这是品德败坏者中的杰出人物，不可不诛杀。孔子列举了历史上被诛杀的七个同类人物，认为他们虽然处在不同时代，他们的邪恶内心却是相同。他还引用《诗经·柏舟》中的话："我很忧愁，被成群的小人所怒。"小人成群，是值得忧虑

---

① ［清］王先谦：《荀子集解》，中华书局，2012年，第503页。

的。而少正卯恰是可以造就成群小人的人物，因此必须诛杀。

孔子仕鲁有很大成绩，《史记·孔子世家》说："与闻国政三月，粥羔豚者弗饰贾；男女行者别于途；途不拾遗；四方之客至乎邑者不求有司，皆予之以归。"①但孔子与三桓之间的关系却恶化了，恶化的原因就在于堕三都之事上三桓对孔子不满。

七、孔子去鲁

堕三都事件之后，子路失去了季孙的信任。证据是公伯寮愬子路于季孙。《论语·宪问》中说："公伯寮愬子路于季孙。子服景伯以告，曰：'夫子固有惑志于公伯寮，吾力犹能肆诸市朝。'子曰：'道之将行也与，命也。道之将废也与，命也。公伯寮其如命何?'"这段记载的意思是，公伯寮在季孙那里诽谤子路。子服景伯把此事告诉了孔子，说："季孙对公伯寮本来就有疑惑之意，我的力量尚可以使季孙杀掉公伯寮陈尸于市朝。"孔子说："我的主张能实行吧，是天命；我的主张被废掉吧，是天命。公伯寮难道能把天命怎么样呢?"这说明，堕三都之后，季孙对子路已经不再信任。而子路的身后是孔子，堕三都实质上是孔子的主张，子路只不过是执行者。季孙对子路的不信任，实质上是对孔子的不信任。孔子也已经看到了这一点，但他并未将道之不能实行归结到现实的人事关系上，而是归结为天命。

这时，另外的一场事件也正在酝酿，这场事件最终导致了孔子离开鲁国。

---

① ［汉］司马迁：《史记》(三)，中华书局，2011 年，第 1717 页。

孔子在鲁国担任大司寇兼代理相，使得鲁国大治，这引起了北方邻国齐国的警觉。《史记·孔子世家》说：

> 齐人闻而惧，曰："孔子为政必霸，霸则吾地近焉，我之为先并矣。盍致地焉？"黎鉏曰："请先尝沮之；沮之而不可则致地，庸迟乎！"于是选齐国中女子好（hǎo）者八十人，皆衣文衣而舞《康乐》，文马三十驷，遗鲁君。陈女乐文马于鲁城南高门外。季桓子微服往观再三，将受，乃语鲁君为周道游，往观终日，怠于政事。子路曰："夫子可以行矣。"孔子曰："鲁今且郊，如致膰乎大夫，则吾犹可以止。"桓子卒受女乐，三日不听政；郊，又不致膰俎于大夫。孔子遂行，宿乎屯。而师己送，曰："夫子则非罪。"孔子曰："吾歌可夫？"歌曰："彼妇之口，可以出走；彼妇之谒，可以死败。盖优哉游哉，维以卒岁！"师己反，桓子曰："孔子亦何言？"师己以实告。桓子喟然叹曰："夫子罪我以群婢故也夫！"①

《世家》这段记载的大意是：齐人闻听孔子治鲁使得鲁国大治，很害怕，就说："孔子在鲁国执政，鲁国一定会称霸。若鲁国称霸，齐国在位置上与鲁国是近邻，齐国就会最先被鲁国吞并。何不向鲁国献出一些土地呢？"大夫黎鉏（即《左传》中的黎弥）说："请先试一试阻止孔子为政；若阻止不了则献地，难道就晚了吗！"于是在齐国都城中挑选了美貌女子八十人，都穿上华美的衣服，伴随着《康乐》起舞。又选出披着彩饰的骏马

---

① ［汉］司马迁：《史记》（三），中华书局，2011年，第1718页。

一百二十匹，赠送给鲁国国君。齐人将这些女子和骏马陈列在鲁城南门即高门之外。季桓子穿上普通衣服去到那里观赏了多次，将要接受，就告诉鲁君说作一次环绕鲁城的游览，去到高门外从早到晚观赏，懈怠了政事。子路对孔子说："老师可以离开鲁国了。"孔子说："鲁国现在将要举行郊祭，如果郊祭之后送给大夫祭肉，那么我仍可以留在这里。"季桓子最终接受了女乐，三天不上朝听政；郊祭，又不送给大夫祭肉。孔子就离开了鲁国。

孔子之所以要离开鲁国，在于他看清了鲁定公的无能和季桓子对自己的不信任。他原本抱有君行道的理想，又抱有依靠季桓子实现自己道的希望，但从堕三都失败的情况看，自己的希望已经落空。这是他决定离开鲁国的根本原因。

孔子虽然要离开鲁国，但是找不到一个离开的理由。现在，理由来了。鲁君郊祭，却没有在祭祀之后把祭肉分送给从祭的大夫们，这是失礼的。孔子就以此为借口离去了。

虽然定公未送祭肉是失礼的，但是孔子竟然以此为借口离开自己的国家，则属于过分，这是孔子故意给自己留下的一个微小的罪过。孔子为什么不让自己完全无罪地离去呢？这是礼的要求。《礼记·曲礼下》说："大夫、士去国，……不说人以无罪。"①说，同"脱"，开脱，辩解。这话的意思是，大夫、士离开自己的国家，不向人辩解说自己是无罪而离开的。后来的燕国名将乐毅在《报燕王书》中也表达有相同的意思，他说："臣闻

---

① [汉]郑玄注，[唐]孔颖达疏：《礼记正义》(上)，上海古籍出版社，2008年，第154页。

古之君子，交绝不出恶声；忠臣之去也，不洁其名。"①这话是说，我听说古代的君子，即使与人绝交，也不说对方坏话；忠臣即使是含冤离开自己的国家，也不会让自己的名声很洁净。孔子离开鲁国，也是这样的心思。他虽然离开国家，却要故意让自己担一点微小的罪名。

孟子就很理解孔子。在《孟子·告子下》中，在说到孔子离鲁这件事的时候，孟子曾说："不知者以为为肉也，其知者以为为无礼也。乃孔子则欲以微罪行，不欲为苟去，君子之所为，众人故不识也。"②苟去，白白地离去，没有一点罪名地离去。孟子这段话的意思是，孔子离开鲁国，不知者以为是因为鲁君没有送祭肉，知者以为是鲁君失礼。其实这两种看法都是错的。孔子的真实想法则是让自己担一点微小的罪名而离开，而不想完全无罪地离去。可见，君子的做法，众人是看不出来的。鲁国人把这件事看作是孔子为肉、为无礼而造成，正合孔子的愿望。

在孔子离鲁的过程中，也有人看出了孔子的心思。这个人就是鲁国大夫师己。孔子离开曲阜后，停在鲁国南部边境上一个叫屯的地方。大夫师己来送孔子，说："您并没有罪过。"孔子说："我唱个歌可以吗？"孔子唱道："那妇人的口，可以让人出走；那妇人的话，可以让人身死名败。悠闲游玩，以此过完一年又一年！"师己返回后，季桓子问："孔子说了什么话？"师己以实相告。季桓子叹道："孔子是因为这群婢女怪罪我啊！"③季桓子的见识就更低了。

---

① 见《昌国君乐毅为燕昭王合五国之兵而攻齐》，载[汉]刘向辑录，[宋]鲍彪注，[元]吴师道校注：《战国策》，宁镇疆、杨德乾校点，上海古籍出版社，2015年，第656页。

② [清]焦循：《孟子正义》，中华书局，2017年，第690页。

③ [汉]司马迁：《史记》（三），中华书局，2011年，第1718页。

据《孟子·万章下》："孔子之去齐，接淅而行。去鲁，曰：'迟迟吾行也，去父母国之道也。'"[1]孔子当年离开齐国的时候，是迅速离去，连已经淘好的米都来不及下锅，拎着米就走了。而今，孔子要离开自己的国家了，他迟迟不忍离去。就是这样一个热爱自己国家的人却无奈地离开了祖国。

孔子去鲁在定公十三年（公元前497年）春天，这一年，孔子五十五岁。自此以后，孔子在外周游十四年，六十八岁的时候才再次回到祖国。

八、孔子在卫

孔子离开鲁国，去往卫国。为何要去到卫国？鲁国北有齐国，西南有卫国，都是紧邻之国。但孔子已经不可能到齐国去。从消极方面说，在他三十五岁至三十七岁之间，他曾在齐三年，最终因为齐景公不用他和齐国大夫欲害他而匆匆离开了齐国。后来，在夹谷会上，孔子又得罪了齐景公。现在，他是不可能再去那里了。那么，他最优的选择就是去卫国。从积极的方面说，他之所以去卫国，原因有以下四点：

第一，鲁卫是亲密的兄弟之邦。鲁是周公之封，卫是康叔之封。在武王兄弟之中，周公与康叔最为亲近，因而鲁卫乃是亲密的兄弟之邦。

第二，卫国政治长期以来比较安定。卫灵公已经在位三十八年了。他虽然昏庸，但卫国却有一帮能臣。《论语·宪问》中记载有孔子后来回到鲁国后与季康子之间的一段对话："子言卫灵公之无道也，康子曰：'夫如是，奚而不丧？'孔子曰：'仲叔圉治宾客，祝鮀治宗庙，王孙贾治军旅。

---

① ［清］焦循：《孟子正义》，中华书局，2017年，第556页。

夫如是，奚其丧？'"这段话的意思是，孔子说到卫灵公无道，季康子说："像这样的话，为何却不亡国呢？"孔子说："仲叔圉管理外交，祝鮀管理宗庙，王孙贾管理军队。像这样的话，怎能亡国？"

第三，卫国有孔子可以依靠的人物。卫国大夫蘧瑗（字伯玉）是孔子非常佩服的熟人，他曾打发人来看望过孔子。《论语·宪问》记载："蘧伯玉使人于孔子。孔子与之坐而问焉，曰：'夫子何为？'对曰：'夫子欲寡其过而未能也。'使者出。子曰：'使乎！使乎！'"这段话的意思是，蘧伯玉派人到孔子这里。孔子给予他座位而问话，说："夫子在做什么？"使者说："夫子想减少自己的过错却还没有做到。"使者离开后，孔子说："真是好使者啊！真是好使者啊！"此外，子路的妻兄颜浊邹和子路的连襟弥子瑕都是卫国大夫。

第四，在卫国有可能做一番事业。卫国虽然贤人不少，但是部分贤人已经凋零。著名的君子蘧伯玉已经老了，非常耿直的史鱼已经去世了，卫国需要人才了。

因为以上这些原因，孔子离开鲁国后径直去了卫国。

《论语·子路》对孔子一行进入卫国国境之后有一段记述："子适卫，冉有仆。子曰：'庶矣哉！'冉有曰：'既庶矣，又何加焉？'曰：'富之。'曰：'既富矣，又何加焉？'曰：'教之。'"这段话的意思是，孔子去往卫国，冉有给他驾车。孔子说："卫国人口众多啊！"冉有说："已经人口众多了，再增加什么呢？"孔子说："使人民富裕。"冉有说："人民已经富裕之后，再增加什么呢？"孔子说："教化人民。"

孔子是定公十三年（公元前 497 年）春天去到卫国首都帝丘（今河南省濮阳县）的。到达后，就住在子路妻兄颜浊邹家。颜浊邹即颜雠由。卫大夫弥子瑕之妻与子路之妻是姐妹，①颜浊邹是弥子瑕和子路的妻兄。弥子瑕曾经希望孔子住到自己家，但孔子拒绝了。《孟子·万章上》中引孟子之言道："弥子谓子路曰：'孔子主我，卫卿可得也。'子路以告，孔子曰：'有命。'孔子进以礼，退以义，得之不得曰有命。"②可见，孔子看不上弥子瑕，因此到卫之后住在颜雠由家而不住在弥子瑕家。

这个时候，卫灵公并不在首都。《左传·定公十三年》记载："十三年春，齐侯、卫侯次于垂葭。"③当时的卫侯就是卫灵公，定公十三年春天，他和齐景公正在为伐晋而带领军队驻扎在齐邑垂葭。这表明，当孔子到达卫都帝丘时，卫灵公正带兵在外，此时孔子不可能见到卫灵公。《论语·子罕》记载："子贡曰：'有美玉于斯，韫椟而藏诸？求善贾而沽诸？'子曰：'沽之哉！沽之哉！我待贾者也。'"这段话的意思是，子贡说："有美玉在此，是收在木匣中藏起来呢？还是找到识货的人而卖出去呢？"孔子说："卖掉它啊！卖掉它啊！我在等待识货的人。"这段话也说明孔子刚到卫都的时候，是没有见到卫灵公的。

孔子最终见到了卫灵公，大概是通过颜雠由才见到。《世家》叙述了卫灵公与孔子的对话："卫灵公问孔子：'居鲁得禄几何？'对曰：'俸粟六万。'卫人亦致粟六万。"④

这里的"六万"，没有名数，到底是六万斤，还是六万斗呢？不能确定。唐代司马贞在《史记索隐》中认为："若六万石（shí，今读 dàn）似

---

① 孟子说："弥子之妻，与子路之妻，兄弟也。"由此可知，弥子瑕与子路是连襟。见[清]焦循：《孟子正义》，中华书局，2017 年，第 545 页。

② [清]焦循：《孟子正义》，中华书局，2017 年，第 545 页。

③ 杨伯峻：《春秋左传注》（下），中华书局，2018 年，第 1388 页。

④ [汉]司马迁：《史记》（三），中华书局，2011 年，第 1718 页。

太多，当是六万斗。"①唐代张守节在《史记正义》说："六万小斗，计当今两千石也。周之斗升斤两皆用小也。"②古代斗小，一斗相当于一斤，六万小斗就是六万斤。

在卫国住了不久，有人在卫灵公面前说孔子坏话。卫灵公派了公孙余假带着武器一出一入跟随和监视孔子。孔子惧怕获罪，就离开了卫都。③这次，孔子在卫都住了十个月。

孔子打算到陈国去。经过匡邑（今河南长垣市境内）时，为孔子驾车的颜刻用马鞭子指着城墙说："过去我就是从这缺口入城的。"匡人听到了颜刻的话，以为孔子就是阳虎。而阳虎过去曾经对匡人暴虐，于是匡人就不让孔子一行离开了。孔子的相貌与阳虎相似，匡人就把孔子限制住了五天不让离开。

在这个过程中，颜渊与孔子失散，落在了后面。《论语·先进》记载："子畏于匡，颜渊后。子曰：'吾以女为死矣。'曰：'子在，回何敢死?'"这段话是说，孔子被围困在匡时，颜渊失散在后。孔子说："我以为你与匡人相斗而死了。"颜渊说："老师您在，我怎敢死?"匡人拘禁孔子愈发紧急，弟子们都很恐惧。孔子却说："文王既没，文不在兹乎？天之将丧斯文也，后死者不得与于斯文也。天之未丧斯文也，匡人其如予何？"意思是，文王已死之后，古代文化不是在我身上吗？上天想让这古代文化失去，我就不能掌握这古代文化。上天要是不让这古代文化失去，匡人难道能把我怎么样？

---

① ［汉］司马迁：《史记》（三），中华书局，2011 年，第 1718 页。
② 同上。
③ 同上。

最终，孔子通过派遣从者去做卫大夫宁武子的家臣，才得以脱身。①

在《世家》中，另外还谈到孔子从陈国返回卫国的时候路过蒲，被蒲人截住不能前行。孔子弟子中有一个叫公良孺的，是陈国人，自己带有五辆私车跟随孔子。公良孺为人有长者风度且贤能，有勇力。他对孔子说："我跟从老师，过去曾在匡遭遇难处，现在又在这里遭遇难处，这是命。我和老师两次遭到难处，我宁肯战斗而死。"公良孺发狠地与蒲人战斗。蒲人惧怕了，就对孔子说："如果你不去卫都，我们就放你们走。"孔子与蒲人订了盟约，蒲人就放孔子一行出了东门。孔子还是去了卫都。子贡说："盟约可以背叛吗？"孔子说："这是一个被胁迫的盟约，这样的盟约神是不管的。"②

子畏于匡和蒲，在司马迁那里是不同时间的两件事。《史记》认为，由公叔戍带领的蒲人截停孔子之事在哀公三年，但根据《左传》，这是不可能的。《左传·定公十三年》记载，当初，卫国大夫公叔文子上朝时，请求能够宴请卫灵公。退朝后，去见贤大夫史鱼酋，把这件事告诉了史鱼酋。史鱼酋说："你一定会有灾祸！你富裕而国君贪婪，祸事将要到你身上啊！"文子说："你说得对。我没有事先把宴请国君的事告诉你，是我的罪过。国君已经答应我了，那怎么办呢？"史鱼酋说："没有危害。你能执臣礼，就可以免祸。富裕却能执臣礼，一定能免于灾难。尊卑都是如此。你的儿子公叔戍骄傲，大概会灭亡吧！富而不骄的人是很少的，我只见到你是这样。骄而不灭亡，是没有的。戍一定是这样。"文子死后，卫灵公开始厌恶公叔戍，因为公叔戍很富裕，公叔戍又要除去南子的党羽，南子在灵公面前进

---

① [汉]司马迁：《史记》(三)，中华书局，2011年，第1719页。
② 同上，第1722页。

谗说："公孙戌将作乱。"①于是，定公十四年春，卫灵公驱逐了公叔戌及其党羽。其中公叔戌奔鲁，其党羽赵阳奔宋，北宫结后来也逃奔到了鲁国。从定公十四年到哀公三年，公叔戌奔鲁已经四年了，公叔戌不可能在哀公三年还占据着蒲。

由此看来，钱穆先生的看法是正确的。他说："长垣县有匡城蒲乡，两地近在一处。《左传》定公十四年春，卫侯逐公叔戍（本文按：当为戌）与其党。孔子以十三年春去鲁适卫，居十月，正值其时。""核其时地，过匡过蒲，乃鲁定公十四年春同时之事。畏乃私斗之称。《论语》之畏于匡，即是《史记》之斗于蒲，只是一事两传。"②

李长之在讲述子畏于匡这件事的时候，虽未明言畏于匡即斗于蒲，但其叙述已经明白地展示了他的这个见解。他说："这下匡城人害怕了，占据匡城的贵族公孙戌（本文按：应为公叔戌）才来和孔子谈条件。说：'如果你答应不再到卫国去，我们是可以放你走的。'孔子答应了，这样才解了围。"③

离开匡、蒲之后，孔子回到了卫都帝丘。这一次外出，有一个多月时间。回到卫都之后，孔子改住在蘧伯玉家。此时为定公十四年，孔子五十六岁。

而就在定公十四年秋天的时候，卫国发生了一件大事，即太子出逃。

卫灵公有妻三人，其中南子是他最宠幸的。南子，是宋女，未出嫁到卫之前已经私通于宋国公子朝。定公十四年秋天，齐侯和宋公为了商量如

①　杨伯峻：《春秋左传注》（下），中华书局，2018 年，第 1390~1391 页。
②　钱穆：《孔子传》，生活·读书·新知三联书店，2002 年，第 41 页。
③　李长之：《孔子的故事》，北京出版社，2002 年，第 57 页。

何救晋国的范氏而相会于曹国的洮。卫灵公则为南子召见宋公子朝，也在洮相会。这是卫灵公对南子的纵容。灵公太子蒯聩奉灵公之命到洮向齐侯献盂邑，因故绕行宋国的郊野。听到郊野之人唱歌说："既定尔娄猪，盍归吾艾豭？"这首歌里的"娄猪"，意思是求子之猪，即母猪，喻南子。艾，即少艾，年轻貌美之人。豭，公猪。这里的艾豭，喻宋公子朝。郊野之人的这两句歌词，意思是已经满足了你们母猪的要求，何不将我们的公猪归还？

蒯聩听了这歌，感到非常羞耻，就对自己的家臣戏阳速说："你跟着我去朝见小君（指南子），我回头看你，你就把小君杀掉。"戏阳速答应了。于是蒯聩带着戏阳速去朝见南子，南子接见了蒯聩。蒯聩多次看向戏阳速，戏阳速都不上前杀南子。南子看到蒯聩面色改变，哭着快步走掉了，说："太子要杀我。"卫灵公拉着她的手登上高台。太子蒯聩出逃去了宋国。卫灵公则把太子的党羽全部驱逐。

蒯聩对人说："戏阳速使我遭到了祸难。"戏阳速则对人说："太子使我遭到了祸难。太子无道，让我杀其继母。我若不答应，他就会杀我；我若杀了君夫人，太子就会把罪过归到我身上而为他自己脱罪。因此我虽答应他却不做，来使我的死得以消除。"①

就是这样的一个南子，在孔子回到卫都之后，却强行召见了孔子。《世家》记述道："灵公夫人有南子者，使人谓孔子曰：'四方之君子不辱欲与寡君为兄弟者，必见寡小君。寡小君愿见。'孔子辞谢，不得已而见之。夫人在絺（chī，细葛布）帷中，环佩玉声璆（qiú，佩玉相击声）然。

---

① 杨伯峻：《春秋左传注》（下），中华书局，2018 年，第 1395~1396 页。

孔子曰：'吾乡为弗见，见之礼答焉。'子路不说。孔子矢之曰：'予所否者，天厌之！天厌之！'"①

　　这段话的大意是，卫灵公夫人中有一个叫南子的，派人对孔子说："四方的君子不以想和我们国君为兄弟而感到辱没自己的，一定会去见我们君夫人。我们君夫人愿意接见。"孔子推辞，不得已而去见南子。南子在细葛布做成的帐幕中，所佩戴的玉环相击叮当作响。对于这件事，孔子说："我以往不去见她，但是见面后她也能以礼相待。"子路不高兴。孔子就发誓说："如果我行不由道的话，就让上天厌弃我！就让上天厌弃我！"

　　对于见南子这件事，子路误解了孔子，卫国朝堂上的大夫也误解了孔子。《论语·八佾》中记载："王孙贾问曰：'与其媚于奥，宁媚于灶，何谓也？'子曰：'不然。获罪于天，无所祷也。'"奥，内，指室中西南隅。因所在秘奥，故名奥。奥是尊者所居的地方。这里的奥，意思是奥神，比喻君主身旁的人，指卫灵公夫人南子。灶，烧火做饭菜的设施，意思是灶神，比喻的是朝廷大臣。君主身旁之人虽尊处于内，却不执权柄，于人无益。朝廷大臣虽卑处于外，却执有赏罚之权，有益于人。所以世俗有"与其媚于奥，宁媚于灶"之说。在王孙贾看来，孔子之所以去见了南子，就是想取悦南子，通过南子在卫灵公那里取得官位，这就是媚于奥。他认为，孔子与其通过南子出仕，还不如通过朝堂上的大臣们出仕，因此才故意问孔子"与其媚于奥，宁媚于灶"是什么意思。

　　孔子明白王孙贾此问的缘由，但是自己却无法辩驳。孔子去见南子，纯属不得已。虽然是不得已，却无法对外人就此事进行辩驳和解释。若辩

_____

① ［汉］司马迁：《史记》（三），中华书局，2011年，第1720页。

驳和解释，就会要牵涉到南子。在其国，不非其大夫，何况要涉及君夫人？因此，孔子未就见南子一事置一词，而是用"不是这样。得罪了上天，就无处可祈祷了"予以回答。

孔子在卫时期，还有两件事情：

其一，临河而叹。

因为卫灵公不用孔子，于是孔子打算去晋国投奔赵简子。走到了黄河边，却听说赵简子杀了两个贤人窦鸣犊和舜华，于是孔子对着黄河之水，说道："黄河水很美很大啊！我不渡过此河，是命啊！"子贡快步上前说道："老师说这话是什么含义？"孔子说："窦鸣犊、舜华，是晋国的贤大夫。赵简子未得志之时，依靠此二人而后才能从政；等到他已经得志，就杀此二人而从政。我听说剖出胎儿和杀死初生的幼崽则麒麟不会来到郊外，把水弄干涸来捕鱼则蛟龙就不愿调和阴阳，倾覆鸟巢毁掉鸟卵则凤凰就不愿翱翔。为什么呢？君子忌讳伤害他的同类。鸟兽对于不义的事尚且知道避开，何况我呢！"①于是，孔子就不再去晋国了。

其二，佛肸相召。

定公十四年，晋国内部的赵氏为一方，范氏和中行氏为一方相对抗。当年冬天，范氏和中行氏出奔。佛肸（bì xī）是范氏或中行氏的家臣，中牟则是范氏或中行氏的采邑。佛肸是中牟的邑宰，据邑而对抗赵简子。而赵简子是打着晋公的旗号对抗赵氏和中行氏的，佛肸据中牟对抗赵简子，名义上就是背叛晋国。因此，《论语》中说"佛肸以中牟畔"。中牟，在今河南汤阴县西，不是今天河南郑州市的中牟县。

---

① ［汉］司马迁：《史记》（三），中华书局，2011年，第1724页。

　　佛肸叛后，派人来召孔子帮助自己。《论语·阳货》记载："佛肸召，子欲往。子路曰：'昔者由也闻诸夫子曰："亲于其身为不善者，君子不入也。"佛肸以中牟畔，子之往也，如之何？'子曰：'然，有是言也。不曰坚乎，磨而不磷。不曰白乎，涅而不缁。吾岂匏瓜也哉？焉能系而不食？'"匏（páo）瓜，即瓠（hù），果实叫葫芦。这段话的意思是，佛肸派人来请孔子，孔子想要前去。子路说："从前我听您说过：'亲自做不善之事的人，君子不进入其地盘。'佛肸凭借中牟背叛晋国，老师您去他那里，怎么对待您过去说的话呢？"孔子说："是的，有这话。但是，不是说坚硬吗，打磨也不薄损；不是说洁白吗，用涅染也不变黑。我难道是一个葫芦吗？怎能系在那里而不被人吃呢？"

　　《世家》在叙述佛肸召孔子的时候，把这件事放在孔子在陈三年返回卫国之后。这是错误的。孔子于定公十五年离开卫国去陈国，次年就是哀公元年。他在陈国三年后返卫，此时应是哀公三年。他返卫后，《世家》说："灵公老，怠于政，不用孔子。"①但这完全是不可能的，因为卫灵公于哀公二年夏天已经去世了。《左传·哀公二年》经文说："夏四月丙子，卫侯元卒。""冬十月，葬卫灵公。"②由此亦可见《世家》叙述的混乱，尤其是事件与时间的对应很混乱。前边已经谈到的"蒲人止孔子"也是司马迁叙述混乱的一个例证。因此，研究孔子生平不能完全依赖《世家》提供的线索，而需要根据史料作出自己的判断。

　　孔子最终还是离开了卫国。至于离开卫国的原因，据《世家》和《论语》，有三种说法：

---

① ［汉］司马迁：《史记》（三），中华书局，2011年，第1723页。
② 杨伯峻：《春秋左传注》（下），中华书局，2018年，第1408页。

其一，孔子耻为次乘所致。

孔子被南子强行召见之后一个多月，灵公和南子同车外出，二人坐在车的左边，驾车的人坐在中间，宦官雍渠坐在车的右边。雍渠的这个位置叫"参乘（shèng）"，是很尊贵的位置。孔子却被安排在次乘，即让孔子坐在从车上。车辆很招摇地经过街市。孔子说："吾未见好德如好色者也。"①孔子的这句话是对卫灵公的评论，意思是我不曾见过喜好美德就像喜好女色那样的人。孔子以此事为耻辱，于是又一次离开了卫都。这时是鲁定公十五年。

其二，灵公问陈所致。

这里的"陈"，读作 zhèn，意思是阵法。虽读作 zhèn，但不可写作"阵"。这是因为"陈"的本意就是阵法，并不是"陈"通"阵"。

《论语·卫灵公》中记载："卫灵公问陈于孔子。孔子对曰：'俎豆之事，则尝闻之矣。军旅之事，未之学也。'明日遂行。"这段话的意思是，卫灵公向孔子询问阵法。孔子回答说："行礼之事，我曾经听说过。军队之事，没有学过。"孔子第二天就离去了。

其三，灵公色不在孔子所致。

在问陈的次日，卫灵公与孔子说话，见到空中有大雁飞过，于是抬头去看，神色不在孔子身上。孔子就离开了卫国。

根据《世家》中的叙述，孔子曾四次离卫，包括刚到卫时离开卫都一月有余最终又回到卫都、因为对坐在从车不满而离卫赴陈、从陈回来后离开卫都想西渡黄河投奔赵简子但临河而返、因为灵公问陈色不在自己身上

---

① 见《论语·卫灵公》。

而离开卫国再一次去到陈国。就这个线索看，孔子不仅有四次离卫，还有两次赴陈。这样的反复无常是不可信的。

孔子离开卫国去往陈国的时间应在卫灵公去世之前，否则便不会有上述三种离卫的原因。卫灵公是哀公二年夏去世的，那么孔子离开卫国的时间最晚不会晚于哀公二年夏。哀公二年（公元前 493 年），孔子五十九岁。从定公十三年（公元前 497 年）春天五十五岁时来到卫国，到哀公二年（公元前 493 年）春或夏五十九岁时离开卫国，孔子在卫国待了 4 年多时间。

九、孔子适陈

孔子离开卫都，并没有明确的目的地。他向南前进，走到卫国边境一个叫仪的地方。当地的封人求见，《论语·八佾》记载道："仪封人请见，曰：'君子之至于斯也，吾未尝不得见也。'从者见之。出曰：'二三子何患于丧乎？天下之无道也久矣，天将以夫子为木铎。'"封，疆界。封人，官名，守疆界的官吏。仪的封人请求孔子接见自己，说："君子来到这个地方，我未曾不得拜见。"跟随孔子的弟子使他见到了孔子。他出来后，说："你们何必忧虑夫子圣德丧亡呢？天下政治混乱已经很久了，上天将使夫子担起振兴文教的重任。"封人对孔子的看法是很正面的，这对于不得志的孔子来说，是一个安慰。

离开了卫国的疆界，孔子一行进入曹国。但曹国并没有接待孔子。于是，孔子继续向南前进，进入了宋国。

在宋国境内的时候，孔子和弟子们在大树下演习礼仪。宋国司马桓魋（tuí）想杀孔子，就派人拔掉了大树，孔子离去。弟子们都说："可以走得快一些了。"但孔子却说:"天生德于予,桓魋其如予何!"①意思是上天让我获得了古代的文化知识。既然让我获得这些知识,就是上天不欲灭亡这些知识。桓魋必不能违天而成功害我。桓魋害孔子这件事,在《孟子》那里却有不同的记述。《孟子·万章上》中说:"孔子不悦于鲁卫,遭宋司马桓魋将要而杀之,微服而过宋。"②桓魋的行动,并不是要杀害孔子,而是因为厌恶孔子,所以不愿让孔子在宋国逗留。

孔子自宋向西转往郑国,在那里,他被人看作一条丧家之狗。《世家》说:"孔子适郑,与弟子相失,孔子独立郭东门。郑国或谓子贡曰:'东门有人,其颡似尧,其项类皋陶,其肩类子产,然自要以下不及禹三寸,累累若丧家之狗。'子贡以实告孔子。孔子欣然笑曰:'形状,末也。而谓似丧家之狗,然哉!然哉!'"③这段话的意思是,孔子到郑国,和弟子们失散了。他独自站立在城郭的东门。郑国有人对子贡说:"东门有个人,他的脑袋与尧的脑袋相似,他的脖子与皋陶的脖子相似,他的肩膀与子产的肩膀相似,但是腰部以下比禹的腰部以下少三寸,那疲倦劳累的样子像一只丧家之狗。"子贡把这些如实告诉了孔子。孔子愉快地笑道:"人的外形和状态,不是根本的东西。但是他说我像一只丧家之狗,说得对啊!说得对啊!"

离开了郑国之后,孔子向东南方向来到了陈国,住在司城贞子家。司城是官职名称,贞是谥,子是敬称。陈国是舜的后代,妫(guī)姓,都城在宛丘(今河南淮阳)。孔子到达陈国时,是陈湣公十年。

---

① 见《论语·述而》。
② [清]焦循:《孟子正义》,中华书局,2017年,第546页。
③ [汉]司马迁:《史记》(三),中华书局,2011年,第1721页。

　　陈湣公是一个很平庸的人。他没有能力欣赏孔子的才能，只是把孔子看作一个博学的人。《国语·鲁语下》中记载了孔子博学得让陈湣公非常佩服的一个实例："仲尼在陈，有隼集于陈侯之庭而死，楛（hù）矢贯之，石砮，其长尺有咫。陈惠公（按：应为陈湣公）使人以隼如仲尼之馆问之。仲尼曰：'隼之来也远矣！此肃慎氏之矢也。昔武王克商，通道于九夷百蛮，使各以其方贿来贡，使无忘职业。于是肃慎氏贡楛矢石砮，其长尺有咫。先王欲昭其令德之致远也，以示后人，使永监焉，故铭其栝（guā）曰"肃慎氏之贡矢"，以分太姬，配虞胡公而封诸陈。古者分同姓以珍玉，展亲也，分异姓以远方之职贡，使无忘服也，故分陈以肃慎氏之贡。君若使有司求诸故府，其可得也。'使求，得之金椟，如之。"①

　　《国语》中记载的这个事情也被司马迁吸收进了《世家》之中。②这件事的大致情况是：孔子在陈国的时候，有一只隼鸟停在陈侯的庭院里而死，一支由楛茎作箭杆的箭穿透了隼鸟的身体，这支箭的箭镞是石头做的，箭长一尺八寸。陈湣公派人带着隼鸟去到孔子所住的地方来问孔子。孔子说："这只隼鸟是从很远的地方来的！这是肃慎氏的箭。当年武王克商后，与周边蛮夷来往，让他们以各自的地方特产来进贡，使他们不忘记自己应当做什么。在那个时候，肃慎氏进贡了楛茎作箭杆、石做箭镞的箭，长一尺八寸。先王想昭明肃慎氏的美德并使之传播更远，以示后人，让后人永远借鉴，因此在箭栝（箭末扣弦处）刻上'肃慎氏之贡矢'，把它给了长女太姬，把太姬许配给虞胡公而把他分封到陈。古代用珍贵的玉器给予同姓诸侯，这是重视亲情，用远方进贡的特产给予异姓诸侯，这是让他们不要忘

---

① ［三国吴］韦昭注，徐元诰集解：《国语集解》，中华书局，2019 年，第 217~218 页。
② ［汉］司马迁：《史记》（三），中华书局，2011 年，第 1721 页。

了服从天子，因此把肃慎氏的箭给予了陈国。国君若使相关官员到旧的仓府去找一找，大概是可以找到的。"陈湣公就让人去找，在青铜制造的匣子里找到了肃慎氏之箭，和孔子说的一模一样。

孔子在陈期间发生的事情有：

其一，卫国出现父子争国。

当初，卫灵公在郊外游玩，其庶出的儿子公子郢为他驾车。灵公说："我没有好的嫡子，我将来要立你为君。"郢没有回答。又有一天，灵公又对郢说了这话，郢回答说："我没有能力做国君，希望国君改变主意。君夫人在堂上，卿、大夫、士在堂下，若您不与夫人和卿大夫商议而私命我嗣位，我接受的话，只会辱没您的命令。"

哀公二年夏四月，卫灵公卒。夫人南子说："命公子郢为太子，这是先君之命。"郢就以自己的母亲地位低贱从而自己没资格继承君位和其他的理由来推辞。他说："我与国君的其他儿子不同（本文按：指自己的母亲地位低贱），而且国君去世的时候，我就在身旁。如果国君有这样的命令，我一定会听到。况且有出逃太子的儿子辄在。"郢的意思是太子蒯聩虽然逃离了卫国，但蒯聩的儿子公孙辄可以继承君位。于是就立了公孙辄为君。①公孙辄后来被称为出公、卫孝公。之所以被称为出公，是因为他在蒯聩发动的政变中逃出了卫国去了鲁国，那是孔子去世前一年的事情。此是后话。

六月，赵简子和阳虎用诈术占领了卫邑戚，让卫国出逃的太子蒯聩进入了戚。从此，蒯聩就以戚为据点，向往着回到卫国成为君主，把自己的儿子公孙辄推下君位。这就是卫国的父子争国。

---

① 杨伯峻：《春秋左传注》（下），中华书局，2018 年，第 1408~1409 页。

对于卫国的父子争国，人们分不清是非曲直，孔子的弟子们也想弄清楚这一点。他们从孔子那里得到了答案。《论语·述而》中记载："冉有曰：'夫子为卫君乎？'子贡曰：'诺，吾将问之。'入，曰：'伯夷、叔齐何人也？'曰：'古之贤人也。'曰：'怨乎？'曰：'求仁而得仁，又何怨？'出，曰：'夫子不为也。'"①这段话的意思是，冉有说："老师会帮卫君吗？"子贡说："好吧，我将去问这个问题。"子贡入内，问孔子："伯夷、叔齐是什么人？"孔子说："是古代的贤人。"子贡又问："他们怨恨吗？"孔子说："他们求仁而得仁，又有什么怨恨呢？"子贡出来，对冉有说："老师不会帮助卫君。"

伯夷、叔齐，其初心是让国，求为仁，是善行。即使后来饿死首阳，其初心已经达到，这就是"求仁而得仁"，因此没有怨恨。这说明孔子是赞赏让国的。出公辄与其父蒯聩则是父子争国，乃是恶行。孔子既然称赞伯夷、叔齐的善行，当然不会赞成父子争国的恶行，也就不会帮助卫出公了。因此，子贡知道老师是不会帮助卫君的。

其二，季桓子遗命召孔子。

哀公三年秋天，季桓子病了，他乘着辇车观看鲁城，叹惜说："过去这个国家近于复兴，因为我得罪了孔子，因此没有复兴。"他回过头来对继承人康子说："我就要死了，你一定会成为鲁国的相；你成为相之后，一定召回孔子。"过了几天，季桓子去世，康子代替了他的权位。埋葬了季桓子之后，康子就打算召孔子。公之鱼说："过去我们的先君任用孔子不能有始有终，结果被诸侯耻笑。现在又要任用孔子，不能有始有终的话，这

---

① 见《论语·述而》。

是再次被诸侯耻笑。"康子说："那么召谁可以呢？"公之鱼说："一定召冉求。"于是康子派人去召冉求。①

其三，冉求返鲁。

康子的使者来到陈国召冉求回鲁。冉求将要出发，孔子说："鲁人召冉求，不会小用他，将会大用他。"这一天，孔子说："归与！归与！吾党之小子狂简，斐然成章，不知所以裁之。"②孔子这话的意思是，得回国去了啊！得回国去了啊！我的那些留在国内的门人弟子们狂妄简略，他们很有文采，却不知道怎样裁处。孔子之所以说这样一段话，是因为孔子在陈已久，思欲归去。但客住既久，主人没有薄待，而归去无词，则恐主人生出愧意，所以需要有离去的托词。这段话就是孔子打算离开陈国时的托辞。

子贡听了孔子的话，明白孔子很想回国。于是，冉求离开陈国时，子贡去相送，他对冉求说，如果冉求回国马上得到任用，就要把老师召回去。

十、孔子适蔡

冉求回鲁国去了，孔子则仍然漂流在外。在陈三年后，孔子离开陈国去了蔡国。《世家》对于孔子适蔡，记述简略，但依然可以梳理出孔子在蔡期间的轨迹。

第一，孔子适蔡。

《世家》说："冉求既去，明年，孔子自陈迁于蔡。"③冉求返鲁在哀公

---

① ［汉］司马迁：《史记》（三），中华书局，2011年，第1725页。
② 见《论语·公冶长》。
③ ［汉］司马迁：《史记》（三），中华书局，2011年，第1726页。

三年，那么孔子适蔡当在哀公四年。哀公四年（公元前 491 年），孔子六十一岁。这一年，蔡国发生的大事情是蔡昭侯被杀。

蔡国的国都原本在上蔡（今河南省上蔡县），后来迁都到新蔡（今河南省新蔡县）。哀公元年春天，吴王夫差伐陈，夺占了陈国的三个邑。陈国与楚国友好，于是楚昭王率军包围新蔡，蔡人把自己捆绑起来出城投降。楚国想让蔡把国都迁徙到长江以北、汝水以南地区，蔡国假装听命，因此楚国退军。蔡国有了喘息机会，于是向吴国请求迁到吴国境内。①

蔡侯打算迁都到吴国境内去，于是就与吴国谋划，借着吴国使者泄庸来聘问的机会，不仅接纳了泄庸，还接纳了吴国军队进入新蔡。众人都知道这件事，蔡侯也把这件事告诉了大夫们。为了要挟大夫中那些不想迁都的人，蔡侯杀了坚决不同意迁都的公子驷。于是没人敢再阻止迁都了。这样，哀公二年的冬天，蔡迁都到了州来（今安徽寿县，也称为下蔡）。②哀公四年春，蔡昭侯要去吴国，因为吴国召他前去。大夫们都害怕他又要迁都，于是大夫公孙翩射杀了蔡昭侯。③

这就是孔子到达时蔡国的状况。

第二，自蔡如叶。

《世家》说："秋，齐景公卒。明年，孔子自蔡如叶。"④《左传·哀公五年》说："秋，齐景公卒。"由此可知，齐景公卒于哀公五年，那么，孔子自蔡到叶是在哀公六年，这一年，孔子六十三岁。

---

① 杨伯峻：《春秋左传注》（下），中华书局，2018 年，第 1402 页。

② 同上，第 1414 页。

③ 同上，第 1421 页。

④ ［汉］司马迁：《史记》（三），中华书局，2011 年，第 1726 页。

"孔子如叶"的"叶"不是指叶公沈诸梁治理的叶县，而是指他治理的负函（今河南信阳）。早在哀公四年，楚国三位大夫左司马眅（pān）、申公寿余、叶公诸梁就已经把蔡国迁都以后所留下的蔡国故地之民会聚于负函进行集中治理。①因此，孔子所去的"叶"，当指负函，属于楚地。

在负函，孔子与叶公之间，有三次直接或间接的言语来往：

一是叶公问政。子曰："近者说，远者来。"②这段话的意思是，叶公问如何为政。孔子说："使近处的人民喜悦，使远方的人民到来。"

二是叶公问孔子于子路，子路不对。子曰："女何不曰：其为人也，发愤忘食，乐以忘忧，不知老之将至云尔。"③这段话的意思是，叶公向子路打听孔子的为人，子路没有回答。孔子说："你何不这样说：他做人，发愤好学以至于会忘记吃饭，快乐起来就忘了忧愁，不知年老就将到来，如此而已。"

三是叶公语孔子曰："吾党有直躬者，其父攘羊，而子证之。"孔子曰："吾党之直者异于是。父为子隐，子为父隐，直在其中矣。"④这段话的意思是，叶公告诉孔子说："我家乡有一个直身而行的人，他父亲昧下了别人家的羊，而作为儿子的他证实了这件事。"孔子说："我家乡的直者与这种做法不同，父为子隐瞒，子为父隐瞒，直就在那里边啊。"

第三，去叶反蔡。

在从叶回到蔡的路上，孔子遇到了长沮、桀溺以及荷蓧丈人这些隐者。他们都对孔子进行了讽劝。但孔子依然坚持自己治理国家的理想而不愿隐

---

① 杨伯峻:《春秋左传注》(下)，中华书局，2018年，第1421页。

② 见《论语·子路》。

③ 见《论语·述而》。

④ 见《论语·子路》。

居。他说："鸟兽不可与同群，吾非斯人之徒与而谁与？天下有道，丘不与易也。"①孔子的意思是人不可与鸟兽群聚在一起，我不和人类在一起而和谁在一起呢？天下若政治清明，我就不会参与改变它了。

孔子在蔡国一共待了两年多，从哀公四年到哀公六年。

第四，厄于陈蔡。

哀公六年（公元前489年），孔子六十三岁。这一年春天，吴国讨伐陈国，仍是为了报复旧怨。楚昭王说："我们的先君与陈国有盟约，不可以不去救陈。"于是，楚昭王亲率楚军出兵救援陈国，军队驻扎在城父（今河南省宝丰县东，平顶山市西北）。楚昭王听说孔子在陈、蔡之间，就派人召请孔子。孔子要去往城父向昭王拜礼。此时，陈国和蔡国的大夫们商量说："孔子是一个贤者，他所讥刺的都能击中诸侯的毛病。现在他长期待在陈蔡之间，我们这些大夫们所摆设出来的行为都不合他的想法。现在，楚国是大国，来召请孔子。孔子若在楚国被任用，则陈蔡二国掌权的大夫们就危险了。"于是，二国大夫一起派出徒役把孔子围在了旷野。孔子一行不能前进，粮食也没有了。跟从孔子的人也生病了，不能起来。孔子却照样讲课、诵诗、弹琴、唱歌不减少。②子路曾恼怒地来见孔子，说："君子亦有穷乎？"子曰："君子固穷，小人穷斯滥矣。"③这段话的意思是，子路问："君子也有困窘吗？"孔子说："君子会安于困窘，小人困窘则无所不为了。"

孔子厄于陈蔡之间这件事，是历史上的著名事件。但对于这件事的起因，却说法不一。上边所述，是司马迁的说法。他认为是陈蔡大夫相与谋

---

① 见《论语·微子》。

② 杨伯峻：《春秋左传注》（下），中华书局，2018年，第1727页。

③ 见《论语·卫灵公》。

划的结果。但是后人并不完全认可这种说法。钱穆就认为不可能是陈蔡大夫之谋。他说："其时蔡事吴，陈事楚，相与为敌。蔡迁州来，与陈已远，乌得有陈蔡大夫合谋围孔子之事？前人辨此者已多，惟谓绝粮在吴伐陈、楚救陈之岁则是。"①孔子在陈蔡之间绝粮，处于困境，大概是因为这一带是吴楚交兵之地，孔子一行很可能是被乱兵所困。这样解释似乎更为合理。

面对绝粮于陈蔡之间的困境，孔子也知道弟子们有恼怒之心，就召唤子路，问道："《诗》云'匪兕匪虎，率彼旷野'。吾道非邪？吾何为于此？"孔子引用的这两句诗来自《诗经·小雅》的最后一首诗《何草不黄》。这是一首写征夫苦于行役的诗。征夫常年在外服役，因此，诗中说："不是犀牛，不是老虎，却常年循着那空旷的荒野行走。"②征夫常年行走于荒野之中，就像孔子常年周游在外不得归家。孔子引用了这两句诗之后，就问子路："我们主张的道错了吗？我们为什么到了这样的地步？"

子路回答说："是不是我们不够仁爱？因此人们不相信我们。是不是我们不够智慧？因此人们不使我们的主张通行无阻。"孔子说："有这样的道理吗？仲由，假如仁爱的人一定能使人相信他们，怎会有伯夷、叔齐呢？假如智者一定能使人们让他畅行无阻，怎会有王子比干呢？"

子路出去后，子贡进来见孔子。孔子说："赐，《诗》云'匪兕匪虎，率彼旷野'。吾道非邪？吾何为于此？"子贡回答说："老师您的道太大了，因此天下不能容纳您。老师何不把您的道稍稍变小些呢？"孔子说："赐啊，好的农夫可以做到好好耕种，却无法决定能不能得到收获。好的工匠可以做到很巧却不能每每顺人之意。君子可以做到修治自己的道，把道有

---

① 钱穆：《孔子传》，北京三联书店，2002年，第53页。
② 程俊英，蒋见元：《诗经注析》，中华书局，2017年，第566页。

条理地表达出来，却不能被容纳。现在你不修治自己的道，却追求被人所容纳。赐啊，你的志向不远大啊！"

子贡出来后，颜回进去见孔子。孔子说："回，《诗》云'匪兕匪虎，率彼旷野'。吾道非邪？吾何为于此？"颜回说："老师您的道极大，因此天下不能容纳。即使这样，老师推行自己的道，不被容纳又有什么关系呢，不被容纳才能考验出是君子！不能修道，是我们的耻辱。很好地修治了道却不被应用，这是诸侯们的耻辱。不被容纳有什么关系呢，不被容纳才能考验出君子！"孔子高兴地笑道："有这个说法啊，颜家的小伙子。假如你有很多财产，我愿意去给你当管家。"①

孔子一行最终脱困了。这是因为孔子派了子贡到楚昭王那里去，楚昭王发兵迎接了孔子。

第五，子西沮封。

楚昭王要重用孔子，打算封给孔子七百社人口。一社是二十五家，七百社就是一万七千五百家。楚国的令尹子西说："大王的使节出使诸侯有比得上子贡的吗？没有。大王的辅相有比得上颜回的吗？没有。大王的将帅有比得上子路的吗？没有。大王的官长有比得上宰予的吗？没有。而且楚国的祖先被周王分封的时候，名号是子男，子男只有五十里封地。现在孔丘讲述三皇五帝之法，昭明周公召公之业，大王若任用他，那么楚国怎能再世代堂堂正正地拥有方圆数千里的土地？文王定都于沣，武王定都于镐，他们都是只有百里土地的君主，最终成了天下的王。现在孔子能够占据土地，贤能的弟子们为辅佐，这不是楚国之福。"楚昭王听了子西的这番

① ［汉］司马迁：《史记》(三)，中华书局，2011年，第1728~1729页。

话，就打消了自己的打算。①哀公六年秋七月，楚昭王病死于城父军中。②

十一、孔子返卫

孔子最终决定返回卫国。之所以作出这样的决定，是因为：第一，卫出公已经在位三年，政权渐趋稳定；第二，孔子自己熟悉的还是卫国；第三，与鲁国关系最密切的是卫国；第四，孔子的弟子们多数都在卫国为官，他们也希望孔子返卫。

哀公六年（公元前 489 年），孔子返回卫国，这一年是卫出公四年，孔子六十三岁。

在回卫的路上，子路曾问孔子一个问题。透过孔子对这个问题的回答，我们可以再一次看到孔子对于卫国父子争国的态度。《论语·子路》中说："子路曰：'卫君待子而为政，子将奚先？'子曰：'必也正名乎！'子路曰：'有是哉，子之迂也！奚其正？'子曰：'野哉，由也！君子于其所不知，盖阙如也。名不正则言不顺，言不顺则事不成，事不成则礼乐不兴，礼乐不兴则刑罚不中，刑罚不中则民无所措手足。故君子名之必可言也，言之必可行也。君子于其言，无所苟而已矣。'"③这段话的意思是，子路说："若卫君留用您从事国家治理工作，您先做什么？"孔子说："一定先纠正名称。"子路说："有您这样迂远的吗！名称有什么好纠正的？"孔子说："仲由真是粗野啊！君子对于自己不知道的事物，空置在那里而不言。名称不正确，言语就会混乱；言语混乱，则国家事务无法成功；国家的事

---

① ［汉］司马迁：《史记》（三），中华书局，2011 年，第 1729 页。

② 杨伯峻：《春秋左传注》（下），中华书局，2018 年，第 1429 页。

③ 见《论语·子路》。

情总是失败，国家制度就难以推行；国家制度难以推行，则刑罚不能得当；刑罚不能得当，人民就不知所措。君子给它一个名称，这个名称一定是可以说的；君子对这个名称的言语一定是可以行得通的。君子对于自己使用的名称，不马虎随便而已。"

这段话中透露出的信息是：孔子若在卫国为政，就会首先纠正蒯聩与出公辄之间的父子名分。蒯聩为父，出公辄为子，子不当拒父。因此，出公辄应当将其父迎接回国。至于迎接回国之后，父子二人如何处理君位，则是第二个层级的问题了。孔子在这里只就道理上讲了自己的见解：先正父子名分。

子路问孔子的问题，只是一个假设。而实际上，孔子返卫之后，并没有被安排参与卫国国政，而是做了公养之仕，也就是只受卫国供养，而不与闻国政。《孟子·万章下》说："孔子有见行可之仕，有际可之仕，有公养之仕。于季桓子，见行可之仕也。于卫灵公，际可之仕也。于卫孝公，公养之仕也。"①这段话讲了孔子一生中出仕的三种情况。孔子看到可以借某人而行道，他会出仕为官，这是"见行可之仕"，孔子在季桓子那里出仕就是这种情况。国君以礼与孔子来往，孔子也会出仕为官，这是"际可之仕"，孔子在卫灵公那里出仕就是这种情况。国君以养贤人之礼养孔子，孔子也会在那里出仕为官，这是"公养之仕"，孔子在卫孝公那里就是这种情况。此时的卫出公只有十四五岁，还没有能力与孔子言谈，因此《论语》中没有卫出公与孔子的对话。

孔子返回卫国在出公四年，也即鲁哀公六年；离开卫国回到鲁国则在出公九年，也即鲁哀公十一年。这一次，孔子在卫长达五年时间。

---

① ［清］焦循：《孟子正义》，中华书局，2017 年，第 583 页。

十二、孔子回鲁

孔子在卫国的这五年之中发生的一些事情最终促成了孔子回到鲁国。

1.鲁国受到吴国压迫

哀公七年（公元前488年）夏天，鲁哀公与吴王会于鄫（今山东峄县境内），吴国向鲁国索要"百牢"，即牛羊猪各一百头。鲁国大夫子服景伯回答说："先王没有过这样的情况。"吴人则说："宋国已经向我们进献过百牢了，鲁国不能落后于宋国。况且鲁国曾经对晋国大夫的进献就超过了十牢，对吴王进献百牢，不是也可以吗？"尽管子服景伯进行了争辩，但最终还是因为害怕吴国加兵于鲁而答应了吴国的要求。①

吴国太宰嚭要召见季康子，他让季康子也来鄫。他说的道理是：吴鲁两国的国君不顾路途遥远来到了鄫会见，季康子却不出国门，这算是什么礼？鲁国派子贡回答太宰嚭。子贡对太宰嚭说，我们岂能把这当作礼，只不过是不敢虚国尽行。我们的国君既然已经来到鄫，作为大臣的季氏就必须留守国内。②在吴鲁鄫城会谈这件事上，吴国咄咄逼人，鲁国受尽屈辱，季康子本人也差一点受辱。这使得季康子感到有必要请回孔子。

2. 冉有在战争中立功

哀公十一年（公元前484年）春，齐国军队侵入鲁国。当时的冉有是季氏的家宰，他率领着季氏家的军队与孟氏所率领的军队一起与齐军作战于鲁城郊外。孟氏的军队溃败，而冉有率领的季家军队却取得了胜利。季康子就问冉有："你对于军旅的技能，是学来的呢？还是天生的？"冉有

---

① 杨伯峻：《春秋左传注》（下册），中华书局，2018年，第1434页。

② 同上，第1434~1435页。

说："我是从孔子那里学来的。"季康子就问孔子是一个什么样的人，冉有适时地推荐了孔子。《孔子家语·儒行解》中提到了冉有向季康子推荐孔子的话："国有圣人而不能用，欲以求治，是犹却步而欲求及前人，不可得已。今孔子在卫，卫将用之。己有才而以资邻国，难以言智也。请以重币迎之。"[1]冉有这段话的大意是，国家有圣人却不能任用，想求得国家治理良好，这就像停止走路却想赶上前边的人，这是不可能的事情。现在孔子在卫国，卫国将任用他。我们自己拥有有才能的人却把这样的人资助给邻国，难以说是智慧。我请您以重礼迎接孔子回国。季康子乃决定召回孔子。

3.孔子正打算再次离开卫国

《左传·哀公十一年》记载，当初，卫国宗室太叔疾娶了宋国子朝的女儿为妻，娶其妻之妹为媵（yìng，指陪嫁女）。太叔疾很宠爱这位媵。子朝因故逃离宋国后，卫国当权的大夫孔圉（孔文子）让太叔疾休了妻和媵，而把自己的女儿孔姞（jí）嫁给太叔疾为妻。太叔疾却把那位媵安置在犁这个地方，并且给她建造了一处宅院，如同太叔疾有两位妻子。孔圉大怒，打算攻打太叔疾。[2]孔圉就此事问策于孔子，孔子说："胡簋（guǐ，古代盛食物的器皿，也是礼器，有圆形，也有方形）之事，则尝学之矣；甲兵之事，未之闻也。"孔子的意思是，礼，我曾经学过；军事，没有听闻过。回来后就命令驾上车马，要离开卫国。孔子说："鸟能择木，木岂能择鸟乎！"意思是自己可以选择要去的地方，地方岂能选择自己！孔圉马上阻

① ［三国魏］王肃注,［日］太宰纯补注:《孔子家语》,上海古籍出版社,2019年,第22页。
② 杨伯峻:《春秋左传注》(下册),中华书局,2018年,第1456页。

止和挽留孔子，说："我岂敢谋私，这是为了防止卫国出现祸难啊。"[1]孔子正要留下来的时候，季康子派出了公华、公宾、公休，带着礼物来卫国迎接孔子，于是孔子回到了鲁国。这是鲁哀公十一年（公元前 484 年）的冬天。

鲁定公十三年（公元前 497 年）春天，孔子离开鲁国，那时他五十五岁。现在，他已经六十八岁了。孔子周游列国十四年，终于回到了祖国。而在他回国的前一年，他尚在卫国的时候，他的夫人开官氏卒于鲁国。

十三、孔子晚年

孔子回到鲁国后，被尊为国老，以大夫相待，但最终也没有得到任用。同时，经过了十四年的颠沛流离，回鲁后的孔子对自己的政治生活也已经比较看淡，所以自己也不求仕进。

晚年的孔子，主要有四方面的活动：

1.教学

这是孔子晚年最主要的活动。孔子自年轻时就开始从事教育事业，一生没有停止过。即使在国外周游期间，教育事业也没有中断。在《孔子世家》中，司马迁曾说："孔子以诗书礼乐教，弟子盖三千焉，身通六艺者七十有二人。"[2]其中，若按侧重点分科，孔门的教育则有四科：德行、言语、政事、文学。《论语·先进》对此分别进行了列举：德行：颜渊，闵子骞，冉伯牛，仲弓。言语：宰我，子贡。政事：冉有，季路。文学：子游，

---

① 杨伯峻:《春秋左传注》（下册），中华书局，2018 年，第 1458 页。
② ［汉］司马迁:《史记》（三），中华书局，2011 年，第 1734 页。《仲尼弟子列传》和《孔子家语·七十二弟子解》皆载有七十六人。

子夏。

孔子对学生的教育是随时随地的，整部《论语》的主要内容就是孔子与弟子之间随时的问答，这些问答就是孔子教学的重要组成部分。"子路、曾皙、冉有、公西华侍坐"一章则是孔子教学的典型场景之一。

2.正乐

《论语·子罕》中，孔子曾说："吾自卫反鲁，然后乐正，《雅》《颂》各得其所。"意思是我从卫回到鲁，然后乐就回归到了正当状态，它表现在《雅》《颂》之诗和乐都各自回到了正当的位置和正当的音声。

正乐，就是使音乐回归到正当状态。这种正当状态，叫作"乐正"。乐正的表现则是《雅》《颂》各得其所。《诗经》有六义：风、雅、颂、赋、比、兴。风、雅、颂，是根据内容进行的分类；赋、比、兴，则是根据写作的手法进行的分类。风、雅、颂各诗篇谱为乐曲，分别用于不同的场合，不可僭越和混乱。但在礼崩乐坏、道衰乐废的情况下，风乐、雅乐、颂乐使用混乱。孔子则通过整理《诗》的篇章次序从而使风乐、雅乐、颂乐都能回归到当用的场合，因此说"乐正"。风乐、雅乐、颂乐都得以回归到正确的位置，虽然这里只说《雅》《颂》各得其所，但实际上已经包含了《风》。所谓各得其所，一个含义便是各自回归到正当的位置上。《诗》的篇次回归正确，乐的篇次自然也回归正确。这样，"乐正"的第一个含义就是乐的篇次回归正确。

通过分析《史记·孔子世家》中的一段话，还可以看到"乐正"的另一重含义。《世家》说："《关雎》之乱以为《风》始，《鹿鸣》为《小雅》始，《文王》为《大雅》始，《清庙》为《颂》始，三百五篇孔子皆弦歌之，以求合《韶》《武》《雅》《颂》之音。"这里，有三个关键信息：第一，《诗》的篇次。经过孔子整理之后的篇次，《关雎》之乱以为《风》始，《鹿鸣》为《小雅》始，《文王》为《大雅》始，《清庙》为《颂》始，这些都与历来所传的《诗经》篇次符合。第二，《诗》都有乐。三百五篇孔子皆弦歌之，以求合《韶》《武》《雅》《颂》之音，说明正乐不仅是正次序，也是正音声，使原本受到郑、卫淫声影响的风乐、雅乐、颂乐都回归到正声。第三，《诗经》篇数。司马迁说"古者《诗》三千余篇，及至孔子，去其重"，随后又说"三百五篇，孔子皆弦歌之"，①似乎是孔子把《诗》由三千余篇删为三百零五篇。这是司马迁的错误认识。《论语》中明言："《诗》三百篇，一言以蔽之，曰思无邪。"孔子让弟子和儿子伯鱼学《诗》，学的就是当时的《诗经》，本就是三百零五篇，而不是孔子删之为三百零五篇。这里，可以看到"乐正"的第二层含义是：合乎正当的音声。

综上所述，"各得其所"包含两重意思：第一，篇次各自回归到正当位置；第二，乐声回归到正当音声。

3.咨政

孔子回鲁后，鲁哀公和季康子都曾向孔子请教政治上的问题。

关于哀公问政，在《世家》中有一条："鲁哀公问政，对曰：'政在选臣。'"②在《论语》中有一条："哀公问曰：'何为则民服？'孔子对曰：'举直错诸枉，则民服。举枉错诸直，则民不服。'"这段话的意思是，哀公问："怎样做百姓才会服从？"孔子回答说："选用正直之人放在邪枉之人之上，人民就会心中服从。反之，选用邪枉之人放在正直之人之上，人民

---

① [汉]司马迁:《史记》(三),中华书局,2011年,第1733页。
② 同上,第1732页。

就会心中不服从。"

关于季康子问政，在《论语》中有四条：

一是季康子问："使民敬、忠以劝，如之何？"子曰："临之以庄则敬，孝慈则忠，举善而教不能则劝。"①这段话的意思是，季康子问："使人民尊敬执政者、忠诚于执政者和勉力为善，该怎么做？"孔子说："以庄重的举止面对人民，人民就会尊敬执政者；执政者善待父母、爱怜人民，人民就会忠诚于他；举用善者而教育不能做到善的人，人民就会勉力为善。"

二是季康子问政于孔子。孔子对曰："政者，正也。子帅以正，孰敢不正？"②这段话的意思是，季康子问孔子为政之道。孔子回答说："政，就是端正。您若带头端正，谁敢不端正呢？"

三是季康子患盗，问于孔子。孔子对曰："苟子之不欲，虽赏之不窃。"③这段话的意思是，季康子忧虑盗贼多，向孔子请教。孔子回答说："假如您没有贪欲，即使赏赐盗贼使之盗窃，他们也不去盗窃。"

四是季康子问政于孔子曰："如杀无道，以就有道，何如？"孔子对曰："子为政，焉用杀？子欲善而民善矣。君子之德风，小人之德草。草上之风，必偃。"④这段话的意思是，季康子向孔子请教如何为政，说："如果我杀掉坏人，而亲近好人，怎么样？"孔子回答说："您为政，怎能用杀的办法呢？您想要善的话，老百姓就会善。执政者的德行就像风，老百姓的德行就像草。在草上加风，草必然倒下。"

此外，在《左传》中，还记载有哀公十一年孔子刚刚回鲁的时候，季

① 见《论语·为政》。
② 见《论语·颜渊》。
③ 同上。
④ 同上。

康子向孔子咨询实行田赋之事，原文为："季孙欲以田赋，使冉有访诸仲尼。仲尼曰："丘不识也。"三发，卒曰：'子为国老，待子而行，若之何子之不言也？'仲尼不对，而私于冉有曰：'君子之行也，度于礼：施取其厚，事举其中，敛从其薄。如是，则以丘亦足矣。若不度于礼，而贪冒无厌，则虽以田赋，将又不足。且子季孙若欲行而法，则周公之典在；若欲苟而行，又何访焉？'弗听。"①于是，《春秋·哀公十二年》的经文一开端，就说："十有二年春，用田赋。"②

这段话的大意是，季康子想实行按田征赋，就派了冉有去问孔子。孔子说："我不懂。"季康子多次派冉有去问，最后季康子对孔子说："您是国老，事情要等待您说话才去实行，您为何不说话呢？"孔子没有回答，却私下对冉有说："君子的行动，要考虑是否符合礼的要求：施加恩惠要以丰厚为原则，一般事务用中等程度对待，聚敛则按照薄少的原则行事。像这样的话，按丘征收就够了。如果不去考虑礼的要求，而贪得无厌，那么即使在丘赋之外再按田征收，将来又会不足。季孙若是实行正当的征收方法，有周公的典则在；如果不按典则去征收，又何必问我呢？"季康子不听从。于是，哀公十二年春天，就开始征收田赋。

要理解这段话，须了解鲁国的赋税制度。公元前594年，鲁国实行"初税亩"，即按土地的亩数征税。初税亩，意思是开始对土地按亩征税。一个"初"字，就说明在此之前是不税亩的。初税亩之后四年，鲁国又"作丘甲"，就是按丘征收军赋。作，意思是兴起。一个"作"字，也说明此前是没有按丘征发军赋的情况的。所谓军赋，就是提供车马兵器和甲胄。

① 杨伯峻：《春秋左传注》（下册），中华书局，2018年，第1458~1459页。
② 同上，第1459页。

军赋的征收，原来是以一甸为单位，一甸有 64 井。一甸出战马一匹、牛三头。作丘甲后，改成了以一丘为单位，一丘 16 井，照样出战马一匹、牛三头。这就意味着现在的军赋税率是原来的四倍。

到了这种程度，鲁国仍然感到不足，现在季康子又要在丘赋之外再按田增赋。他让冉有向孔子咨询的就是这种征赋制度。孔子虽然通过冉有进行了劝告，但季康子并未听从。

在咨政方面，孔子也有主动的行动。《论语·宪问》中记载："陈成子弑简公。孔子沐浴而朝，告于哀公曰：'陈恒弑其君，请讨之。'公曰：'告夫三子。'孔子曰：'以吾从大夫之后，不敢不告也。君曰"告夫三子"者。'之三子告，不可。孔子曰：'以吾从大夫之后，不敢不告也。'"这一章的意思是，陈成子杀了齐简公。孔子沐浴之后去朝见鲁君，告诉鲁哀公说："陈恒杀了他的国君，我请求您去讨伐他。"哀公说："告诉那三家大臣。"孔子说："因为我跟随在大夫们后边，不敢不把这件事告诉国君。现在是国君说'告诉那三家大臣'的。"孔子去到三家大臣那里报告了这件事，三家大臣不赞成讨伐。孔子说："因为我跟在大夫们后边，不敢不报告这件事。"

在陈成子弑齐君这件事上，孔子明知鲁哀公和三桓不会出兵去讨伐，但还是以自己处于"从大夫之后"的地位从而有义务告诉鲁君为由要求鲁君去讨伐。这是一种明知无可为而为之的精神。抛开他所要维护的礼制不说，孔子对于理想的坚持精神是令人敬佩的。

4.作《春秋》

《孔子世家》中记载："子曰：'弗乎弗乎，君子疾没世而名不称焉。吾道不行矣，吾何以自见（jiàn，旧读 xiàn）于后世哉？'乃因史记作《春秋》，上至隐公，下迄哀公十四年，十二公。"①这段话的意思是，"孔子说：'不能啊不能啊，君子忧虑尽其一生而名誉不能称扬。我的理想不能实行了，我拿什么让自己被后世看见呢？'于是他就根据历史记载创作《春秋》，上到鲁隐公，下到鲁哀公十四年为止，共十二公。"

这段话记载的是孔子作《春秋》的缘起和《春秋》的时间跨度。孔子之所以要作《春秋》，是因为他已经知道自己的政治主张的确无法实行了，但自己如何被后人所知呢？那就是留下一部著作。于是，他根据鲁国的历史记录，并参考其他国家的历史记载，编写了一部《春秋》。这部书的时间跨度，上自鲁隐公元年（公元前722年），下至鲁哀公十四年（公元前481年），一共242年。

在当时，各国都有自己的历史书，楚国记录的自己的历史叫《梼杌》(táo wù)，晋国记录的自己的历史叫《乘》，周、燕、宋、齐记录的自己的历史叫《春秋》，鲁国记录的自己的历史也叫《春秋》。而孔子根据鲁国《春秋》和各国历史所写的这一部《春秋》，虽然以鲁国十二公为时间线索，但并不限于鲁国的历史，而是一部当时的世界通史。

孔子的《春秋》又称《麟史》，这是因为它记载的最后一年是"西狩获麟"的这一年，即鲁哀公十四年。所谓"西狩获麟"，《孔子世家》记载道："鲁哀公十四年春，狩大野。叔孙氏车子鉏（xú）商获兽，以为不详。仲尼视之，曰：'麟也。'取之。曰：'河不出图，雒不出书，吾已矣夫！'"②这段话的意思是，哀公十四年（公元前481年），孔子七十一岁。这年春天，人们到大野泽去打猎。叔孙氏的车士鉏商得到了一头野兽，大

---

① ［汉］司马迁：《史记》（三），中华书局，2011年，第1738页。
② 同上，第1737页。

家都觉得不吉祥。孔子仔细看了看，说："这是麒麟。"鲁人就留下了这头兽。孔子说："黄河不出图，雒水不出书，我这算完了！"司马迁的这段记载来自《春秋左传·哀公十四年》。①

麟乃是瑞兽，只在太平盛世才会出现。但是，现在天下混乱之时，麟却出现了，而且还被人捕获了，陷在困境中。这与孔子的处境何其相似！孔子有感于西狩获麟，于是停止继续写《春秋》。因此，《春秋》终于获麟。这就是《春秋》绝笔于获麟的记载。按照这个记载，《春秋·哀公十四年》的第一句话"十有四年春，西狩获麟"应是《春秋》的最后一句话。哀公十四年余下的 16 条已经不是孔子所写了，从哀公十五年一直到哀公二十七年该书结束，更不是孔子所写，而是后人所续。

孔子所作的《春秋》，内含着微言大义。《孔子世家》说："约其文辞而指博。故吴楚之君自称王，而《春秋》贬之曰'子'。践土之会，实召周天子，而《春秋》讳之曰：'天王狩于河阳。'推此类以绳当世，贬损之义，后有王者举而开之，《春秋》之义行，则天下乱臣贼子惧焉。"②这段话的意思是："使文辞俭约但意思广博。因此吴楚的君主虽然自称王，但《春秋》把他们贬称为'子'。践土之会，实际上是晋文公召见周天子，但《春秋》却隐讳地说：'天子出巡到黄河北岸。'以类推广这些写法来约束当代人。后代若有天子应用这些贬损的含义并进行推广，《春秋》的大义就能畅行。《春秋》的大义能畅行，那么天下的乱臣贼子就害怕。"

因为《春秋》中包含着微言大义，因此孔子不允许他人插手参与写作。《世家》说："孔子在位，听讼文辞，有可与人共者，弗独有也。至于为

① 杨伯峻：《春秋左传注》（下册），中华书局，2018 年，第 1470 页。
② ［汉］司马迁：《史记》（三），中华书局，2011 年，第 1738 页。

《春秋》，笔则笔，削则削，子夏之徒不能赞一辞。"①这话的意思是，孔子在官位上，无论是听讼还是写作文辞，有可以与别人一起做的，就不独自占有。到了写《春秋》，该用笔写上就用笔写上，该删除就删除，不允许子夏之类的人帮助写一句话。

写天下的史书乃是天子之事，孔子作为诸侯国内一个普通的官员，却写起了这样的史书，这是不适当的。但是，因为《春秋》中宣扬尊王思想，通过《春秋》，人们又能看到孔子的心迹，所以孔子说："后世知丘者以《春秋》，而罪丘者亦以《春秋》。"②

孟子深深了解孔子的心迹，在《滕文公下》中，他说："世道衰微，邪说暴行有作，臣弑其君者有之，子弑其父者有之，孔子惧，作《春秋》。《春秋》，天子之事也。是故孔子曰：'知我者其惟《春秋》乎，罪我者其惟《春秋》乎？'"③

以上是孔子回鲁之后的主要活动。

在孔子回鲁到去世的五年间，有另一方面的事情在打击着他，那就是他的儿子和弟子的去世。

孔子七十岁的时候，他唯一的儿子伯鱼去世，当时伯鱼五十岁。孔子七十一岁的时候，他最得意的弟子颜渊去世，当时颜渊四十一岁。颜渊去世，孔子极为痛苦，他说："噫！天丧予！天丧予！"④意思是"哎呀！老天这是要我的命啊！老天这是要我的命啊！"孔子痛哭过度了，于是跟随孔

---

① ［汉］司马迁：《史记》（三），中华书局，2011 年，第 1739 页。
② 同上，第 1737 页。
③ ［清］焦循：《孟子正义》，中华书局，2017 年，第 374~375 页。
④ 见《论语·先进》。

子的弟子就提醒他："子恸矣!"曰："有恸乎? 非夫人之为恸而谁为?"从者提醒孔子过哀了,孔子自己尚不知道,但是他又说:"我过哀了吗? 我不为此人过哀而为谁过哀呢?"①

孔子七十二岁的时候,他最亲密的弟子子路死于卫国政变。对此,《左传·哀公十五年》有详细叙述:

卫国大夫孔圉(孔文子)娶了太子蒯聩的姐姐伯姬,生孔悝。孔圉的仆人浑良夫长得高大而貌美,孔文子死后,他与伯姬私通。太子蒯聩在戚邑,伯姬派了浑良夫去戚邑见蒯聩。蒯聩对浑良夫说:"如果能帮我进入卫国得到君位,我将封你为大夫,赦免你三次死罪。"蒯聩与浑良夫进行了盟誓,浑良夫就为蒯聩向伯姬请求帮助。

哀公十五年闰十二月,浑良夫与蒯聩进入卫国,住在孔悝家外的菜园子。黄昏时候,二人以巾蒙头伪装成妇人乘坐着车子,由一个名叫罗的宦者驾着车,去到孔悝家。孔悝的家宰栾宁问他们是谁,罗称是自己的岳父和婢妾,于是就进入了孔悝家,去到了伯姬那里。吃过饭之后,伯姬持戈在前,蒯聩与五人被甲,车上载着公猪,欲劫持孔悝并与之盟誓。他们把孔悝逼到边侧之处无路可逃,强行与他盟誓,并把他劫持到孔悝家的台子上。

栾宁将要饮酒,烤肉尚未烤熟,听到了政变的消息,马上派人去告诉在外的子路,并召人驾上四马拉的车辆,栾宁就在行进的车辆上喝酒吃烤肉,保护着出公辄逃往鲁国。

子路当时是孔悝封邑蒲邑的邑宰。他得到消息后,马上赶往卫都帝丘。

---

① 见《论语·先进》。

子路将要进入帝丘城门时，恰遇到孔子的另一弟子高柴从城门逃出。高柴对子路说："孔悝家的大门已经关上。"子路说："我姑且到孔悝处去救他。"高柴说："来不及了，不要去钻进祸难！"子路说："食人之禄，不当避人之难。"高柴从城门出来，子路则进了城门，来到孔悝家大门外。守门的公孙敢从门内劝子路不要进去。子路说："听声音，你是公孙敢吧。你为了得到自己的利益，就逃避主人的灾祸而为蒯聩守门。我则不如此，得其禄，就一定救其患难。"有使者出来，子路就势进入。他对蒯聩说："太子哪里用得上孔悝呢？即使你杀了他，一定还有其他人继续反对你。"子路还说："太子无勇，如果烧台子，烧一半，你就一定会放了孔悝。"蒯聩一听，心中恐惧，就让两个武士下台来抵挡子路。子路没有穿甲胄，故不能敌二人。两个武士以戈击中子路，子路的帽缨也断了。子路说："君子死，帽子不能落到地上。"于是，系好了帽缨而死。这一年，子路 63 岁。

孔子听到卫国政变的消息，说："高柴大概是能回来的，子路是活不成了啊。"①孔子深知子路的为人，知道他不畏难避死，因此他知道在卫国的政变中，子路是不会偷生活下来的。

子路之死的消息传来后，《礼记·檀弓上》记载："孔子哭子路于中庭，有人吊者，而夫子拜之。既哭，进使者而问故。使者曰：'醢（hǎi）之矣！'遂命覆醢。"②这段话的意思是，孔子以主人的身份在中庭哭子路，有人来吊唁，孔子就以主人的身份来还礼。哭罢之后，让从卫国来的使者进来而问子路死的状况。使者说："人家把他剁成了肉酱！"孔子就让人把家里的肉酱倒掉，不忍再食用肉酱。

---

① 杨伯峻：《春秋左传注》（下册），中华书局，2018 年，第 1481~1483 页。
② ［汉］郑玄注，［唐］孔颖达疏：《礼记正义》（上），上海古籍出版社，2008 年，第 232~233 页。

　　孔子经历了伯鱼、颜渊、子路之死，大受打击。哀公十六年（公元前479年）春天，孔子病了。《礼记·檀弓上》记载："孔子蚤作，负手曳杖，消摇于门，歌曰：'泰山其颓乎！梁木其坏乎！哲人其萎乎！'既歌而入，当户而坐。子贡闻之，曰：'泰山其颓，则吾将安仰？梁木其坏，哲人其萎，则吾将安放？夫子殆将病也！'遂趋而入。夫子曰：'赐！尔来何迟也？夏后氏殡于东阶之上，则犹在阼也。殷人殡于两楹之间，则与宾主夹之也。周人殡于西阶之上，则犹宾之也。而丘也，殷人也。予畴昔之夜，梦坐奠于两楹之间。夫明王不兴，而天下其孰能宗予？予殆将死也！'盖寝疾七日而没。"①

　　这一章大意是说，那天，孔子早早就起来了，双手背在身后，拖着拐杖，在门口自在地来回走动。他唱道："泰山大概要崩塌了！房梁大概要朽坏了！哲人大概要枯萎了！"唱完了之后就进到堂上，对着户门而坐。子贡听到了孔子歌唱，说："泰山大概要崩塌，那么我将仰望什么？房梁大概要朽坏，哲人大概要枯萎，那么我将把自己安放在哪里？老师恐怕将要生病了！"于是他小步快走地进入堂中。孔子说："赐啊！你为什么来这么晚呢？夏后氏把棺柩停放在堂的东阶之上，仍是在主人的位置上。殷人把棺柩停放在堂上两楹之间，则是夹在主人的位置与客人的位置之间。周人把棺柩停放在堂前西阶之上，那么就待之如宾客了。而我孔丘，是殷人。我在往日的夜间，梦见自己坐在两楹之间接受献祭。英明的天子不能兴起，天下人难道有谁能归往于我？我恐怕将要死了！"卧病七天而死。

---

① ［汉］郑玄注，［唐］孔颖达疏：《礼记正义》（上），上海古籍出版社，2008年，第277~278页。

　　《左传·哀公十六年》经文第三条说："夏四月己丑，孔丘卒。"①孔子的生年虽然聚讼两千多年，但当孔子去世的时候，他早已是名满天下的大学者了，因此他的卒年是准确的。哀公十六年是公元前479年，四月己丑是周历4月11日，夏历2月21日，公历3月4日，因此孔子卒于公元前479年3月4日。孔子卒后，葬于鲁城北泗水岸边。是年，孔子七十三岁。

---

　　①　杨伯峻:《春秋左传注》(下册),中华书局,2018年,第1484页。

主要参考文献

1. ［汉］贾谊撰，阎振益、钟夏校注：《新书》，中华书局，2000 年。

2. ［汉］司马迁撰，［宋］裴骃集解，［唐］司马贞索隐，［唐］张守节正义：《史记》，中华书局，2011 年。

3. ［汉］孔安国传，［唐］孔颖达正义：《尚书正义》，黄怀信整理，上海古籍出版社，2007 年。

4. ［汉］郑玄注，［唐］孔颖达疏：《礼记正义》，吕友仁整理，上海古籍出版社，2008 年。

5. ［汉］郑玄注，［唐］贾公彦疏：《周礼注疏》，彭林整理，上海古籍出版社，2010 年。

6. ［汉］郑玄注，［唐］贾公彦疏：《仪礼注疏》，王辉整理，上海古籍出版社，2008 年。

7. ［汉］郑玄：《论语郑氏注》，王素校点，载《儒藏》（精华编）第281册，北京大学出版社，2007 年。

8. ［汉］毛亨传，［汉］郑玄笺，［唐］孔颖达疏，［唐］陆德明音释：《毛诗注疏》，朱傑人、李慧玲整理，上海古籍出版社，2013 年。

9. ［汉］刘向撰，向宗鲁校证：《说苑校证》，中华书局，1987 年。

10. ［汉］刘向辑录，［宋］鲍彪注，［元］吴师道校注：《战国策》，宁镇疆、杨德乾校点，上海古籍出版社，2015 年。

11. ［汉］何休注，［唐］徐彦疏：《春秋公羊传注疏》，刁小龙整理，上海古籍出版社，2014 年。

12. ［汉］高诱注：《吕氏春秋》，载《诸子集成》（六），中华书局，1954 年。

13. ［汉］王符著，［清］汪继培笺，彭铎校正：《潜夫论笺校正》，中华书局，1985 年。

14. ［汉］班固撰，［唐］颜师古注：《汉书》，中华书局，2012 年。

15. ［汉］许慎撰，［清］段玉裁注：《说文解字注》，浙江古籍出版社，2006 年。

16. ［汉］韩婴撰，许维遹校释：《韩诗外传集释》，中华书局，1980 年。

17. ［汉］崔寔撰，石声汉校注：《四民月令校注》，中华书局，1965年。

18. ［三国魏］何晏：《论语集解》，李方校点，载《儒藏》（精华编）第 281 册，北京大学出版社，2007 年。

19. ［三国魏］王弼、［晋］韩康伯注，［唐］孔颖达疏：《宋本周易注疏》，中华书局，2018 年。

20. ［三国魏］王弼：《论语释疑》，载《王弼集校释》，楼宇烈校释，中华书局，1980年。

21. ［三国魏］王肃注，［日］太宰纯补注：《孔子家语》，宋立林点校，上海古籍出版社，2019年。

22. ［三国吴］韦昭注，徐元诰集解：《国语集解》，王树民、沈长云点校，中华书局，2019年。

23. ［晋］杜预注：《左传》，上海古籍出版社，2016年。

24. ［晋］郭璞注，［宋］邢昺疏：《尔雅注疏》，王世伟整理，上海古籍出版社，2010年。

25. ［晋］陈寿撰，［唐］裴松之注：《三国志》，中华书局，2011年。

26. ［北魏］郦道元著，陈桥驿校正：《水经注校正》，中华书局，2013年。

27. ［南朝宋］范晔撰，［唐］李贤等注：《后汉书》，中华书局，2012年。

28. ［南朝梁］皇侃：《论语义疏》，高尚榘校点，中华书局，2013年。

29. ［唐］陆德明撰，黄焯汇校：《经典释文汇校》，中华书局，2006年。

30. ［唐］李隆基注，［宋］邢昺疏：《孝经注疏》，金良年整理，上海古籍出版社，2009年。

31. ［宋］张栻：《南轩先生论语解》，载《张栻集》（一），杨世文点校，中华书局，2015年。

32. ［宋］朱熹：《四书章句集注》，中华书局，2011年。

33. ［宋］朱熹：《诗集传》，赵长征点校，中华书局，2011年。

34. ［宋］邢昺：《论语注疏》，北京大学出版社，1999年。

35. ［元］胡炳文：《四书通》，吉林出版集团有限责任公司，2005年。

36. ［元］詹道传：《四书纂笺》，吉林出版集团有限责任公司，2005年。

37. ［明］张楷：《孔子圣迹图》，安徽人民出版社，2013年。

38. ［明］王夫之：《四书稗疏 四书考异 四书笺解 读四书大全说》，岳麓书社，2011年。

39. ［明］王夫之：《四书训义》，岳麓书社，2011年。

40. ［明］冯梦龙著，阿袁编注：《论语指月》，安徽人民出版社，2012年。

41. ［清］吕留良撰，［清］陈鏦编：《四书讲义》，俞国林点校，中华书局，2017年。

42. ［清］毛奇龄：《四书改错》，胡春丽点校，华东师范大学出版社，2015年。

43. ［清］毛奇龄：《四书賸言》，谷建校点，载《儒藏》（精华编）第120册，北京大学出版社，2013年。

44. ［清］刘宝楠：《论语正义》，高流水点校，中华书局，1990年。

45. ［清］焦循：《孟子正义》，中华书局，2017年。

46. ［清］王先谦：《荀子集解》，沈啸寰、王星贤整理，中华书局，2012年。

47. ［清］陆陇其撰，周军、彭善德、彭忠德校注：《松阳讲义——陆陇其讲四书》，华夏出版社，2013年。

48. ［清］李道平撰：《周易集解纂疏》，潘雨廷点校，中华书局，1994年。

49. [清] 陈立撰：《白虎通疏证》，吴则虞点校，中华书局，1994年。

50. [清] 王聘珍：《大戴礼记解诂》，王文锦点校，中华书局，1983年。

51. [清] 廖平：《穀梁古义疏》，邵积意点校，中华书局，2012年。

52. [清] 王念孙：《广雅疏证》，钟宇讯点校，中华书局，2004年。

53. [清] 王引之：《经义述闻》，虞思微、冯涛、徐炜君校点，上海古籍出版社，2016年。

54. [清] 康有为：《论语注》，楼宇烈整理，中华书局，1984年。

55. [清] 简朝亮撰，赵友林、唐明贵校注：《论语集注补正述疏》，华东师范大学出版社，2013年。

56. [清] 宋翔凤撰，杨希校注：《论语说义》，华夏出版社，2018年。

57. [清] 黄式三：《论语后案》，张涅、韩岚点校，凤凰出版社，2008年。

58. [清] 庄存与：《四书说》，田久川校点，载《儒藏》（精华编）第120册，北京大学出版社，2013年。

59. [清] 俞樾：《群经平议》，载《儒藏》（精华编）第102册，北京大学出版社，2014年。

60. [清] 李颙：《四书反身录》，载《二曲集》，陈俊民点校，中华书局，1996年。

61. [清] 惠栋：《论语古义》，台湾艺文印书馆，1996年。

62. [清] 赵在翰辑：《七纬（附〈论语谶〉）》，钟肇鹏、萧文郁点校，中华书局，2012年。

63. [清] 崔述：《洙泗考信录》，上海商务印书馆，1937年。

64. ［清］江永：《乡党图考》，学苑出版社，1993 年。

65. ［清］阮元：《十三经注疏校勘记》，中华书局，1980 年。

66. 梁启超：《孔子》，吉林出版集团有限责任公司，2012 年。

67. 梁启超：《古书真伪及其年代》，载《国学要籍研读法四种》，国家图书馆出版社，2008 年。

68. 佚名：《世本》，周渭卿点校，载《帝王世纪 世本 逸周书 古本竹书纪年》，齐鲁书社，2010 年。

69. 钱穆：《劝读论语和论语读法》，商务印书馆，2014 年。

70. 钱穆：《论语文解》，九州出版社，2011 年。

71. 钱穆：《论语新解》，生活·读书·新知三联书店，2002 年。

72. 钱穆：《孔子传》，生活·读书·新知三联书店，2002 年。

73. 钱穆：《孔子与论语》，九州出版社，2011 年。

74. 钱穆：《先秦诸子系年》，九州出版社，2011 年。

75. 吕思勉：《中国制度史》，上海教育出版社，2002 年。

76. 杨树达：《论语疏证》，上海古籍出版社，2007 年。

77. 杨伯峻：《春秋左传注》，中华书局，2018 年。

78. 杨伯峻：《论语译注》，中华书局，2006 年。

79. 吴毓江：《墨子校注》，孙启治点校，中华书局，1993 年。

80. 何宁：《淮南子集释》，中华书局，1998 年。

81. 郭沂：《孔子集语校注》，中华书局，2017 年。

82. 程树德：《论语集释》，程俊英、蒋见元点校，中华书局，1990年。

83. 程俊英、蒋见元：《诗经注析》，中华书局，2017 年。

84. 李长之：《孔子的故事》，北京出版社，2002 年。

85.李泽厚：《论语今读》，安徽文艺出版社，1998 年。

86.南怀瑾：《论语别裁》，复旦大学出版社，1990 年。

87.毛子水：《论语今注今译》，重庆出版社，2009 年。

88.匡亚明：《孔子评传》，南京大学出版社，1990 年。

89.何新：《圣：孔子年谱》，中国民主法制出版社，2008 年。

90.马国翰辑：《论语古注》（第 4—7 册），台湾艺文印书馆，1996年。

91.李零：《丧家狗：我读〈论语〉》，山西人民出版社，2007 年。

92.高尚榘：《论语歧解辑录》，中华书局，2011 年。

93.李木生：《布衣孔子》，东方出版社，2013 年。

94.黄怀信：《论语新校释》，三秦出版社，2006 年。

95.王建文：《流浪的君子：孔子的最后二十年》，生活·读书·新知三联书店，2008 年。

96.［美］赫伯特·芬格莱特：《孔子：即凡而圣》，彭国翔、张华译，江苏人民出版社，2010 年。

本元素。须弄清楚每一个关键字和关键词的古义和放在章句语境中的具体含义，方能把握章句的本义。第三，注意读音。古文字的读音与现代汉语的读音有时有一定差别，同时《论语》中也有一些现代人日常不大用到的文字。对于这两种文字，本书都尽量随文标注汉语拼音以方便读者阅读。第四，不列歧义。历代注疏《论语》，多有歧义。本书吸收古人见解，融入己意，立为一说，尽力避免罗列古人的不同见解。第五，不取奇说。古代注家，既有立奇说以标新的，也有把注解《论语》当作论证自己思想的手段的。这样的奇说怪论，均为本书所不取。第六，少参今人。在职称评审的压力下和各种利益的吸引下，今人著述，粗制滥造者甚多，对《论语》的解说也难以例外。其间虽也可能有潜心学问者，无奈我无时间予以甄别。参阅今人对《论语》的注解，在很多情况下是徒费时间而无所获。因此，除了少数的学者外，对于其他的今人所著的《论语》解说，一概排除，不予参阅。此外，《仲尼行状》作为一篇独立的长文附后，以便于读者通过对孔子一生的了解，进一步理解《论语》的文本。

以上是我对写作《论语小传》的经过、心得和基本原则的说明，以期读者理解本书何以这样来解说《论语》。

我从来都认为，一个人的每一个进步，都不完全是自己努力的结果，必有环境、家人、师长、朋友等的帮助凝聚其中。本书虽不足以成为人生中的一步长进，但也凝聚了各方面的帮助，因此我应当表达我的谢意。

我要感谢这个时代。在党中央的正确领导下，我国社会长期稳定，人民安居乐业，国家的各项事业蒸蒸日上。我国前所未有地靠近世界舞台的中心，前所未有地接近实现中华民族伟大复兴的目标，前所未有地具有实现这个目标的能力和信心。实现中华民族的伟大复兴进入了不可逆转的历史进程。身处这个伟大的时代，作为一个非常渺小的小人物，我方能有条件读书和从事研究工作。

我要感谢我的父母。他们年逾古稀，多年来身患老年疾病，但他们对我的关注和关心从未停止。无论我处于何种境遇，他们对我的支持从未改变。

我要感谢我的妻子赵悦玲，她一直支持我对学术的追求，从未抱怨过我远离那些被人视为理所当然应当追求的东西。没有她的理解和支持，我是根本无法安静地坐在书桌前的。

我要感谢我求学以来所有的老师，是他们向我传授了知识、培养了德性、指引了道路。特别是河南大学的庞洪铸老师，复旦大学的孙关宏老师、王沪宁老师、胡伟老师、郭定平老师，北京大学的唐士其老师，他们是我人生和学术道路上的路标。我要感谢河南大学政治系、复旦大学国际政治系、复旦大学国际关系与公共事务学院、北京大学国际关系学院，这是我出身的家门，它们和我出生的家门一样重要。

我要感谢中共河南省委党校，这是我的工作单位。十六年前，学校同意了我去考取博士研究生并全脱产学习；十一年前，学校同意了我全脱产做博士后研究工作。最近五年，在我专力于《论语》而没有发表一篇论文的情况下，学校也对我多多包容，尽力支持，这些包容和支持对于本书的写作是弥足珍贵的。

我要感谢中共河南省委党校公共管理教研部，这是我的工作部门。部门领导和同事们理解我对人生与生命意义的认识和对知识与思想的追求，在工作和生活中我们也相处融洽。这样融洽的小环境是我非常珍视的。

卢向国

2021 年 9 月于郑州